Soziale Probleme – Studien und Materialien

herausgegeben von Prof. Dr. Siegfried Lamnek

Band 2

Lebensführung
in der Arbeitslosigkeit

Differentielle Problemlagen
und Bewältigungsmuster

Jens Luedtke

Centaurus Verlag & Media UG 1998

Der Druck erfolgte mit freundlicher Unterstützung der Katholischen Universität Eichstätt.

Der Autor, Jahrgang 1962, studierte Soziologie, Psychologie und Philosophie an der Universität München. 1997 Promotion an der Katholischen Universität Eichstätt. Dort ist er derzeit als wissenschaftlicher Assistent tätig.

Die Deutsche Bibliothek – CIP-Einheitsaufnahme

Luedtke, Jens:
Lebensführung in der Arbeitslosigkeit : differentielle Problemlagen und Bewältigungsmuster / Jens Luedtke. –
Pfaffenweiler : Centaurus Verl.-Ges., 1998
  (Soziale Probleme – Studien und Materialien ; Bd. 2)
  Zugl.: Eichstätt, Kath. Univ., 1997, Diss.
  ISBN 978-3-8255-0190-7   ISBN 978-3-86226-429-2 (eBook)
  DOI 10.1007/978-3-86226-429-2

ISSN 0945-8484

Satz: Vorlage des Autors
Umschlaggestaltung: DTP-Studio, Antje Philippi, Lenzkirch

Literatur

Vorwort des Herausgebers

Probleme sind quasi integraler Bestandteile des Alltags. Wir nehmen sie in je verschiedener Weise wahr, sind in unterschiedlichem Ausmaß davon betroffen und haben diverse, je spezifische Möglichkeiten ihrer Bearbeitung und Lösung. Das, was wir *soziale Probleme* nennen, entsteht als Vermischung der Auswirkungen von Handeln auf der (inter-)subjektiven Mikro- und der gesellschaftlichen Makroebene: Soziale Probleme besitzen damit eine *systemische* und eine *subjektbezogene* Dimension.

Die gesellschaftliche Situation ist geprägt von relativ umfassenden Prozessen des sozialen Wandels. Diese sind zum einen endogener Natur, zum anderen (und immer bedeutsamer) Ergebnis transnationaler Verflechtungen. Aufgrund dieser Rahmenbedingungen können für nationale Gesellschaften eine Reihe mehr oder weniger gravierender Probleme entstehen. Eines davon, das elementar an der ideellen Verfaßtheit unserer Gesellschaft rüttelt, ist die *Massenarbeitslosigkeit*, die Thema dieses Bandes der Reihe *Soziale Probleme* im Centaurus-Verlag ist.

Die Untersuchung fokussiert die sozialen Folgen von Arbeitslosigkeit für die von ihr mittelbar und unmittelbar Betroffenen, nämlich Arbeitslose und ihr soziales Umfeld. In Anlehnung an die Grundannahmen aus der "differentiellen Arbeitslosenforschung" (vgl. Wacker 1983; 1978; 1976) wird thematisiert, wie Arbeitslose ihre Situation wahrnehmen, wie sie darauf reagieren und welche Modi der Verarbeitung für sie existieren, wobei ein Schwerpunkt auf der Frage liegt, ob und inwieweit Erwerbslose "autonom", also nach eigenen Vorstellungen und Überlegungen im Alltag ihre Situation bewältigen und mit ihr umgehen können.

Das qualitativ Neue dieser Arbeit ist das komplexe theoretische Modell, in dem in Verbindung von mikro- und makrosoziologischer Perspektive Lebenslage, Lebenswirklichkeit und Reaktionsweisen von Arbeitslosen abgebildet werden. Das Modell, das nicht mißverstanden werden darf als mathematisch-statistische, komplexe Simulation von gesellschaftlichen Bedingungen, ist eine Kombination aus dem Lagen- und Milieuansatz von Hradil (1987; 1992) sowie den Lebensführungsansätzen von Voß (1991) bzw. Kudera et al. (1995) und Vetter (1991), wobei als soziologisch-theoretischer Ausgangspunkt die Überlegungen und Annahmen der sogenannten "subjektorientierten (Arbeits- und Berufs-)Soziologie" zum wechselseitigen Konstitutionsverhältnis von Mensch und Gesellschaft (Bolte/Treutner 1983) vorangestellt werden. Die zentrale empirische Frage auf der Basis dieser theoretischen (Vor-)Überlegungen lautet dann: ob und inwieweit Arbeitslose trotz der Restriktionen, die ihnen die objektive Lage setzt, zu einer eigenständigen Lebensführung fähig sind. Zu den zentralen

Dimensionen der sozialen Lage von Arbeitslosen zählen natürlich die ökonomischen Bedingungen und die Zeit, die beide konstitutiv für die "heterogene Lage Arbeitslosigkeit" sind. Arbeitslosigkeit wird in mehrfacher Hinsicht sehr wesentlich als Zeitproblem verstanden, da mit der Berufsarbeit ein wesentliches Moment entfällt, das den Lebensrhythmus bestimmt und den Alltag der Arbeitslosen struktuturiert. Die soziale Lage wirkt aber nicht (nur) unmittelbar auf die Möglichkeiten zu einer (Re-) Organisation des Alltags in der Arbeitslosigkeit, sondern sie wird vermittelt über Milieuvariablen, zu denen einmal "horizontale" Faktoren der Person und solche, der mikro- und makrostrukturellen sozialen Umwelt gehören.

Clusteranalytisch werden typische Muster für die (Re-)Organisation der Lebensführung unter der Bedingung von Arbeitslosigkeit herausgefiltert. Dabei ergeben sich vier Typen (Cluster) von Arbeitslosen, die sich hinsichtlich ihrer Lage- und Milieumerkmale teilweise sehr deutlich voneinander unterscheiden. In den Ergebnisse kommen die begrenzten Möglichkeiten der Arbeitslosen zu einer individualisierten Reaktion auf ihre Lage zum Ausdruck: ihre Chancen der Lebensführung werden relativ deutlich durch ihre ökonomische Lage begrenzt, wenngleich kein einfacher monokausaler Determinismus besteht. Die Resultate erweisen sich zudem als anschlußfähig an die bisherige Forschung zu diesem Phänomenbereich. Sie ergänzen und bestätigen die bisherigen Befunde, gehen aber auch darüber hinaus: Neu ist die Kombination aus Selbst- und Situationsbeurteilung, mit der gezeigt wurde, daß die Lebenswirklichkeit der Arbeitslosen zum einen sehr wesentlich von ihrer Selbstwahrnehmung abhängt, die aber selbst wiederum rückgebunden ist an (auch subjektiv erwartete) Veränderungen der objektiven Lage (z. B. durch Wiederbeschäftigung, Verrentung, Umschulung etc.). Zudem wird deutlich herausgearbeitet, daß auch intervenierende Faktoren, wie z. B. die Formen des Zusammenlebens, ihren Einfluß geltend machen. Wesentlich und neu ist auch die empirisch abgesicherte Erkenntnis, daß soziale Netzwerke im Kontext von Arbeitslosigkeit unterschiedliche (Dis-)Funktionalitäten entwickeln können. Es wird die ambivalente Situation der sozialen Netzwerke verdeutlicht, nämlich zum einen ihre tendenzielle Anfälligkeit und zum anderen ihre erhebliche Bedeutung, die sie für Arbeitslose im Umgang und in der Bewältigung ihrer Arbeitslosigkeit aufweisen. Stigmatisierungen (als partieller Ausschluß aus den Netzwerken) ist ebenso anzutreffen wie das hervorragende Auffangen im sozialen Netz der Netzwerke.

Eichstätt, im Oktober 1997   Siegfried Lamnek

Arbeitslosigkeit - furchtbar alltäglich

Gegen Ende 1996 nahm die Arbeitslosigkeit, gemessen an den allmonatlichen Bestandszahlen, Dimensionen an, die im öffentlich-politischen Diskurs Vergleiche mit der Lage Ende der 20er/Anfang der 30er Jahre laut werden ließen.[1] Mittlerweile scheinen Arbeitslosenbestandszahlen zwischen 4 und 4,5 Mio. (und Quoten von 11-12%, gemessen an den zivilen Erwerbspersonen) deutschlandweite "Normalität" zu sein, wenngleich der "wirkliche" Umfang der Arbeitslosigkeit - unter Einbezug der (Jahres-)Bewegungszahlen, der "Stillen Reserve", der Erwerbslosen in ABM-Maßnahmen und der älteren Arbeitslosen (über 58 Jahre, nach § 105 AFG) - noch einmal deutlich höher ist.

In einer Gesellschaftsordnung, die ideell auf der rational und frei organisierten Erwerbsarbeit aufbaut, gerät die Höhe der Arbeitslosigkeit sehr schnell zum stilisierten, öffentlich wirksamen Indikator für die Leistungsfähigkeit einer politischen Administration und wirkt gleichermaßen als der Bereich, in dem die meisten Probleme auftreten: So nahm nach EMNID-Umfragen zwischen Anfang 1995 und Mitte 1996 der Anteil derjenigen, die im Bereich "Arbeitsmarktpolitik" große Probleme sehen, von etwa 70% auf 85% zu (Emnid 5/6 1996). Als problematisch für den (wirtschafts-)politischen und gesellschaftlichen Umgang mit dem Phänomen erweist sich die Überlagerung einer Mehrzahl von unterschiedlich langen Zyklen, die teilweise aufeinander einwirken und das Herangehen erschweren: langfristige ökonomische Strukturzyklen und kürzere Konjunkturzyklen im wirtschaftlichen Bereich, längerfristige Parteizyklen und vor allem kurzfristige Wahlzyklen im politischen Sektor (vgl. auch: Bühl 1990). Die Entwicklungen fanden und finden vor einem gesellschaftlichen Hintergrund statt, der in erheblichem Maße von einer gewachsenen "Politikverdrossenheit" der Gesellschaftsmitglieder bestimmt wurde, die sich u. a. in sehr niedrigen Wahlbeteiligungen manifestierte.

---

[1] Wobei die strukturelle Vergleichbarkeit nur bedingt gegeben ist. Ein wesentliches Kriterium dafür ist der Anteil unterstützter Arbeitsloser: Anfang 1931 lagen die Arbeitslosenzahlen bei 4,9 Mio., Unterstützung empfingen 49% (2,4 Mio.). Anfang 1933 betrug die Zahl der Erwerbslosen (nach dem 6-Mio.-Maximum Anfang 1932) wieder 4,8 Mio., allerdings bei nur noch 10,4% (0,5 Mio.) Unterstützten (vgl. Niess 1982)! Zum Vergleich: Von 3,8 Mio. Arbeitslosen (September 1996) erhielten zusammen 78,0% (3,0 Mio.) Arbeitslosengeld bzw. Arbeitslosenhilfe (vgl. ANBA 11/1996). Die Verelendungswahrscheinlichkeit zu Beginn der 30er Jahre war schon aufgrund dieser strukturellen Unterschiede deutlich größer als heute - was aber kein Kleinreden der aktuellen Probleme bedeutet.

Die Entwicklung der Arbeitslosigkeit ließ im Jahre 1996 - bei Einbeziehen (oder Vorschieben) des transnationalen Kontextes, der durch eine Internationalisierung der Arbeitsteilung und eine Globalisierung von Unternehmungen gekennzeichnet ist - (neoliberale) Überlegungen laut werden, die einen grundlegenden Umbau der bestehenden Gesellschaftsverfassung forderten: eine relative Abkehr vom bisherigen Konzept des Sozialstaates und eine mehr oder weniger weitreichende ökonomische Liberalisierung[2]. Forciert wurde die Debatte auch durch Defizite in der Rentenversicherung, die erstmals im Dezember 1995 aufgetreten waren[3]. Die Überlegungen zu Eingriffen in den Sozialstaat manifestierten sich Mitte bis Ende 1996 in parteipolitischen Programmen[4] sowie dem "Sparpaket" der Bundesregierung. Hierbei wurden (u. a.) steuerpolitische, arbeitsrechtliche und sozialpolitische Maßnahmen ergriffen, die auf die Rahmenbedingungen für das Arbeitslossein einwirken. Zu den Beschlüssen gehört z. B. die kontrovers diskutierte Kürzung der Lohnfortzahlungen im Krankheitsfalle[5], die eine Senkung der Lohnnebenkosten bewirken sollte. Eine Reihe von Maßnahmen zielt auf eine Flexibilisierung des Arbeitsmarktes ab, weil darüber positive Effekte auf den Arbeitsmarkt erhofft wurden. Dies soll u. a. durch die "Aufweichung" der bisherigen Kündigungsschutzverordnung (Gültigkeit ab zehn statt wie bisher ab fünf Beschäftigten) und eine nach unten flexible Lohnpolitik (Förderung von "Leichtlohngruppen"), aber auch durch eine höheres Maß an Gestaltbarkeit von Arbeitsverträgen in zeitlicher Perspektive (Förderung von Zeitarbeitsverhältnissen) erreicht werden. (Zudem wurde explizit für die Wiedereinstellung Langzeitarbeitsloser eine Kategorie von "Sonderarbeitsverhältnissen" geschaffen.)

Zu den Maßnahmen, die explizit die Arbeitslosen betreffen, die strukturbildend wirken und damit Verhaltensmuster erzwingen (vgl. dazu: Bolte 1983, S. 29), gehören die de-facto-Reduzierungen bei Lohnersatzleistungen (Arbeitslosengeld, Arbeitslosenhilfe, Kurzarbeitergeld, Übergangsgeld, etc.): Die 1974 eingeführte (individuelle) Dynamisierung durch Anpassung an die Rentenentwicklung (und damit die Bruttolohnentwicklung des Vorjahres) wurde für 1997 ausgesetzt. Zudem hob ein Bundes-

---

[2] Inwieweit Arbeitslosigkeit zur Durchsetzung von Partikularinteressen instrumentalisiert wird, sei dahingestellt. Giddens (1997) sieht heute die Konservativen als "Radikalmodernisierer", allerdings unter Verwendung von Strategien, die der heutigen Gesellschaftssituation nicht mehr angemessen seien.

[3] Nicht vergessen werden darf freilich, daß gerade aus den Rücklagen der gesetzlichen Rentenversicherung etwa 16-20 Milliarden zweckentfremdet verwendet wurden, um damit Teile der Kosten der Vereinigung zu begleichen (vgl. Lampert/Bossert 1992).

[4] So das "Programm für mehr Wachstum und Beschäftigung" der Regierungskoalition.

[5] Die vom Gesetzgeber beschlossen, aber in den Tarifauseinandersetzungen 1996/97 von den Tarifparteien de facto widerrufen wurde.

tagsbeschluß die Altersgrenzen für den mehr als 12monatigen Bezug von Arbeits-
losengeld um jeweils drei Jahre an, so daß die Untergrenze bei nunmehr 45 Jahren, die
Grenze für den 32monatigen Bezug bei 57 Jahren liegt. Auch die Leistungen im
Bereich der ABM-Maßnahmen sollen (vor allem in Ostdeutschland) aus Einspa-
rungsgründen stark gekürzt werden. Verschärfungen fanden außerdem bei den Krite-
rien für die Arbeitsverpflichtung von Sozialhilfeempfängern für allgemeindienliche
Arbeiten statt, bei Androhung einer Kürzung der Sozialhife um 25%.) Seitens der
Regierungskoalition kamen Überlegungen ins Spiel, die erhebliche Kürzungen in der
Bemessungsgrundlage für Arbeitslosengeld und Arbeitslosenhilfe vorsahen. Im März
1997 - kurz nach der bundesdeutschen "Rekord"-Arbeitslosigkeit von etwa 4,6 Mio.
(Bestandszahlen Januar und Februar) - senkte ein Bundestagsbeschluß die Zumutbar-
keitskriterien für die Annahme einer angebotenen Beschäftigung (bei Androhung der
Zahlungsaussetzung) deutlich ab. In den ersten drei Monaten sind alle Beschäftigun-
gen zumutbar, deren Einkommen um 20% unter dem Bemessungseinkommen für das
Arbeitslosengeld liegen, zwischen vier und sechs Monaten darf die Differenz 30%
betragen und danach auf Höhe des Arbeitslosengeldes liegen. Diese Überlegungen
sind finanzpolitisch nachvollziehbar, werden aber die berufliche Abwärtmobilität und
damit das Risiko prekärer Beschäftigungsverhältnisse sicher steigern. Ein anderer
Effekt ist, daß zumindest vorübergehend mehr Personen aus den Statistiken heraus-
fallen, ohne daß der individuelle "Prozeß der Arbeitslosigkeit" (Büchtemann 1984)
bereits beendet wäre. In den Auseinandersetzungen vom Frühjahr 1997 über die
Steuerreform kamen (u. a. auch von Bündnis 90/Die Grünen) Überlegungen zur
Besteuerung der Transferzahlungen oberhalb des Existenzminimums auf. Daneben
steht die Lebenssituation derjenigen, die die Arbeitslosigkeit und ihre Folgen unmittelbar erleben (müssen), und die (in-)direkt Gegenstand der genannten Beschlüsse
sind. In den vielfältigen qualitativen und quantitativen Untersuchungen der vergangenen 20 Jahre über die Folgen der Arbeitslosigkeit lag der Schwerpunkt eher auf materiellen Aspekten, psychischen Befindlichkeiten und allgemein den Möglichkeiten des
Umgehens mit der Erfahrung der Arbeitslosigkeit.

Die hier vorgelegte Untersuchung wählt aufgrund des soziologisch ausgerichteten
Erkenntnisinteresses einen anderen Zugang. Die Aufmerksamkeit gilt weniger der
psychischen Befindlichkeit, bezieht sie aber insoweit ein, als sie das Ergebnis sozialer
Prozesse bildet bzw. selber ursächlich auf soziale Prozesse oder die soziale Wahrneh-
mung einwirkt. Kronauer et al. (1993) fordern eine "überfällige Soziologie der
Arbeitslosigkeit" ein, die sich verstärkt dem gesellschaftlicher Gehalt und den gesell-
schaftlichen Auswirkungen der Arbeitslosigkeit zuwendet (vgl. 1993, S. 15). Da
Arbeitslose keine homogene Quasi-Gruppe bilden, sondern sich z. B. nach ihren

(strukturell bedingt) unterschiedlichen Chancen, ins Erwerbsleben zurückzukehren, unterscheiden, wäre es auch Aufgabe der Soziologie, die bislang relativ vernachlässigte Analyse der Strukturen sozialer Ungleichheit innerhalb dieser Gruppe und im Vergleich mit Erwerbstätigen aufzugreifen (vgl. Geissler 1994).[6]

Der Zugang erfolgt über die Grundannahmen der "subjektorientierten (Arbeits- und Berufs-)Soziologie" (Bolte/Treutner 1983). Sie geht von einem wechselseitigen Konstitutionsverhältnis von Mensch und Gesellschaft aus, d. h. Menschen werden einerseits von gesellschaftlichen Strukturen geprägt, sind aber andererseits auch die Produzenten gesellschaftlicher Strukturen (vgl. Bolte 1983, S. 15 f.). Ausgangspunkt der Studie war die Frage nach den sozialen Folgen, die Arbeitslosigkeit für die davon (un)mittelbar Betroffenen zeitigt. Arbeitslosigkeit als komplexes Phänomen kann durch die Veränderung der äußeren Lebensbedingungen zu vielfältigen, (inter)subjektiv bedeutsamen, oftmals auch negativen Auswirkungen auf den Arbeitslosen, die Familie und/oder Partnerschaft und/oder den Freundeskreis führen. Sie ruft, wie die differentielle Arbeitslosenforschung (vgl. Wacker 1976; 1978) betont, vielfältige Reaktions- und Verarbeitungsmuster hervor, mit denen Arbeitslose und ihr soziales Umfeld versuchen, die Arbeitslosigkeit subjektiv zu bewältigen.

Theoretischer Ausgangspunkt für die Modellüberlegungen, mit denen das Wirkungsgefüge zwischen den Lebensbereichen, die durch die Arbeitslosigkeit (in)direkt betroffen sind, abgebildet werden soll, waren die Grundannahmen der "subjektorientierten Soziologie". Für die Gestaltung des Modells wurden (theoretische) Ansätze aus der soziologischen Ungleichheitsforschung verwendet, die eine Weiterführung der Überlegungen aus der "subjektorientierten Soziologie" bilden: Das Wirkungsmodell (vgl. Teil I, Kap 3.2) kombiniert Kriterien des Lagen - und Milieuansatzes (vgl. Hradil 1987; 1992) mit Überlegungen zur (alltäglichen) Lebensführung (vgl. Kudera et al. 1995; Voß 1991; Vetter 1991). Die Grundannahmen sind:

a. Der Eintritt in die Arbeitslosigkeit führt zu mehr oder weniger deutlichen und gravierenden Veränderungen in der sozialen Lage, wobei vor allem die ökonomische Lage (Haushaltseinkommen, finanzielle Ressourcen, subjektive Wahrnehmung der ökonomischen Lage) und die Veränderungen im Zeithaushalt (Zeit als

---

[6] Soziologische Analysen zur Arbeitslosigkeit liegen vor, z. B. Mutz et al. (1995), Vonderach et al. (1992), Ludwig-Mayerhofer (1990), Buchegger et al. (1990), doch sind diese Ansätze zumeist mikrosoziologisch und lebensweltlich ausgerichtet, lassen aber (so die Analysen bei Mutz et al. und Ludwig-Mayerhofer) tendenziell Rückschlüsse auf die Makroebene zu. Der Forschungsgegenstand und seine Subjekte eröffnen letztlich (rein forschungspraktisch) nur explorative oder Tendenzaussagen. Für eine "Soziologie der Arbeitslosigkeit" käme es aber auch darauf an, sich eigenständig neben der Soziologie der Arbeit und der Berufe zu konstituieren, durchaus unter Verwendung der dort entwickelten theoretischen Ansätze.

Ressource, Zeitprobleme) angesprochen werden.

b. Die Veränderung der sozialen Lage wirkt sich sowohl auf den Arbeitslosen aus (Selbstwertgefühl, Situationsinterpretation), als auch auf den (un-)mittelbaren sozialen Kontext bzw. die (außer-)familialen sozialen Netzwerkbeziehungen (Familie, Partner, Verwandtschaft, Freundes- und Bekanntenkreise, Vereinskameraden, etc.). Dabei können sich zum einen Veränderungen in der Qualität der Beziehungen ergeben. Zum anderen beeinflußt die Milieueinbindung die Interpretation der eigenen Lage, variieren die (wahrgenommenen) Auswirkungen der objektiv veränderten Lage in Abhängigkeit von der Struktur des sozialen Umfeldes. Daneben leisten die Netzwerke einen nicht zu unterschätzenden Beitrag für die Bewältigung der Arbeitslosigkeit.

c. Die Kombination beider Prozesse führt zu Überlegungen nach spezifischen Formen der Alltagsbewältigung und "Lebensführung", also lage- und milieubedingter Möglichkeiten, eine relativ autonome (Re-)Organisation des Alltags zu betreiben. Dazu gehört die subjektive Bedeutung, die die verschiedenen Lebensbereiche (z. B. Familie, Hobbies, Freizeit, Netzwerkkontakte, etc.) im Alltag der Arbeitslosen erlangen, die Frage, wie Arbeitslose ihre "freie" Zeit mit in Art und Häufigkeit verschiedenen Aktivitäten bzw. Arbeiten unterschiedlich füllen, und nicht zuletzt, ob im Vergleich mit der Zeit vor der Arbeitslosigkeit Veränderungen aufgetreten sind. Die Alltagsorganisation soll dabei nicht als konkrete zeitliche Abfolge der verschiedenen Lebensbereiche im Tagesablauf verstanden werden[7], sondern als Neu- bzw. Umentwicklung von Lebensroutinen. [8] Dahinter steht die Frage, inwieweit dies eine autonome Reaktion bzw. Reorganisation[9] bildet oder ein Determinismus durch die soziale Lage vorliegt. Mit einer Clusteranalyse wurden dazu vier Bewältigungs- und Lebensführungstypen extrahiert, die eine sowohl-als-auch-Antwort auf diese Frage geben.

Das Projekt "Alltagsbewältigung und Lebensführung in der Arbeitslosigkeit" wurde im Rahmen einer Lehrforschung realisiert.[10] Die Überlegungen zur Gestaltung und

---

[7] Wie es z. B. in der "klassischen" Marienthal-Studie (vgl. Jahoda et al. 1975) oder in der qualitativen Analyse bei Kronauer et al. (1993) erfolgte.

[8] Eine Perspektive, die vom Ansatz wiederum kürzer greift als z. B. die (qualitative) Analyse der Biographiekonstruktionen Arbeitsloser bei Vonderach et al. (1992).

[9] Denn gerade der Autonomiegedanke, der in der "subjektorientierten Soziologie" angelegt wurde und ein entscheidendes Moment im Ansatz der "alltäglichen Lebensführung" bildet (vgl. Voß 1991; Voß/Rerrich 1992), drückt die Möglichkeiten des Subjekts aus, sich den Strukturen tendenziell zu "entziehen" und auf sie zurückzuwirken.

[10] Die Studierenden waren konstruktiv beteiligt an der Instrumentenerstellung, der Organisation und Durchführung der Feldphase sowie der Dateneingabe und -korrektur.

Durchführung der Studie begannen im November 1995. Probleme ergaben sich bei der Population. Die ursprüngliche Absicht, Arbeitslose aus Arbeitsamtsbezirken zweier Bundesländer miteinander zu vergleichen (wie es z. B. Grüske/Lohmeyer (1990) in den Fallstudien zu Balingen und Leer durchgeführt haben), konnten aufgrund organisatorischer Schwierigkeiten nicht umgesetzt werden. Für die Untersuchung, die als schriftlich-postalische Befragung durchgeführt wurde, wählten wir vier Arbeitsamtsbezirke in Baden-Württemberg nach theoretischen Vorüberlegungen aus, die sich auf die Erwerbs- bzw. Arbeitsmarktstruktur bezogen, nämlich Balingen, Freiburg, Mannheim und Ravensburg. Anfang bis Mitte April 1996 erfolgte über die Verfahren Co-Prüf und Co-Arb die Ziehung der Bestandsstichproben (Stand: Ende März) als systematische Zufallsauswahl (Karteiauswahl) mit anschließendem Datenabgleich zwischen den Stammnummern (im Landesarbeitsamt) und den Namenslisten (in den Arbeitsämtern). Da Name und Adressen von Arbeitslosen zu den Sozialdaten gehören, mußte für deren Weitergabe im Rahmen wissenschaftlicher Untersuchungen die Zustimmung der Betroffenen eingeholt werden (§ 75, X. SGB). Daher war für die Generierung der Bruttostichprobe noch ein weiterer (notwendigerweise zeitaufwendiger) Schritt nötig, nämlich das Einwilligungsverfahren: Nur diejenigen aus der Vorstichprobe, die nicht explizit verweigerten, wurden in das jeweilige Sample aufgenommen. Die Feldphase fand zwischen Anfang/Mitte Mai und Anfang Juni 1996 statt, so daß nach Dateneingabe und -bereinigung Mitte Juli ein auswertbarer Datensatz vorlag. Die Auswertung und Interpretation der Daten wurde Anfang Mai 1997 (vorläufig) abgeschlossen.

Die Arbeit stellt zunächst das Phänomen "Arbeitslosigkeit" begrifflich nach Form und Umfang vor. Dabei findet eine formal-inhaltliche Annäherung über den Humankapital- und Segmentationsansatz statt. Daran schließt sich ein sekundäranalytisch-deskriptiver Abschnitt über die Struktur der Arbeitslosigkeit in Deutschland bzw. in Baden-Württemberg an, wobei Untersuchungsergebnisse zum Zustandekommen von Arbeitslosigkeit, zum Verlauf und zur Beendigung von Arbeitslosigkeitsepisoden einbezogen werden. Anschließend wird auf die allgemeine Arbeitslosigkeitssituation vor dem Hintergrund (inter-)nationaler Modernisierungsprozesse erörtert, wobei neben der "Globalisierung" und der "Internationalen Arbeitsteilung" auch die Frage nach der (möglichen) Zukunft der Arbeit(sgesellschaft) kurz behandelt wird. Danach wird das Ablaufmodell für die Auswirkungen von Arbeitslosigkeit vorgestellt. An anschließend gehen wir auf das Forschungsdesign ein, stellen das Stichprobenverfahren sowie die Untersuchungsmethode vor und stellen diskutieren die Frage nach der Repräsentativität der Ergebnisse.

Das deskriptive Kapitel über die Strukturdaten der realisierten Stichprobe beschäftigt sich mit der Struktur der (erfaßten) Arbeitslosigkeit. Auch werden Ergebnisse zur Prozessualität der Arbeitslosigkeit, Aussagen zum Zugang, subjektive Begründungen für den Verbleib und Fragen zum Abgang aus der Erwerbslosigkeit, z. B. in die Rente oder in eine Erwerbstätigkeit dargestellt. Das anschließende Kapitel befaßt sich mit der veränderten ökonomischen Lage von Arbeitslosen, sowohl sekundäranalytisch als auch auf die Untersuchungspopoulation bezogen. also dem Haushaltseinkommen, seiner Zusammensetzung, seiner (relativen) Veränderung durch die Arbeitslosigkeit, aber auch der subjektiven Einschätzung der ökonomischen Lage. Auf die Auswirkungen der Lage bezieht sich der Abschnitt über die Einschränkungen beim Alltagskonsum, die Arbeitslose vornehmen müssen.

Das siebente Kapitel widmet sich der subjektiven Perspektive der Arbeitslosen. Wir fragen nach einer Reihe von Reaktions- und Verarbeitungsformen gegenüber der Umwelt, nach Interpretationen zur eigenen Lage als Arbeitsloser, sowie der Möglichkeit, mit seiner "Mehr-Zeit" produktiv umzugehen. Mit den subjektorientierten Betrachtungen - Zufriedenheit, Belastungsempfinden, Zukunftseinstellung und Selbstwahrnehmung der Betroffenen - werden bereits Kombinationen aus "objektiven" Lagekriterien sowie "subjektiven" und "objektiven" intervenierenden Faktoren (vgl. Hradil 1987) einbezogen. Nach der "Selbst"-Darstellung interessierten uns einige Aktivitäten, mit denen Arbeitslose auf ihre berufliche Zukunft einwirken. Dazu gehören sowohl die "aktive", selbstinitiierte, als auch "passive" (also über das Arbeitsamt erfolgende) Arbeitssuche. Auch fragen wir nach der Bereitschaft zur (beruflichen und räumlichen) Mobilität, zu der Arbeitslose bereit wären, nicht zuletzt, weil auch dies einen Indikator für das (subjektive) Belastetsein mit Arbeitslosigkeit bildet.

Im Kapitel 8 stellen wir Ergebnisse zu den Folgen der Arbeitslosigkeit auf die inner- und außerfamilialen Netzwerke vor. Dies umfaßt die (negativen) Auswirkungen der Arbeitslosigkeit auf Partnerbeziehungen, (mögliche) positive Effekte für das Familienklima sowie die Meinung der Arbeitslosen über die Belastung der (eigenen) Kinder durch die Arbeitslosigkeit. Auch werden Veränderungen in den Kontakten zu Freunden, Verwandten, etc. in Verbindung mit der Frage dargestellt, inwieweit die Netzwerkkontakte eine Unterstützung bei der Bewältigung der Arbeitslosigkeit bilden. Im neunten Kapitel wird auf die Möglichkeiten der Verarbeitung von Arbeitslosigkeit eingegangen, wobei das besondere Interesse auf der Bildung spezifischer Typen liegt. Nachdem auf einige in der Literatur vorliegende Untersuchungsergebnisse eingegangen wurde, werden für das Sample baden-württembergischer Arbeitsloser über eine (partitionierende) Clusteranalyse "typische" Muster für die (Re-)Organisation der Lebensführung unter der Bedingung von Arbeitslosigkeit herausgearbeitet. Dabei ergeben sich vier Typen, die hinsichtlich ihrer Lage- und Milieumerkmale teilweise sehr deutlich voneinander zu unterscheiden sind. Es zeigt sich, daß die Möglichkeiten der Lebensführung bei Arbeitslosen relativ deutlich von ihrer ökonomischen Lage abhängen, wenngleich kein Determinismus besteht. Die Arbeit schließt mit einem resümierenden Abschnitt, in dem in knapper Zusammenfassung und Bewertung auf die Grenzen der Autonomie Arbeitsloser bei der Bewältigung ihrer Lage abgehoben wird.

Danksagungen machen deutlich, daß wissenschaftliche Forschung nicht das Handeln isolierter Akteure ist und drücken zugleich die Kontextbedingungen aus. Mein erster, intensiver Dank gilt daher meiner Familie, dafür, die die vergangenen, sehr wohl belastenden letzten Jahre mit mir durchgestanden und mich in meinem Vorhaben gestützt hat. Beratend, unterstützend und ermöglichend wirkte das "Arbeitsmilieu". Hier wäre zuerst Prof. Dr. Siegfried Lamnek als Projektleiter und Doktorvater zu erwähnen, der mir inhaltlich weite Freiräume gab und stets mit Förderung und Forderung hilfreich zur Seite stand. Besonderer Dank geht an meine Kollegen, Dr. Marek Fuchs, für die intensiven, hilfreichen Diskussionen, Kirsten Toepfer-Wenzel, Wolfgang Schäfer, Robert Wenzel sowie meiner Frau, Angela Luedtke, für ihre kritischen Anmerkungen. Bedanken möchte ich mich auch bei Dr. Bernward Tewes für seine Unterstützung bei statistischen Problemen. Bedanken möchte ich mich auch bei den Studierenden, die sich in das Lehrforschungsprojekt intensiv und produktiv einbrachten: Frau Daniela Merz sowie die Herren Eduardo Guerra-Torres, Klaus Neudecker, Torge Rosenburg, Viktor Tamme, Ralf Wiederer.

Ein besonderer Dank geht an den Präsidenten des Landesarbeitsamtes Baden-Württemberg, Herrn Otto-Werner Schade, erwähnt, ohne dessen vorbehaltlose Bereitschaft zur Unterstützung das Vorhaben nicht hätte durchgeführt werden können. Des weiteren gilt ein sehr herzlicher Dank Frau Brujmann und Herrn Hennig vom Referat ABF, die fachlich engagiert das Verfahren der Stichprobenziehung organisierten. Auch bei den mir namentlich nicht bekannten Mitarbeitern des Landesarbeitsamtes und der Arbeitsämter in Balingen, Freiburg, Mannheim und Ravensburg sei gedankt, die am Verfahren der Stichprobenziehung beteiligt waren.

Last but not least geht ein herzliches Dankeschön an die eigentlichen, anonym gebliebenen "Hauptdarsteller" in dieser Untersuchung, nämlich die Arbeitslosen, denn ohne ihre Bereitschaft zur Mitarbeit hätte es diese Studie nicht gegeben.

1 Theoretischer Zugang zur Arbeitslosigkeit

1.1 "Arbeitslosigkeit" - ein komplexes Phänomen

"Arbeitslosigkeit" ist trotz aller scheinbaren Evidenz ein komplexes und relativ unscharfes Phänomen, bei der mikro- und makrostrukturelle Ebenen eng miteinander verwoben sind. Nach der *Legaldefinition* besteht sie individuell, wenn "ein Arbeitnehmer (...) vorübergehend nicht in einem Beschäftigungsverhältnis steht oder nur eine kurzzeitige Beschäftigung ausübt" (16 AFG, § 101 (1)).[11] Über dieses formale Kriterium läßt sich eine "Struktur der Arbeitslosigkeit" empirisch erfassen durch Angaben zu Umfang, Altersverteilung, Geschlechterrelation, Episodendauern, etc.

Neben der Legaldefinition können wir das "Wesen" des Phänomens zu bestimmen, also nach der Art des Zugangs und/oder dem Grund des Verweilens in der Arbeitslosigkeit differenzieren, um damit auf der *abstrakt-begrifflichen* Ebene einen Teil seiner Wirklichkeit einzufangen. Arbeitslosigkeit ist eine Folge von sozialem Handeln auf unterschiedlichen Ebenen: indirekt durch Akteure, die sich an der "internationalen Arbeitsteilung" beteiligen, oder direkt beim Eintritt in die Arbeitslosigkeit über Selbstkündigung oder Kündigung durch den Arbeitgeber. Wenn wir nach den konkreten "Nebenerfolgen" fragen, nähern wir uns dem Phänomen *inhaltlich*: Hier liegen gesellschaftliche Konsequenzen (z. B. für das System der sozialen Sicherung) vor, aber auch Auswirkungen auf die davon alltäglich Betroffenen, nämlich Arbeitslose und ihren sozialen Kontext (vgl. Abb. 1).

Arbeitslosigkeit kann als dynamischer, (mindestens) dreiphasiger Prozeß gesehen werden, der vom Zugang in die Arbeitslosigkeit über das Verweilen im Zustand des Arbeitslosseins bis zum Abgang aus der Arbeitslosigkeit reicht.

Auf der *Zugangsseite* lassen sich zunächst zwei Gruppen unterscheiden, nämlich die "Selbstkündiger" und die Fremdgekündigten. Entlassungen durch die Unternehmen bewirken fremdinitiierte Mobilität und rufen fremdbestimmte Zugänge in die Arbeitslosigkeit hervor. Die Gründe für eine Entlassung können saisonaler, konjunktureller, struktureller oder technologischer Natur sein (vgl. Willke 1990, S. 61-67).

---

[11] 1998 wird die Grenze für die Kurzzeitigkeit von 18 auf 15 Stunden gesenkt, also der Geringfügigkeitsgrenze für die Sozialversicherung angepaßt. Zum einen fallen damit mehr Teilzeitbeschäftigungen unter die Versicherungspflicht, zum anderen reduziert sich wahrscheinlich der Anteil der Leistungsberechtigten, d. h.: es erfolgen Einnahmesteigerung und Ausgabensenkung.

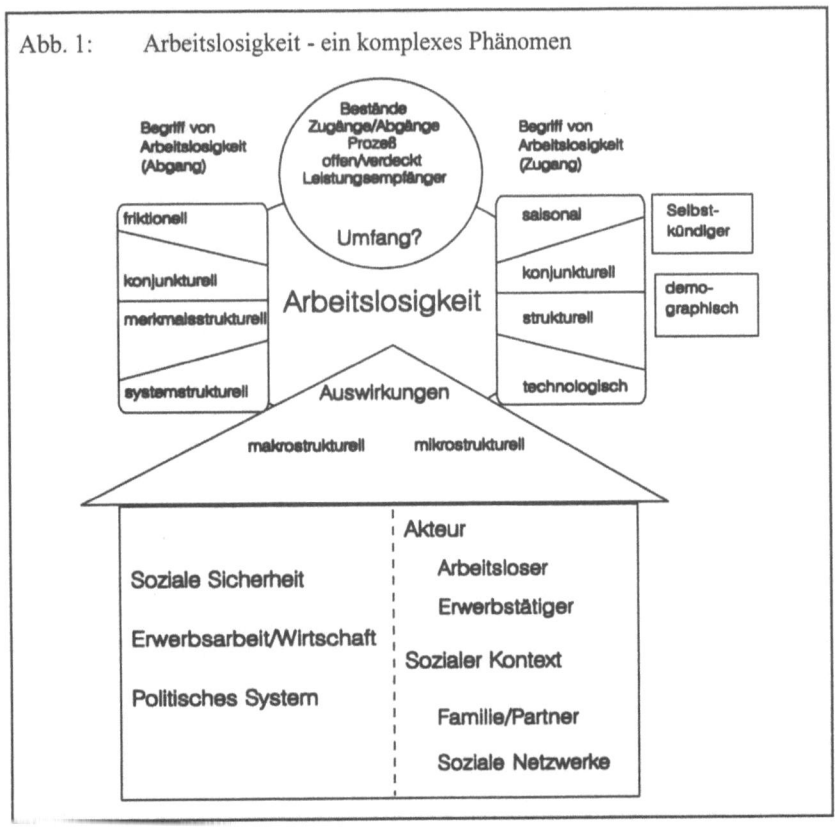

Abb. 1: Arbeitslosigkeit - ein komplexes Phänomen

Saisonale Arbeitslosigkeit tritt in bestimmten Berufsgruppen (z. B. innnerhalb der Gastronomie oder im Tourismus-Bereich) alljährlich wiederkehrend auf, weil die Arbeitsplätze von Randbedingungen abhängen, die nicht ganzjährig gegeben sind (z. B. Schnee). Der Anteil von Saisonarbeitslosigkeit (Pflanzen-/Gartenbauer, Forst-/Jagdberufe, Tierzüchter, Fischereiberufe, Bauhauptgewerbe, etc.) an der Gesamt- und der Mehrfacharbeitslosigkeit hat mit der Zeit deutlich abgenommen: Von 30-50% in den 50er und 60er Jahren[12] auf etwas mehr als ein Zehntel Mitte bis Ende der 70er und nur 6% Mitte der 80er. Eine Ausnahme bestand Anfang/Mitte der 80er Jahre in Bayern, wo der Anteil saisonbedingter Arbeitslosigkeit mit 20% mehr als doppelt so hoch war wie im Bundesdurchschnitt (9,1%) (vgl. Karr/John 1989, S. 14; Brinkmann

---

[12] Für diese Zahl dürften zwei Faktoren wichtig sein: Einmal der damals größere primäre Sektor, und zum anderen die relativ und absolut deutlich niedrigeren Arbeitslosenzahlen.

et al. 1985, S. 434 f.). Auch die *konjunkturelle Arbeitslosigkeit* kehrt in kürzeren Abständen "regelmäßig" wieder, aber auf der meso- oder makrostrukturellen (Wirtschafts-)Ebene. Rezessionen führen zu Einbrüchen beim Export, einem gesunkenen privaten Verbrauch und einer reduzierten Nachfrage durch den Staat (vgl. Kühl 1993, S. 3). Die entstehende Unterauslastung der Unternehmen hat vermehrte Entlassungen zur Folge. Die anschließende Phase des Aufschwungs kehrt den Prozeß um. *Strukturelle Arbeitslosigkeit* entsteht aus längerfristigem Wandel von Produktionsmethoden, Gütern, veränderten Konsumentenbedürfnissen. Nicht mehr konkurrenzfähige Unternehmen oder ganze Industriezweige können dabei unter Existenzdruck geraten und verschwinden. Bei *technologischer Arbeitslosigkeit* führen Umstellungen im Produktionsprozeß und/ oder organisatorische Umstrukturierungen (wie "lean production" oder "lean management") oft zu Personalüberschüssen, die durch Entlassungen abgebaut werden. Nach der "Theorie der langen Wellen", den sog. "Kondratieff'schen Zyklen", treten gravierende Umbrüche, die zu struktureller und technologischer Arbeitslosigkeit führen (können), in regelmäßigen Abständen von etwa 50 Jahren auf, und zwar als Konsequenz aus der Einführung neuer Basistechnologien und neuer Basisrohstoffe. Daraus resultieren erhebliche gesellschaftliche Umbruchbewegungen, die mit Zeitverzögerung auch die bisher gewohnten Formen der politischen, sozialen und wirtschaftlichen Organisation verändern (vgl. Bühl 1987; 1990; 1995).[13] Daneben entsteht *demographische Arbeitslosigkeit* als Folge eines für den Arbeitsmarkt zu schnellen Anstiegs der Zahl der Erwerbspersonen. Ursachen können sein: Wanderungsgewinne (Aus- und Übersiedler, Migranten), geburtenstarke Jahrgänge ("Baby-Boom"), die in den Arbeitsmarkt drängen, oder eine vermehrte Erwerbsbeteiligung der Frauen. Bis sich der Arbeitsmarkt auf diese Änderungen eingestellt hat, kann es (vorübergehend) zu vermehrter Arbeitslosigkeit kommen (vgl. Willke 1990, S. 62 ff.).[14]

Fragen wir, welche Mechanismen hemmend auf den *Abgang* aus der Arbeitslosigkeit einwirken, so läßt sich begrifflich trennen nach friktioneller, konjunktureller,

---

[13] Wenn Prisching (1990) der Theorie der langen Wellen bei ihrer Behandlung von Arbeitslosigkeit insofern einen unreflektierten Optimismus unterstellt, als sich das Problem tendenziell mit jedem neuen Kondratieff'schen Aufschwung "löst", dann ist das nur die halbe Wirklichkeit: Wichtig ist die Entwicklung gesellschaftlicher Kompetenzen bzw. - damit zusammenhängend - neuer sozialer Strukturen, um die Folgen der Entkoppelung bisher stabiler Strukturen "produktiv" verarbeiten zu können. Anderenfalls können Krisenmetaphorik, Rückzugsverhalten und Krisenmanagement bei unzureichendem Wissen durchaus zum "chaotischen" Absturz des Systems auf die Ebene führen, die mit den vorhandenen Parametern bzw. dem vorhandenen Wissen noch kontrollierbar ist (vgl. Bühl 1987; 1988).

[14] Analog der neoklassischen Argumentation von der Tendenz des Systems zum Gleichgewicht!

merkmalsstruktureller und systemstruktureller Arbeitslosigkeit. Hier nicht einbezogen werden Abgangsbewegungen in die "Stille Reserve", also der "freiwillige", mehr oder weniger vorübergehende Übergang von Personen im erwerbsfähigen Alter in die Gruppe der Nichterwerbspersonen (vgl. dazu u. a.: Kühl 1993; Licht/Steiner 1990). *Friktionelle Arbeitslosigkeit* entspricht auf der Makroebene der klassisch-liberalen "Sucharbeitslosigkeit": Vorhandene Arbeitsplätze "warten" auf die ebenfalls vorhandenen, geeigneten Arbeitskräfte. Bis diese Arbeitskräfte sich beworben haben, möglicherweise mobil geworden sind, vermittelt sind, verstreicht Zeit, in der sie vorübergehend (also nur *kurzfristig*) erwerbslos sind. Allgemein sehen neoklassische Ansätze Arbeitslosigkeit sowohl in ihrem Zustandekommen als auch in ihrem (individuellen) Verlauf als "freiwilligen" Prozeß, der idealtypisch unter den jeweils gegebenen Randbedingungen von rational handelnden, voll informierten Subjekten auf dem Weg der Zielerreichung bewußt in Kauf genommen wird. Als Ursache gelten institutionell gesicherte Reallöhne, die für die Rahmenbedingungen zu hoch sind[15]. Da Arbeitslosigkeit durch eine "Anpassung" der subjektiven Zielvorstellungen (z. B. hinsichtlich Lohnhöhe, Arbeitszeit oder sozialer Absicherung) an die Rahmenbedingungen vermeidbar wäre, gilt das Verweilen in der Arbeitslosigkeit zumeist als friktionell bestimmt, also als "Sucharbeitslosigkeit". Reallohnsenkungen würden diesem idealtypischen Modell zufolge das Arbeitsplatzangebot wieder erhöhen (vgl. Klaus 1990, S. 18 f.). Die Vorstellung von der "Sucharbeitslosigkeit" kann allerdings auch aus subjektiver Pespektive hinterfragt werden: Wie lange betrachten sich Arbeitslose primär als (optimistische) Arbeitssuchende, und ab welcher Arbeitslosigkeitsdauer schwenken sie um, "akzeptieren" den Arbeitslosenstatus und versuchen, ihrer Lage mit aktiven oder passiven Bewältigungsstrategien zu begegnen? Mittelfristig ist die *konjunkturelle Arbeitslosigkeit* zu verorten: Bei erneutem Aufschwung setzt eine Steigerung der Arbeitskräftenachfrage ein, die tendenziell erhöhte Abgangschancen aus der Arbeitslosigkeit mit sich bringt. Wenn der Arbeitsmarkt (regional bzw. auf der Ebene von Teilarbeitsmärkten!) zwar Nachfrage nach Arbeitskräften hat, diese Nachfrage aber mit den (zumeist durch Freisetzungen anderer Branchen) vorhandenen Arbeitskräften nicht gedeckt werden kann, da deren Merkmale (Ausbildung, Kompetenzen, Fähigkeiten) nicht mit dem erforderlichen Profil für die freien Arbeitsplätze übereinstimmen, dann besteht *langfristig* eine *merkmalsstrukturelle Arbeitslosigkeit* (z. B. auch als Folge struktureller Wandlungen). Bei der *systemstrukturellen Arbeitslosigkeit* ist aufgrund anhaltender wirtschaftlicher Schwächen (Wachtumsdefizite) langfristig die Zahl der Erwerbspersonen (deutlich) größer

---

[15] In diesem Kontext wäre auch die aktuelle Debatte über Löhne und Lohnnebenkosten zu verstehen.

als die Zahl der benötigten Arbeitsplätze (vgl. Willke 1990, S. 61-67).

Wenn Arbeitslose aus strukturellen Gründen entlassen wurden, reduzieren sich ihre Chancen auf einen neuen Arbeitsplatz aus demselben Grund deutlich, weil allgemein zu wenig Arbeitsplätze vorhanden sind. Da z. B. ein erheblicher Teil von Unternehmen im verarbeitenden Gewerbe von einen zu hohen Personalbestand ausgeht, könnten möglicherweise bis Ende des Jahrzehnts bei schwächerem Umsatzwachstum weitere Freisetzungen von bis zu einer halben Millionen Beschäftigter stattfinden (vgl. Kühl 1993, S. 3). Erschwert werden kann die Lage durch längerfristige merkmalsstrukturelle Arbeitslosigkeit, die bei Umstrukturierungen in der Branchenbesetzung einer Region auftreten kann, wenn für neugeschaffene Arbeitsplätze gänzlich andere Qualifikationen vonnöten sind, als sie die Region typischerweise anbietet.

1.2   "Arbeitslosigkeit" als Humankapitalproblem

Wenn wir "Arbeitslosigkeit" aus der theoretischen Perspektive des Humankapital- bzw. Segmentationsansatzes angehen[16], dann wird damit zum einen die Subjektebene angesprochen, da "Humankapital" etwas individuell Zurechenbares darstellt: Ein Arbeitnehmer "besitzt" ein spezifisches Humankapital, das er auf dem Arbeitsmarkt anbietet. "Arbeitslosigkeit" gilt dann als ein aus einer Mehrzahl von wirtschaftlichen und individuellen Gründen nicht in Erwerbsarbeit umsetzbares Humankapital (vgl. 5. Familienbericht 1994, S. 146 ff.). Zum anderen werden über die Arbeitsmarktsegmente die gesellschaftliche Makroebene und eine betriebliche Mesoebene einbezogen[17]: Das Humankapital läßt sich trennen in allgemeines Kapital, das sich im Verlauf der (schulischen) Lern- und Ausbildungszeit bildet, und (betriebs-)spezifisches Kapital, das durch das Lernen während der Erwerbsphase entsteht (vgl. Velling/Bender 1994, S. 213; Becker 1965). In diesen Sektor fallen auch Investitionen in das eigene Humankapital, wie z. B. Weiter- bzw. Höherbildung, hinein.

Die Zugehörigkeit zu bestimmten (idealtypischen) Segmenten des Arbeitsmarktes - dem Unstrukturierten, dem Fachlichen oder dem Betriebsinternen - führt zu unterschiedlichen Risiken, den Arbeitsplatz zu verlieren: In Randbelegschaften ist das

---

[16] Wir nähern uns der Arbeitslosigkeit zwar zunächst mit dem Humankapital- und Segmentationsansatz, die von einem neoklassischen Grundverständnis ausgehen, haben aber erhebliche Bedenken gegenüber der "Freiwilligkeitsvermutung" neoliberaler bzw. neoklassischer Ansätze!

[17] Erst bei gemeinsamer Verwendung von Humankapital- und Segmentationsansatz läßt sich der gesamte Prozeß der Arbeitslosigkeit vom Zugang über den Verbleib bis zum Abgang betrachten (vgl. Klems/Schmid 1990, S. 72).

Risiko erheblich größer als in Kernbelegschaften (vgl. Mückenberger 1987). Dahinter stehen die spezifischen Anforderungen an das Humankapital und das daraus resultierende spezifische Verhältnis zwischen Arbeitgeber und Arbeitnehmer (dazu: Grünert/Lutz 1996; Szydlik 1990; Sengenberger 1978):

Beim *"Jedermannsarbeitsmarkt"* (unstrukturiertes Segment) mit sehr einfachen, manuellen Tätigkeiten bestehen keine Bindungen zwischen Arbeitgeber und Arbeitnehmer. Der Arbeitgeber muß keine Humankapitalinvestitionen vornehmen, der Arbeitnehmer ist austauschbar und kann selber (sofern Stellen vorhanden sind) ohne Verluste wechseln. Entlassungen bedeuten damit keine Humankapitaleinbußen.

Im *fachlichen Segment* ist eine standardisierte Qualifikation, die für den jeweiligen Arbeitsplatz vonnöten ist und über die der Arbeitnehmer verfügt, Grundlage der wechselseitigen Bindung von Arbeitgeber und Arbeitnehmer. Der Arbeitnehmer muß zuvor durch eine Fachausbildung in sein eigenes Humankapital investiert haben. Der Arbeitgeber braucht dann (idealerweise!) keine weiterreichenden innerbetrieblichen Investitionen vorzunehmen. Humankapitalverluste durch Arbeitslosigkeit entstehen eher dem Arbeitnehmer: Einmal sinken mit zunehmender Dauer der Erwerbslosigkeit Routine und Geschicklichkeit, zum anderen können sich Berufsbilder verändern, also zu Folgeinvestitionen des Arbeitnehmers in sein Humankapital führen.

Im *betriebsinternen Segment* bestehen wechselseitige Abhängigkeiten von Arbeitgeber und Arbeitnehmer, die insoweit personenorientiert sind, als der Arbeitnehmer in der Firma eine betriebsspezifische Humankapitalausstattung erworben hat. Beide Seiten streben längerfristige Bindungen an. Für den Arbeitgeber liegen die Vorteile in einer produktivitätssteigernden Kooperation, höherer Identifikation mit bzw. Loyalität gegenüber dem Unternehmen. Der Arbeitnehmer kann von einem (relativ) sicheren Arbeitsplatz ausgehen, da für die Kernbelegschaft auch bei Rezessionen eher Kurzarbeit als Entlassungen zu erwarten sind - im Unterschied z. B. zum amerikanischen Arbeitsmarkt werden die Anpassungsmöglichkeiten des internen Marktes genutzt (vgl. Sengenberger 1990, S. 51).[18]

Das freiwillige oder erzwungene Ausscheiden von Beschäftigten aus dem betriebsinternen Segment bedeutet für die Unternehmung, Humankapitalinvestitionen zu ver-

---

[18] Hier setzen z. B. De-Regulierungsbestrebungen an, die auf eine Förderung der zwischenbetrieblichen Mobilität abzielen. Ob aber "mehr Arbeit durch weniger Recht" entsteht, ist fraglich (vgl. Büchtemann/Neumann 1990). Sengenberger (1990) kritisiert am amerikanischen Modell, das vom Senioritätsprinzip bestimmt ist, die hohen Kosten durch senioritätsinduzierte Anpassungen, die Verfestigung des Taylorismus und die geringere Produktivität (vgl. 1990, S. 52 f.). "Flexibilisierung" bewirkt eine verstärkte Erosion der "Normalarbeitsverhältnisse" und läßt vermehrt arbeitspolitisch prekäre Beschäftigungsverhältnisse entstehen. Deren soziale Sicherheit wird durch die "prozyklische" Arbeits- und Sozialpolitik weiter abgebaut (vgl. Mückenberger 1990, S. 188).

lieren und neue, langwierige vornehmen zu müssen, was auch bei schrumpfender Betriebsgröße erfolgen kann. Der Arbeitnehmer verliert mit seinem Weggang (bei eigener Kündigung oder der Entlassung durch den Arbeitgeber) sein erworbenes, betriebsspezifisches Humankapital, da diese spezifischen Kompetenzen am neuen Arbeitsplatz mit hoher Wahrscheinlichkeit nicht verwendbar sein werden. Findet nicht nur ein Wechsel zu einem anderen Betrieb, sondern auch ein beruflicher Wechsel statt, dann bedeutet es zugleich den Verlust des berufsspezifischen Humankapitals. Bei einem Ausscheiden aus dem Kreis der Erwerbspersonen durch die Verrentung nimmt der Arbeitnehmer sein Humankapital mit. Die Erwerbsbiographie findet keine Fortsetzung, so daß auch kein unmittelbarer Humankapitalverlust entsteht.

Der Segmentationsansatz wird wegen seiner ungenügenden Aussagekraft für den Langzeitverbleib in der Arbeitslosigkeit kritisiert: Demzufolge müßten (Langzeit-)Arbeitslose ohne Ausbildung, die im Jedermanns-Arbeitsmarkt beschäftigt waren, eher Beschäftigung finden als gut ausgebildete Langzeitarbeitslose. Die Empirie weise hingegen auf ein anderes Bild hin (vgl. Klems/Schmid 1990, S. 73), denn gerade die Verschiebung der Segmentgrößen, die wir seit einigen Jahren verzeichnen, geht eindeutig zu Lasten des Jedermann-Arbeitsmarktes (vgl. auch: Paqué 1995). Arbeitslosigkeit bildet einen sekundären Zuweisungsmechanismus zu stabilen oder zu instabilen Arbeitsmarktsegmenten, wobei gerade mit zunehmender Massenarbeitslosigkeit die Neigung entsteht, stabile und instabile Beschäftigungsbereiche voneinander abzuschotten (vgl. Büchtemann 1984, S. 92). Daher sehen auch Klems/Schmid in nachfrageorientierten theoretischen Ansätzen, die auf Verdrängung und soziale Schließung von (betrieblichen) Teilarbeitsmärkten abheben, angemessene Erklärungsmuster für die Erklärung für die zunehmende Episodendauer bis hin zur Langzeitarbeitslosigkeit (vgl. 1990, S. 84).

1.3   Arbeitslosigkeit als sozialer Prozeß

Arbeitslosigkeit als *soziales Phänomen* entsteht als intendiertes, nicht-intendiertes und/oder nicht vorhersehbares Ergebnis des wechselseitig aufeinander bezogenen, wirtschaftlichen Handelns von Menschen *auf* unterschiedlichen Organisationsebenen wie auch *zwischen* diesen Ebenen, seien es Personen, (Klein-)Betriebe, multinationale Unternehmen ("global players"), transnationale Produktionsverflechtungen ("Internationalisierung der Arbeitsteilung") oder gesamte Volkswirtschaften. Auch Arbeitslosigkeit ist (in Anlehnung an Durkheim (1965)) ein "fait social", das auf den Einzelnen (und nicht nur den (unmittelbar) Betroffenen!) einen deutlichen Zwang ausübt.

Sie ist jedoch keine Erscheinung in der Wahrnehmung vereinzelter Akteure, sondern erlangt ihre Wirklichkeit erst durch bzw. mit den sozialen Kontexten, in die der Arbeitslose eingebunden ist, angefangen mit dem unmittelbaren Nahbereich von Partnerschaft und/oder Familie, den "Opfern durch Nähe" (Kieselbach 1988), bis zu den vielfältigen, (nicht-)verwandtschaftlichen, (trans-)lokalen Formen sozialer Netzwerke, an denen der Arbeitslose teilhat(te). Systemisch gesehen resultieren aus der Arbeitslosigkeit makrostrukturell wirksame Effekte, die sich vielfältig und negativ auf die funktionalen Bereiche der sozialen Sicherheit, der Erwerbsarbeit bzw. Wirtschaft sowie der Politik auswirken können.

Daß Erwerbstätige in unterschiedlicher Weise von Arbeitslosigkeit betroffen sind, verdeutlicht, daß Arbeitslosigkeit eine *Ungleichheitserscheinung* ist, denn sie entsteht auch aus einer strukturierten, sozialen Ungleichverteilung von Beschäftigungsmöglichkeiten und kann deshalb (ungleichheits-)soziologisch analysiert werden (vgl. Büchtemann 1984, S. 59). Der soziale Verteilungs- und Selektionsprozeß von Beschäftigungschancen läßt sich idealtypisch mit fünf Stufen abbilden (vgl. 1984, S. 63 f.): Der eigentliche Einstieg in die Arbeitslosigkeit erfolgt nicht erst mit dem konkreten *Arbeitsplatzverlust*, sondern setzt bereits mit dem Beginn einer *negativen Berufskarriere* ein. Auslöser dafür können entgangene Bildungschancen sein, ein ungünstiger Berufsstart, betriebliche Dequalifikation, Unterbrechung der Erwerbskarriere durch Mutterschaft oder Krankheiten. Die manifestiert sich in Tätigkeiten in instabilen, peripheren Arbeitsmarktsegmenten. *In* der Arbeitslosigkeit bestimmen Eigenaktivität, Arbeitsmarktvermittlung und Arbeitsmarktlage die Wiedereingliederungschancen. Allerdings bedeutet *Beendigung* noch nicht, die Arbeitslosigkeit überwunden zu haben, sondern drückt nur die (vorläufige) Aufnahme einer Beschäftigung, den Beginn arbeitspolitischer und/oder Weiterbildungsmaßnahmen oder den Austritt aus dem Erwerbsleben aus. *Abgeschlossen* ist der Arbeitslosigkeitsprozeß erst, wenn längerfristig eine stabile Reintegration in den Erwerbsprozeß in stabilen Beschäftigungsverhältnissen und auf stabilen Arbeitsplätzen gelingt (vgl. dazu auch: Ludwig-Mayerhofer 1990). Ansonsten drohen weitere Arbeitslosigkeitsphasen in der Erwerbsbiographie, die eine erfolgreiche Rückkehr in den Erwerbsprozeß immer unwahrscheinlicher machen. Oft gilt dann bei erneuten Maßnahmen des Personalabbaus für (Mehrfach-)Arbeitslose "last in, first out" (vgl. Büchtemann 1984, S. 69).

2 Entwicklung der Massenarbeitslosigkeit

2.1 Zur Struktur der Arbeitslosigkeit

Seit mehr als zwei Jahrzehnten besteht in den alten Ländern der Bundesrepublik
Deutschland Massenarbeitslosigkeit, und es gibt genügend Anzeichen dafür, daß
dieser Zustand mit variierender Größenordnung zum strukturell integralen Bestandteil
von (post)industriellen Gesellschaften werden kann.[19]
Als im Jahre 1975 mit zunehmender Verdichtung der Beschäftigungsunsicherheit
die Arbeitslosenzahlen die damals "magische" 1-Millionen-Grenze (mit einem Anteil
von 4,7%) erreichten, bestand zunächst die Überzeugung, daß daraus kein stabiler
Trend erwachsen würde - eine Hoffnung, die trog. Von 1980 an stiegen die Jahres-
durchschnittsquoten (nach einer geringfügigen "Erholung" gegen Ende der 70er)
deutlich an, um im Jahre 1985 mit 9,3% (2,3 Mio.) einen ersten Höhepunkt zu erreichen. Eine Verbesserung der (inter-)nationalen Konjunktur sowie die Auswirkungen der Vereinigung ließen die Zahlen bis 1992 auf 6,6% (1,8 Mio.) sinken. Danach
kehrte sich der Trend wieder um: Waren 1993 im Mittel 8,2% (2,27 Mio.) Erwerbs-
spersonen arbeitslos gemeldet, so lag der Anteil 1996 bei 10,1% (3,0 Mio.). Die
deutschlandweiten "Rekordwerte" von 10,8% (4,15 Mio.)[20] zu Beginn des Jahres
1996 wurden ein Jahr später mit einem Bestand von 12,0% (4,65 Mio). noch einmal
deutlich übertroffen (vgl. Abb. 2).
Die Massenarbeitslosigkeit geriet bis Mitte der 80er Jahre zunehmend zum Problem der "Altersränder", allerdings nicht der Extreme, sondern der 20-24 bzw. 25-
29jährigen sowie 55-59jährigen (vgl. Sinnhold 1990, S. 110). Die Arbeitslosenquote
nahm unter Älteren um ein Drittel zu und damit erheblich stärker als unter den

---

[19] Dies bedeutet keine "Schicksalhaftigkeit" (analog einer unreflektierten oder zu naiven ökonomischen Betrachtung der Theorie der langen Wellen, wie sie in den 70er Jahren stattfand) (vgl. die
Kritik von Prisching (1990, S. 57)). Auch soll keiner (post-)keynesianischen "Theorie der Unsicherheit" oder einem neoklassischen Bewältigungsoptimismus gefolgt werden.

[20] Der Anteilswert entspricht damit in etwa dem Jahr 1950 (11,0% (1,87 Mio.)). Während in der
Nachkriegszeit in absehbarer Zeit mit einem Absinken der Arbeitslosigkeit aufgrund der kon-
junkturellen Wiederbelebung im Zuge des Wiederaufbaus gerechnet werden konnte, besteht
aktuell (auch) aufgrund einer in wesentlichen Aspekten unterschiedlichen Wirtschafts- und Sozialstruktur kein entsprechender Optimismus.

Jüngeren (vgl. Neubäumer 1991; Lehmann 1996). Arbeitslosigkeit (West) war lange Zeit auch mehr ein Problem der Frauen: Deren jahresdurchschnittliche Quote liegt seit Mitte der 70er Jahre um etwa 1-2%-Punkte über dem Vergleichsanteil der Männer, wobei jedoch ab den 90er Jahren eine Annäherung stattfand, da Arbeitslosigkeit unter Männern stärker zunahm als unter Frauen (1993: 29,9% gegenüber 20,3%, 1994: 14,5% gegenüber 10,2%). Für die Jahre 1994 und 1995 liegen weitgehend gleiche Werte vor. Hier ist zu fragen, ob diese Zahlen "Ausreißer" darstellen oder aber auf einen neuen Trend unter der Bedingung von Massenarbeitslosigkeit auf relativ hohem Niveau verweisen.

Abb. 2:   Arbeitslose im Jahresdurchschnitt: Bundesrepublik (West) 1974-1996

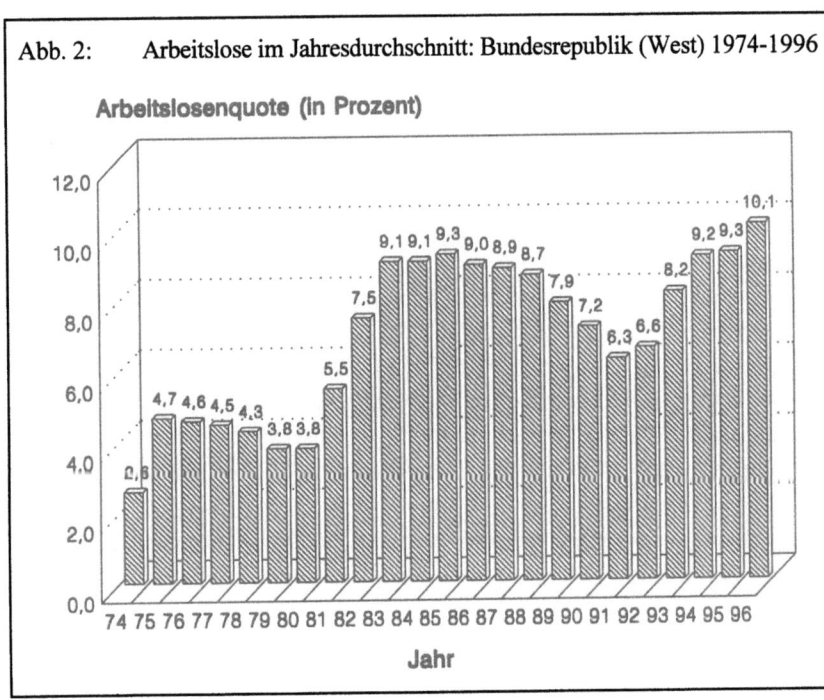

Auch beim Vergleich der Anteile von Männern bzw. Frauen an allen Arbeitslosen läßt sich diese Entwicklung nachzeichnen (vgl. Abb. 3): So lag der Männeranteil unter den Arbeitslosen jährlich um 3-7%-Punkte niedriger als ihr Anteil an allen sozialversicherungspflichtig Beschäftigten, wobei auch hier mit Beginn der 90er Jahre eine Änderung eintritt: Bis 1994 sind die Anteile unter den Beschäftigten bzw. unter den Arbeitslosen proportional (vgl. BAB 1/1996, S. 104; BAB 2/1996, S. 139; AMBA-

Sondernummer 1995, S. 38 ff.).

Abb. 3:   Beschäftigte und Arbeitslose (West): Männeranteile 1983-1994

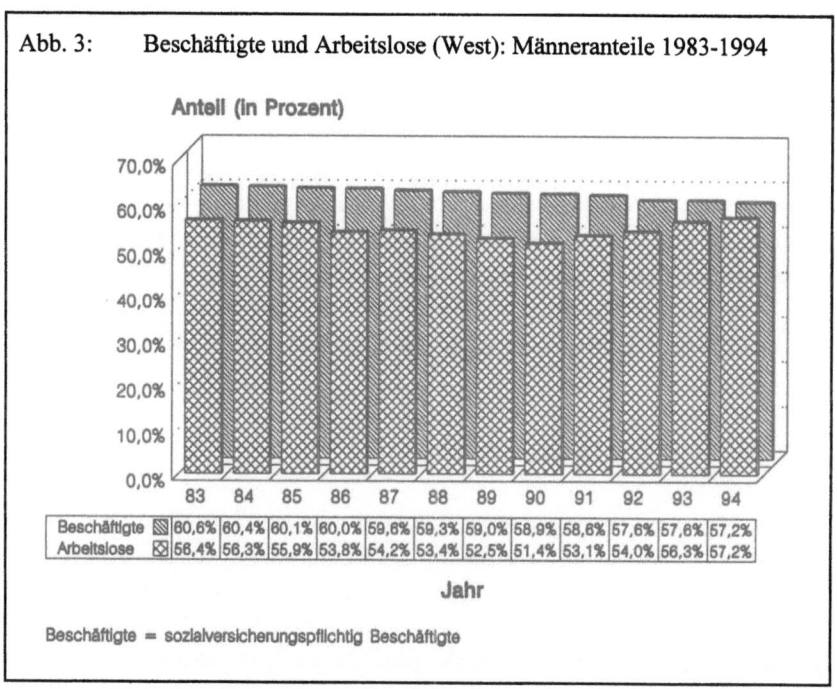

Anteil (in Prozent)

	83	84	85	86	87	88	89	90	91	92	93	94
Beschäftigte	60,6%	60,4%	60,1%	60,0%	59,6%	59,3%	59,0%	58,9%	58,6%	57,6%	57,6%	57,2%
Arbeitslose	58,4%	56,3%	55,9%	53,8%	54,2%	53,4%	52,5%	51,4%	53,1%	54,0%	56,3%	57,2%

Jahr

Beschäftigte = sozialversicherungspflichtig Beschäftigte

Ostdeutschland erlebte die Massenarbeitslosigkeit erst nach der Vereinigung, als unrentable Unternehmen (oder solche, die für nicht sanierungsfähig erklärt wurden) geschlossen bzw. noch erhaltene Betriebe auf eine kleine Kernbelegschaft reduziert wurden. Zwischen 1989 und 1992 sank die Zahl der Erwerbsverhältnisse um etwa ein Drittel, von 9,6 Mio. auf 6,3 Mio. (vgl. Grünert/Lutz 1996, S. 3). Es wird sogar vermutet, daß letztendlich bis zu 70% der ehemaligen DDR-Arbeitsplätze wegfallen könnten (vgl. Voigt/Hill 1992, S. 106). Das Arbeitsplatzdefizit ist ein qualitativ neues Phänomen, da in der DDR immer ein von den Betrieben gemeldeter Arbeitskräftemangel bestand (vgl. Kretzschmar 1992, S. 138; Grehn 1992, S. 285): 96% der erwerbsfähigen Bevölkerung - zum Vergleich: 67% in den alten Ländern - waren berufstätig (vgl. Kasek 1992, S. 393). "Arbeitslosigkeit war im Lebensplan der Menschen nicht vorgesehen" (Froese 1993, S. 45) Kennzeichnend für die Struktur des DDR-Arbeitsmarktes war seine "betriebszentrierte Segmentation": Betriebe und Kombinate bildeten interne, relativ geschlossene Arbeitsmärkte (vgl. Grünert/Lutz 1996, S. 10 ff.). Das weitgehende Fehlen externer Märkte mit zwischenbetrieblicher Mobili-

29

tät in der Vergangenheit koppelt immer noch die Beschäftigungschancen relativ eng an das Überleben des Betriebes. Die Arbeitslosenquote stieg von 0,4% (0,04 Mio) im Juni 1990 auf 12,1% (1,1 Mio.) im Juli 1991 (dabei darf allerdings nicht übersehen werden, daß ab Ende 1990 um die 20% der Erwerbstätigen nur noch als Kurzarbeiter tätig waren!). Im Jahresdurchschnitt 1994 betrug sie bereits 16,0% (1,1 Mio.). 1995 nahm die Rate geringfügig ab und lag im Juni bei 14,3% (1,0 Mio.) (vgl. Geißler 1992, S. S. 191; Bundesarbeitsblatt 10/1995, S. 93). Da das für eine (rasche) Abnahme notwendige Wirtschaftswachstum nur schwer erzeugt werden kann, wird postuliert, daß eine "hohe Langzeitarbeitslosigkeit im Osten für viele Jahre traurige Realität bleiben" wird (Kasek 1992, S. 394), wobei sich Langzeitarbeitslose mit großer Wahrscheinlichkeit aus den Gruppen (heute) 40- bis 45jähriger Frauen und ca. 50jähriger Männer rekrutieren dürften (vgl. Kretzschmar 1992, S. 147).

2.1.1 Das Phänomen "Langzeitarbeitslosigkeit"

Zwischen Mitte der 70er und Mitte der 80er Jahre nahm die durchschnittliche Dauer einer Arbeitslosigkeit um mehr als das Doppelte zu, von etwa 3 Monaten auf über ein halbes Jahr (vgl. Sinnhold 1990, S. 111; S. 416; Karr 1983, S. 279). Bedenklich scheint die ab den 80er Jahren vermehrt auftretende Langzeitarbeitslosigkeit, also der Personen, die ein Jahr und länger arbeitslos gemeldet sind[21]. Machten sie bis Mitte der 70er noch weniger als ein Zehntel aller Arbeitslosen aus, so ging ihr relatives Aufkommen im Arbeitslosen*bestand* mit Einsetzen der Massenarbeitslosigkeit auf knapp ein Fünftel hoch, um ab Anfang der 80er Jahre weiter auf knapp ein Drittel der gemeldeten Arbeitslosen zu klettern (vgl. Abb. 4). Nach vorübergehender relativer Abnahme zwischen 1989 und 1992 (auf etwa 27%) erreichte ihr Anteil wieder den vorherigen Stand (vgl. Bogai et al. 1994, S. 74). Im September 1994 lag der Anteil Langzeitarbeitsloser (im Westen) bei 32,5% (0,8 Mio.) (vgl. Bundesarbeitsblatt 10/1995, S. 102). Nach einer aktuellen Untersuchung von Karr (1997) müssen die Aussagen zum Umfang der Langzeitarbeitslosigkeit grundlegend revidiert werden, wenn nicht mehr Bestandsdaten herangezogen, sondern Abgangsstichproben verwendet werden: Dann zeigt sich nämlich, daß um die 60% aus den Abgangskohorten mehr als 12 Monate ohne Beschäftigung gewesen sind!

---

[21] Diese Festsetzung gilt auch im internationalen Kontext. Als einer der Gründe für diese Definition wird die Dauer der gewährten Arbeitslosenunterstützung (Arbeitslosengeld) angenommen, die im allgemeinen bei 12 Monaten liegt (vgl. 5. Familienbericht 1994, S. 155).

Abb. 4: Der Anteil Langzeitarbeitsloser am Jahresdurchschnittsbestand 1983-1995.

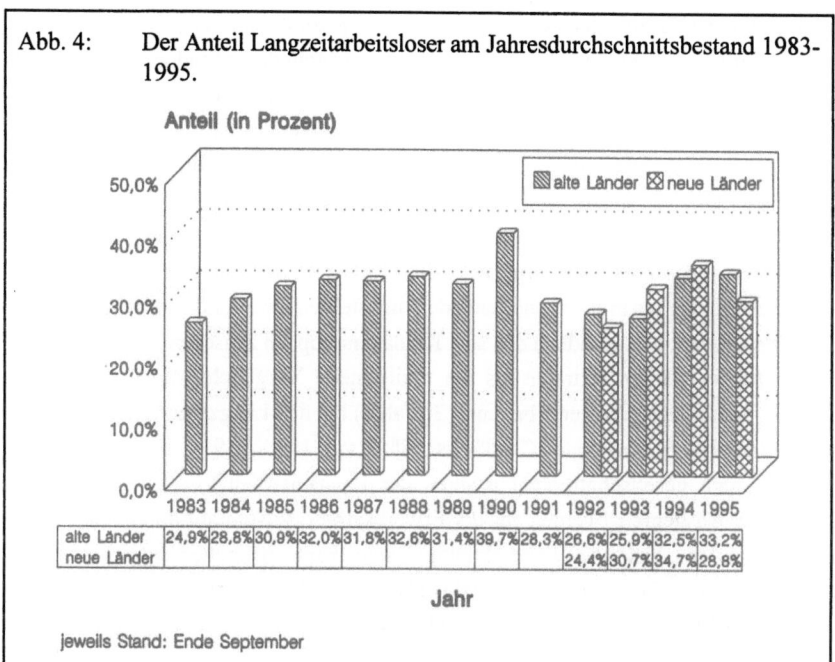

Anteil (in Prozent)

	1983	1984	1985	1986	1987	1988	1989	1990	1991	1992	1993	1994	1995
alte Länder	24,9%	28,8%	30,9%	32,0%	31,8%	32,6%	31,4%	39,7%	28,3%	26,6%	25,9%	32,5%	33,2%
neue Länder										24,4%	30,7%	34,7%	28,8%

Jahr

jeweils Stand: Ende September

Der Anstieg der Langzeitarbeitslosigkeit läßt sich auch an den *vergleichsweise* geringeren Abgangsquoten bestimmter Problemgruppen - Ältere (über 45 Jahre), gesundheitlich Eingeschränkte oder Unqualifizierte - in die Arbeit nachzeichnen (vgl. Kühl 1993, S. 9). Die relativen Anteile der Altersgruppe 45 Jahre und mehr nahm von 42,3% (1984) bis auf etwa 66% im Jahre 1992 zu, Langzeitarbeitslosigkeit geriet zunehmend zum Problem für Ältere (vgl. Bogai 1994, S. 74). Dabei treten die benachteiligenden Merkmale auch kombiniert auf, da z. B. der Anteil von Arbeitslosen mit gesundheitlichen Einschränkungen alterspezifisch variiert, wobei mit steigenden Alter eine (deutliche) Zunahme stattfindet: Von 5,9 (bei den unter 20jährigen) bis auf 40% und mehr unter den 50jährigen und älteren Arbeitslosen (Stand: Ende September 1994; vgl. Bundesarbeitsblatt 10/1995, S. 102). Diese Gruppe(n) weisen gegenüber den Erwerbslosen ohne gesundheitliche Einschränkung im Durchschnitt eine längere Verweildauer in der Arbeitslosigkeit auf. Das wird besonders bei einer zwei Jahre und länger dauernden Erwerbslosigkeit deutlich: Der Anteil unter den Personen mit gesundheitlichen Einschränkungen war Ende September 1994 mit 21,9% (140.900) relativ gesehen etwas mehr als doppelt so groß wie bei den Arbeitslosen ohne gesundheitliche Probleme (10,1% (182.700)) (vgl. Bundesarbeitsblatt 9/1995). Auch in einer Längsschnittsuntersuchung auf Basis des Sozioökonomischen Panels ließen gesundheitliche Einschränkungen geschlechtsunabhängig die individuelle Chance zur Wiederbeschäftigung sinken (vgl. Licht/Steiner 1990, S. 20) und erhöhten damit die Wahrscheinlichkeit längerdauernder Erwerbslosigkeitsepisoden.

Möglicherweise kann der "traditionelle" Randgruppen-Ansatz die Struktur aktueller Langzeitarbeitslosigkeit nicht mehr angemessen erfassen. Klems/ Schmid (1990) wiesen in einer Untersuchung Frankfurter Langzeitarbeitsloser[22] auf eine "neue Gruppe" hin, mit abgeschlossener Berufsausbildung, höherem Bildungsniveau und häufigerer Beschäftigung als mittlere und leitende Angestellte sowie im öffentlichen Dienst. Diese neue Gruppe ist gerade in den sog. Kernaltersgruppen zwischen 30- bis unter 50 Jahren relativ stärker vertreten als die traditionelle Vergleichsgruppe (70,3% zu 59,7%), wohingegen Jüngere (bis unter 30 Jahre) bei den Langzeitarbeitslosen ohne Ausbildung häufiger auftraten (21,8% vs. 13%) (vgl. 1990, S. 91). Zu den individuellen wie auch gesellschaftlichen Risiken der Langzeitarbeitslosigkeit gehört das sukzessive Ausgegrenztwerden aus der Erwerbsarbeit, sowohl auf objektiver Ebene wie auch in der subjektiven Wahrnehmung. Daraus kann eine neue Gruppe Langzeitarbeitsloser entstehen, für die Arbeitslosigkeit zur "übermächtigen", lebensbestimmenden Realität wird (vgl. Kronauer et al. 1993).

2.1.2   Der "wirkliche" Umfang der Arbeitslosigkeit?

Aus Bestandsdaten läßt sich die reale Arbeitslosigkeitsbelastung der Erwerbsbevölkerung nicht ableiten. Bestandsdaten geben Auskunft über das Arbeitslosigkeitsvolumen zu einem bestimmten, festgesetzten Zeitpunkt. Arbeitslosigkeit weist aufgrund fortwährender Zu- und Abgänge eine innere Dynamik auf, es sind also nicht immer dieselben Personen im Bestand. So mag sich bei einem Vergleich der Bestände zweier Beobachtungszeitpunkte die Struktur nur geringfügig verändern, doch kann ein mehr oder weniger umfangreicher Austausch der konkreten Personen stattgefunden haben, der umso größer wird, je länger das ausgewählte Intervall ist (vgl. Cramer et al. 1986, S. 416). Daher kann z. B. ein Jahresbestand[23] von 2 Mio. Arbeitslosen im Extrem bedeuten, daß entweder 2 Mio. Personen ein Jahr lang ohne Beschäftigung sind, oder

---

[22] Im September 1987 wurden bei einer Vollerhebung 1.355 Frankfurter Langzeitarbeitslose unter 55 Jahren befragt (dies entsprach einem Rücklauf von 18%) (vgl. Klems/Schmid 1990, S. 85).

[23] Für die amtliche Berechnung des Jahresdurchschnitts werden die Zugänge mit der durchschnittlichen Arbeitslosigkeitsdauer multipliziert (vgl. Walwei 1996), also Mannjahre gebildet.

daß 24 Mio. Personen gleichmäßig über das Jahr verteilt je einen Monat lang keine Anstellung haben (vgl. Ludwig-Mayerhofer 1990, S. 346; Walwei 1996, S. 20).

Aufgrund der Bewegungen können Bestandsdaten den Umfang der Arbeitslosigkeit nur unvollständig erfassen: Ab- und Zugänge finden über das gesamte Jahr verteilt statt, so daß eine Bestandsstichprobe nur etwa ein Drittel der jährlich arbeitslos werdenden Personen einbezieht. So ergab sich für 1992 ein deutschlandweiter Ausgangsbestand von knapp 2,8 Mio. Personen. Über das gesamte Jahr verdreifachte sich die Zahl derjenigen, die von Arbeitslosigkeit betroffen wurden, so daß in 1992 insgesamt 8,3 Mio. Fälle von Arbeitslosigkeit auftraten. Da die Zugänge (5,5 Mio.) die Zahl der Abgänge (5,2 Mio.) (davon über die Hälfte "nicht in Arbeit" - Stille Reserve, Rente, Mutterschaft, etc.) deutlich überschritten, wuchs der Bestand am Jahresende um 0,35 Mio. an (vgl. Kühl 1993, S. 7 f.). Noch dramatischer sind die Zahlen für 1996: Zu einem Anfangsbestand von 2,96 Mio. kamen 7,14 Mio. Arbeitslose als Zugang, d. h. der Umfang der Arbeitslosigkeit betrug 10,1 Mio. Fälle (vgl. Landesarbeitsamt Baden-Württemberg: Nr. 19/1996; Der Arbeitsmarkt im Jahre 1996).

Aus dem Blick auf Bestandsdaten resultiert eine (Dauer-)Überrepräsentation von Arbeitslosen mit Vermittlungsschwierigkeiten bzw. Langzeitarbeitslosen, es findet eine "Strukturalisierung" der Arbeitslosigkeit statt (vgl. Karr 1979). Personen mit einem hohen Verbleibrisiko - Frauen, Verheiratete, gesundheitlich Eingeschränkte, über 50jährige und Personen ohne abgeschlossene Berufsausbildung - werden daher überproportional vertreten sein (vgl. Beckmann/Bender 1993, S. 224). Arbeitslosigkeit als "transistorische Kategorie" muß aber nach "Betroffenheit" und "Dauer" unterschieden werden (Ludwig-Mayerhofer 1990, S. 346): Neben Zu- und Abgängen werden auch kumulative, Mehrfach- sowie Langzeitarbeitslosigkeit einbezogen.

Bei der amtlichen Arbeitslosenstatistik dürfen zudem die politischen Interessen nicht unbeachtet bleiben. Arbeitslosigkeit gehört zu den politisch (zumindest tendenziell) steuerbaren "Standardrisiken" des Erwerbslebens (neben Alter, Unfall, Krankheit bzw. Invalidität), so daß eine relative Mitverantwortlichkeit "der" Politik für die Arbeitslosigkeit besteht. Die Steuerungsbemühungen sind parteipolitisch insofern sinnhaft, als (wirtschafts- und sozial-)politischer Erfolg in einer Arbeitsgesellschaft auch und vor allem am Niedrighalten ihrer Risiken, also auch der Arbeitslosigkeit, bemessen wird. So definiert der Gesetzgeber im (vielfach novellierten) Arbeitsförderungsgesetz (AFG) die Kriterien für eine Registrierung als Arbeitsloser. Ab 01. Januar 1986 fallen z. B. Personen, die älter als 58 Jahre sind, nach § 105c AFG Arbeitslosengeld beziehen und sich nicht mehr regelmäßig beim Arbeitsamt melden müssen ("Vorruheständler"), sukzessive aus den Statistiken heraus (vgl. Blanke et al. 1987, S. 21 f.; S. 491). Insgesamt gelang(t)en über das Nichteinbeziehen der Arbeitslosen nach § 105 AFG jährlich etwa 5-6% der *regulären* Arbeitslosen nicht in die amtlichen Statistiken (vgl. Brandt 1995, S. 126). Ähnliches trifft mittlerweilen auch auf Erwerbspersonen zu, die älter als 55 Jahre sind, langzeitarbeitslos, und die ihre Arbeitslosmeldung nur aus Rentenanwartschaftsgründen aufrecht erhalten. Darunter fallen vornehmlich ältere Frauen mit einem erwerbstätigen oder bereits verrenteten Partner (vgl. Bogai et al. 1994). Ebenfalls keine Erwähnung in den amtlichen Arbeitslosenstatistiken finden die Arbeitslosen, die den Ausstieg von der gemeldeten Arbeitslosigkeit in die sog. "Stille Reserve" gewählt haben, d. h. die sich trotz Arbeitsloseins nicht mehr beim zuständigen Arbeitsamt melden. Hier wird eine Größenordnung von etwa 2 Mio. Personen geschätzt. Gleichermaßen aus der amtlichen Definition herausgenommen sind Teilnehmer an arbeitspolitischen Maßnahmen (ABM), die für 1994 alleine 1,7 Mio. ausmachten. Mit den jahresdurchschnittlich 3,7 Mio. Erwerbslosen desselben Jahres fehlten demnach dann bereits über 6 Mio. Arbeitsplätze (vgl. Walwei 1996, S. 13).

2.1.3 Leistungsempfänger

Als Leistungsempfänger gelten Arbeitslose, die entweder Leistungen aus der Arbeitslosenversicherung, also Arbeitslosengeld[24], oder Fürsorgeleistungen in Form der Arbeitslosenhilfe erhalten (dazu: vgl. Kap. 4.1). Die Anzahl der Leistungsempfänger nahm in den alten Bundesländern zwischen 1975 und 1990 um das 1,5-fache zu, nämlich von etwa 0,8 Mio. auf etwa 1,2 Mio. Personen. Für Gesamtdeutschland ergab sich zwischen 1991 und 1995 ein Anwachsen der Zahlen von ca. 1,8 auf ca. 2,8 Mio. Personen pro Jahr. Ihr Anteil an allen Arbeitslosen erweist sich mit etwa vier Fünfteln als weitgehend stabil. Die mit den 80er Jahren deutlich zunehmende Arbeitslosigkeitsdauer machte sich auch beim Leistungsbezug bemerkbar, der pro Fall von durchschnittlich 16,4 Wochen (1977) auf 26,6 Wochen (1986) anstieg (vgl. Karr/John 1989). Unter Langzeitarbeitslosen sind die Anteile beim Arbeitslosengeld wegen der ausgelaufenen Bezugsdauern geringer. Von einer Kohorte, die im November 1981 arbeitslos wurde (Deutsche, 25 Jahre und älter), verblieben Mitte 1983 noch 40% "Langfristarbeitslose". Davon erhielten 16,3% noch Arbeitslosengeld, 46,2% Arbeits-

---

[24] Die Bezeichnung "Arbeitslosengeld" ersetzte seit 1957 den Begriff "Arbeitslosenunterstützung". Dahinter steht aber nicht nur eine geänderte Semantik: "Arbeitslosenunterstützung" weist deutlich auf das Fürsorgeprinzip hin. "Arbeitslosengeld" sollte eine veränderte Strategie zum Ausdruck bringen, nämlich die verstärkte Bedeutung des Versicherungsprinzips (vgl. Niess 1982).

losenhilfe, und 37,5% keine Lohnersatzleistungen (mehr) (vgl. Brinkmann 1984, S. 456).

Abb. 5:   Anteile von Arbeitslosengeld (AG)- und Arbeitslosenhilfe (AH)-Empfängern an allen Leistungsempfängern 1974-1995

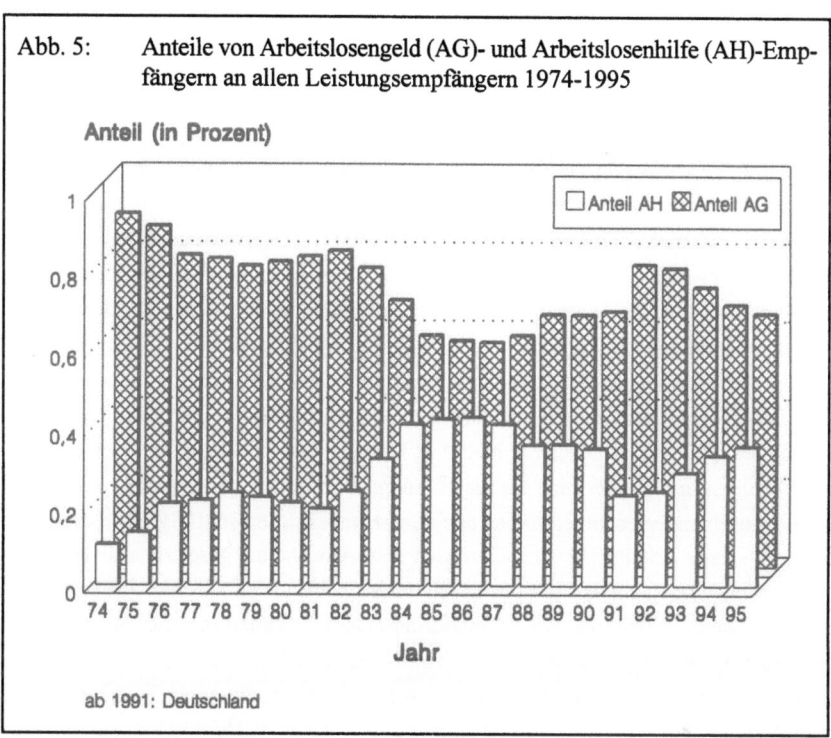

Mit der Entwicklung der Massenarbeitslosigkeit verschob sich das (komplementäre) Verhältnis von Arbeitslosengeld- zu Arbeitslosenhilfeempfängern in "typischer" Weise (vgl. Abb. 5). Machten zwischen Mitte der 70er und Anfang der 80er Jahre die Arbeitslosengeld-Bezieher noch um die 80% der Leistungsempfänger aus, so sank ihr Anteil in den folgenden Jahren deutlich ab. Dem entsprach zwischen Anfang/Mitte bis Ende der 80er Jahre ein Anwachsen der Arbeitslosenhilfeempfänger auf bis zu 40%. Dies ist ein Indikator für eine Verfestigung der Arbeitslosigkeit. Dem entspricht, daß die Anteile Langzeitarbeitsloser, also der Klientel, von der vermehrt Arbeitslosenhilfe bezogen wird, ab Anfang/Mitte der 80er Jahre merklich zunahmen. (Es kann aber ebenso bedeuten, daß der Anteil jüngerer Arbeitsloser (bzw. Arbeitsloser bis zum 42. Lebensjahr) mit geringeren Anwartschaftszeiten zunahm, die deshalb auch nur kürzere Zeit Arbeitslosengeld erhielten).

35

Die gesamtdeutsche Entwicklung zeigt einen ähnlichen Verlauf: Lag Anfang der 90er der Anteil der Arbeitslosengeld-Bezieher bei etwa vier Fünfteln, so nahm er bis Mitte der 90er auf etwa zwei Drittel ab, was wieder für eine Verfestigung spricht.

2.1.4 Arbeitslosigkeit - ein Ausblick?

Ist (Massen-)Arbeitslosigkeit nun ein Zustand, der auf Gesellschaftsebene zu einer tendenziell anomischen Situation führt, verbunden mit Entsolidarisierung und Identitätsverfall? Arbeitslosigkeit bedeutet, für eine prinzipiell ungewisse Zeit von der Teilnahme am Prozeß der Arbeitsteilung ausgeschlossen zu werden. Damit verliert Arbeitsteilung für die Betroffenen mit zunehmender Dauer dieses Zustandes die Eigenart, "Quelle der Solidarität" (vgl. Durkheim 1988) zu werden. Arbeitslosigkeit bewirkt eher eine Verstärkung der Konkurrenz durch (latente) Auseinandersetzungen zwischen (Noch-)Besitzern von Arbeitsplätzen und Arbeitslosen: Die ersten haben ein erhebliches Interesse an sozialer Schließung, Letztgenannte möchten die Ausgrenzung durchbrechen und wieder eine stabile Reintegration in den Arbeitsmarkt schaffen. Solche Auseinandersetzungen finden auch unter Arbeitslosen statt: Symbolisch bzw. distinktiv, wenn Arbeitslose versuchen, sich über Anwendung gesellschaftlicher Stereotype von "den" Arbeitslosen positiv zu unterscheiden (vgl. Kirchler 1990; 1985), manifest, wenn Teilnehmer an Arbeitsförderungsmaßnahmen um die knappen Arbeitsplätze in der Region konkurrieren (vgl. Böhmer 1997).

Nach PROGNOS-Modellrechnungen wird trotz angenommenem Durchschnittswachstum des Bruttoinlandsproduktes um 2% (West) bzw. 9,2% (Ost) im Jahre 2000 für Deutschland von 3,3 Mio. Arbeitslosen und einer "stillen Reserve" von weiteren 2,6 Mio. ausgegangen (vgl. Walwei 1990; Brinkmann/Wiedemann 1994a). Dies findet allerdings vor dem Hintergrund einer im Zeitverlauf abnehmenden Zahl von Erwerbspersonen statt, so daß der relative Anteil der Arbeitslosen an den Erwerbspersonen auch in längerfristiger *Modell*betrachtung zwischen 7,5-9% liegen könnte: Bei der Entwicklung der Erwerbspersonenbestände bis zur Jahrtausendwende sieht PROGNOS zunächst nur geringe, dann aber leicht rückläufige Veränderungen: für 2010 geht das Institut statt von (1992) 41 Mio. nurmehr von 39,5 Mio. Personen aus (vgl. Hofer/Schlesinger 1992). Zudem macht sich ein sinkender Wiederbeschäftigungsanteil von Arbeitslosen bemerkbar, der - sofern er keine Umkehr erfährt - die Bestände weiterhin gesamtgesellschaftlich negativ beeinflussen wird. Konnten bis Ende der 80er Jahre noch zwischen zwei Drittel und drei Viertel aller Arbeitslosen in ein Beschäftigungsverhältnis überführt werden (vgl. auch: Karr/John 1989), so sank dieser Anteil ab Ende der 80er Jahre deutlich ab, um Anfang der 90er Jahre nur mehr bei 40% zu liegen (vgl. Kühl 1993, S. 8)[25]. Die politische Maxime von einer "Halbierung der Massenarbeitslosigkeit bis zum Jahre 2000" muß daher hinsichtlich ihrer Haltbarkeit und Umsetzbarkeit als eher umstritten gelten, wenngleich ein Gutachten des IAB (1996) andeutet, daß unter der Bedingung umfassenden (wirtschafts-)politischen Handelns (z. B. durch Abbau von Überstunden oder Integration atypischer Beschäftigungsverhältnisse) durchaus entlastende Effekte in erheblichem Umfang zu erzielen wären.

Tendenziell sehen sich Schlechtqualifizierte, Personen ohne (abgeschlossene) Berufsausbildung, Un- und Angelernte (mit steigendem Lebensalter) mit dauerhafter Ausgrenzung oder ungünstigen Aussichten auf stabile Wiedereingliederung in den Arbeitsmarkt konfrontiert. Hier entstehen negative Berufsbiographien, die von häufiger Mehrfacharbeitslosigkeit und einem großen Umfang an kumulativer Arbeitslosigkeit gekennzeichnet sind. So scheint es zunächst fraglich und ein wenig idealistisch, ob die von Paqué (1995) favorisierten Faktoren "Generationswechsel" und "generelle Höherbildung" (neben demographischen Variablen) *die* avisierte, entlastende Wirkung auf die Massenarbeitslosigkeit aufweisen. Tatsächlich waren etwa Mitte der 60er Jahre, als eine der heutigen Problemgruppen, nämlich die "älteren" Arbeitslosen, in das Berufsleben eintraten, noch etwa zwei Drittel der Beschäftigten An- und Ungelernte - gegenüber weniger als einem Fünftel Anfang der 90er Jahre (vgl. Geißler 1992) -, so daß der "Generationenwechsel" durchaus eine verbesserte Anpassung der Beschäftigten an die vom Arbeitsmarkt geforderten Qualifikationsprofile mit sich bringt.

Eine gänzlich andere Sicht der Massenarbeitslosigkeit entsteht, wenn wir einige, nach prospektiven Modellberechnungen zu erwartende sozialstrukturelle Veränderungen der kommenden 40 Jahre einbeziehen (vgl. Hradil 1996): Der abgeschlossene Generationenwechsel auf dem Arbeitsmarkt in Verbindung mit dem demographischen Wandel wird demnach - Migrationsgewinne nicht einbezogen - etwa ab 2005 dazu führen, daß in weiten Teilen des Arbeitsmarktes statt von einem Arbeitskräfteüberschuß von einem Arbeitskräftemangel gesprochen werden muß, wobei dies vornehmlich Akademiker und qualifizierte Fachkräfte betrifft. Dem steht allerdings gegenüber, daß die Arbeitslosigkeit unter gering Qualifizierten bzw. Unqualifizierten - also der "traditionellen" Langzeitarbeitslosenpopulation - weiterhin auf hohem Niveau erhalten bleibt. So scheint das bei Hradil (1996) dargestellte Modell in seiner Langzeitperspektive verlockend - zu fragen bleibt jedoch, wie die etwa 10 Jahre bis

---

[25] Hier dürften die Auswirkungen der Arbeitslosigkeit in Ostdeutschland zu spüren sein.

zur "neuen" Zeitrechnung in der Arbeitslosigkeit erfolgreich überstanden werden können, und wie mit dem gesellschaftlichen Problempotential von vom Arbeitsmarkt Ausgegrenzten umgegangen wird.

2.2 Arbeitslosigkeit als heterogener, offener Prozeß

Um "Arbeitslosigkeit" als dynamischen, in seiner Gesamtheit heterogenen und in seinem Verlauf relativ offenen Prozeß zu erfassen, der sowohl von mikro- als auch von makrostrukturellen Faktoren beeinflußt wird, müssen relativ spezifische Merkmale bzw. Merkmalskombinationen betrachtet werden, die über den Zugang, den Verbleib und die Wiederholung (mit)entscheiden (vgl. Andreß 1989, S. 18).

Allgemein zeigte sich, daß bei steigender Arbeitslosenquote der Anteil von Personen zunahm, die erstmals arbeitslos wurden, wohingegen bei niedriger Quote diejenigen, die bereits Arbeitslosigkeitsphasen erlebt hatten, häufiger betroffen waren (vgl. Fachinger 1991, S. 568). Die Risiken, einmal arbeitslos zu werden und zum anderen bei der Wiedereingliederung zu scheitern, waren in den 80er Jahren mit relativ ähnlichen, eher individuellen bzw. persönlichkeitsbezogenen Merkmalen verbunden (vgl. Klems/Schmidt 1990, S. 42): Ein erhöhtes *Zugangsrisiko* wiesen (kurzfristig) Beschäftigte in Kleinbetrieben, Unqualifizierte, Frauen, Personen ohne Berufsausbildung, relativ Junge (unter 30) oder relativ Alte (über 50), Ledige oder Geschiedene bzw. Verwitwete, gesundheitlich Eingeschränkte und Personen mit niedriger Erwerbsbindung auf. Deutliche Probleme mit der *Wiedereingliederung* in die Erwerbsarbeit hatten neben Ledigen und kurzzeitig Beschäftigten (in Klein- oder Mittelbetrieben) in Ost und West die "klassischen" Problemgruppen, also ältere Arbeitslose, unzureichend beruflich und sozial Qualifizierte sowie Personen mit gesundheitlicher Einschränkung (vgl. Brinkmann/Wiedemann 1994, S. 176; Datenreport 1994, S. 97).

2.2.1 Langzeit- und Mehrfacharbeitslosigkeit

Auswertungen eines Arbeitslosen-Panels aus den 80er Jahren (Andreß 1989) ergaben unterschiedliche Populationen, die von Langzeit- und/oder Mehrfacharbeitslosigkeit betroffen waren. Ein höheres Risiko, *beides* erfahren zu müssen, besteht bei fehlender Berufsausbildung, kurzer Beschäftigungsdauer (3 Monate bis ein Jahr) oder einer Beschäftigung als einfacher bzw. angelernter Arbeiter. Auch der Kündigungsgrund wirkt beeinflussend: Wer die letzte Stellung selber gekündigt hatte, hatte das vergleichsweise geringste Risiko, gefolgt von Gekündigten bzw. Personen mit gütlicher Vertragsauflösung.

Langzeitarbeitslosigkeit (bzw. hohe Dauerarbeitslosigkeit) bei niedriger Mehrfacharbeitslosigkeit trat eher bei klassischen Problemgruppen auf: Älteren Erwerbspersonen (50 Jahre und mehr), Erwerbspersonen mit gesundheitlichen Einschränkungen, Personen, die kurz (weniger als ein Jahr) bzw. sehr lang (10 Jahre und mehr) in der vorangegangenen Stellung tätig waren, sowie verwitweten oder geschiedenen Männern. Daneben zeigte sich, daß Personen mit hohen Arbeitsbelastungen (durch Akkord- bzw. Schichtarbeit, Streß, Lärm, Schmutz) am letzten Arbeitsplatz geringe Abgangschancen aus der Arbeitslosigkeit aufweisen. Das gleiche trifft tendenziell auch für Personen mit niedrigem formalem Bildungsniveau zu. Auch Personen mit sehr niedrigem bzw. sehr hohem Einkommen bleiben überdurchschnittlich lange ohne Arbeit. Diese Problemgruppen finden sich hingegen kaum bei der *Mehrfacharbeitslosigkeit*: Hier dominieren Personen mit sehr kurzem Beschäftigungsverhältnis (bis drei Monate), befristeten Arbeitsverträgen sowie Beschäftigte in saisonabhängigen Branchen (vgl. Andreß 1989, S. 20 f.).

Mehrfacharbeitslosigkeit und die Dauer von Arbeitslosigkeit hängen zusammen. Karr/John (1989) stellten eine zunehmende Zahl von Problemfällen fest, die sowohl immer länger in der Arbeitslosigkeit verblieben als auch wiederholt arbeitslos werden (vgl. 1989, S. 11). In einer Längsschnittuntersuchung für den Zeitraum 1950 bis 1980 auf Basis einer Rentenzugangsstichprobe (vgl. Fachinger 1991) zeigte sich bei der Analyse zweier Geburtskohorten (1918 geborene Männer und 1921 geborene Frauen), daß Personen, die *seltener* arbeitslos geworden sind, *längere* Verweildauern hatten. Wer *häufiger* Arbeitslosigkeitsphasen aufwies, hatte vergleichsweise nur *kurze Episoden*. Ein linearer Zusammenhang war jedoch nicht festzustellen (vgl. 1991, S. 571). In anderen Untersuchungen trat Mehrfacharbeitslosigkeit mit relativ kurzen Verweildauern häufiger bei Jüngeren sowie bei Erwerbspersonen mit niedriger Qualifikation auf. Hingegen wurden ältere Arbeitnehmer zwar insgesamt seltener arbeitslos, hatten es dann aber schwerer, die Arbeitslosigkeit wieder zu verlassen (vgl. Karr/John 1989; Ludwig-Mayerhofer 1990).

Zwar verläßt die dominierende Mehrheit der Arbeitslosen die Erwerbslosigkeit über die Aufnahme einer Beschäftigung - bei Karr/John (1989) waren es 70%, bei Büchtemann/Rosenbladt (1983) in einer Längsschnittuntersuchung für den Zeitraum 1978-82 etwa 90% -, was allerdings noch nicht bedeutet, daß die Arbeitslosigkeit überwunden ist (vgl. auch Büchtemann 1984). Von den Wiedereinsteigern konnte sich jedoch nur etwas mehr als die Hälfte dauerhaft stabilisieren, hingegen zeigte etwa ein Drittel der Abgänge sogar eine dauerhafte Destabilisierung der Erwerbskarriere durch erneute, auch mehrfache Arbeitslosigkeitserfahrungen (vgl. Büchtemann/Rosenbladt 1983, S. 262). So entwickelt sich oftmals eine Karriere mit instabiler Beschäftigung, die (u. a.) auf dem Verlust von Kenntnissen und Fertigkeiten während der Arbeitslosigkeit oder Stigmatisierungen durch den früheren Arbeitslosenstatus beruht. Zu fragen wäre, inwieweit sich diese erwerbsbiographisch destabilisierte Population in ihrer Betroffenheit und ihren Bewältigungsstragien noch von Langzeitarbeitslosen unterscheiden (vgl. Karr/John 1989, S. 9, S. 15 f.).

Bedeutung und Umfang instabiler Erwerbsbiographien lassen sich besser über die *kumulative Arbeitslosigkeit* erfassen - also die Aufsummierung der Zeiten, in denen Personen erwerbslos waren - als über das bloße Feststellen von Mehrfacharbeitslosigkeit. Ein Problem für das angemessene Erfassen von mehrfacher und kumulativer Arbeitslosigkeit ist jedoch die Länge der analysierten Zeiträume. Karr/John (1989) kritisieren an Untersuchungen aus den 70er und 80er Jahren (u. a.) Verzerrungen aufgrund zu kurzer Zeiträume (vgl. 1989, S. 14 f.). Wenn Arbeitslosigkeit in ihrer Größe und Bedeutung für die (Erwerbs-)Biographie untersucht werden soll, sind größere Zeitspannen unabdingbar: Gerade bei einer Betrachtung größerer Zeiträume (und damit auch größerer Abschnitte von (individuellen) Erwerbsbiographien) zeigt sich eine "Verdichtung" der Mehrfacharbeitslosigkeit durch eine steigende Zahl der Perioden und länger werdende Verweildauern. So ergab eine sukzessive Erweiterung des Beobachtungszeitraumes von einem Jahr (nur 1977) bis auf 10 Jahre (1/1977 bis 12/1986) einen Anstieg der Mehrfacharbeitslosigkeit[26] von 1,19 auf 1,98 im Mittel. Die durchschnittliche (kumulative) Gesamtarbeitslosigkeitsdauer nahm dabei von 19,5 Wochen (nur 1977) bis auf 40,2 Wochen zu (vgl. Karr/John 1989, S. 5; S. 10).

Ludwig-Mayerhofer (1990) hatte in einer (eher explorativen) Untersuchung Mitte der 80er Jahre, in der Arbeitslosigkeit nach der aktuellen Position im Lebenslauf (angenähert über das Alter abgebildet[27]) sowie dem bisherigen Erwerbsverlauf und der Erwerbsorientierung erfaßt wurde, sechs "Typen" von Arbeitslosigkeitsverläufen herausgearbeitet:

a. *Vorübergehende Arbeitslosigkeit*: Maximal sechs Monate Arbeitslosigkeit und seit acht Monaten (der Untersuchungszeitraum umfaßte 14 Monate) stabil beschäftigt (43,9% (217) des Samples);

b. *wiederkehrende Arbeitslosigkeit*: Maximal sechs Monate arbeitslos, aber erneute

---

[26] Als Quotient: Anzahl der Fälle bezogen auf die Anzahl der Personen.

[27] Nun treten spezifische Ereignisse im Lebenslauf - Eheschließung, Reproduktion, Ausbildungsabschluß, Berufseintritt - zwar üblicherweise innerhalb bestimmter Altersspannen auf. Doch kann die gestiegene Planbarkeit bzw. der wachsende Wunsch nach eigenverantwortlicher Planung dieser Ereignisse zu einer Verschiebung von bisher üblichen Altersgrenzen führen.

Arbeitslosigkeit innerhalb der folgenden acht Monate (18,2% (90));

c. *lang anhaltende Arbeitslosigkeit*: Wiederbeschäftigung trat erst nach sechs bis zwölf Monaten Arbeitslosigkeit ein (9,3% (46));

d. *Dauerarbeitslosigkeit*: Länger als zwölf Monate arbeitslos mit Verbleib in der Arbeitslosigkeit (16,2% (80));

e. *Austritt aus dem Arbeitsmarkt*: kein Gang in Rente oder Umschulung, sondern (zumindest vorübergehender) Rückzug aus der Gruppe der Erwerbspersonen (7,1% (35));

f. *Sonstige*: Die Arbeitslosigkeit wurde durch Wechsel in Bundeswehr, Ausbildung, Umschulung, Mutterschaft, Rente, Strafvollzug verlassen (5,1% (25)) (vgl. 1990, S. 348 f.).

Männer und Frauen weisen unterschiedliche, altersspezifische Verläufe von Arbeitslosigkeit auf. Negative Erwerbseffekte treten für Frauen vor allem in der Altersgruppe 25-40 Jahre durch *Dauerarbeitslosigkeit* (34% gegenüber 14% bei Männern) sowie durch *Austritte aus dem Arbeitsmarkt* (22% gegenüber 6%) auf, bei den 40jährigen und Älteren durch Dauerarbeitslosigkeit (43% gegenüber 15% bei altersgleichen Männern). Verheiratete Frauen mit bzw. ohne Kinder haben die ungünstigsten Verläufe: Sie konzentrieren sich beim Ausstieg oder bei der Dauerarbeitslosigkeit (vgl. 1990, S. 351 f.).[28] (Die Differenzen deuten auf "traditionelle" industriegesellschaftliche "Normalbiographien" hin, die entweder nach einem Zwei- oder nach einem Drei-Phasenmodell ablaufen). Auch Fachinger (1991) stellte auf Basis von Rentenzugangs-kohorten deutliche Differenzen zwischen den Geschlechtergruppen fest. So trat Kurzzeitarbeitslosigkeit (bis 3 Monate) unter Männern vergleichsweise häufiger auf. Männer wiesen aber auch eine größere Belastung mit Mehrfacharbeitslosigkeit auf, je nach Zugangsgrund von 2,6 (Verrentung wegen Arbeitslosigkeit) bis 4,2 Phasen pro Person (bei Erwerbsunfähigkeit) gegenüber 2,1-2,6 Phasen bei Frauen (vgl. 1991, S. 563 f.).

Insgesamt verläuft Arbeitslosigkeit umso ungünstiger, je stabiler die vorherige Erwerbskarriere war. Als Gründe dafür werden die enge Bindung an den vorherigen Betrieb sowie fehlende Kompetenz im Umgang mit (beruflicher) Mobilität und Arbeitslosigkeit genannt (vgl. Ludwig-Mayerhofer 1990, S. 357). Persönliche Merkmale - Gesundheit, Alter, Familienstand, berufliche Stellung - entscheiden mit über

---

[28] Ludwig-Mayerhofer bewertet die Arbeitsmarkt- und Arbeitslosigkeitslage von Frauen ambivalent: Sie werden zwar leichter zu Opfern des Arbeitsmarktes, doch verleihe ihnen ihre höhere Variabilität in bezug auf die Erwerbstätigkeit im Lebenslauf mehr Dispositionsfreiheit (vgl. 1990, S. 356). Letzteres bedeutet jedoch nur, daß sie - sei es aus eigener Entscheidung oder aus einem Sich-fügen in strukturelle Zwänge - eher bereit sind, eine Erwerbsorientierung aufzugeben.

die Arbeitslosigkeitsdauer, tätigkeitsspezifische Merkmale (Beschäftigungsdauer, berufliche Stellung, Kündigungsgrund, Einkommen, Berufsausbildung) mit über die Häufigkeit von Arbeitslosigkeit (vgl. Andreß 1989, S. 30).

2.2.2 Ausstieg aus der Arbeitslosigkeit

Ein Ausstieg aus der Arbeitslosigkeit kann im wesentlichen in zwei große Richtungen hin erfolgen: zum einen in ein Beschäftigungsverhältnis, zum anderen in die (vorübergehende) Nichterwerbstätigkeit (vgl. Licht/Steiner 1990).

Die erste Gruppe läßt sich *inhaltlich* unterscheiden, nämlich nach der Dauer des Arbeitsvertrages bzw. Beschäftigungsverhältnisses (Zeitarbeitsvertrag oder unbefristeter Vertrag) sowie der Stabilität der Reintegration in das Erwerbsleben (hierzu können z. B. die Verlaufstypen von Ludwig-Mayerhofer (1990) herangezogen werden). Ebenso kann eine *formale* Differenzierung dahingehend erfolgen, daß unterschieden wird nach Personen, die durch eigene Aktivitäten erfolgreich waren und denjenigen, die durch Vermittlungen des Arbeitsamtes eine Stelle gefunden haben. Diese (auch) in den amtlichen Statistiken gebräuchlichen Ausprägungen (vgl. z. B. Kühl 1993) dürfen allerdings nicht als einander ausschließende Kategorien verstanden werden: Arbeitslose, die eigenaktiv eine Stelle erhielten, können ebenso vom Arbeitsamt Vermittlungsangebote erhalten haben, wie Personen, die über das Arbeitsamt vermittelt wurden, selber Bewerbungen unternommen haben.

Arbeitslosigkeit als "negative Abweichung" von der "normalen" Erwerbskarriere zu betrachten, bedeutet Reifikationen einzuführen, wenngleich diese Sicht oftmals dem Selbstverständnis der Arbeitslosen entspricht (vgl. Ludwig-Mayerhofer 1990, S. 367). Wie die Untersuchung von Mutz et al. (1995) zeigt, geraten unterschiedlich prekäre, "diskontinuierliche Erwerbsverläufe" in zunehmendem Maße zum Normalbild der Erwerbsbiographie. Je stabiler und länger die bisherige Erwerbsbiographie war, also je weniger Arbeitslosigkeitsphasen vorlagen, desto schlechter sind die Chancen, wieder eine Beschäftigung zu finden. So stellten die gleichen Autoren auf Basis einer Zugangsstichprobe (alle Zugänge zwischen 11/85 bis 10/86, N=1824) in einem süddeutschen Arbeitsamtsbezirk fest, daß nach einer Dauer von sechs Monaten ca. 60% derjenigen ohne vorangegangene Arbeitslosigkeitserfahrung immer noch arbeitslos sind. Die Wahrscheinlichkeit sinkt hingegen auf etwa 40% bei geringer vorangegangener Arbeitslosigkeitserfahrung (bis durchschnittlich 0,25 Phasen/Jahr) nimmt bis auf etwa 25% bei denjenigen mit häufigem Arbeitslossein (durchschnittlich einmal im Jahr und öfter) ab - allerdings oft unter Inkaufnahme von "Abwärtmobilität" (vgl. 1995, S. 81 ff.). Personen mit mehr (Wieder-) Beschäftigungserfahrung und - flexibilität finden früher wieder eine Arbeitsstelle. Problemfälle (z. B. Langzeitarbeitslose) werden daher eher unter denjenigen mit durchschnittlich längerer Arbeitslosigkeitserfahrung erwartet als unter Personen, die häufiger, aber kürzer arbeitslos waren (vgl. 1995, S. 101 ff.). Nach knapp einem halben Jahr sinken bei allen Gruppen die Wiederbeschäftigungschancen deutlich. Bei einer Verlängerung des Beobachtungszeitraumes auf 15 Monate erhöht sich nur bei vorher stabil und langfristig Beschäftigten die Wiederbeschäftigungswahrscheinlichkeit merklich: Von 42% auf 65% - allerdings liegt damit die Wahrscheinlichkeit, auch nach 15 Monaten keine Stelle zu haben, immer noch bei 35%.

Wer vor der Arbeitslosigkeitsmeldung in Ausbildung war, hatte im Verlaufe der ersten sechs Monate die höchste Übergangsrate in eine Erwerbstätigkeit: Die Wahrscheinlichkeit, immer noch arbeitslos zu sein, lag für diese Gruppe bei etwas mehr als 20%. Zuvor Beschäftigte standen mit etwa 35% bereits deutlich schlechter. Krankschreibung vor der Arbeitslosigkeit bedeutete die schlechtesten Chancen auf Wiederbeschäftigung: Nach sechs Monaten waren noch immer knapp 60% arbeitslos (vgl. 1995, S. 92 f.). Geschlecht und Familienstand beeinflussen ebenfalls den Übergang: Männer mit kleinen Kindern wiesen nach 6 Monaten mit weniger als 20% die geringste Wahrscheinlichkeit auf, noch arbeitslos zu sein, Frauen mit kleinen Kindern hingegen die höchste (etwa 90%). Mutz et al. (1995) vermuten dahinter strukturelle Gründe auf dem Arbeitsmarkt, da die Zahl der (Teilzeit-)Arbeitsplätze, die eine Kombination beider Bereiche, Erwerbstätigkeit und familiale Reproduktion, ermöglichen, zu gering ist. "Familienväter" hingegen stehen unter erheblichem, geschlechtsrollenstereotypem Zugzwang (vgl. 1995, S. 87 ff.).

Auch die Gruppe der vorübergehend Nicht-Erwerbstätigen ist heterogen. Zum einen kann ein dauerhafter Ausstieg (abgesehen von nicht sozialversicherungspflichtiger Tätigkeit) erfolgen, nämlich bei Rentnern. Daneben finden Ausstiege mit unbestimmtem Zeithorizont statt, der Abgang in die sog. "Stille Reserve". Kühl (1993) hielt z. B. für 1992 einen Anteil von ca. 54% (2,9 Mio.) an allen Abgängen aus der Arbeitslosigkeit fest, die *nicht* durch Aufnahme eines Beschäftigungsverhältnisses erfolgten. Da nicht weiter differenziert wird, fallen darunter auch diejenigen, die die Arbeitslosigkeit in Richtung Rente, Umschulung, Mutterschafts- bzw. Erziehungsurlaub, etc. verlassen.

Zu den Einflußgrößen, welche die Übergangsrate in die (vorübergehende) Nichterwerbstätigkeit erhöhten, zählen: Konjunkturelle, regionale, saisonale Faktoren, die auf den Stellenandrang einwirken. Bei hohem Stellenandrang steigt die Übergangsrate in die Nichterwerbstätigkeit an. (Hier dürften aber auch demographische Faktoren eine Rolle spielen!). Wer dem Arbeitsmarkt nur eingeschränkt zur Verfügung stand, war ebenfalls eher bereit, Nichterwerbsperson zu werden. Wer vor der Erwerbslosigkeit bereits Nichterwerbsperson war, beendet mit größerer Wahrscheinlichkeit seine Arbeitslosigkeitsepisode wiederum durch Nichterwerbstätigkeit, da diejenigen, die zuvor erwerbstätig waren, eine stärkere Bindung an das Erwerbsleben aufgebaut haben. Auch der Heiratsstatus war eine Größe: Ledige Männer gingen vergleichsweise häufiger in die "Stille Reserve" als Verheiratete. Ebenfalls nur bei Männern war signifikant, daß ein bestehender Anspruch auf Arbeitslosenunterstützung den Abgang in die Nichterwerbstätigkeit reduziert. Bei Frauen entsprachen die Raten weitgehend dem Erwerbsverhalten im Lebenslauf. Keine relevanten und/oder signifikanten Einflüsse ergaben sich hingegen aus der Schul- und Berufsbildung sowie der Mehrfacharbeitslosigkeit (vgl. Licht/Steiner 1990, S. 25 ff.).

2.3 Sozialhilfeempfang in der Arbeitslosigkeit

Wenn die im Arbeitsförderungsgesetz (AFG) festgelegten Zeiten für die Zahlung des Arbeitslosengeldes abgelaufen sind, kommt bei nachgewiesener Bedürftigkeit die Arbeitslosenhilfe zum Tragen. Parallel dazu (gelegentlich auch beim Arbeitslosengeld) greift die Sozialhilfe, wenn die Betroffenen bereits unter die Armutsgrenze gedrückt wurden.

Arbeitslosigkeit war 1988 für 34% (0,31 Mio.) aller Sozialhilfeempfänger*haushalte* Hauptgrund des Leistungsbezugs.[29] Auch im September 1989 bezogen 0,3 Mio. Haushalte mit mindestens einer arbeitslos gemeldeten Person Sozialhilfe, davon die Hälfte Ein-Personenhaushalte (vgl. Brinkmann et al. 1991). Von den 2,03 Mio. gesamtdeutschen Sozialhilfeempfänger*haushalten* des Jahres 1992 bezogen 30,5% (0,62 Mio.) die Unterstützung aufgrund von Arbeitslosigkeit, die damit zweithäufigste Ursache war. Damit erhielt 1992 insgesamt etwa ein Viertel aller Haushalte mit mindestens einer arbeitslosen Erwerbsperson Sozialhilfe. Nur 37,1% (0,23 Mio.) der Sozialhilfeempfängerhaushalte hatten Anspruch auf Arbeitslosengeld bzw. -hilfe.[30] Davon erhiel-

---

[29] Arbeitslosigkeit als Grund wurde dabei etwas überzeichnet durch eine veränderte, genauere Erfassung (z. B. die Hereinnahme erstmaliger Arbeitsplatzsuche, etwa nach der Ausbildung) (vgl. Brinkmann et al. 1991).

[30] Von den verbleibenden zwei Dritteln lag bei etwas mehr als der Hälfte (Transfer-)Einkommen vor, als Erwerbseinkommen, Kinder- und/oder Wohngeld. Das bedeutet aber auch, daß die verbleibenden 45,2% (0,17 Mio.) ohne (angerechnetes) Einkommen und damit *allein* auf die Hilfe zum Lebensunterhalt (HLU) angewiesen waren.

ten (u. a.) 59,1% (0,14 Mio.) Wohngeld, 48,4% (0,11 Mio.) Kindergeld (gegenüber nur 21,4% (0,08 Mio.) bei den Nicht-Leistungsempfängern) und 3,6% (0,008 Mio.) hatten Haushaltseinkünfte aus Erwerbsarbeit[31]. Familie zu haben, ist demnach relativ gesehen ein nicht unerheblicher Verarmungsfaktor während der Arbeitslosigkeit.

(Alleinstehende) Männer empfingen relativ fast doppelt so häufig Sozialhilfe aufgrund von Arbeitslosigkeit wie (alleinstehende) Frauen (41,3% (0,22 Mio.) bzw. 25,2% (0,09 Mio.)). Sozialhilfebezug bei Zwei-Eltern-Familien ist hingegen (ungeachtet der Kinderzahl) überproportional häufig - nämlich mit Anteilen zwischen 41% und 47% - durch Arbeitslosigkeit bedingt. Bei Ein-Eltern-Familien bestätigen sich die bereits erwähnten geschlechtsgruppenspezifischen Unterschiede in ähnlicher Höhe (vgl. Statistisches Bundesamt 1994, S. 51-61). Daneben zeigte sich Ende der 80er Jahre, daß der Anteil Arbeitsloser unter den Sozialhilfeempfängern mit zunehmender Ortsgröße anstieg, von 15-20% in kleineren süddeutschen Landkreisen, 20% in kleineren kreisfreien Städten bis auf etwa die Hälfte in Großstädten. Langzeitarbeitslose waren überrepräsentiert. Über 50% der Empfängerhaushalte erhielten seit mehr als einem Jahr Sozialhilfe, 27,1% seit mindestens vier und 10,2% seit fünf Jahren (vgl. Brinkmann et al. 1991, S. 158 ff.).

In der Diskussion um die "neue Armut" wird Arbeitslosigkeit als wichtiger Grund für den Sozialhilfebezug hervorgehoben (vgl. z. B. Hanesch 1995). In einer multimethodischen Längsschnittstudie über Bremer Sozialhilfeempfänger[32] stellte Buhr (1995) fest, daß "Arbeitslosigkeit (...) entgegen der herrschenden Meinung eher mit dem Risiko kurzfristiger als mit dem langfristiger Armut verknüpft" ist (1995, S. 160). Arbeitslosigkeit und Armut wären dann Ursachen und Auswirkungen, die im Rahmen des Aufbrechens der Normalbiographie entstehen, wobei die Diskontinuitäten und Risiken im Lebensverlauf auch bei materiell Bessergestellten die Möglichkeit eines vorübergehenden Absinkens in die Armut beinhalten. (Auch) Armut weist somit Dynamik auf, ist von heterogenen Zeitmustern durchzogen und hat damit unterschiedliche Auswirkungen auf die Biographie (vgl. 1995, S. 14 f.).

---

[31] Auf Personenebene bezogen, lagen für 1992 insgesamt 4,7 Mio. Empfänger von Sozialhilfe vor (bei zusammen 5,5 Mio. Fällen). Davon waren insgesamt 56% (1,1 Mio.), bei denen Arbeitslosigkeit den Hauptgrund für den Leistungsbezug bildete, wobei 26,7% (0,54 Mio.) noch (angerechnete) Leistungen nach dem AFG erhielten (vgl. Statistisches Bundesamt 1994, Fachserie 13, Reihe 2, S. 36; S. 61).

[32] Die Datenbasis für die quantitativen Analysen bildete eine 10%-Längsschnittstichprobe der Bremer Sozialhilfeakten (vgl. Buhr 1995, S. 18).

2.4 Arbeitslosigkeit in Baden-Württemberg und den untersuchten Bezirken

In Baden-Württemberg ist der sekundäre Sektor mit 46,9% sozialversicherungspflichtig Beschäftigten (Stand: Ende 1. Quartal 1996) gegenüber dem Bundesdurchschnitt (40,5%) etwas stärker besetzt, der tertiäre Bereich mit etwa 51,3% (gegenüber 56,9% auf Bundesebene) hingegen etwas schwächer (vgl. Landesarbeitsamt Baden-Württemberg 16/1996, Tab. 5; Bundesarbeitsblatt 2/1996, S. 141 f.). Im verarbeitenden Gewerbe dominieren die Bereiche, die in den 80er Jahren als "Wachstumsbranchen" gesehen werden konnten: Ziemlich genau vier Fünftel der Beschäftigten in der Investitionsgüterproduktion waren 1994 in den Wirtschaftsgruppen Maschinenbau (0,24 Mio.), Elektrotechnik (0,23 Mio.), Reparatur von Haushaltsgeräten (0,22 Mio.) sowie Straßenfahrzeugbau, Kfz-Reparatur (0,19 Mio.) tätig. Zusammen 11,7% (0,15 Mio.) aller Beschäftigten im sekundären Sektor arbeiteten in Wirtschaftszweigen, die ab den 80ern deutliche Beschäftigungsrückläufe zu verzeichnen hatten, so um 4,8% (0,06 Mio.) im Bereich Nahrungs- und Genußmittel (vgl. Statistisches Landesamt Baden-Württemberg 1994, S. 3 f.). Baden-Württemberg hat (neben dem anderen "Südland", Bayern) die bundesweit niedrigsten Arbeitslosenquoten, Anfang 1996 mit 8,1% sogar den bundesweit geringsten Anteil.[33] Diese Zahlen dürfen aber nicht über die z. T. erheblichen Binnendifferenzierungen und die damit verbundenen unterschiedlichen Problemlagen hinwegtäuschen. Auch muß der Eindruck vermieden werden, als seien "nur" 8,1% Arbeitslose eine unproblematische Größe: So zeigt die Entwicklung in den vergangenen Jahren - verglichen mit den 80ern - einen etwas ungünstigeren Verlauf, wobei sich die Landesquote näher an die Bundesquote heranschiebt (vgl. Amtliche Mitteilungen der Bundesanstalt für Arbeit, Sondernummern 1994, 1995) (vgl. Abb. 6). *Eine* Ursache dafür wird in der internationalen wirtschaftlich-politischen Entwicklung vermutet. Baden-Württemberg ist vergleichsweise negativ von der internationalen Arbeitsteilung und der regionalen Schwerpunktbildung in Europa betroffen, die seit der Öffnung der Grenzen und der Ausweitung des europäischen Wirtschaftsraumes in Richtung Osteuropa vermehrt auftrat (vgl. Löbbe/Schrumpf 1995).

---

[33] Daran hat sich auch ein knappes Jahr später (Stand: Ende Februar 1997) nicht viel geändert, nur beträgt die Quote mittlerweilen 9,2% (0,4 Mio.) (vgl. Landesarbeitsamt Stuttgart 3/1997).

Abb. 6: Arbeitslosenquoten Bundesländer (West) und Baden-Württemberg. Anteile an abhängig beschäftigten zivilen Erwerbspersonen.

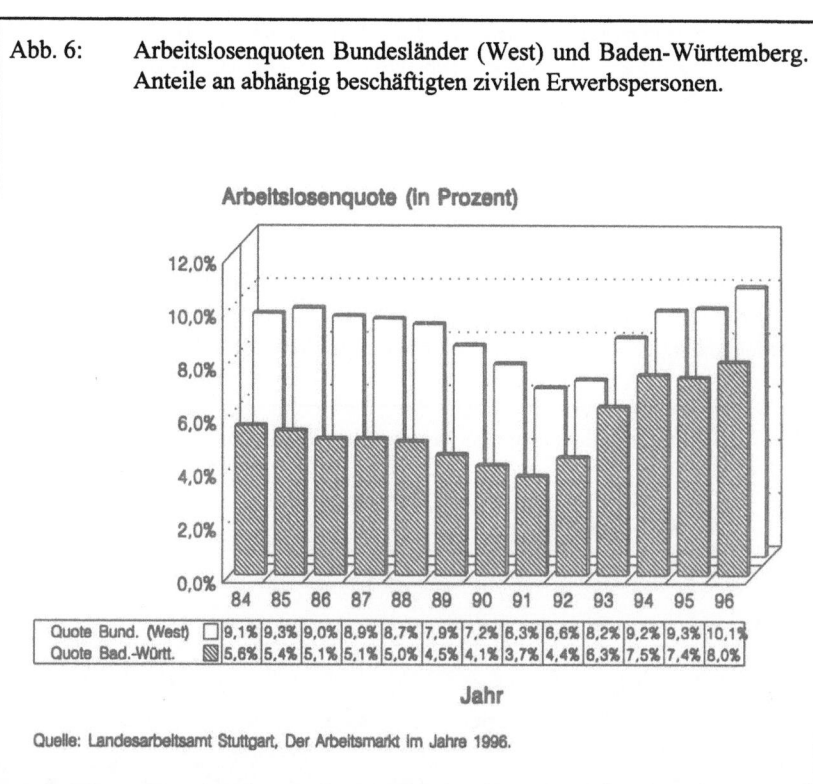

Quelle: Landesarbeitsamt Stuttgart, Der Arbeitsmarkt im Jahre 1996.

Zudem bestehen deutliche regionale Differenzierungen bei der Arbeitslosigkeitsbelastung, die mit von der jeweiligen Struktur des Arbeitsmarktes abhängen. Dies haben wir auch zu einer der Grundlagen bei der theoretisch begründeten Auswahl der Arbeitsamtsbezirke gemacht. Mit den Arbeitsamtsbezirken *Mannheim* und *Balingen* werden sog. "alte Industrieregionen" erfaßt, bei Mannheim die Chemieindustrie und im Bereich Balingen die Textilindustrie. Über den Arbeitsamtsbezirkt *Freiburg* soll die Auswirkung von Arbeitslosigkeit in einer eher durch Dienstleistung gekennzeichneten Region erfaßt werden. Der Bezirk *Ravensburg* ist gekennzeichnet durch eine mittelständisch-industrielle sowie agrarische Struktur. Ravensburg bildet insofern einen interessanten Gegensatz zu Balingen, als der Agrarbereich tendenziell eine Ausweich- bzw. Auffangmöglichkeit darstellt. Allerdings zielt die Untersuchung nicht überwiegend auf die Wirkung der regionalen Strukturmerkmale auf die Arbeitslosigkeit ab. Unser Schwerpunkt bezieht sich auf die Handelnden - Arbeitslose und ihre Angehörigen bzw. Familien - und ihre subjektive Wahrnehmung der eigenen und der allgemeinen Problemlage auf der einen Seite, sowie ihre Umgangs- bzw. Bewältigungsstrategien auf der anderen Seite. Dies wird jedoch, wie auch unsere Untersuchung zeigte, weniger von der (regionalen) Arbeitsmarktstruktur, als vielmehr von begünstigenden oder benachteiligenden Kombinationen aus personenbezogenen Merkmalen und solchen der sozialen Umwelt beeinflußt. Unterschiede zwischen den Arbeitsamtsbezirken waren daher auch zumeist darauf zurückführbar.

Vergleichen wir die Entwicklung der Arbeitslosigkeit in den ausgewählten Bezirken miteinander, dann fallen deutliche Unterschiede auf (vgl. Abb. 7).

Abb. 7:   Arbeitslosigkeit in den ausgewählten Bezirken. Jahresdurchschnitte 1984-1995

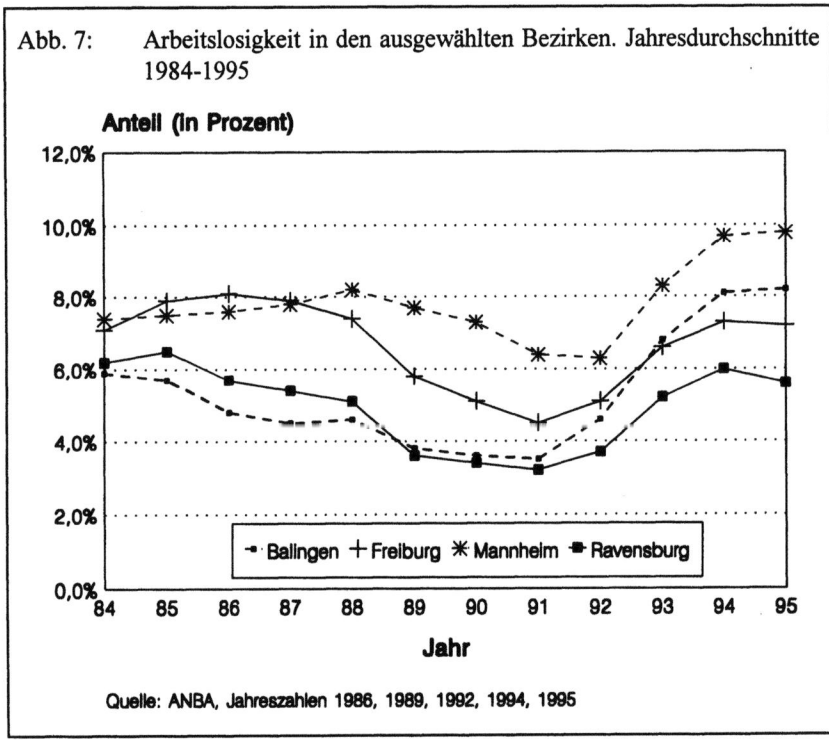

Seit Mitte der 80er Jahre erfolgten deutliche Verschiebungen zwischen den vier Bezirken hinsichtlich der Arbeitslosigkeitsbelastung und der Arbeitslosigkeitsentwicklung. Bis 1988 bestand eine Polarisierung in Mannheim und Freiburg einerseits, die jeweils höhere Werte aufwiesen, und Balingen und Ravensburg andererseits, wo die Lage

48

deutlich günstiger war. Mit 1992 fand in allen Bezirken eine langsame und 1993 eine gravierende Steigerung der Arbeitslosenquoten statt: In den 90ern wuchs ein regelrechter Arbeitslosenberg heran, dessen Gipfel noch nicht erreicht zu sein scheint.

Von der Arbeitslosigkeits*entwicklung* her gesehen steht Balingen mit Abstand am ungünstigsten: Der Bezirk mußte zwischen 1991 und 1994 eine Steigerung der Quote um das 2,5-fache hinnehmen. In Ravensburg verdoppelten sich im selben Zeitraum die Jahresdurchschnittsbestände, in Freiburg nahmen sie um drei Viertel zu, und im Bezirk Mannheim (von bereits relativ hohem Niveau aus) um zwei Drittel. Mitte der 90er Jahre hat Mannheim landesweit die mit Abstand größte Belastung auf sehr hohem Niveau (10-11%), Balingen und Freiburg liegen mit Quoten zwischen 7-9% im "mittleren" Bereich, und nur in Ravensburg blieb (trotz der relativen Steigerung) die (neben Nagold) landesweit günstigste Arbeitsmarktsituation weiter bestehen.

2.4.1 Arbeitslosigkeit und (Aus-)Bildung

Wer als qualifizierter Angestellter tätig war und/oder Gymnasium bzw. Oberschule besucht hatte, wies bis Anfang der 80er Jahre nur geringfügige Beschäftigungsrisiken auf (vgl. Andreß 1989, S. 17; S. 27 ff.). Mit den 90er Jahren nahm auch für diese Populationen das Risiko zu, wenngleich die Teilquoten immer noch deutlich unter der Gesamtquote liegen. Klems/Schmid (1990) stellen (in Frankfurt) eine "neue" Gruppe von Langzeiterwerbslosen fest, die *nicht* mehr den "klassischen" Kriterien (fehlende Berufsausbildung, niedriges Bildungsniveau) entsprechen. Zu fragen ist, ob dies eher für Regionen mit hohem Dienstleistungsanteil spezifisch ist. Dies könnte auch für unsere Untersuchung insofern von Bedeutung sein, als der Arbeitsamtsbezirk Freiburg ebenfalls einen relativ großen tertiären Sektor aufweist.

Der Anteil von Arbeitslosen *mit* abgeschlossener Berufsausbildung variiert in Baden-Württemberg deutlich je nach Teilpopulation. Unter allen Arbeitslosen sind es etwas mehr als die Hälfte (53%). Frauen haben mit 48,5% und Langzeitarbeitslose mit 46,6% einen etwas unterdurchschnittlichen Anteil. Auch bestehen nur geringfügige Unterschiede zwischen den Jüngeren (unter 25 Jahre) und den Älteren (55 Jahre und mehr): Jeweils etwas mehr als die Hälfte haben keine abgeschlossene Berufsausbildung. Am seltensten weisen mit 21,0% ausländische Arbeitslose eine abgeschlossene Berufsausbildung auf (vgl. Landesarbeitsamt Baden-Württemberg, Struktur 9/1995, S. 3). Wenn wir *nur deutsche* Arbeitslose (0,25 Mio.) einbeziehen (Stand: September 1995), dann sinkt der Anteil ohne abgeschlossene Berufsausbildung auf 37,4%. Der mit 47,4% größte Anteil weist eine betriebliche Ausbildung (Lehre) auf.

2,6% besuchten eine Berufsfachschule, 4,5% eine Fachschule, 2,8% die Fachhochschule und 5,3% hatten einen Universitätsabschluß.[34]

Die Akademikerarbeitslosigkeit (bezogen auf *alle* Arbeitslosen) variiert sichtlich: In Freiburg ist die Quote mit 15,7% am höchsten, wohingegen Balingen mit 3,2% den relativ geringsten Anteil aufweist. Ravensburg (6,6%) und Mannheim (6,2%) nehmen Positionen dazwischen ein und liegen in der Nähe des Landesmittels von 6,9%. (Der Bundesdurchschnitt war mit 6,4% etwas niedriger). In Baden-Württemberg (und - mit Differenzierungen bei der Altersgruppe 25-34 Jahre - in den ausgewählten Bezirken) bestätigt sich der Bundestrend, daß Akademikerarbeitslosigkeit überproportional in den Altersgruppen 25-34 Jahre sowie (etwas schwächer) 35-44 Jahre auftritt. Dies ist Ausdruck des geänderten Bildungsverhaltens (dafür spricht die starke Besetzung in der Kategorie 35-44 Jahre und die geringen Besetzungen in den höheren Altersgruppen), verdeutlicht aber auch, daß Akademikerarbeitslosigkeit in erheblichem Maße "Absolventenarbeitslosigkeit" ist, also deutlich auf Berufseinmündungsproblemen beruht (vgl. Landesarbeitsamt Baden-Württemberg, Struktur 9/1995, S. 14).[35]

2.4.2 Zur Altersstruktur der Arbeitslosigkeit

In Baden-Württemberg waren (Stand: Ende September 1995) insgesamt 0,36 Mio. Personen erwerbslos, darunter 13,4% Männer und Frauen unter 25 Jahre, 63,6% zwischen 25 und unter 55 Jahren und 23,2% 55 Jahre und älter. Die Verteilungen in den ausgewählten Arbeitsamtsbezirken differierten demgegenüber relativ geringfügig. *Ravensburg* wies mit 16,8% einen leicht höheren Anteil jüngerer, dafür aber (mit 18,5%) etwas weniger älterer Arbeitslose auf. *Freiburg* zeichnete sich durch eine relativ größere Besetzung in der Gruppe der 25 bis unter 55jährigen aus (70,2%), wobei dies der geringeren Zahl Älterer (16,8 %) geschuldet ist. Dies wird bei einer Differenzierung der "mittleren" Altersgruppen noch deutlicher. Dabei zeigt sich, daß in Freiburg sowohl gegenüber dem Landesdurchschnitt als auch im Vergleich mit den anderen Arbeitsamtsbezirken die Gruppen "25 bis unter 34 Jahre" sowie "35 bis unter 45 Jahre" z. T. merklich stärker besetzt sind. In *Mannheim* hingegen waren ältere Arbeitslose etwas häufiger als im Landesmittel vertreten (26,1%), bei den jüngeren

---

[34] Bereits Ende des 19. Jahrhunderts zählten Ungelernte, vor allem Hilfsarbeiter und Fabrikarbeiter ohne nähere Bezeichnung, zu den von Arbeitslosigkeit besonders Gefährdeten. Qualifizierte Arbeiter waren dagegen relativ gesehen deutlich seltener vertreten (vgl. Führer 1990, S. 13).

[35] Die Strukturanalyse vom September erfaßt Arbeitslosigkeit differenzierter als die monatlichen Bestandsstrukturen. Daher verwenden wir die älteren September- statt der aktuelleren März-Daten.

(12%) bestanden nur geringe Abweichungen. *Balingen* hingegen entsprach mit 14% (unter 25jährige) bzw. 21,8% (55 und älter) in etwa dem Landesdurchschnitt (vgl. Landesarbeitsamt Baden-Württemberg, Struktur 9/1995).

Werden entsprechend den Auswahlkriterien für die Stichprobe nur deutsche Arbeitslose herangezogen (zur forschungspraktischen Begründung: vgl. Kapitel 4), dann ergeben sich systematische Verschiebungen (Stand: 9/1995). Da die Kategorie Jüngerer (bis unter 25 Jahre) bei den ausländischen Arbeitslosen stärker besetzt ist als bei deutschen, sinken die Zahlen in diesen Altersgruppen etwas ab. Umgekehrt steigt die relative Zahl bei den Älteren (55 Jahre und mehr) deutlich an, da die Anteile Älterer unter den jeweiligen ausländischen Arbeitslosenpopulationen in etwa nur halb so groß sind wie unter den deutschen Vergleichsgruppen (Landesarbeitsamt Baden-Württemberg, Struktur 9/1995).

Abb. 8:   Arbeitslosenbestand nach Altersgruppen in den ausgewählten Bezirken. Deutsche Arbeitslose

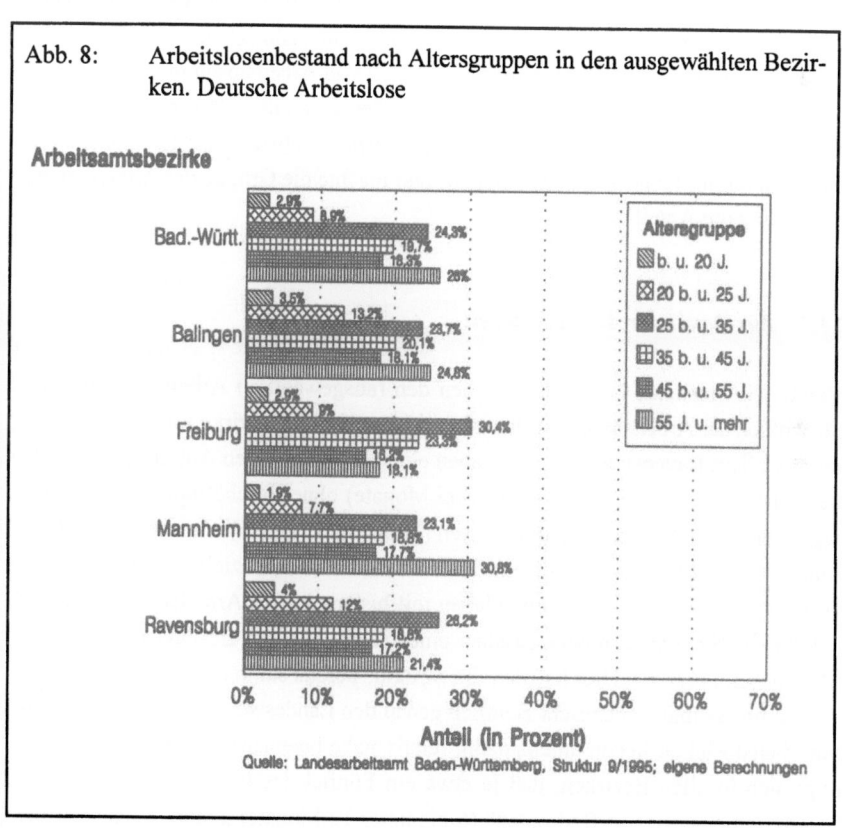

Quelle: Landesarbeitsamt Baden-Württemberg, Struktur 9/1995; eigene Berechnungen

51

Balingen (16,7%) und Ravensburg (16,0%) weisen weiterhin die größten Anteile Jüngerer (unter 25 Jahren) auf ((Post-)Adoleszentenarbeitslosigkeit) (vgl. Abb. 8). Zudem haben Ravensburg mit 21,4%, und Freiburg mit 18,1% - auch landesweit Jüngerer (unter 25 Jahren) auf ((Post-)Adoleszentenarbeitslosigkeit) (vgl. Abb. 8). Zudem haben Ravensburg mit 21,4%, und Freiburg mit 18,1% - auch landesweit (neben Schwäbisch-Hall) - die geringsten Anteile älterer Arbeitsloser (%55 Jahre und mehr). Demgegenüber ist der Mannheimer Bestand insgesamt älter und kann daher - wie auch der Blick auf die Langzeitarbeitslosen zeigt - eher als Bestand mit klassischen Problemgruppen angesehen werden. Ein deutliches Gewicht auf "noch jüngeren" Alterskohorten weist der Bezirk Freiburg auf. Dort ragt besonders die Gruppe der 25- bis unter 35jährigen (30,4%) auch im Vergleich mit dem Landesmittel hervor. (Vielleicht besteht hier eine höhere "Absolventenarbeitslosigkeit". Dafür spräche der im Landesvergleich mit 15,7% überproportional hohe Wert arbeitsloser Akademiker). Die Altersstruktur spiegelt sich auch bei der Langzeitarbeitslosigkeit wider. Hier weist der Bezirk Freiburg einen relativ größeren Anteil von Arbeitslosen in der Kategorie 35 bis unter 45 Jahre und eine relativ geringere Besetzung in der Gruppe der Älteren (55 Jahre und mehr) auf. Mannheim hingegen entspricht etwas mehr der "traditionellen" Struktur der Langzeitarbeitslosigkeit: hier machte die Gruppe der Älteren einen etwas größeren Anteil aus.

2.4.3 Zur Dauer der Arbeitslosigkeit

Welche Unterschiede bestehen zwischen den (ausgewählten) Arbeitsamtsbezirken hinsichtlich der Arbeitslosigkeitsdauer? (vgl. Abb. 9). Die Bezirke Freiburg (38,1%) und vor allem Ravensburg (41,3%) haben einen leicht größeren Anteil an Personen, die erst seit kurzer Zeit (weniger als drei Monate) ohne Beschäftigung sind. Dafür liegen die Werte bei Langzeitarbeitslosen (27,7% bzw. 24,2%) ein wenig unter dem Landesdurchschnitt. In Mannheim ist die Struktur tendenziell entgegengesetzt: Vergleichsweise weniger Personen leben mit bislang kurzer Arbeitslosigkeitsdauer (29,7%), dafür gibt es relativ gesehen einen leicht höheren Bestand an Langzeitarbeitslosen (36,3 %). Hier hat sich die Struktur bereits stärker verfestigt. Die Verteilung für Balingen entspricht ziemlich genau den Landeswerten, Kurz- und Langzeitarbeitslosigkeit liegen anteilsmäßig relativ nahe beieinander. Übereinstimmend zeigt sich in allen Bezirken, daß je etwa ein Fünftel des Bestandes zu den "von Langzeitarbeitslosigkeit Bedrohten" (6 bis unter 12 Monate) gehört. Wenn wir die Langzeitarbeitslosen in "Langzeit-" (12 bis unter 24 Monate) und "Überlangzeiterwerbslose" (24 Monate und mehr) trennen, dann haben Balingen und Mannheim je Anteile von knapp einem Fünftel Langzeitarbeitsloser, Freiburg und Ravensburg hingegen mit je knapp 15% etwas weniger. Überlang arbeitslos sind in Ravensburg ein knappes Zehntel, in Balingen und Freiburg etwa je ein Achtel. Mannheim hat hier mit mehr als einem Sechstel den relativ größten Wert (vgl. Landesarbeitsamt Baden-Württemberg, "Langzeitarbeitslosigkeit").

Abb. 9:   Arbeitslosigkeitsdauer in Baden-Württemberg und in den ausgewählten Bezirken. Deutsche Arbeitslose

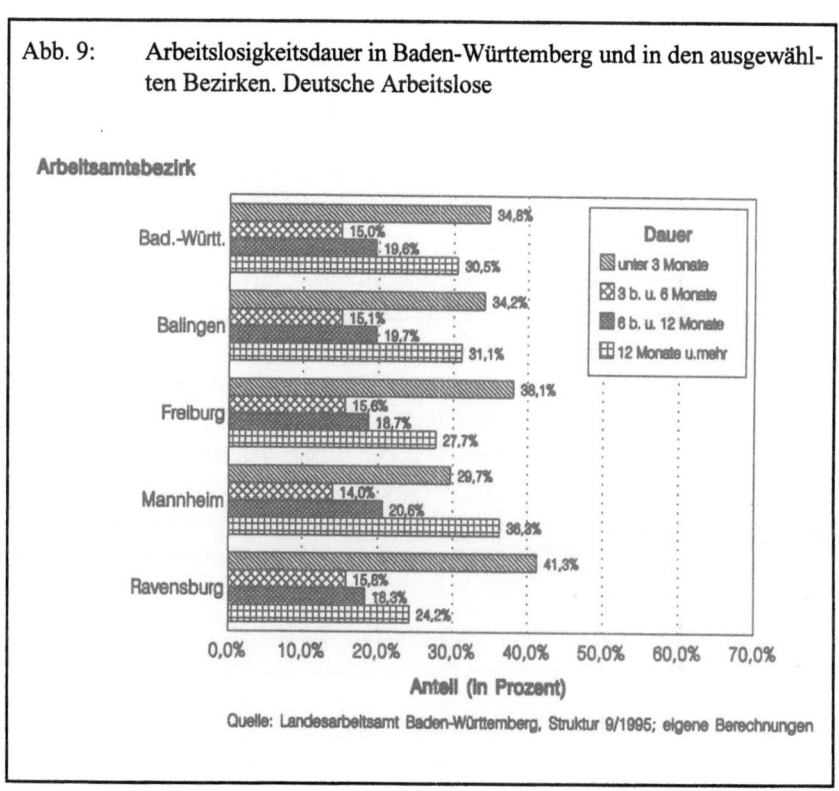

Zu den vermuteten Einflußgrößen zählen weiterhin Bildungsniveau und Lebensalter. Dabei weisen Akademiker bislang im Vergleich zur *Gesamt*arbeitslosenpopulation kürzere Episoden auf: Ihr Anteil (Über-)Langzeitarbeitsloser ist mit zusammen 25,2% etwas kleiner als der Landesdurchschnitt (30,2%), wohingegen der Anteil an Personen, die erst seit kurzem arbeitslos sind (bis 3 Monate) geringfügig größer ist (39,4% zu 35,6%). Auch hier unterscheiden sich die ausgewählten Bezirke voneinander: In Balingen (43,4%) und Ravensburg (46,7%) sind Akademiker deutlich häufiger

53

kurzzeitarbeitslos als in Freiburg und Mannheim (mit 37,1% bzw. 37,0%), und seltener überlang ohne Beschäftigung: Den 8,8% in Freiburg bzw. 7,3% in Ravensburg stehen je ein Achtel in den anderen Bezirken gegenüber.

Der Anteil Langzeitarbeitsloser, der im Landesmittel bei 30,2% (Stand: September 1995) lag, variiert daneben deutlich mit den Altersgruppen[36], wobei mit steigendem Lebenalter der Anteil Langzeiterwerbsloser zunimmt: von 3,7% bei den unter 20jährigen auf 54,1% bei den 55-jährigen und älteren (vgl. Landesarbeitsamt Baden-Württemberg, Struktur 9/1995, S. 2). Dabei differieren die Bezirke: Ravensburg gehört zu der Gruppe mit einem leicht unterdurchschnittlichen Anteil (48,8%), wohingegen in Mannheim mit 58,2% etwas überdurchschnittlich viele Ältere bereits ein Jahr und mehr ohne Beschäftigung waren. Balingen und Freiburg entsprachen etwa dem Landesmittel (Landesarbeitsamt Baden-Württemberg, Struktur 9/1995, S. 22/23). Die umfassendste (und möglicherweise hauptsächliche) Variation bei der Langzeitarbeitslosigkeit findet damit innerhalb der Altersgruppen statt. Bei allen übrigen demographischen und/oder sozialstatistischen Merkmalen - Geschlecht, Nationalität, (Aus-)Bildungsstand - traten durchaus beachtliche Variationen hinsichtlich belastender und weniger belastender Lagen auf. Diese erreichten jedoch nicht die Spannweite, die beim Alter zu verzeichnen war. Am deutlichsten trat dies noch beim Berufsbildungsstatus hervor: In der Gruppe Arbeitsloser mit abgeschlossener Berufsausbildung - sie machten 53% der Arbeitslosen aus - lag der Anteil Langzeiterwerbsloser bei 26,6%. Der Vergleichswert für die Population ohne entsprechende Ausbildung war mit 34,4% etwas höher (vgl. Landesarbeitsamt Baden-Württemberg, Struktur 9/1995, S. 2).

---

[36] Dies als Risiko für Langzeitarbeitslosigkeit in den einzelnen Altersgruppen zu interpretieren, wäre nicht angemessen, da die Risiken im Zeitverlauf variieren (können). Für Aussagen über entsprechende Risiken muß deshalb die Zugangskohorte herangezogen werden.

3 Arbeitslosigkeit unter den Bedingungen von Modernisierung

3.1 Arbeitslosigkeit und Modernisierung

3.1.1 Globalisierung und Internationalisierung

Arbeitslosigkeit ist eine Erfahrung, die exklusiv mit modernen (Industrie-)Gesellschaften zusammenhängt.[37] Anders als die bisher eher passageren "Entladungen" von Wirtschaften, deren Märkte ins Ungleichgewicht gerieten, zeichnet sich die seit Mitte der 70er Jahre bestehende Massenarbeitslosigkeit mit konjunkturabhängigen Schwankungen gerade durch ihre Beständigkeit aus, die sie quasi zu einem Strukturmerkmal aktueller Gesellschaften werden ließ. Aber (Massen-)Arbeitslosigkeit ist *kein räumlich-zeitlich unabhängiges* Phänomen, sondern in ihrem Aufkommen und ihrer Entwicklung auf der Makroebene von den Auswirkungen der Modernisierungsprozesse beeinflußt, denen moderne Gesellschaften ausgesetzt sind. Zum einen bildet sie eines der Momente einer "Industriefolgengesellschaft" (Beck 1991), weil die Universalität der industriellen Massen-Produktionsweise Mitte der 70er Jahre zur relativen Marktsättigung und an die Grenzen des linear gedachten Wachstums geführt hatte. Arbeitslosigkeit kam und kommt jedoch (auch) als Folge nationaler *und* transnationaler Veränderungen im technischen, wirtschaftlichen und (sozial-)politischen Bereich zustande, die einander ergänzen, sich überlagern und auf die Struktur des Beschäftigungssystems einwirken. Besonders hervorzuheben sind dabei die "Neuen Technologien" mit ihren Auswirkungen auf die technisch-organisatorische Seite der (Massen)Produktion, sowie die "Globalisierung" bzw. die "Internationalisierung der Arbeitsteilung", welche gerade auch aktuell die politisch-soziale Dimension der Arbeit merklich beeinflussen.

---

[37] Erst in bzw. mit "modernen" Gesellschaften entstand, aufbauend auf den arbeitsethischen Moralvorstellungen protestantischer Sekten (vgl. Weber 1973; Lepsius 1995) sowie als Mit-Folge der Entwicklung der "Produktivkräfte" (Marx 1971) das soziale Konstrukt der "Berufsarbeit" als stetige, rational (in Fabriken oder Ämtern) organisierte, zunehmend fachlich differenzierte Arbeit und mit ihr der "Lohnarbeiter" als "neuer Typus" des Arbeitenden. Erst auf dieser Folie konnte "Arbeitslosigkeit" überhaupt vorhanden sein.

Mit den letztgenannten Prozessen setzt sich die Universalität auf qualitativ erweitertem Niveau fort, nunmehr auch als vermehrter ökonomischer Austausch zwischen Industrie- und Schwellenländern (vgl. Paqué 1995). Die Voraussetzungen für diese Entwicklung entstanden mit der "dritten technologischen Revolution" (Elektronik und Biotechnologie), die bewirkt(e), daß die Weiterentwicklung der Wirtschaft in führenden Wirtschaftsnationen fortan unmittelbar durch technologische und wissenschaftliche Durchbrüche bestimmt werden wird (vgl. Bühl 1995, S. 55). Das Umstrukturieren von Produktionsabläufen oder das Einführen neuer Produktionsweisen kann prinzipiell "beschäftigungsneutral" erfolgen, führt aber sehr oft zu technologischer Arbeitslosigkeit (vgl. Jäger 1989).[38]

Das Schlagwort "Globalisierung" bezeichnet einen zunehmenden Grad an Handelsverflechtungen, der aufgrund seiner geänderten Qualität von Bedeutung ist (vgl. Paqué 1995, S. 4 f.): Politisch erwünscht ist ein weiter zunehmender, "intra-industrieller Handel" zwischen den Industrieländern mit dem Export von *Fertigwaren*, der bislang für Deutschland immer noch etwa 90% der Exporte ausmacht. Qualitativ neu ist ein zunehmender "inter-industrieller Handel" zwischen Industrie- und Drittweltländern (vgl. 1995, S. 5), der zu einer "internationalen Arbeitsteilung" führt(e). Damit findet eine "Universalisierung der Lohnarbeit" durch Auslagerung von Teilen der Produktion in neue Standorte in der "Dritten Welt" statt, was in den betroffenen Regionen eine "Fragmentierung von Arbeits- und Lebensverhältnissen" durch ein Nebeneinander von eher frühkapitalistischer Produktionsweise und traditionaler Lebensform zur Folge hat oder haben kann (vgl. Jäger 1989, S. 38).[39]

Sinkende Transport- und Kommunikationskosten machen (nicht nur) die ökonomische Welt kleiner, wodurch Unternehmen und Industriezweige "zunehmend die Möglichkeit [erhalten], die Wertschöpfung ihrer Produktion nach wirtschaftlichen Kriterien räumlich aufzuspalten, und zwar im weltweiten Rahmen" (Paqué 1995, S. 5), wodurch selbst im Hochtechnologiebereich standardisierte oder arbeitsintensive Produktionen in sog. "Niedriglohnländer" verlagert werden. Gerade in diesem Kon-

---

[38] Grundlegende Veränderungen in der Technologie sind oft mit spezifisch veränderten Unternehmensgrößen verbunden (vgl. Blair 1948). Entwicklungen in den USA deuten auf eine "Innovation durch kleine Unternehmen" (Abs/Audretsch 1992, S. 118 f.) hin, mit nicht zu unterschätzendem Beschäftigungseffekt: Während in Großunternehmen zwischen 1976 und 1986 etwa 100.000 Arbeitsplätze verlorengingen, schufen kleine Unternehmen zur selben Zeit 1,3 Mio. (vgl. 1992, S. 160).

[39] Es ist zu vermuten, daß, ähnlich wie im Verlaufe des okzidentalen Modernisierungsprozesses im 19. Jahrhundert, dort eine sukzessive Individualisierung einsetzt, die mit der Freisetzung aus traditionalen Lebensformen und der Entzauberung bestehender Muster der Weltinterpretation beginnt und zu neuen Formen einer sozialen (Re-)Integration führt (vgl. Beck 1986, S. 208).

text erlangt das Handeln "multinationaler Konzerne", der sog. "global players", erhebliche Bedeutung.

Gleichsam in Umkehr der Galtung'schen Überlegungen zur strukturellen Gewalt sieht Beckenbach (1984) eine Rückwirkung von den Ländern der Peripherie in die Ökonomien der "Zentren": Besteht überall eine grundlegende industrielle Infrastruktur, dann werden Löhne, Arbeitszeiten und Organisationsgrad der Arbeitnehmer von den Konzernen als "Standortbedingungen" definiert, mit denen sich in den Ökonomien der Zentren weitere Rationalisierungen legitimieren und durchsetzen lassen (vgl. Beckenbach 1984, S. 31)[40]: Es entsteht ein weltweiter "Standortwettbewerb", der zu struktureller Arbeitslosigkeit führen kann.

Die ökonomischen Veränderungen schlagen sich allerdings sektoren- und branchenspezifisch nieder. Zwischen 1980 bis 1991 weist der primäre Sektor einen erheblichen Beschäftigungsrückgang um 2,4 Prozentpunkte auf. Ebenfalls sinkende Beschäftigungszahlen (-0,5 Prozentpunkte) traten im sekundären Sektor auf, wobei dieses Absinken im europäischen Vergleich noch relativ moderat ausfiel: Frankreich verzeichnete im selben Zeitraum -1,7 Prozentpunkte, das UK sogar -2,3. Jedoch verlief die Entwicklung nicht für alle Branchen gleich: Der elektrotechnische Bereich (+0,6 Prozentpunkte), der Fahrzeugbau (+0,5), Maschinenbau und Metallerzeugnisse (jeweils +0,3) sowie die chemische Industrie (+0,1) hatten Beschäftigungszuwachs. Gravierende Rückgänge bestanden vor allem bei Textil, Leder und Bekleidung (-3,9 Prozentpunkte), aber auch bei Nahrung und Genußmittel (-1,5) sowie dem Baugewerbe (-1,2). Hingegen expandierte der Dienstleistungsbereich in den 80ern um +1,6 Prozentpunkte, wobei vor allem "marktbestimmte Dienstleistungen" mit 4,1 Prozentpunkten hervorzuheben sind (vgl. Löbbe/Schrumpf 1994, S. 22).

Damit zeichnet sich eine Trennung ab in vergleichsweise stabilere, modernisierungsintensive Kernsektoren (z. B. Werkzeugmaschinen- und Automobilbau, Chemische Industrie), in denen das Beschäftigungsrisiko in einer rationalisierungsbedingten Arbeitslosigkeit liegt. Daneben bestehen instabile, schrumpfende oder niedergehende Sektoren, wie z. B. Werften-, Stahl-, Bau-, und Textilindustrie, in denen Arbeitslosigkeit strukturell durch Stagnation, Auflösung oder Verlagerung in kostengünstigere Standorte bedingt ist (vgl. Jäger 1989, S. 39).

Der Strukturwandel bewirkt "schmerzhafte Anpassungsprozese" am Arbeitsmarkt

---

[40] Ironischerweise werden damit genau die Zustände erreicht, die Karl Marx als Grundlage für eine universelle Entfaltung des Kommunismus sah, nämlich die universelle Entwicklung der Produktivkräfte sowie - damit notwendigerweise verbunden - den universellen (Welt-)Verkehr als Möglichkeit, "endlich weltgeschichtliche und empirisch universelle Individuen an die Stelle der lokalen" (Marx 1971, S. 362) zu setzen.

(vgl. Paqué 1995, S. 8), wobei einfache Arbeit immer weniger nachgefragt wird. Zwischen 1973 und 1989 verschwanden 3 Mio. unqualifizierte Arbeitsplätze, und 5 Mio. qualifizierte entstanden. Ein guter Platz in der internationalen Arbeitsteilung läßt sich für die bisherigen Spitzennationen nur halten, wenn auf *Wissensintensität* bzw. *wissensintensive Güter* gesetzt wird. Eine Anpassung erfolgte bereits mit dem Generationswechsel und dem einhergehenden, besseren Ausbildungsstand der Jüngeren. Daneben sind intensive bildungspolitische Maßnahmen notwendig, um einer Dualisierung des Arbeitsmarktes in Anpassungsfähige versus Langzeitarbeitslose entgegenzuwirken (vgl. Paqué 1995, S. 9).

Insgesamt dürfen wir also *nicht* davon ausgehen, daß "Globalisierung" notwendigerweise zu einer freieren, größeren, gleicheren und gerechteren Welt führen muß (vgl. Bühl 1995). Im Gegenteil kann sie sich (auf der Makroebene) sogar aufgrund der nunmehr globalen Probleme einer begrenzten Welt, pluralisierter Akteure und der (mögliche) Störungen hervorrufenden Überlagerung von Eigendynamiken "sehr wohl verbinden mit Konzentration und wachsender Ungleichheit" (1995, S. 58). Die neuartigen, transnationalen Verflechtungen können dazu führen, daß Modernisierungsprozesse aufeinander einwirken und Rückkoppelungen in den beteiligten Ländern hervorrufen, die auf unterschiedlichen Wandlungsebenen liegen: Dann nämlich, wenn vermehrter Austausch stattfindet zwischen Gesellschaften im Übergang von eher traditionalen zu industriegesellschaftlichen Mustern (einfache Moderne) einerseits, und (westlichen) Gesellschaften im Übergang zur postindustriellen Moderne andererseits, in denen "industrielle" und reflexive" Moderne nebeneinander bestehen (vgl. auch: Giddens 1997; Beck 1986).

3.1.2 Zur "Krise der Arbeit(sgesellschaft)"

Offe (1984) verneint die Frage, ob Arbeit in der heutigen Gesellschaft noch *die* strukturprägende Wirkung in allen Gesellschaftsbereichen bzw. in alle Gesellschaftsbereiche hinein entfaltet, wie es für das 19. Jahrhundert von soziologischen Klassikern wie Weber, Marx oder Durkheim postuliert wurde - Gesellschaft zeige sich zunehmend weniger von Arbeit geprägt (vgl. 1984, S. 20), denn:

a. die (innerbetriebliche) Arbeitssituation wird heute als abhängig von Sozialpolitik und Unternehmensstrategien wahrgenommen (vgl. 1984, S. 14 f.).

b. Die Arbeitnehmerschaft wird inhomogener, so daß immer weniger von einer einheitlichen Bedeutung der Arbeit für die Beschäftigten auszugehen ist. Damit verliert sie jedoch ihre Bedeutung als "analytische Kategorie zur Erklärung sozialer

Strukturen, Konflikte und Handlungen" (1984, S. 21).

c. Die "Verpflichtungskraft arbeitsethischer Einstellungen" sinkt, so daß Arbeitende sich weniger als "moralisch handelnde Personen, als Träger von Pflichten bestätigen, bewähren und Anerkennung finden" (1984, S. 28 f.).

Als Gründe gerade für die letzte Position nennt er die "Diskontinuität der Erwerbsbiographie", eine abnehmende Lebensarbeitszeit[41] sowie das Auftreten von Massenarbeitslosigkeit und marginalisierter Bevölkerungsgruppen. Da mit keiner Trendumkehr zu rechnen sei, bestehe die Zukunft eher in einer "Spaltung" oder "Polarisierung" der Gesellschaft in "produktive Kerne" und alimentierte oder prekär beschäftigte Ränder, so daß für ihn "die Frage nach der 'Krise der Arbeitsgesellschaft' gerade im Hinblick auf die subjektive Relevanz und Wertigkeit der Arbeitssphäre positiv zu beantworten" ist (1984, S. 35)[42]. Neuere Entwicklungen in Technologie und (posttayloristischer) Arbeitsorganisation geben differenzierte Bestätigungen für diese Thesen, wobei vor allem auf Überlegungen zur tendenziellen Entdifferenzierung von "Arbeit" und "Leben" (vgl. Voß 1994) hinzuweisen ist.

Lassen also die Arbeitsmarktentwicklung und die weiterhin steigende Massenarbeitslosigkeit in zunehmendem Maße eine "gespaltene Gesellschaft" (Heinze 1984) entstehen, in der sich die Vorstellung von einer "Zwei-Drittel-Gesellschaft" in spezifischer Weise bestätigt, nämlich z. B. als Aufteilung in Beschäftigte/Nichtbeschäftigte oder Personen mit hohem vs. Personen mit geringem Arbeitslosigkeitsrisiko?[43] Bereits aus den 60er Jahren stammt das bekannte Diktum von Hannah Arendt, daß der Arbeitsgesellschaft die Arbeit ausgehe. Dahrendorf (1983) spitzte diese Aussage unter dem Einfluß der bereits entfalteten Massenarbeitslosigkeit auf die Annahme vom Ende der Arbeit und der Arbeitsgesellschaft zu, wobei er letztere gerade auf den (sozialpolitischen) "Erfolg der Arbeitnehmer" zurückführt (vgl. 1983, 29). Von einem

---

[41] Wobei dies zunächst zeitbezogen auf die 80er Jahre behauptet werden muß. Inzwischen soll sich unter dem Druck der Rentenfinanzierung der Trend nach dem Willen politischer Akteure längerfristig bis zum Jahre 2001 umgekehrt haben. In der betrieblichen Praxis verhindern jedoch Massenarbeitslosigkeit und die dabei vermehrt auftretende Freisetzung "älterer" Arbeitnehmer (mit 50 Jahren und mehr), die in Langzeitarbeitslosigkeit und/oder vorgeschobenen Ruhestand geschickt werden, die Umsetzung dieser Strategie. Von daher ist es auch fraglich, ob die neu beschlossene Altersteilzeit größere entlastende Arbeitsmarkteffekte bewirken kann.

[42] Müller (1996) sieht die "Krise der Arbeitsgesellschaft" als Folge von Globalisierung (mit Arbeitsplatz- und Gewinnexport ins Ausland und Import von Arbeitslosigkeit, Sozialstaatsabhängigkeit) mittlerweile eingetreten, was ein Bedürfnis nach "neuen Versorgungsmodellen" bewirke.

[43] Um Verzerrungen durch die Konstruktion von "Substanzen" zu vermeiden, gilt es zu beachten, daß diese Aufteilung keine Festschreibung in Dauerbestände bedeutet. Änderungen der Arbeitsmarktbedingungen lassen sehr wohl Wanderungen zwischen diesen beiden Gruppierungen zu - "die Zuordnung zum "Verlierer-Drittel" ist revidierbar" (Ludwig-Mayerhofer 1990, S. 346).

"Ende der Arbeitsgesellschaft" zu reden, erachtet Büchtemann (1984) hingegen als unangemessen. Eine "Krise der Arbeitsgesellschaft" ist allerdings nicht auszuschließen, wenn es nicht gelingt, die nicht (mehr) effektiven Verteilungs- und Steuerungsmechanismen für die gesellschaftliche Arbeit zu verändern (vgl. 1984, S. 93).

Die fachlich spezialisierte Arbeit wurde in der Moderne zunehmend das (idealtypisch: alleinige) Mittel für die Sicherung des Lebensunterhalts und führte darüber zur "Zwangs"-Modernisierung immer größerer Bevölkerungsteile (vgl. Bonß et al. 1984, S. 172; S. 177). Die gegen Ende des 19. Jahrhunderts einsetzenden sozialstaatlichen Maßnahmen sind (politisch motivierte) Instrumente gegen die Risiken aus dieser Beschränkung.[44] Besonders ab der Nachkriegszeit erlangten sozialstaatliche Maßnahmen eine immer größere Bedeutung für die Einkommenserzielung der Haushalte und vergößerten zudem die Sozialstaatsklientel (vgl. u. a. Hartwich 1996). Jedoch sieht auch das deutsche Sozialstaatsmodell die Einkommenserzielung und damit die (eigene und die familiale) Existenzsicherung vorrangig auf Basis der Erwerbsarbeit vor. Ansprüche auf staatlich organisierte Versicherungs- und Sozialleistungen sind demgegenüber nachrangig und zudem im Falle der Lohnersatzleistungen (bei Arbeitslosigkeit und im Krankheitsfalle) an das Normalarbeitsverhältnis gebunden. Damit bilden Vollbeschäftigung (mit vollem tarif-, arbeits- und sozialrechtlichem Schutz) und existenzsichernde Beschäftigungsverhältnisse die unabdingbare Grundlage für den Fortbestand dieses Modells (vgl. Hanesch 1995, S. 14; Habermas 1985, S. 147). Jedoch wirken Massenarbeitslosigkeit, unsichere Beschäftigungsverhältnisse, Zeitarbeit und Teilzeitarbeit dem entgegen. So kann durchaus vom Ende der arbeitsgesellschaftlichen Utopie ausgegangen werden, nach der die abstrakte, marktgesteuerte und rational-betriebsförmig organisierte Erwerbsarbeit strukturbestimmend für die Gesellschaft ist (vgl. Habermas 1985, S. 145). Daneben greift eine weitere Entwicklung, die im Kontext der Globalisierungs- und Internationalisierungsprozesse steht und den Sozialstaat mit erheblichen finanziellen Problemen konfrontiert, nämlich die "strukturelle Entkopplung von Wirtschaftswachstum und Beschäftigungslage" (vgl. Olk 1986, S. 290; vgl. auch Dahrendorf 1983, S. 27): So verzeichnete die deutsche Wirtschaft 1996 den bislang größten Exportüberschuß, der Arbeitsmarkt aber kontinuierlich

---

[44] Daß diese Betrachtung von Berufsarbeit idealtypisch ist, zeigt sich gerade an der Entwicklung unterschiedlicher Formen von Unterstützungssystemen in den Industrieländern, bedingt durch die Erfahrungen mit Wirtschaftskrisen und Arbeitslosigkeit und befördert in politischen Auseinandersetzungen: Sie sehen z. B. spezifische Formen von Einkommensersatzleistungen für den Fall der Arbeitslosigkeit vor. Überhaupt ließ die Entwicklung des Wohlfahrts- bzw. Sozialstaates (nicht nur) in Deutschland einer wachsenden Zahl von Bürgern staatliche Transfereinkommen zukommen, z. B. durch Kindergeld, Erziehungsgeld oder Wohngeld, so daß Lepsius (1978) in Erweiterung der Weber'schen Kategorien von "Versorgungsklassen" sprach.

wachsende Arbeitslosenzahlen. Damit gerät die offene Frage, wie zum einen das System der Erwerbsarbeit, zum anderen das System sozialer Versicherungen so umstrukturiert werden können, daß der Sozialstaat finanzierbar bleibt, ins Zentrum der Aufmerksamkeit.[45] Die diversen Überlegungen zu den Defiziten der bestehenden Ordnung münden dabei in Vorstellungen von einem Umbau oder (je nach Ordnungskonzept mehr oder weniger radikalen) Abbau des Sozialstaates, unterziehen den Sozialstaat auf jeden Fall aber einer "Entzauberung(spolitik)". Massenarbeitslosigkeit führt damit im Kontext der wirtschaftlichen Gesamtentwicklung zu gesellschaftlichen Veränderungen, die ebenfalls (und negativ wahrgenommen) individualisierend wirken, nämlich als erzwungene Freisetzung aus gewohnten, Sicherheit gebenden Strukturen.[46]

3.1.3   Von der Kontinuität zur Diskontinuität

Als Folge der Pluralisierungs- und Individualisierungsprozesse traten Veränderungen im Ungleichheitsgefüge auf, die auch Resultat veränderter Wahrnehmungen von Ungleichheit sind. Die Überlegungen zur Pluralisierung (z. B. von Lebensformen, Lebensstilen, Milieus) beziehen sich letztlich negativ auf das "konventionelle" (Lebensführungs)-Modell der industriegesellschaftlichen Moderne mit ihren standardisierenden, Alltag und Lebenslauf in der zeitlichen Abfolge strukturierenden "Normallösungen", wie z. B. der Normalbiographie, der Normalfamilie, dem Normallebenslauf oder dem Normalarbeitsverhältnis.

Der *Normallebenslauf* postuliert eine (relativ) stabile, zeitlich aufeinanderfolgende Reihung von familialer, schulischer und beruflicher Sozialisation (sowie den Berufseintritt) bis hin zu Partnerwahl und Familiengründung als (fiktivem) Idealtyp. Mit dem *Normalarbeitsverhältnis* ist eine ebenfalls "stabile, sozial abgesicherte, abhängige Vollzeitbeschäftigung" (Bosch 1986, S. 165) gemeint, als Lohnarbeitsverhältnis mit unbefristetem Arbeitsvertrag, ganzjährig mit angemessener tarif- und sozialrecht-

---

[45]   Zu den Überlegungen gehören z. B. verstärkte Lohnzurückhaltung (vgl. Schettkatt 1996), Abbau "versicherungsfremder" Leistungen der Arbeitslosenversicherung (vgl. Mackscheidt 1991), Flexibilisierung von Arbeitszeiten, Integration atypischer Beschäftigungsformen (vgl. Walwei 1996), aber auch deutliche Forderungen nach umfassenderem Leistungsabbau und mehr abwärtsgerichteter Mobilität (vgl. Hartwich 1996; kritisch dazu: vgl. Kühl 1996).

[46]   Eine Entwicklung, die im politischen Diskurs mit einer Stärkung des unscharf definierten und politisch instrumentalisierten Subsidiaritäts-Gedankens zuungunsten des Solidaritäts-Gedankens einherging. Gemeint waren aber im wesentlichen Staatseinschränkung, Entbürokratisierung bzw. Entprofessionalisierung des Wohlfahrtsstaats sowie Einsparungen (vgl. Heinze 1986).

licher Absicherung (vgl. Kühl 1996). Eher idealtypisch wird dabei von einem ultrastabilen, kontinuierlichen Erwerbsverlauf vom Ende der Ausbildung bis zum Renteneintritt, mit nur vorübergehenden Unterbrechungen und einer mit dem Alter erhöhten Beschäftigungsstabilität ausgegangen (vgl. Mutz et al. 1995, S. 131). Allerdings ist die Normalität des Normalarbeitsverhältnisses insofern ein Wahrnehmungsphänomen, als erst durch seine Bedrohung bewußt wird, was als "normal" galt (vgl. Mückenberger 1986, S. 115).

Der Erosionsprozeß industriegesellschaftlich-universalistischer Normallösungen (vgl. Hradil 1990; 1991) bewirkt Pluralisierung, also eine Zunahme an legitimen Optionen für die Gestaltung der einzelnen Lebensbereiche. Daß dieser Prozeß weder uneingeschränkt positiv ist - im Sinne einer reflektierten Wahlfreiheit für die Subjekte - noch überhaupt ausschließlich den Subjekten zugute kommt, zeigt (auch) die Entwicklung im Bereich der Erwerbsbiographie.

Mit dem Normalarbeitsverhältnis wird ein "sozial- und arbeitspolitisches Leitbild", ein normatives Wirklichkeitsverständnis verabschiedet (vgl. Mückenberger 1986, S. 116), das Stabilität und Berechenbarkeit verlieh. Seine Errosion erfolgt(e) durch die bereits zwei Jahrzehnte bestehende Massenarbeitslosigkeit und das zunehmende Aufkommen von Teilzeitarbeitsverhältnissen, Zeitarbeitsverträgen und Leiharbeit (vgl. Beck 1986, S. 228 ff.; Rosner 1990, S. 99).[47] So nahm zwischen 1984 und 1993 der Anteil Teilzeitbeschäftigter (West) an allen Erwerbstätigen von 11,6% auf 16,6% (4,8 Mio.) zu (vgl. Walwei 1996, S. 29). Auf der Biographieebene sinkt dadurch tendenziell der Einfluß der Arbeit auf das Zeitbudget von Handelnden (bzw. Haushalten). Diese Entwicklungen beförderten ab Mitte der 80er Jahre eine Taylorisierung auf zeitlicher und vertraglicher Ebene (vgl. Beck 1986, S. 233), wobei ein "System flexibler, pluraler, dezentraler Unterbeschäftigung" (vgl. 1986, S. 227) entstand bzw. weiter entsteht, das die Risiken der Individualisierung auf die Subjekte abwälzt. Zu fragen ist jedoch, inwieweit sich diese "neue" Taylorisierung entfaltet: Denn nur dann könnte sie zu einem relevanten Merkmal für den Übergang in eine nachindustrielle Moderne werden.[48]

Die Auswahl der Optionen (von vollzeit bis geringfügig beschäftigt) kann dabei von den Nachfragern nach Arbeitskraft relativ flexibel, d. h. im Sinne der Interpretation der Marktlage, gehandhabt werden (vgl. auch: Brose 1986, S. 112). Ebenso

---

[47] Es war immer nur handlungsleitende Fiktion, da es zu jeder Zeit von prekären oder atypischen Formen durchbrochen wurde (vgl. Mückenberger 1990).

[48] Walwei (1996) sieht in der Integration "atypischer Beschäftigungsverhältnisse", die eine Brücke zur normalen Beschäftigung bilden, eine Möglichkeit zur schonenden "Modernisierung des Arbeitsmarktes" (vgl. 1996, S. 34).

können Erwerbstätige atypische Beschäftigungsverhältnisse vermehrt wünschen, um die Lebensbereiche Familie und Beruf zeitlich besser vereinbaren zu können. Daheim (1992) warnt davor, daß diese Veränderungen auch nicht-intendierte Folgewirkungen haben. Die Flexibilisierung stellt das Normalarbeitsverhältnis in Frage mit der Folge von Dequalifizierung, aber andererseits auch Reprofessionalisierung. Dieser "Wandel der Erwerbsverhältnisse scheint die bereits erledigt geglaubte 'soziale Frage' neu zu stellen, was längerfristig durchaus politische Legitimationsprobleme schaffen könnte" (1992, S. 23 f.).

Damit findet ein Systemwandel der "Arbeitsgesellschaft" durch spezifische Wandlungen des (Teil-)Systems der Erwerbsarbeit statt (vgl. Beck 1986, S, 222). Die Folge dieser neuen Entwicklung kann Normalität sein, bedingt durch einen Bedeutungsverlust der Arbeit und/oder eine Normalisierung von Arbeitslosigkeit in der Wahrnehmung. Auf der Mikroebene ändert sich die Verortung der Berufsarbeit in der Biographie. Unterschiedlich ausgeprägte Diskontinuitäten in der (individuellen) Erwerbsbiographie werden in zunehmendem Maße Normalität (vgl. Mutz et al. 1995). Das Erfahren von Arbeitslosigkeit gerät zum integrativen Bestandteil einer modifizierten Normal-(Erwerbs-)Biographie, wobei auch Personen mit mehr oder weniger instabiler Erwerbskarriere in der subjektiven biographischen Wahrnehmung von einem normalen Erwerbsverlauf ohne "richtige" Arbeitslosigkeit ausgehen (vgl. Mutz et al. 1995, S. 132). Objektiven Veränderungen auf der Mikro-Ebene versuchen die Akteure auf der Ebene der subjektiven Interpretation, so weit es geht, mit Normalitäts- bzw. Normalisierungsmustern zu begegnen.

Ebenso vorstellbar ist eine gleichzeitige Zunahme der Konflikte bzw. Konfliktpotentiale. So können die Konfliktlinien um die neuen bzw. nach den 70er Jahren erneut ungleichheitsrelevanten Dimensionen der Verfügung über einen Arbeitsplatz (beschäftigt versus arbeitslos), der Arbeitsplatzsicherheit (prekäre versus stabile Beschäftigungsverhältnisse) und der sozialen Sicherung sich verschärfen. Als eine neue, posttayloristische Dimension mit erheblichem Konfliktpotential könnte sich die Ganzheitlichkeit der Arbeitsinhalte erweisen, also die Polarisierung in qualitativ hochwertige Arbeitsplätze mit hohem Befriedigungspotential versus einfache Arbeitsplätze ohne diese Qualitäten.

An der Bedeutung der Lohnarbeit, Mittel gegen die Armut zu sein, ändert sich inhaltlich wenig. Sie dient weiterhin trotz der Sozialeinkommen als wichtigstes Mittel gegen eine relative Armut, wenngleich Sozial- und Transfereinkommen wie Wohngeld, Kindergeld, Erziehungsgeld für nicht unerhebliche Bevölkerungsteile eine wichtige Ergänzung und für weitere Teile der Population eine Basis gegen das Abgleiten in die Armut bilden. Gerade im Übergang in eine nachindustrielle Moderne hängen die Möglichkeiten, soziale Lebensziele wie z. B. Partizipation, Verwirklichung eines (autonomen) Selbstentwurfes oder Lebensstils durchführen zu können, besonders mit zunehmendem Lebensalter von der Erwerbsarbeit ab. Mit dem Eintritt von Arbeitslosigkeit werden - in Abhängigkeit vom sozialen Kontext der Betroffenen: Single, Paarbeziehung oder Familie - die Chancen dazu mehr oder weniger deutlich reduziert. Arbeitslose werden (aufgrund ihres potentiellen Zurückgeworfenseins auf Sozial- und Transfereinkommen) die Möglichkeiten einer Individualisierung (bei der Lebensplanung oder Lebensführung) kaum nutzen können, so daß möglicherweise für diese Population - besonders mit zunehmender Dauer der Erwerbslosigkeit - nurmehr industrielle Lebensformen möglich werden könnten (vgl. Vetter 1991).

3.1.4 Arbeit und Leben: Entdifferenzierung und Polarisierung

Die Auswirkungen der technologischen und organisatorischen Veränderungen betreffen auch das "Verhältnis von öffentlicher Erwerbstätigkeit und privatem Leben" (Voß 1995, S. 23), das zwar konkret eher auf der Mikroebene der Akteure und Netzwerke wirkt, aber einen Indikator für (makrostrukturellen) sozialen Wandel abgibt.[49] Das Verhältnis von Arbeit und persönlichem Alltag bzw. eigener Freizeit ändert sich, einmal auf einer *formal-organisatorischen* Ebene, zum anderen auf der *Persönlichkeits- bzw. Identitätsebene.*

Konstitutiv für Arbeit in der industriegesellschaftlichen Moderne ist (u. a.) die Trennung zwischen den Orten des Wohnens und den Orten des Arbeitens (vgl. Weber 1980, S. 552). "Der Arbeiter wird sozusagen kaserniert und den ganzen Tag über seiner Familie entzogen" (Durkheim 1988, S. 439). Diese Differenzierung, welche die Lebensweise in einer industriegesellschaftlichen Moderne (mit)kennzeichnet, löst sich mit dem Übergang in eine "andere Moderne" objektiv auf. Am sichtbarsten wird dies bei den quantitativ (noch?) nicht herausragenden (PC-)Heimarbeitsplätzen, bei denen die räumliche Trennung minimiert bzw. aufgehoben ist.

Noch wichtiger scheint jedoch, daß andererseits bei Weiterbestehen der räumlichen Trennung der damit verbundene Unterschied für das Subjekt verschwimmt: *Leben* und *Arbeit* sind unter den neuen Produktionsstrukturen für eine zunehmende Zahl von Beschäftigten insofern nicht mehr eindeutig gegeneinander schließbar, da eine qualita-

---

[49] Das historische Beispiel dafür bilden die ökonomischen Veränderungen im Kontext des beginnenden Industrialisierungsprozesses, die einen geschichtlich neuen Begriff von Arbeit entstehen ließen, der *eine* Mitvoraussetzung für die Entfaltung der Moderne bildete.

tiv geänderte Arbeitswelt vermehrt einen ganzheitlichen Zugriff auf die Persönlichkeit des Beschäftigten anstrebt (vgl. Kern/Schumann 1983; Rosner 1990; Voß 1994).[50] Daraus resultiert aber nicht mehr die tradierte, mythisch überhöhte Identität von (manueller) Arbeit und Leben, wie sie bei klassischen Industriearbeitern bestand. Statt dessen wirken neue, posttayloristische Formen der Arbeitsorganisation (wie lean production), die den "doppelten Bezug auf Arbeit" - Lohnarbeiter und Produzent - neu gestalten. Dabei ändert sich die Produzenten-Perspektive; Arbeit erhält für das Subjekt eine geänderte Bedeutung (vgl. Kern/Schumann 1983, S. 355 ff.). Daraus entstehen bei den betroffenen Arbeitnehmern neue "Reproduktionskonzepte", wodurch sich das gesellschaftliche Verhältnis von "Arbeit und Leben" möglicherweise grundlegend wandelt (vgl. Voß 1994, S. 269). Posttayloristische Produktionskonzepte streben eine schonende Erfassung und Nutzung der "ganzen Person" des Arbeitnehmers an, denn der Arbeitende gilt als wertvolle "Quelle noch weitgehend brachliegender, vielfältiger Ressourcen" (1994, S. 275), ein durch seine Individualität bedeutsames Kapital. Damit geraten vermehrt Bereiche des (Privat-)Lebens - und damit der Persönlichkeit - in den (in-)direkten betrieblichen Zugriff. Arbeit und Leben durchdringen sich gegenseitig, die Teilung beider Bereiche verwischt, wird kompliziert und gerät auf eine systemisch "höhere" Ebene (vgl. Voß 1994, S. 284 f.). Arbeit wird damit einmal abgewertet, zum anderen aber, da sie nun in besonderer Weise zur Späre der Selbstentfaltung und Individualisierung[51] gerät, stark aufgewertet. Allerdings werden die Erwerbspersonen gespalten in die "Kerngruppen der Beschäftigten", denen der Posttaylorismus solche positiven Effekte vermitteln kann, und in die - auch durch Arbeitslosigkeit - ausgegrenzten Verlierer dieser Entwicklung (vgl. Kern/Schumann 1983, S. 359): Ihre Arbeits- und Lebensverhältnisse werden segmentiert, ihnen bleiben tendenziell nur privatistische Rückzüge in die Freizeit, und statt einer Arbeitswerte- wird vermehrt eine Hedonismus-Orientierung auftreten (vgl. Voß 1994, S. 289 f.). Dies könnte sich auch negativ auf die Qualität ihrer Lebensführung auswirken, da

---

[50] Allerdings darf nicht vergessen werden, daß die Handelnden in vielfältiger Weise in soziale Netzwerke mit unterschiedlichem Grad der Nähe eingebunden sind, wie z. B. Familie, Verwandtschaft, Freundes- und Bekanntenkreise, etc., so daß eine Analyse dieser Veränderungen nicht nur auf den einzelnen Handelnden beschränkt bleiben kann.

[51] Allerdings meint Individualisierung nicht mehr den Prozeß, der im Übergang *in* die industriegesellschaftliche Moderne gemeint war - im Sinne eines erfolgreichen, heroischen männlichen Subjekts, das "seines Glückes Schmied" war (vgl. auch: Keupp 1990). Individualisierung findet heute unter den z. T. widersprüchlichen Bedingungen von Gesellschaft im Übergang *aus* der industriegesellschaftlichen Moderne heraus statt und ist gekennzeichnet durch ein Bedürfnis nach eigenverantwortlicher Lebensplanung und Lebensorganisation mit einem erfüllten Sich-Einbringen in die verschiedenen Lebensbereiche.

die Möglichkeit für eine relativ autonome, zunehmend leistungsfähigere und sozial aufgewertete Lebensführung, die sich an der Vereinbarmachung unterschiedlicher *persönlicher* Lebensziele (zu denen auch eine neue Qualität von Arbeit gehört) ausrichtet, gerade durch den Einfluß bzw. Zugriff der betrieblichen Sphäre entsteht (vgl. 1994, S. 282).

3.2 Zur Lebensführung in der Arbeitslosigkeit

3.2.1 *Arbeitslose: produktiv realitätsverarbeitend*

Arbeitslosigkeit stellt für die Betroffenen einen gravierenden Einschnitt in die Biographie dar, der mit zunehmender Dauer immer schwerer verarbeitbar sein kann (vgl. auch: Hess et al. 1991). Allerdings sollten wir vermeiden, die Diskussion zu sehr auf einen *Belastungsdiskurs* hin auszurichten, weil die Perspektive dadurch so verengt werden kann, daß Arbeitslose ausschließlich oder überwiegend in einer Opferrolle gesehen werden. Dann geriete die Betrachtung in das Fahrwasser eines *Verelendungsdiskurses*, der die Betroffenen zu Opfern der herrschenden Umstände macht und ihnen den Status von handelnden Subjekten analytisch weitgehend abspricht (vgl. Bonß et al. 1984, S. 160). Neben der "konzeptuellen Entropie" des Belastungsdiskurses fallen auch "mechanistische Fehlschlüsse des Pathologiemodells" (Bonß et al. 1984, S. 164) ins Gewicht, da eine depressive Reaktion sowohl Verarbeitungsstadium sein kann (mit anschließender, grundlegender Änderung von Lebensplänen und -zielen), als auch Ausdruck einer "Demoralisierung" (mit Apathie, Resignation und Perspektivelosigkeit) (vgl. 1984, S. 165). Internationale Befunde aus der *differentiellen Arbeitslosenforschung* zeigen hingegen, daß der "Verlust von Arbeit kein für alle Personen identischer Stressor ist" (Bonß et al. 1984, S. 164; vgl. auch Dürr 1984, S. 235). So vertritt Froese (1994) die Annahme, daß Arbeitslosigkeit von bestimmten Populationen durchaus auch als Chance gesehen werden kann, etwas Neues anzufangen.

Aus dieser Sicht, die sich ab den 70er Jahren durchzusetzen begann, gelten die traditionellen, plausiblen Modelle über die Reaktionsmuster von Arbeitslosen gerade aufgrund ihrer nivellierenden und generalisierenden Tendenz als stark relativierungsbedürftig (vgl. Dürr 1984). Dies bezieht sich wesentlich auf die (sozialpsychologischen) Vier-Phasen-Modelle, die angelehnt an Eisenstein/Lazarsfeld (1938) entwikkelt wurden und eine Verhaltensabfolge postulier(t)en, die vom Schock hin zur optimistischen Arbeitssuche, dann zu Angst und Pessimismus bis hin zum Fatalismus als

Endzustand reicht (vgl. Eisenstein/Lazarsfeld 1938; Harrison 1978; zur Kritik: Dürr 1984; Kronauer et al. 1993). Büchtemann (1979) fordert daher, sich zunächst auf Meßbares zu beschränken, um (deskriptive) Aussagen über die Veränderungen des Alltags bei Arbeitslosigkeit machen zu können und um über ein genügend großes Maß an Offenheit zu verfügen. Dies betrifft etwa den Verlust der Zeitstruktur des Alltags, die Zukunftsperspektiven, Fragen von Anerkennung und sozialen Kontakten, Identitätsprobleme (bis zum Verlust der Identität), das soziale Selbstwertgefühl oder Brüche im familialen Autoritätsgefüge (vgl. 1979, S. 54).

Als anthropologischen Ausgangspunkt entlehnen wir eine Annahme aus der Sozialisationsforschung, nämlich das Konzept des "produktiv realitätsverarbeitenden Subjekts" (Hurrelmann/Ulich 1991). Wir möchten Arbeitslose nicht als passiv bzw. reaktiv betrachten, sondern als Handelnde, die in bestimmten, *lagespezifischen* Grenzen zum einen Gestaltungs*möglichkeiten* haben, daneben aber auch Gestaltungs-*willen* aufweisen. Dies korrespondiert mit den Grundannahmen der subjektorientierten (Arbeits- und Berufs-)Soziologie (Bolte/Treutner 1983), die Gesellschaft als wechsel-seitiges Konstitutionsverhältnis von Subjekt und Gesellschaft begreift. Sie fragt zum einen, *wie gesellschaftliche Strukturen und Strukturelemente - Arbeit(smarkt), Beruf oder Familienform - das Denken und Handeln beeinflussen, welche Lebensbedin-gungen sie bewirken und welche Verhaltensweisen sie dem Betroffenen aufzwingen* (vgl. Bolte 1983, S. 31). Beziehen wir weiterhin ein, "daß gleiche gesellschaftliche Strukturen (z. B. Arbeit in Form von Berufen) trotz ihrer prinzipiellen Prägewirkung bestimmter Art keineswegs für alle von ihnen Betroffenen das gleiche bedeuten" (1983, S. 29) und auch nicht die gleichen Reaktionen hervorrufen, da die Handelnden auf unterschiedliche Weise noch in *andere* gesellschaftliche Strukturen (Erziehung, Familienform, etc.) eingebunden sind, dann lautet die andere Frage: *Welches Maß an Autonomie steht dem Einzelnen bei seinen Reaktionen auf die "äußeren" Strukturen zur Verfügung, und worauf gründet sich diese relative Autonomie?*

Die Frage nach dem Gestaltungs*willen* wird auch vom makrosozialen Kontext beeinflußt: Der Wille bzw. die Bereitschaft zur Aktivität sind partiell angestiegen unter dem Einfluß a.) der Pluralisierung von Ungleichheitsstrukturen (vgl. Hradil 1987) und der einhergehenden Infragestellung bislang "berechenbarer" Handlungs-muster - auch eine gute (Aus-)Bildung bedeutet nicht mehr automatisch einen relativ sicheren Arbeitsplatz -, b.) der tendenziell zunehmenden individuellen Disponier-barkeit von Biographien, sowohl als Option als auch als Zwang (vgl. Beck 1986; Beck/Beck-Gernsheim 1993), c.) den Auswirkungen einer Wertepluralisierung, in der Selbstentfaltung und Eigenverantwortlichkeit zunehmende Bedeutung erlangten (vgl. auch: Klages 1993).

Daß Überlegungen aus der Sozialisationsforschung einbezogen wurden, schien insofern sinnvoll zu sein, als der Umgang mit der Situation Arbeitslosigkeit durchaus als Sozialisationsprozeß zu verstehen ist (vgl. Wacker 1976), zumal, wenn es die Ersterfahrung ist und/oder die Episode länger andauert: Arbeitslose müssen neue Kompetenzen erwerben - z. B. den Umgang mit der Mehr-Zeit -, und sollen Veränderungen in der sozialen Existenz - vor allem den Wegfall der strukturierenden, sinngebenden Erwerbsarbeit - sinnhaft und vor allem möglichst positiv zu einem neuen oder modifizierten Identitätsentwurf verarbeiten. Wir nehmen daher die Annahme differentieller Verarbeitungsmuster (vgl. Wacker 1978) als paradigmatischen Ausgangspunkt.

Es gilt allerdings, der Kritik von Bonß et al. (1984) Rechnung zu tragen, daß sich bei zu differentieller Betrachtung das Problem Massenarbeitslosigkeit so weit vom Rande her auflöst, daß es als einheitliches Phänomen nicht mehr wahrnehmbar ist - Massenarbeitslosigkeit wäre damit symbolisch bewältigt worden (vgl. 1984, S. 167 ff.)! So sehen auch Kronauer et al. (1993) in einer (übergroßen) Partikularität der Befunde eine "Erkenntnisschranke, die den Blick auf wesentliche gesellschaftliche Tatbestände vorschnell verbaut" (1993, S. 15). Daher wird unser Ansinnen, inhaltliche Gestaltungs*typen* herauszuarbeiten, beide Kriterien einbeziehen und Differenzierung bei Vermeidung von Partikularität anstreben. Die empirische Analyse folgt dabei theoretischen Modellüberlegungen zu den sozialen Folgen von Arbeitslosigkeit, bei der die Frage nach den Reaktions- und Bewältigungsformen auf die Arbeitslosigkeit mit einer Kombination aus Lagen-, Milieu- und Lebensführungsansatz angegangen wird.

3.2.2 Arbeitslosigkeit als heterogene soziale Lage

Arbeitslose bilden zunächst eine Quasi-Gruppe von Personen, die sich hinsichtlich ihrer Erwerbssituation in gemeinsamer Lage befinden. Der Eintritt der Arbeitslosigkeit bedeutet für die Betroffenen eine *Veränderung ihrer sozialen Lage*. Sowohl Änderung als auch neue soziale Lage sind relativ heterogen und hängen in ihren Auswirkungen auf die Individuen und ihre sozialen Kontexte mit objektiven Kriterien und subjektiven Wahrnehmungsmustern zusammen. Wir gehen davon aus, daß Arbeitslose vielfältige Bewältigungsformen und Reaktions- bzw. Interpretationsmuster entwickeln, weil sie auch eine von mehrfachen Ungleichheiten durchzogene und daher in sich relativ differenzierte Population bilden.

Die Analyse von Ungleichheitsstrukturen beschränkt sich konventionell auf die

heit bislang vorrangig unter Erwerbstätigen thematisiert wird: "Soziale Ungleichheit *zwischen* Erwerbsarbeit und Nichtarbeit und Ungleichheit *innerhalb* der Nicht-Erwerbstätigen [kommt] nicht in den Blick" (Geissler 1994, S. 546). Wenn wir das Ungleichheitsspektrum der aktuellen bundesrepublikanischen Gesellschaft angemessen erfassen wollen, muß ebenfalls die interne Differenzierung derjenigen Gruppierungen beachtet werden, die mehr oder weniger vorübergehend durch sozialstaatliche Zahlungen alimentiert werden, also auch Arbeitslose. "Bei den nach neuen sozialen Ungleichheiten strukturierten 'Betroffenengruppen' ist (...) der Schluß auf Einheitlichkeit und Kontinuität der Lebensführung, auf stabile politische Präferenzen und kollektives Handeln nicht zulässig" (Geissler 1994, S. 548).

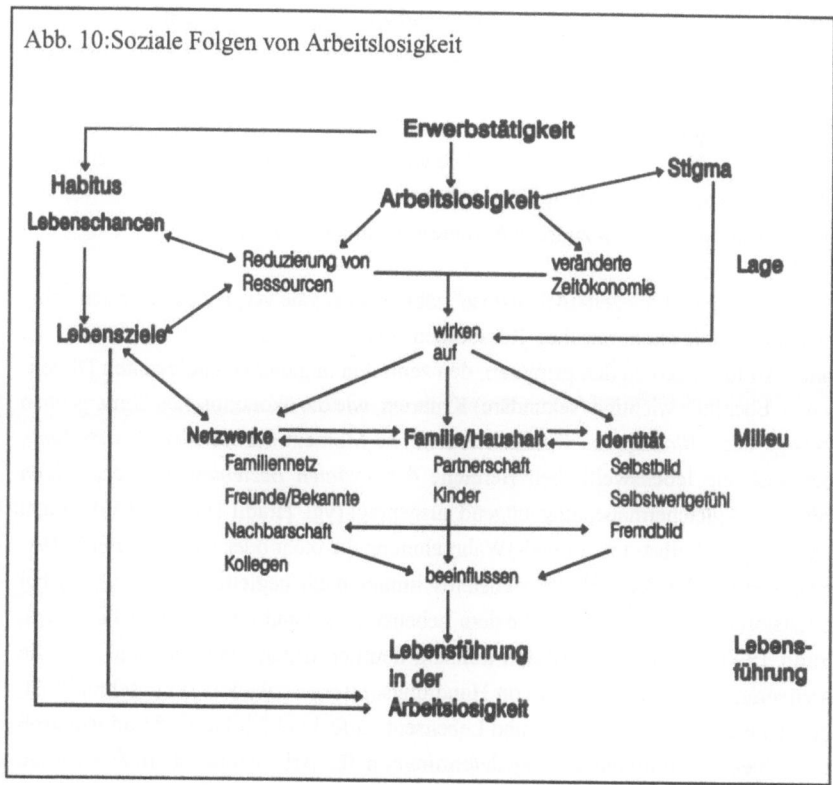

Abb. 10:Soziale Folgen von Arbeitslosigkeit

Arbeitslosigkeit ist zuerst eine *spezifische soziale Lage* (vgl. Abb. 10). Soziale Lagen bezeichnen die "Gesamtheit einer gruppentypischen Ausstattung mit 'harten', kurzfristig nicht zu verändernden, insofern 'objektiven' Voraussetzungen des Handelns"

(Hradil 1992, S. 31). Sie lassen sich inhaltlich unterscheiden, indem gefragt wird, welche der ungleichheitsrelevanten Dimensionen den "Kontext ungleicher Lebensbedingungen" dominiert und zur relevanten Lebensbedingung wird. Von ihr geht der stärkste Einfluß auf die Verwirklichung der allgemeinen Lebensziele aus, sie bildet die primäre Ressource, das primäre Risiko oder auch die primäre Belastung einer sozialen Lage. Die Ausprägungen der übrigen Dimensionen bewegen sich dann mit großer Wahrscheinlichkeit innerhalb einer bestimmten Bandbreite um die Ausprägung dieser zentralen Dimension (vgl. Hradil 1987, S. 151 ff.).

Folgen wir Hradil (1987), so zeichnet sich die bundesrepublikanische Ungleichheitsstruktur ab den 60ern durch eine Vervielfältigung der als ungleichheitsrelevant wahrgenommenen Dimensionen aus. Wohlfahrtsstaatliche Bedürfnisse der 70er Jahre, wie Sicherheit, die im Kontext der Massenarbeitslosigkeit entstanden waren, ließen den Dimensionen der Arbeitslosigkeits- und Armutsrisiken sowie der Möglichkeit der sozialen Absicherung wieder gewichtiger werden. Kontrastierend dazu förderte der expandierte Sozialstaat in den 80er Jahren soziale Dimensionen eines "Lebensweisenparadigma" (vgl. Hradil 1987; 1990). Die wirtschaftliche Veränderung in den 90ern ließ der Dimension Arbeitslosigkeits- und Armutsrisiken wieder gewichtiger werden, ohne daß allerdings der Sozialstaat angemessen unterstützend eingriff bzw. eingreifen konnte.

Für die Lage "(Langzeit-)Arbeitslose" zählen dabei eine vergleichsweise schlechte Ausstattung mit ökonomischen Ressourcen sowie - in Zusammenhang damit - ein hohes Armutsrisiko zu den primären, den zentralen ungleichheitsrelevanten Dimensionen. Ebenfalls wichtige (sekundäre) Kriterien, wie die ökonomischen Dimensionen *Prestige* oder *Bildung*, das wohlfahrtsstaatliche Moment der *sozialen Absicherung*, aber auch die lebensweltlichen Bereiche der *sozialen Beziehungen* und *sozialen Rollen*, sind gleichermaßen ungenügend ausgeprägt (vgl. Hradil 1987, S. 155). Hinzu kommt in der (Selbst- und Fremd-)Wahrnehmung die mehr oder weniger latente *Diskriminierung*, die den Arbeitslosenstatus immer noch begleitet. Damit wären bei Arbeitslosen alle Dimensionen, die dem Lebensweisenparadigma der 80er Jahre (vgl. Hradil 1990) zugerechnet werden können, deutlich negativ besetzt! Wie sehr die eigenverantwortliche Auswahl von Handlungsoptionen subjektiv eingeschränkt ist, wie wenig eigenständige Selbst- und Lebensentwürfe durchführbar sind und wie groß die (subjektiv empfundene) Lagedetermination für Arbeitslose ist, muß aber die empirische Analyse zeigen.

Analytisch gesehen überlagern und verbinden sich marktvermittelte und (sozial)politisch bewirkte soziale Ungleichheit (vgl. Geissler 1994). Zu den marktbedingten, *vertikal* differenzierenden neuen Ungleichheitsdimensionen gehört zunehmend die

Verfügung bzw. Nicht-Verfügung über einen Arbeitsplatz.[52] Dies ist jedoch nicht im Sinne einer einfachen Bipolarität Besitzer versus Nichtbesitzer von Arbeitsplätzen zu verstehen. Vielmehr weisen beide Gruppierungen interne, ungleichheitsrelevante Differenzierungen auf.

Die Bedeutung einer sozialen Lage für die soziale Ungleichheit ist sehr wesentlich zeitlich bedingt, nämlich durch Dauer bzw. Stabilität, individuellen Verlauf, der momentanen Position im individuellen oder familialen Lebenslauf, der allgemein erwarteten Länge bestimmter "Statuspassagen" (vgl. Geissler 1994, S. 555). Unter den Arbeitsplatzbesitzern könnte damit hinsichtlich der zeitlichen Stabilität ihrer Lage unterschieden werden, wobei hier vor allem die Differenzierung in peripher Beschäftigte oder Kernbelegschafts-Beschäftigte von Bedeutung ist (vgl. u. a.: Mückenberger 1987). Übertragen auf "die" Arbeitslosigkeit bedeutet die Verzeitlichung:

a. Wie lange dauert die Arbeitslosigkeit bereits (bzw.: als wie wirklich wird die Bedrohung durch Langzeitarbeitslosigkeit empfunden), wie oft fand Arbeitslosigkeit bislang bereits statt? (Das kann sich auch in der unterschiedlichen Akzeptanz der sozialen Lage *als* Arbeitsloser, mithin der Identität, ausdrücken).

b. Wie sind die subjektiven Erfahrungen mit Versuchen, ins Erwerbsleben zurückzukehren und wie entwickelt sich die ökonomische Lage des Haushalts?

c. Trifft es Berufsanfänger, ältere Erwerbspersonen, neugegründete Familien?

d. Arbeitslosigkeit kann (nur) eine *Statuspassage* bleiben: Bis zu welcher Dauer kann sich welcher Anteil wieder relativ stabil in das Erwerbsleben integrieren? Dann aber muß auch die Umkehrfrage einbezogen werden, nämlich wie diejenigen definiert oder stigmatisiert werden, welche den Kriterien eines Normalarbeitslosen nicht genügen (können)?

Ungleichheitslagen sind zwar über die Zeit gesehen tendenziell instabil (vgl. Geissler 1994, S. 554), allerdings bestehen gerade bei der Arbeitslosigkeit deutliche Hinweise auf eine partielle Verfestigung, mithin zeitliche Stabilisierung dieser Lage durch Langzeitarbeitslosigkeit (vgl. dazu u. a. Kronauer et al. 1993).

Daneben wirken vor allem Maßnahmen der staatlichen Sozialpolitik, deren Intention in der Bekämpfung von Arbeitslosigkeit liegt, in erheblichem Maße ungleichheitsrelevant. Dazu zählen Einschränkungen bei den Lohnersatzzahlungen sowie das Absenken der Zumutbarkeitsschwelle (bei Androhung der vorübergehenden Einstellung der Zahlungen). Damit erhöht sich die Wahrscheinlichkeit für eine vertikale,

---

[52] In den 80er Jahren wurde Ungleichheit sehr oft horizontal betrachtet. Auch in den Diskussionen um Lebensstilmodelle erfaßte die Sicht erst mit den 90ern auch den vertikalen Aspekt (vgl. Dangschat 1994; Hradil 1992).

abwärtsgerichtete berufliche Mobilität von Erwerbslosen. Gesetzgeber (bzw. ausführende Behörden der Arbeitsverwaltung) greifen damit strukturierend in das Ungleichheitsgefüge ein, wobei die abwärtmobile Tendenz - die mit der Arbeitslosigkeit bereits eingetreten ist - beibehalten wird. Zudem kann die Abstufung durchaus Tätigkeiten in ungeschützteren und von daher prekären Beschäftigungsverhältnissen zur Folge haben, so daß das angestrebte Ziel einer stabilen Reintegration in das System der Erwerbsarbeit noch fraglicher wird als es ohnehin ist.

Zu den objektiven, eindeutig meßbaren Veränderungen ungleichheitsrelevanter Dimensionen gehören vor allem die Einbußen beim Haushaltseinkommen, die einen nicht unerheblichen Einfluß auf die *Handlungsfähigkeit* der Betroffenen (vgl. Hradil 1987) aufweisen und sich zudem negativ auf die Bedürfnisbefriedigung auswirken.

Hondrich (1979) geht davon aus, daß aus individueller Perspektive weniger die unzureichende Bedürfnisbefriedigung denn die *verhinderte Bedürfnisentfaltung* zu einem Problem geraten kann (vgl. 1979, S. 67). Dies dürfte allerdings eher unter der Bedingung der Erwerbstätigkeit zutreffend sein: Für Arbeitslose setzt sich (idealtypisch) eine gegenläufige, abwärtsgerichtete Spirale in Gang, die sich mit mit zunehmender Dauer der Erwerbslosigkeit verstärkt: Zunächst wird die Bedürfnisentfaltung - z. B. individuelle Orientierungen und Lebensziele - durch mangelnde (ökonomische) Ressourcen behindert. Bei einer weiteren Verschlechterung der ökonomischen Lage (z. B. nach Aufbrauchen von Ersparnissen) können bislang befriedigte Bedürfnisse (z. B. Gesundheit oder die Entlastung von ungünstigen Lebensbedingungen) möglicherweise nicht mehr entsprechend bedient werden, z. B. wenn der Geldmangel zum Wechsel in eine kleinere und/oder aufgrund ihrer Wohnumweltbedingungen ungünstigere Wohnung zwingt. Auf dieser nun, relativ gesehen, reduzierten Ebene sind jedoch Bedürfnisentfaltungen wahrscheinlich nur schwer durchzuführen. Eher ist vom gegenteiligen Trend einer erneuten unzulänglichen Bedürfnisbefriedigung mit nachfolgender Bedürfnisreduzierung auszugehen.

Einen anderen Aspekt bildet die *Zeit*, da durch den mehr oder weniger vorübergehenden Wegfall der Erwerbstätigkeit eine relative *Mehr-Zeit* entsteht. Zeit ist einmal als *Ressource*, zum anderen als *Ausdruck der Lebensverhältnisse* zu sehen. Als Ressource kann sie genutzt werden, um die (erneute) Stellensuche anzutreten oder aber auch, um z. B. Tätigkeiten in der informellen Ökonomie auszuführen.[53] Sie

---

[53] Eine weitere Ressourcenverschlechterung tritt - mit zunehmender Dauer der Arbeitslosigkeit und in Abhängigkeit vom erlernten Beruf und der ausgeübten Tätigkeit - im Bereich des Humankapitals auf: Hier müssen wir vor allem bei komplexen Tätigkeiten und sich wandelnden Berufsbildern von einer relativen Kapitalentwertung ausgehen.

symbolisiert aber auch die Lebensverhältnisse, da es sich nicht um "Freizeit" im eigentlichen Sinne handelt, sondern um ein Desorganisationsphänomen: Sie ist eine plötzlich verfügbare Zeit, die aufgrund eines Zusammenbruchs der eingelebten Zeitorganisation des Alltags entstand und damit Ausdruck der Notwendigkeit seiner Reorganisation.[54]

Problematisch in der Außen- sowie der Binnenwahrnehmung ist, daß die öffentlich, in der Erwerbsarbeit verbrachte Zeit "eine wichtige Voraussetzung dafür ist, daß Zeit privat verbracht werden kann" (Novotny 1990, S. 107). Nur wer arbeitet, soll zum einen legitimen Anspruch auf *freie* Zeit haben, und nur wer arbeitet, hat auch die ökonomischen Möglichkeiten, freie Zeit als *Konsumzeit* nutzen zu können: Ansonsten gerät sie in Gefahr, wertlos zu werden (vgl. 1990, S. 121).

Daher wird die *(Mehr-)Zeit* für Arbeitslose in den westlichen Industriegesellschaften durchaus zu einer *prekären Ressource*, denn sie "leben in einer anderen Zeit" (Novotny 1990, S. 36) und sind auch gerade darüber diskriminierbar, daß sie in eine andere Zeit(verwendung) - und damit in eine andere Distanz zur Normalität - eingeordnet werden. Arbeitslosigkeit bildet damit eine *Zeitkultur eigener Art*, die allerdings mit den an der Erwerbsarbeit orientierten Zeitkulturen zusammenprallt. Die ökonomisch bedingte Vermittlung von Zeit und ihrer richtigen Nutzung in modernen Gesellschaften läßt eine "Gesellschaft der zwei Geschwindigkeiten" entstehen, in der es die Schnellen richtig machen, und "die Langsamen sind die sozial Zurückgelassenen" (Novotny 1990, S. 33). Zu diesen Zurückgelassenen gehören damit auch Arbeitslose, die aus dieser Sicht entweder nicht schnell genug gewesen sind - daher (als Sanktion) arbeitslos wurden - und deswegen in einer anderen Zeit leben (müssen), oder die wegen der Arbeitslosigkeit und dem damit verbundenen, relativen Ausgeschlossensein nicht (mehr) schnell genug sind bzw. sein können und dann auch weiter arbeitslos bleiben (vgl. Novotny 1990, S. 36).

"Um die Veränderungen akzeptieren zu können, muß Zeit geschaffen werden" (Novotny 1990, S. 52) bei andauernder Veränderung der Zeitkategorien. Um nun ihre Lage zumindest mittelfristig bewältigen zu können, müssen Arbeitslose, besonders bei zunehmender Dauer der Erwerbslosigkeit, eine neue *Eigenzeit* finden, ihre spezifische Form der Geschwindigkeit, Zeitorganisation und Zeitverwendung. Besonders für die Zukunftsplanung von Arbeitslosen kann es sich allerdings - zumindest in der subjektiven Wahrnehmung - als sehr problematisch erweisen, daß wir in einer "erstreckten Gegenwart" leben, in einer neuen, offenen Gegenwart, in der bereits die

---

[54] Deutlich wird ein z. T. erheblicher Verlust an Orientierung im bzw. Strukturierung des Alltag(s) (vgl. Jahoda et a. 1975; Kronauer et al. 1993).

Zukunft entschieden wird (vgl. Novotny 1990, S. 53). Ein (mehr oder weniger) vorübergehender Ausschluß aus der Erwerbsarbeit kann potentiell jeden dahin führen, daß seine Qualifikationen entwertet werden, sein Humankapital relativ geringer wird und seine Reintegrationschancen (und damit seine Chancen auf Zukunft) abnehmen.

3.2.3 Arbeitslosigkeit: Die Bedeutung des Milieus

Allerdings läßt sich aus den Veränderungen bei objektiven (Lage-)Kriterien alleine noch keine eindeutige Aussage über die subjektiv empfundene Belastung durch die Situation des Arbeitslosseins ableiten. Auch ist damit noch keine differenzierte Aussage über Ungleichheit innerhalb der (Status-)Gruppe der Arbeitslosen möglich, da zum einen die Ebene der subjektiven Wahrnehmung der eigenen Arbeitslosigkeit nicht einbezogen wurde und zum anderen Arbeitslosigkeit kein individualisiertes Phänomen ist. Erst aus dem Zusammenspiel von objektiven (Lage-), objektiv-subjektiven (Milieu-) und subjektiven (Lebensführungs-) Faktoren können Motivationen für eine mehr oder weniger zielgerichtete Reorganisation des Alltags entstehen bzw. sich neue (Alltags-)Routinen entwickeln, die zur subjektiven Bewältigung oder funktional-adäquaten Bearbeitung der Situation Arbeitslossein dienen und die ein Weiterführen, Modifizieren oder deutliches Verändern der bisherigen Lebensweise zur Folge haben.

Schulze (1992) sieht das Verhältnis von Subjekt und Situation durch je drei Situations- und Subjekt-Modi bestimmt. Der Wandel der sozialen Ungleichheit drückt sich in einem Wandel des Verhältnisses von Subjekt und Situation aus, nämlich als Übergang vom alten Begrenzungsmuster, in dem Handeln nur innerhalb der Grenzen der Lebenssituation stattfindet und Sozialkontakte darüber vorgegeben sind, zum neuen Muster, in dem die Grenzen selbstbestimmt verarbeitet werden und Beziehungswahl stattfindet (vgl. 1992, S. 68-73). Bei einer stark begrenzten Situation bleiben dem Subjekt hingegen nur bloße Versuche des Einwirkens, der Situationsveränderung, der Grenzverschiebung (vgl. 1992, S. 70). *Wenn* wir Arbeitslosigkeit als eine derartig stark begrenzende Situation interpretieren, dann ist diese Aussage analog zu der Überlegung von Vetter (1991) zu sehen, daß (Langzeit-)Arbeitslose aufgrund ihrer materiell beschränkten Situation sehr wahrscheinlich eine industriegesellschaftliche Lebensführung pflegen (müssen). Auch die Darstellungen bei Hradil (1987) laufen bei (Langzeit-)Arbeitslosen auf einen dominanten Einfluß der objektiven Lage hinaus.

Die zentrale Frage lautet daher: Inwieweit sind Arbeitslose *trotz* vorhandener Grenzen, die sich aus der objektiven Lage ergeben, willens und fähig, eigenständig Lebens- und Zukunftsplanung zu betreiben und diese Entwürfe auch umzusetzen, also die Situation,[55] in der sie stehen, nach eigenen Vorstellungen zu verändern und damit eine eigenständige Lebensführung zu betreiben. Wichtige Faktoren für die Wahrnehmung der Situation und die Handlungsmöglichkeiten bilden die Kontext- bzw. Milieubedingungen.

Die wechselseitige Beeinflussung von objektiven sozialen Lagen und differenzierten subjektiven Faktoren beim Zustandekommen spezifischer Denkstrukturen und Lebensweisen faßt Hradil (1992) unter dem Milieu-Begriff zusammen. *Milieu* meint dabei die Gesamtheit der jeweiligen natürlichen, sozialen und geistigen Umweltbedingungen, die prägend auf das Denken und Handeln jener Gruppen einwirken, die unter diesen Bedingungen leben (vgl. 1992, S. 21).[56] Er trennt dabei nach objektiven und subjektiven intervenierenden Faktoren, die zwischen der sozialen Lage und dem alltäglichen Umgehen damit vermitteln (vgl. Hradil 1987, S. 162).

Grundannahme zu den objektiven intervenierenden Faktoren ist, daß eine in etwa gleiche oder ähnliche objektive Ausstattung mit Ressourcen bzw. (un-)vorteilhaften Lebensbedingungen nicht bei allen Betroffenen die gleichen Effekte zeitigt. Die individuellen Chancen, allgemein anerkannte Lebensziele realisieren zu können, treten genauer hervor, wenn die objektiven Lagekriterien zusammengenommen werden mit den je spezifisch ausgeprägten horizontalen Ungleichheitsaspekten, wie dem Familienstand, dem Wohnort oder der Kohortenzugehörigkeit (vgl. Hradil 1987, S. 159 f.; ähnlich auch bei Voß 1995; Voß/Rerrich 1992). Vorhandene Ressourcen und intervenierende Handlungsvoraussetzungen müssen erst subjektiv wahrgenommen bzw. genutzt werden, um als Handlungsmittel Bedeutung zu erlangen (vgl. Hradil 1992, S. 32). Übertragen auf die Lage von Arbeitslosen bedeutet es, daß sie ihre spezifischen Haushalts- und/oder Netzwerkbesonderheiten erkennen und umsetzten müssen.

Arbeitslose verfügen entweder bereits über Kompetenzen für die Bewältigung der neuen Lage (wenn bereits Erfahrungen mit Arbeitslosigkeit vorliegen) oder entwickeln sie mit der Zeit. Welche Strategien sie erarbeiten und wie (subjektiv) erfolgreich sie damit in der Bewältigung ihrer Lage sind, hängt auch von horizontalen Aspekten ab, die auf der individuellen Ebene, der Haushalts- und der Netzwerkebene wirken. So bestimmt der Beruf bzw. damit verbunden: das (Netto-)Erwerbseinkommen, das die Grundlage für die Lohnersatzzahlungen bildet, einen (je nach sozialem Kontext) mehr oder weniger großen Anteil der ökonomischen Ressourcen während der Arbeitslosig-

---

[55] Situation wird verstanden als "Umwelt des Subjekts, d. h. denjenigen Ausschnitt der objektiven Wirklichkeit, der mit dem Subjekt in Beziehung steht" (Schulze 1992, S. 68).

[56] Diese Milieu-Vorstellung ist offener, pluraler und ohne den Determinismus, der bis in die 20er Jahre bestimmend für die sozialmoralischen Milieus war (vgl. dazu: Lepsius 1966).

keit. Die konkrete Bedeutung und Auswirkung dieser Veränderungen erweist sich aber erst im Haushaltskontext.

Arbeitslosigkeit wirkt auf Identität und Selbstwertgefühl der Arbeitslosen durch die *Interpretation* der veränderten sozialen Lage ein. Diese variiert zweifelsfrei mit einer Anzahl personenbezogener Eigenschaften des Arbeitslosen wie Alter, Geschlecht, Bildungsniveau, ausgeübtem Beruf, Erfahrungen mit Arbeitslosigkeit im Lebenslauf.[57] Sehr wesentlich erfolgt die Bewertung der Lage aber in Zusammenhang mit dem spezifischen sozialen Kontext, der Haushaltseinbindung und der Partizipation an sozialen Netzwerken. Auch bei der Bewältigung des Zeit-Problems bzw. der notwendigen zeitlichen Umorganisation des Alltags zeigt sich die Bedeutung von Kontext-Merkmalen, ebenso ergänzt und überlagert durch persönliche Kriterien.

Damit ist Arbeitslosigkeit kein Problem isolierter Akteure, sondern wirkt in vielfältiger Weise in soziale Netzwerke ein, an denen Arbeitslose teilhaben, und von denen wiederum Einflüsse auf den Akteur zurückwirken. Von daher müssen die jeweiligen, (nicht-)verwandtschaftlichen, (trans-)lokalen bzw. regionalen Netzwerke in ihrer Auswirkung auf die subjektive Wahrnehmung und Bewältigung einbezogen werden, wie Familie, Herkunftsfamilie,[58] Verwandtschaft, Freundes- und Bekanntenkreis (auch unter besonderer Berücksichtigung ehemaliger Arbeitskollegen), Nachbarschaften (im Wohnviertel bzw. Dorf), Vereine, freiwillige Feuerwehren.

Soziale Netzwerke sind eine objektive Ressource, ein Sozialkapital im Bourdieu'schen Sinne (vgl. Bourdieu 1985; 1989): Sein Vorhandensein und seine Nutzung kann unter der Bedingung der Arbeitslosigkeit mitentscheidend sein für die Möglichkeiten der Gestaltung der Lebensführung, für Handlungsmöglichkeiten und Lebensqualität. Gerade angesicht der Arbeitsmarktsituation und der sozialpolitischen Veränderungen sind Arbeitslose für die Selbstproduktion von Sicherheit zunehmend zurückgeworfen auf ihre spezifischen sozialen Kontexte bzw. Netzwerke. Daher erlangt der soziale Kontext besonders für sie eine nicht unerhebliche ungleichheitsrelevante Bedeutung.

Deswegen muß neben den Arbeitslosen auch der Arbeitslosen*haushalt* - Ein-Personen- oder (familialer, partnerschaftlicher oder wohngemeinschaftlicher) Mehrpersonenhaushalt - berücksichtigt werden. Die relativen Einkommens- bzw. individuellen Wohlfahrtsverluste variieren z. B. je nach Haushaltsgröße. Daneben fallen in den

---

[57] Damit bewegen wir uns schon im Grenzbereich zu den subjektiven intervenierenden Faktoren.

[58] Daß die Grenzen zwischen dem Haushalt und den herkunftsfamilialen Netzwerken zumindest für spezifische, eher ländliche Populationen aufgeweicht werden, zeigt das Phänomen der *Hausfamilien* (Fuchs 1997), Mehrfamilien- und Mehrgenerationenhäuser mit räumlich eigenständigen (Generations-)Haushalten, die aber gemeinsam wirtschaften.

verschiedenen Formen der Mehrpersonenhaushalte Veränderungen in anderen Rollenmustern an (bei einem Single entfallen z. B. die partnerschaftlich definierten Rollen) bzw. treten weniger unmittelbar auf: Die räumliche Distanz bei einer Partnerbeziehung mit Partnern in zwei getrennten Haushalten zeitigt andere Austragungsmodi als die "differenzlosen" Erfahrungen in einem gemeinsamen Haushalt.

Auch *Wohnmilieus* bilden einen nicht unerheblichen subjektiv-wahrgenommen und horizontalen Einfluß, der aber dennoch manifest auf die objektive Lage einwirken kann: Relativ gleiche ökonomische Bedingungen können bei Vorliegen unterschiedlicher Wohnumwelten und Netzwerkintegrationen mit unterschiedlichen Formen der Lebensführung in Verbindung stehen und dabei unterschiedliche (subjektive) Wohlfahrtseffekte zeitigen (vgl. dazu auch: Voß/Rerrich 1992; Kudera et al. 1995). Die ungleichheitsrelevante Bedeutung der räumlich-sozialen Umwelten für das Setzen und Erreichen von Lebenszielen wird auch anderenorts deutlich. So gehen Häußermann/ Siebel (1987) von einer "neuen Urbanität" aus, deren Erwerbsstruktur stark durch den Dienstleistungsbereich geprägt wird. Vorhandene soziale Netzwerke lassen sich - aufgrund des relativen Mangels an spezifisch handwerklicher Kompetenz - nur bedingt nutzen, um normalerweise marktvermittelte Güter der primären Ökonomie durch Tätigkeiten in der informellen Ökonomie zu erlangen. Zudem richten sich Stadt-, Wohnungs- und Sozialpolitik, ausgehend von der industriegesellschaftlich-modernen Vorstellung der Trennung von Wohnen und Arbeiten, am Modell des Haushalts als Konsumeinheit, die "von allen Spuren produktiven Tuns gereinigt ist", aus (1987, S. 186 f.). Entsprechend zeigen Jessen/Siebel et al. (1987; 1990) die Bedeutung der ländlichen Wohnumwelt zum einen für die Netzwerkintegration und zum anderen für die darüber ermöglichte Partizipation an der informellen ruralen Ökonomie auf, was auch durch die Ergebnisse von Häußermann et al. (1990) in einem Vergleich ländlich bzw. (groß-)städtisch wohnender Werftarbeiter bestätigt wird.

Die Auswirkungen des Prozesses der Arbeitslosigkeit sind nur relativ festzustellen, nämlich bezogen auf den vorangegangenen Status der Erwerbstätigkeit. Die Berufsarbeit ermöglicht die Reproduktion, strukturiert den Alltag und führt zu einem "gesellschaftlich institutionalisierten Lebensentwurf" (Vetter 1991, S. 55). Im bisherigen Verlauf ihrer (Erwerbs-)Biographie haben die Handelnden daher einen spezifischen Habitus herausgebildet, der in Abhängigkeit von ökonomischem Kapital und Netzwerkkontakten bzw. sozialem Kapital auf Lebenschancen und Lebensziele einwirkt. Verschlechterungen der sozio-ökonomischen Ressourcen reduzieren direkt die Handlungsoptionen der Akteure, Arbeitslosigkeit schränkt die Lebenschancen ein. In Zusammenhang mit den Lebenschancen stehen die Lebensziele, also Selbstkonzepte, Lebensentwürfe, Einstellungen, Handlungsziele, Sinngebungen oder Bedürf-

nisse, die vornehmlich sozio-kulturell, also über das soziale Kapital (Freunde, Bekannte, Verwandte, Nachbarschaft, Arbeitskollegen, Freizeitkontakte) und nur indirekt sozio-ökonomisch beeinflußt werden (vgl. Dangschat 1994, S. 438 f.).

3.2.4   Arbeitslosigkeit: Die (Re-)Organisation der Lebensführung

Definitorisch getrennt von den objektiven (aber alltagspraktisch mit ihnen zu-
sammenwirkend) sind die subjektiven intervenierenden Faktoren. Damit bezeichnet
Hradil (1987) die subjektiven Interpretationen der sozialen Lage, die relativ eigenständigen Situationsdefinition(en), Einstellungen und Haltungen. Dazu gehören (auf
Arbeitslose bezogen) u. a. die Bewertung der eigenen Lage als Arbeitsloser, die
Einschätzung der eigenen Zukunft, das Selbstwertgefühl, eine allgemeine Bewertung
der Arbeitslosigkeit für die Betroffenen, etc. Die Bedeutung dieser Faktoren nimmt in
fortgeschrittenen Gesellschaften, die einen vergleichsweise schnellen Wandel bei den
objektiven Faktoren aufweisen, zu, so daß der *relativ autonome* Umgang der Menschen mit ihren objektiven Lebensbedingungen als eigenständige Kategorie zu
beachten ist, die zwischen Struktur und Individuum vermittelt (vgl. 1987, S. 162).
Dies bezieht sich auf das eigenständige Setzen von Prioritäten, auf die Wahrnehmung
(un-)vorteilhafter Handlungsbedingungen und die relativ eigenständige (Aus-)Wahl
konkreter Handlungen (vgl. 1987, S. 161).

   Daher haben wir uns bei der Frage, mit welchem theoretischen Konzept die Lebensweise von Arbeitslosen analysiert werden soll, für die *Lebensführung* entschieden, die "Schlüsselkategorie" westlicher Industriegesellschaften (vgl. Vetter 1991, S.
17), da sie eine Umsetzung und Erweiterung der bisherigen Annahmen bildet.[59]
Lebensführung erfaßt die typische, von Werten und Normen getragene Alltagsgestaltung. Sie ist zukunftsorientiert, an einem gewollten bzw. geplanten Lebensweg
ausgerichtet und bezieht sich auf konkrete Handlungsziele, welche die Akteure
anstreben (vgl. Hradil 1992, S. 10 f.). Sie ist zugleich eine aktive Leistung des Subjekts, das sich individuell mit den (objektiven) gesellschaftlichen Randbedingungen
auseinandersetzt und sie zielgerichtet, subjektiv-sinnhaft zu bewältigen sucht. Dabei
vermittelt die Lebensführung zwischen den gesellschaftlichen Randbedingungen und

---

[59] Das Lebensführungskonzept hat in der Soziologie bereits eine lange Tradition, was bei der
klassischen Soziologie (z. B. Weber oder Simmel) deutlich wird (vgl. Müller 1992). Erinnert sei
an die *arbeitsasketische Lebensführung*, die von verschiedenen protestantischen Sekten mit unterschiedlicher Rigidität vertreten wurde (vgl. Weber 1973; Lepsius 1995) und die sich - säkulari-
siert - zur normativen Grundlage des modernen Arbeitsbegriffs entwickelte.

dem konkreten Handeln (vgl. Müller 1992, S. 60) und nimmt die Position eines bis dato "missing links" in der Sozialstrukturanalyse ein (vgl. Voß/Rerrich 1992). Das Lebensführungs-Konzept soll uns helfen,

a. der Komplexität der Sozialstruktur gerecht zu werden, die Ungleichzeitigkeit bzw. das (indifferente?) Nebeneinander der Lebensweisen - von eher traditionell bis postmodern geprägten Formen - auch für Arbeitslose einzubeziehen,

b. auf das Phänomen einer sinnhaften Re-Organisation des Alltags durch die Arbeitslosen abheben zu können, in der zwar das Konsumptive, Distinktion Schaffende bzw. Distinktion Ausdrückende erfaßt wird, aber nicht zum Bestandteil einer nach außen bezogenen, ästhetisierten Stilisierung des Lebens gerät,

c. die Veränderung zwar innerhalb des sozialen Kontextes von Haushalt bzw. Familie verorten zu können, aber dennoch den Arbeitslosen selber (im Rahmen des standardisierten Meßinstruments) Hauptinterpret seiner Wirklichkeit bleiben zu lassen (was auch eine methodische Bedingung ist, denn die einzeln zurechenbare Aussage wurde vom Arbeitslosen abgegeben).

Die "Muster moderner Lebensführung" (Vetter 1991) weisen abgestufte Übergänge auf, von traditionellen und konventionellen über partiell moderne bis zu modernen Formen. In ihnen wird der Konflikt zwischen Standardisierung und Individualisierung, zwischen Erwerbsabhängigkeit und Autonomie, in je spezifischer Weise gelöst. Gerade moderne Lebensführung ist dabei ambivalent bis zur Zerreißprobe: Sie muß den Dynamiken und Praxisanforderungen der Erwerbsarbeit genügen, um die Lebenschancen zu erhalten, zeigt aber andererseits Momente zunehmend eigenständiger biographischer Sinnsuche und will sich daher vermehrt an subjektiven Lebenspräferenzen ausrichten (vgl. 1991, S. 11; S. 39; S. 44). Unter entwickelten wirtschaftlichen und sozialpolitischen Rahmenbedingungen (Wohlstand, soziale Sicherung, Demokratie) erfolgte ein take-off der Subjekte, der vor allem unter Jüngeren den Einfluß erwerbsgebundener, d. h., an Arbeitsordnung oder arbeitsorientierten Lebenslaufmustern ausgerichteter Formen der Lebensführung etwas zurückdrängte (vgl. 1991, S. 19; S. 32). Dem steht ein konventionelles industriegesellschaftliches Modell gegenüber: Existentieller ökonomischer Druck bestimmte die Lebensbedingungen, die Lebenschancen wurden "zwischen Krieg, Armut, bescheidenem Einkommen und Not hin und hergeworfen" (1991, S. 29), ein Muster, das heute noch in den gesellschaftlichen Randbereichen der Langzeitarbeitslosigkeit und Sozialhilfe prinzipiell Gültigkeit hat (vgl. 1991, S. 30).

Unter den aktuellen Ansätzen wäre weiter das Konzept der "alltäglichen Lebensführung" (Kudera et al. 1995; Voß/Rerrich 1992; Voß 1991) zu erwähnen, das die Ambivalenzen von Individualisierung und Vergesellschaftung bei der Herstellung der

Lebensführung noch stärker betont, zugleich aber die eigenständige Gestaltungsleistung des Subjekts deutlicher hervorhebt. Das Konzept stützt sich auf einen deutlich erweiterten, subjektorientierten Begriff von Arbeit, der aus seiner konventionell-industriegesellschaftlichen Polarisierung Erwerbsarbeit versus Freizeit (die nur bei bestehender Erwerbsarbeit legitim ist) befreit wurde und statt dessen die gesamte Spannbreite alltäglichen Handelns einbezieht (vgl. Voß 1991).[60] Arbeit und Nichtarbeit stehen nun in einem dynamischen Verhältnis, das durch die Kategorien "Arbeit", "arbeitsverwandte Tätigkeiten" und "Nicht-Arbeiten" abgestuft ist. Es wird davon ausgegangen, daß Arbeit im Verlaufe von Tätigkeiten und im Laufe des Lebenslaufes ihren Charakter ändern kann, wobei potentiell *jede* Tätigkeit eines Menschen *für ihn* zur Arbeit werden kann, sowohl im Beruf als auch in der Frei-Zeit.[61] Wichtig für die Qualität *als* Arbeit wird nun das *subjektive* "Verhältnis des Handelnden zu seiner Handlung" (1991, S. 237). Vier Qualitäten sind dabei konstitutiv für jegliche Arbeit: *Selbstproduktion* (Existenzerhaltung, Nützlichkeit, Gebauchswert), *Aktion* (außengerichtete, zweckmäßige Aktivität in und zur Welt), *Produktion* (Objektivierung, Sichtbarmachung) und (rationale) *Kalkulation* (von Prozeß und Mittel). Liegen sie für den Handelnden alle vor, dann besteht "Arbeit im engeren Sinne", wenn drei Kategorien zutreffen, sind es "arbeitsverwandte Tätigkeiten" (z. B. Routinearbeiten, spielerisches Gestalten, bewußte Kommunikation, alle "Arbeiten an sich selbst") und für "Nicht-Arbeit" (z. B. bewußtes Spielen, aktive Muße, spielerischer Sport) müssen nur zwei Qualitäten bestehen (vgl. 1991, S. 233 ff.).

Die "alltägliche Lebensführung als Arbeit" ist einmal gekennzeichnet durch *Ganzheitlichkeit*, da alle alltäglich relevanten Lebensbereiche in die Konzeption bzw. Konstruktion der Lebensführung einbezogen werden müssen. Daneben tritt *Aktivität*, weil das Subjekt selber die wiederkehrende Vermittlungsleistung zwischen seinen verschiedenen Lebensbereichen erbringen, also seinen Alltag aktiv konstruieren muß. Der Grundgedanke hierbei ist die relativ *autonome*, vom Subjekt vorgenommene, auch zeitliche Organisation seines Alltags (vgl. Voß/Rerrich 1992).

Das Subjekt versucht, sich selber Verarbeitungs-, Strukturierungs- und Entscheidungshilfen sowie Handlungsmuster an die Hand zu geben. Sie sollen ihm dazu

---

[60] Bereits Claußen (1988) kritisiert den "halbierten Arbeitsbegriff", der (nicht nur) den soziologischen Überlegungen zugrunde liegt. Dies führt z. B. auch dazu, daß der Bereich der informellen Ökonomie (von der Haushaltsproduktion bis zur Schwarzarbeit) lange Zeit überhaupt nicht unter Arbeit subsumiert wurde (so z. B. bei Dahrendorf (1983)!).

[61] Darin liegt auch ein Moment für die relative Autonomie in der Gestaltung der Lebensführung begründet, weil damit bewußt subjektive Arbeit gegen die Erwerbsarbeit gesetzt werden kann (vgl. auch Voß 1994).

dienen, die Anforderungen aus den verschiedenen sozialen Systemen, mit denen er/sie alltäglich konfrontiert ist, zu verarbeiten (vgl. Voß 1995, S. 34). *Lebensführung bedeutet Alltagsbewältigung durch Herstellen einer hoch routinisierten, konkreten Alltagspraxis, eines Alltagskonzepts, das Stabilität verleiht.* Sie ist also keine Sinnkonstruktion wie die Lebenswelt oder eine ästhetische bzw. sinnhaft-expressive Stilisierung wie die Lebensstile, sondern eine aktive Vermittlungsleistung, ein alltäglich lebbares Gesamtarrangement zwischen den verschiedenen Lebensbereichen, in denen die Handelnden alltäglich stehen, wobei hier vor allem *Beruf* und *Familie* von zentraler Bedeutung sind. Da Lebensführung zumeist in Partnerschafts- und Familienbeziehungen stattfindet, wird sie *kooperativ* hergestellt und aufrechterhalten. Grundlage dafür bilden oftmals lage- oder milieuspezifische "Normalitätsfolien" (vgl. Rerrich/Voß 1992, S. 255). Lebensführung vermittelt selektiv zwischen Individuum und Gesellschaft: Über "seine" Lebensführung bringt sich das Individuum ganz spezifisch in die jeweils relevanten gesellschaftlichen Bereiche ein, andererseits "erfährt die Person Gesellschaft ebenfalls nur vermittelt über ihr System Lebensführung" (Voß 1995, S. 41 f.).

Die Faktoren der sozialen Lage (wie Einkommen oder Frei-Zeit) sind bei der Lebensführung *keine linear* determinierenden Größen, sondern *Randbedingungen für die Alltagshandelnden.* Ihre ungleichheitsrelevante Bedeutung erhalten sie durch die spezifische Weise, in der sie in der konkreten, alltäglichen Lebenspraxis angeeignet und verwendet werden. Wenn die Handelnden die ihnen gegebenen Chancen und Optionen nutzen, besteht die Möglichkeit, den objektiven Lebensbedingungen etwas von ihrem potentiellen Zwangscharakter zu nehmen (vgl. Voß 1995, S. 37). Allerdings sind den Gestaltungsmöglichkeiten objektive Grenzen durch die soziale Lage gesetzt (vgl. Rerrich/Voß 1992, S. 262 f.).

Der aktuelle Strukturwandel der Arbeitsverhältnisse bewirkt auch für die alltägliche Lebensführung einen erheblichen Veränderungsdruck, sie wird in sachlicher, sozial-räumlicher, sinnhafter und medialer Weise komplexer, fragiler und läßt sich immer weniger *stabil* um einen zentralen Punkt herum organisieren (vgl. Voß 1991, S. 363 ff.). Gerade für die Untersuchung an einer Arbeitslosenpopulation wird die Frage interessant, inwieweit die Handelnden bei der zunehmend mehr verlangten Herstellung ihrer *eigenen Geschichte* (noch) über Gestaltungsfreiheiten verfügen.

Arbeitslosigkeitserfahrungen stehen mit unter dem Einfluß objektiver Situationen und Bedingungen im System der Erwerbsarbeit (Wirtschaftslage, Arbeitsmarktlage, etc.). Diese werden von den Arbeitslosen subjektiv als förderlich oder nicht förderlich interpretiert und geraten damit zu objektiven Randbedingungen des Handelns. Auf subjektiv-integrierende Möglichkeiten des Umgangs mit der Arbeitslosigkeit auf biographischer Ebene weisen die Untersuchungen von Mutz et al. (1995) hin: Die strukturellen Bedingungen lassen diskontinuierliche, von Arbeitslosigkeitsphasen durchzogene Erwerbsbiographien in vermehrtem Maße zur Normalität, zum Bestandteil neuer, modifizierter Normallebensläufe werden.

Andererseits ist zu fragen, inwieweit Arbeitslose willens und fähig sind, dem gegebenen Druck der objektiven Strukturen ihrer Lage zu widerstehen? Untersuchungen bei Langzeitarbeitslosen zeigen deutlich, daß Lebensplanung und Lebensorganisation auch von der subjektiv wahrgenommenen Wahrscheinlichkeit abhängen, wieder Arbeit zu erhalten. Mit zunehmender Dauer der Arbeitslosigkeit kann es für Arbeitlose aus subjektiver Sicht "objektiv wahrscheinlich" werden, dauerhaft aus dem Arbeitsmarkt ausgegrenzt zu werden (vgl. Kronauer et al. 1993, S. 234). Einen Grenz- bzw. Umschlagpunkt, ab dem die objektiven Verhältnisse fatalistisch als übermächtig anerkannt werden, entsteht für Kronauer et al. (1993) dann, wenn sich objektive Verhältnisse und handlungsleitende Dispositionen so deutlich widersprechen, daß die Handelnden den Habitus reduzieren (vgl. 1993, S. 234).

Andererseits würde ein Bourdieu'scher Determinismus Arbeitslose alleine aufgrund der strukturellen Gegebenheiten ihrer Lage im "Reich der Notwendigkeiten" (vgl. 1989) verorten. Der (proletarische) Lebensstil wird von "den elementaren Zwängen der Notwendigkeit" (Bourdieu 1989, S. 298) bestimmt und kann sich im Gegensatz zu den anderen Formen nur negativ (bzw. passiv) entwickeln: Es findet ein bloßes Reagieren auf die vielfältigen Mangelbedingungen statt, wobei nicht wesentlich mehr als eine Deckung des notwendigsten Bedarfes stattfindet.[62] Einer solchen Ausrichtung, die vermutlich auch durch spezifische historisch-geographisch bedingte Erfahrungen mit der jeweiligen Sozialpolitik in ihrer Reichweite begrenzt ist, können wir uns nicht anschließen, da hier eine differentielle Betrachtung von Arbeitslosigkeit am Ausgangspunkt steht. Daher lassen sich u. E. die kulturellen bzw. Alltagspraktiken *nicht deterministisch* als Ausdruck von Klassenstellung und -lage sehen, wenngleich diese Facetten sehr wohl einbezogen werden müssen.[63] Wie können Handelnde nun ihre Arbeitslosigkeit subjektiv-produktiv verdauen und sich damit subjektive Hand-

---

[62] Das "Reich der Notwendigkeiten" wurde kritisch infrage gestellt (vgl. Hradil 1989), da Lebensstandard und Lebensführung gerade in der Arbeiterschaft sowohl aufgrund gestiegener Reallöhne, als auch aufgrund des Abnehmens arbeitertypischer beruflicher Positionen, aber auch aufgrund der Entwicklung des Wohlfahrtsstaates und der durch ihn initiierten Transferzahlungen und Sozialeinkommen deutlich über eine bloße "Kultur der Notwendigkeit" gehoben wurden (siehe auch: Mooser 1983).

[63] So dürfen wir die Bourdieu'sche Sentenz, daß der moderne Mensch zum "naiven Existenzialisten" gerät, der wähnt, Herr und Meister seiner selbst zu sein (vgl. 1985), durchaus auch als Warnung von einer einseitig, subjektiv orientierten Sichtweise sehen.

lungsspielräume offenhalten, damit die Freiheit der Person nicht nur eine prinzipielle bleibt?

Wenn wir *Lebensführung und Alltagspraxis von Arbeitslosen* analysieren, dann müssen wir (zumindest gedanklich) einbeziehen, daß diese Praktiken als Fortführung, als Modifikation von und/oder als Bruch von/mit Handlungszielen und Handlungsmöglichkeiten zu sehen sind, die sich bereits im Verlaufe des berufstätigen Lebens herausgebildet haben. Von daher dürften während des vorangegangenen Berufslebens *industrielle* oder *industriegesellschaftlich geprägte* Formen der Lebensführungen neben solche, die eher als *postindustriell-autonom* bezeichnet werden können, getreten sein. Zu fragen ist, ob die Annahme von Vetter (1991) zutrifft, daß für (Langzeit-)Arbeitslose nur mehr industrielle Stile möglich sein werden, oder ob wir - differenziert nach Arbeitslosigkeitsdauer, Lebensform, Lebensort, Alter und Bildung - nicht durchaus plurale Stilmuster vorfinden werden, in denen relativ autonome Arrangements bestehen (vgl. Kudera et al. 1995).

Gerade aufgrund des weit gefaßten Arbeitsbegriffs ist das Konzept der "alltäglichen Lebensführung" für die Analyse der sozialen Folgen von Arbeitslosigkeit heuristisch interessant, weil damit Arbeit unter der strukturellen Bedingung des Nicht-(Erwerbs-)Arbeitens differenziert analysiert werden kann. Damit eröffnen sich Ansätze für ein theoretisch-modellhaftes Vorgehen, das genügend Flexibilität für das Erfassen differentieller Reaktionsmuster auf Arbeitslosigkeit erlaubt. Wir verfolgen dabei *eine* Linie, die sich auf die Alltagswahrnehmungen und -interpretationen bezieht. Eine *andere* Linie geht von der subjektiven Ebene bzw. der Familien - und Netzwerkebene aus und fragt: Wie wirkt die neue soziale Lage in diese Bereiche (Identität, Familie, Netzwerke) hinein, welche Reaktionen bzw. Veränderungen löst sie aus und welche Formen der (Neu-)Organisation des Alltags finden (in Abhängigkeit von spezifischen Randbedingungen) statt? Aus diesen Linien resultieren theoretisch verschiedene Formen einer Lebensführung unter der Bedingung von Arbeitslosigkeit. Zu fragen ist dann, ob sich *empirisch* spezifische Typen der Lebensführung nachweisen lassen.

4 Methoden, Auswahlverfahren und Repräsentativität

4.1 Die Methode und ihre Begründung

Ziel der Untersuchung ist die empirische Prüfung der Modellannahmen über den Einfluß der Arbeitslosigkeit auf die Lebensorientierung bzw. die alltägliche Lebensführung in der Arbeitslosigkeit, bedingt durch die Veränderungen in der sozialen Lage und vermittelt durch die Felder "Identität und Selbstwertgefühl", "Familien- bzw. Partnerschaftsbeziehungen" und "Netzwerkbeziehungen". Das Ansinnen, diese Annahmen kausal-analytisch zu überprüfen, impliziert die Verwendung eines quantitativen Verfahrens, wobei wir ein Survey-Design mit einer schriftlich-postalischen Befragung als Erhebungsmethode angewendet haben. Die Gründe für diese Entscheidung sind sowohl forschungspraktischer als auch inhaltlicher Natur und werden im Vergleich mit anderen Verfahren, auch unter Bezug auf die Besonderheiten des Forschungsgegenstandes, dargelegt.

Sozialwissenschaftliche Untersuchungen in der Arbeitslosigkeitsforschung, die über das Erfassen von Strukturdaten (auch zum Arbeitslosigkeitsprozeß) hinausgehen und die Lebenswirklichkeit von Arbeitslosen erfassen wollen, werden zumeist als qualitative Studien (z. B. Vonderach et al. 1992; Zilian/Fleck 1990; Hornstein et al. 1986) oder als Kombination aus qualitativen Verfahren mit quantitativer Analyse der (regionalen) Strukturdaten des Arbeitsmarkts (z. B. Mutz et al. 1995; Kronauer et al. 1993) durchgeführt.

In qualitativer und quantitativer Forschung besteht ein unterschiedliches Verhältnis von Methode (bzw. Art und Struktur der damit möglichen Daten und Erkenntnisse) und Subjekt mit je unterschiedlichen Konsequenzen. So hat in der quantitativen Forschung tendenziell die Methode Vorrang vor dem Subjekt[64], wohingegen qualitative Forschung dem Subjekt Vorrang vor der Methode einräumt (vgl. Lamnek 1993, S. 11). Überzeichnet gesagt, passen quantitative Verfahren das Subjekt der Methode

---

[64] Wobei jeweils im Rahmen versucht wird, eine Methode zu wählen, die mit den Spezifika der untersuchten Population in Einklang zu bringen ist (vgl. Kromrey 1994). So würde z. B. wenig Sinn machen, Drogenkonsumenten auf der offenen Szene mit einem standardisierten Fragebogen im paper-and-pencil-Verfahren untersuchen zu wollen.

an, d. h., sie objektivieren das Subjekt und erfassen nur so viel vom ihm und seinen Eigenheiten, wie es Methode bzw. Erhebungsinstrument zulassen. Das wird unterstützt durch die Vereinheitlichung und strukturelle Asymmetrie der Erhebungssituation. Daher besteht das latente Risiko, mit dem quantitativen Vorgehen in dieser (wie in jeder quantitativen) Untersuchung "nur" wissenschaftlich-theoretische Vorstellungen über das Leben in bzw. während der Arbeitslosigkeit zu (re-)produzieren. Qualitative Techniken hingegen lassen (in unterschiedlicher Abstufung) das Subjekt die Erhebungssituation strukturieren und geben ihm die weitgehende Möglichkeit, sich nach seinen Vorstellungen in eine relativ wenig fremdbestimmte Erhebungssituation einzubringen, allerdings auf Kosten der Verallgemeinerbarkeit der Ergebnisse.

Auch die Verwendung des schriftlich-postalischen Verfahrens ist nicht unproblematisch. Eine Schwierigkeit bildet die intersubjektive Verständlichkeit der Fragen, zumal die Zielgruppe ein sehr heterogenes Bildungsniveau aufweist, das eventuell bei Problemgruppen - z. B. (Über-)Langzeitarbeitslosen - zum Tragen kommt. Das könnte zu einer geringeren Antwortbereitschaft und damit möglicherweise zu Rücklaufverzerrungen führen. Dann wäre die (bei schriftlich-postalischen Befragungen allgemein gegebene) Wahrscheinlichkeit, daß höher Gebildete überproportional antworten, noch größer. Da andererseits intrinsisch Motivierte - also von der Arbeitslosigkeit besonders Betroffene oder sich betroffen Fühlende - ebenfalls häufiger antworten, bestünde die Möglichkeit eines tendenziellen Ausgleichs. Langzeiterwerbslose gehören jedoch auch zu dieser Gruppe, was wiederum das Risiko von Verzerrungen des Merkmals "Dauer der Arbeitslosigkeit" birgt. Allgemein steigen die Anforderungen an die Fragebogenkonstruktion, auch, weil kein Interviewer vor Ort ist, der die Befragten durch schwierige Passagen "führt", was aber Antwortverzerrungen durch "soziale Erwünschtheit" verhindert. Problematisch ist vielleicht auch die fehlende Kontrolle bei der Datenerhebung, z. B. durch Anwesenheitseffekte von Drittpersonen, die sich negativ auf die Gültigkeit der erhobenen Daten auswirken können. Von der (computergestützten) telephonischen Befragung (dazu: Fuchs 1994) wurde deshalb abgesehen, weil relativ einkommensschwache Haushalte - zu denen Arbeitslosenhaushalte gehören - eine vergleichsweise geringere Ausstattung mit Telephonen aufweisen (vgl. Andreß/Lipsmeier 1995), wodurch die Erreichbarkeit gefährdet gewesen wäre.

Die Vorteile der schriftlich-postalischen Befragung sind zum einen *forschungspraktischer* Natur. Gerade aufgrund der relativ weiten geographischen Streuung über vier Arbeitsamtsbezirke wäre der Einsatz von Interviewern mit nicht unerheblichen Kosten verbunden, u. a. durch Anfahrt und Betreuung. Auch entfallen Interviewerfehler (bei der Eintragung auf Fragebögen) und Interviewereinflüsse. Antworten können zudem überlegter gegeben werden, da kein Zeitdruck besteht und die Befragten eine zeitlich (weitgehend) unabhängige Gestaltung der Beantwortung vornehmen können. Auch sind die Befragten postalisch zumindest grundsätzlich jederzeit erreichbar, so daß i. d. R. keine vergeblichen Kontaktversuche anfallen werden. Daher bietet sich der Einsatz einer schriftlich-postalischen Befragung als ökonomisch vergleichsweise günstige Erhebungstechnik an.

Darüber hinaus sprechen auch *inhaltliche Gründe* für dieses Verfahren: Die Anonymität kann damit glaubwürdiger als z. B. bei mündlich-persönlichen Interviews versichert werden. Das bedeutet für unser Vorhaben, von Arbeitslosen Auskunft über ihre Lage erhalten zu wollen, einen nicht zu unterschätzenden Vorteil. (Eine nicht unerhebliche Anzahl telephonischer Kontaktaufnahmen durch Arbeitslose während der der eigentlichen Datenerhebung vorgeschalteten Einwilligungsphase bestätigt diese Vermutung). Anders als bei einer Bevölkerungsstichprobe untersuchen wir eine Population, die aufgrund der Ausprägung des Erwerbsstatus, nämlich arbeitslos zu sein, besonders diskreditierbar ist. Das mag sicher einer der Gründe für die nachweisbar geringe Bereitschaft Arbeitsloser sein, an Befragungen teilzunehmen (dazu: Rendtel 1989), denn es gehört zu den Strategien des Stigma-Managements, gegenüber Außenstehenden (nicht nur) in einer face-to-face-Situation diesen Status zu verbergen. Befunde aus der qualitativen Arbeitslosenforschung (z. B. bei Hornstein et al. 1986) stützen tendenziell diese Annahme. Daher bildet u. E. die schriftlich-postalische Befragung für diese Haltung ein angemessen sensibles Verfahren.

4.2 Das Verfahren der Stichprobenziehung

Für ein quantitatives, modelltestendes Design müssen wir aus Gründen der angestrebten Generalisierung unserer Aussagen bei der Probandenauswahl darauf bedacht sein, ein möglichst repräsentatives Sample zu erzielen, was prinzipiell nur durch Zufallsauswahlverfahren möglich ist. Surveys mit einem Arbeitslosensample weisen im Verfahren der Stichprobenziehung im Vergleich mit einer allgemeinen Bevölkerungsstichprobe einen zusätzlichen, formal-rechtlich geregelten Arbeitsschritt auf. Das X. Sozialgesetzbuch, § 75 f. sieht für die Weitergabe von Sozialdaten (§ 35, I. Sozialgesetzbuch) im Rahmen einer wissenschaftlichen Untersuchung vor, daß zunächst die Einwilligung der Betroffenen einzuholen ist. Daher können nur diejenigen Arbeitslosen in unsere Bruttostichprobe eingehen, die sich einer Weitergabe ihres Namens und ihrer genauen Adresse nicht explizit verweigern.

Eine Stichprobenziehung unter Verwendung der Arbeitsämterkarteien als Auswahlgrundlage unterliegt zudem einer inhaltlichen Einschränkung, weil damit eine spezifische Arbeitslosenpopulation zur Auswahlgesamtheit wird, nämlich *offiziell als arbeitslos Gemeldete und Geführte, die Lohnersatzzahlungen (Arbeitslosengeld, Arbeitslosenhilfe, Eingliederungsgelder) erhalten.* Die anderen Arbeitslosen und Arbeitssuchenden lassen sich über diesen Weg *nicht* einbeziehen. Personen, die mehr oder weniger vorübergehend aus dem Erwerbsleben ausgetreten sind oder aber Arbeitslose, die sich nicht arbeitslos gemeldet haben, offiziell nicht als Arbeitskräfte zur Verfügung stehen und daher in die Stille Reserve fallen, können wir ebensowenig erfassen wie arbeitslos Gemeldete, die keinen Anspruch auf die erwähnten Leistungen (mehr) haben: z. B. Personen, die nur Sozialhilfe und keine Lohnersatzleistungen beziehen – wie alleinerziehende Mütter mit Kindern unterhalb des Kindergarten- bzw. Schulalters (vgl. dazu: Buhr 1995) - oder Personen, die nur aus Rentenanwartschafts-gründen ihre Arbeitslosigkeitsmeldung aufrecht erhalten, vornehmlich Frauen über 55 Jahre mit erwerbstätigem Ehepartner (vgl. dazu: Bogai et al. 1994). Die Stille Reser-ve, die besonders hinsichtlich ihrer Belastung durch instabile Erwerbskarrieren eine interessante Population bildet, wäre nur in einer Bevölkerungsstichprobe enthalten. Das bedeutet aber geringe Fallzahlen bei Arbeitslosen, was zu Problemen bei differen-zierteren Auswertungen führt (vgl. dazu: Andreß 1989, S. 23).

Die offiziellen Leistungsempfänger entsprechen zudem nicht der Gesamtheit derer, die nach AFG Anspruch auf Lohnersatzzahlungen haben. Der Anteil der Leistungs-*berechtigten* übersteigt zahlenmäßig die Leistungs*empfänger*, da ein Teil der (später anerkannten) Anträge zum Stichtag noch nicht bearbeitet bzw. bewilligt ist (vgl. Karr 1978, S. 2 f.). Zudem beeinflußt die Wahl des Beobachtungszeitraumes: Mit zuneh-mender Länge sinkt die Wahrscheinlichkeit, daß Arbeitslose noch nie Leistungen be-zogen haben, deutlich ab (vgl. Karr 1983, S. 277). Ein zu kurzer Zeitraum *unter*-schätzt die wirklichen Anteile. Hingegen *über*schätzt eine (monatliche) *Bestands*auf-nahme den Anteil von Leistungsempfängern im Vergleich mit der jährlich summier-ten Arbeitslosigkeit: Jüngere Arbeitslose haben eine vergleichsweise geringere Be-rechtigungsquote, sind häufiger kürzere Zeit ohne Arbeit, und machen daher in den Periodengrößen (also z. B. über ein Jahr hinweg) einen höheren Anteil aus als in den Bestandsgrößen eines Monats (vgl. Karr 1978, S. 5).

Nicht erfassen wollten wir ausländische Arbeitslose, wenngleich sie eine inter-essante Untersuchungspopulation bilden würden. Ausschließlich *forschungspraktische Gründe* führten zu dieser Entscheidung: Um Rücklaufverzerrungen aufgrund von möglichen Sprachproblemen zu vermeiden, wären aufwendige Übersetzungs- und Rückübersetzungsarbeiten für alle (in der Stichprobe erfaßten) Nationalitäten angefal-len: Zum einen hätte der Fragebogen ohne inhaltliche Verluste in die jeweilige Landessprache übertragen werden, zum anderen hätten offene Fragen rückübersetzt werden müssen. Unsere Aussagen beziehen sich daher auf baden-württembergische Arbeitslosenhaushalte mit mindestens einem arbeitslos gemeldeten, deutschstämmigen Haushaltsmitglied, das Leistungsempfänger ist[65], und unsere angestrebte Grundgesamtheit sind deutschstämmige baden-württembergische Leistungsempfänger.

Der Auswahlplan sah ein mehrstufiges Verfahren mit Cluster- und systematischer Zufallsauswahl vor, bei dem theoretical und statistical sampling gekoppelt wurden. Wir betrachteten jeden der baden-württembergischen Arbeitsamtsbezirke als ein institutionell hergestelltes Cluster, so daß insgesamt 24 Klumpen existierten. (Forschungsökonomische Überlegungen sprachen gegen die Verwendung eines landesweiten Samples mit einer Zufallsauswahl aus allen Arbeitsamtsbezirken). Dann nahmen wir unter den Clustern aufgrund theoretischer Vorüberlegungen, die sich auf die Struktur der Arbeitsmärkte bzw. die relative Gewichtung der drei Sektoren bezog (vgl. Kap. 2.4), eine bewußte Auswahl von vier Arbeitsamtsbezirken vor, nämlich *Balingen, Freiburg, Mannheim* und *Ravensburg*. Erhebungseinheiten sind die Leistungsempfänger deutscher Herkunft in den ausgewählten Arbeitsamtsbezirken: Hier soll Repräsentativität hinsichtlich arbeitslosigkeitsrelevanter Merkmale hergestellt werden. Auswahlgesamtheit für die Ziehung der (Bestands-)Stichproben waren diejenigen Leistungsempfänger, die Ende März 1996 Lohnersatzzahlungen erhielten.

Im Arbeitslosenbestand umfaßte die Gruppe der Leistungsempfänger auf Landesebene 77,8% (0,276 Mio.) aller gemeldeten Arbeitslosen (0,355 Mio.), wovon 68,6% (0,19 Mio.) Arbeitslosengeldempfänger, 29,1% (0,08 Mio.) Bezieher von Arbeitslosenhilfe und 2,3% Personen waren, die Eingliederungsgelder und -hilfen erhielten (vgl. Tab. 2).[66] Die Anteile an Leistungsempfängern differierten leicht zwischen den Arbeitsamtsbezirken: Während in Balingen, Freiburg und Mannheim jeweils etwa ein Viertel aller arbeitslos Gemeldeten im Bestand *keinen* Anspruch auf Einkommensersatzleistungen (mehr) hatte, lag dieser Anteil in Ravensburg mit etwa einem Sechstel niedriger. Die relative Anzahl an Leistungsempfängern war hier sowohl im Vergleich mit den anderen Bezirken als auch im Vergleich mit dem Landesdurchschnitt etwas größer (vgl. Tab. 1).

---

[65] Da die Daten individuell zurechenbar sein müssen, erfassen wir die Unterstützungsleistungen sozialer Netzwerke bei der Bewältigung der Arbeitslosigkeit bzw. umgekehrt die Auswirkungen der Arbeitslosigkeit auf soziale Netzwerke nur indirekt, nämlich vermittelt durch die Sicht der befragten Arbeitslosen (vgl. Andreß 1989, S. 23).

[66] Eingliederungshilfe (§ 62 a AFG) wird gezahlt an arbeitslos gemeldete Spätaussiedler, die bedürftig sind, aber keinen Anspruch auf Lohnersatzleistungen haben.

Tab. 1:   Leistungsempfänger in Baden-Württemberg und den ausgewählten
            Arbeitsamtsbezirken

Gruppe	Arbeitsamtsbezirke				
	Balingen	Freiburg	Mannheim	Ravensburg	Bad.-Württ.
Leistungs-empfänger	77,2% (9.577)	75,7% (13.915)	77,6% (18.827)	84,2% (11.889)	77,8% (276.374)
Nichtemp-fänger	22,8% (2.828)	24,3% (4.467)	22,4% (5.435)	15,8% (2.231)	22,2% (78.922)
Summe	100,0% (12.406)	100,0% (18.382)	100,0% (24.262)	100,0 (14.120)	100,0% (355.296)

Stand: März 1996; Quelle: Landesarbeitsamt Baden-Württemberg, 4/1996.

Tab. 2:   Bezieher von Arbeitslosengeld/-hilfe, Eingliederungsgeld/-hilfe
            nach Arbeitsamtsbezirken

Zahlungen durch das Arbeitsamt	Arbeitsamtsbezirke				
	Balingen	Freiburg	Mannheim	Ravensburg	Bad.-Württ.
Arbeitslo-sengeld	71,4% (6.942)	63,8% (8.878)	62,5% (11.774)	71,1% (8.453)	68,6% (189.769)
Arbeitslo-senhilfe	26,1% (2.491)	33,6% (4.681)	36,6% (6.871)	25,8% (3.065)	29,1% (80.376)
Eingliederungsgeld/-hilfe	2,5% (237)	2,6% (348)	1,0% (180)	3,1% (359)	2,3% (6.229)
Summe	100,0% (9.577)	1000,0% (13.915)	100,0% (18.827)	100,0% (11.889)	100,0% (276.374)

Stand: Ende März 1996; Quelle: Landesarbeitsamt Baden-Württemberg 4/1996, Tabelle 25.

Unterschiede bestanden auch hinsichtlich der Anteile von Arbeitslosengeld- bzw. Arbeitslosenhilfe-Empfängern. So wiesen Balingen und Ravensburg mit Werten um 71% gegenüber Freiburg (63,8%) und Mannheim (62,5%) im Bestand etwas größere Anteile von Arbeitslosengeldempfängern auf. Entsprechend gab es relativ mehr Arbeitslosenhilfebezieher in Freiburg und Mannheim: Jeweils um ein Drittel im Vergleich zu etwa einem Viertel bei den anderen Bezirken. Daneben hatte Mannheim noch den kleinsten Anteil bei Eingliederungsgeld bzw. -hilfe.

Eine Querschnittsauswahl von Probanden für eine Arbeitslosenuntersuchung kann in Form einer Zugangs-, Abgangs- oder Bestandsstichprobe erfolgen. *Querschnitts-untersuchungen* haben den Vorteil, daß Daten auch über eine umfangreiche Population in vergleichsweise kurzer Zeit und relativ problemlos erhoben werden können, so daß - zügige Auswertung vorausgesetzt - eine relativ hohe Aktualität gegeben ist. Dem konzeptionellen Nachteil von Querschnittsdesigns, Aussagen über ein Phänomen nur punktuell abgeben zu können, kann bedingt mit der Möglichkeit begegnet werden, retrospektiv Zeiträume zu erfassen, um damit kumulative Arbeitslosigkeit, Mehrfach-arbeitslosigkeit und Langzeitarbeitslosigkeit abzubilden.

Bei einer *Zugangsstichprobe* wird eine (Zufalls-)Auswahl unter den Arbeitslosen getroffen, die zu einem bestimmten Zeitpunkt arbeitslos geworden sind. Damit findet eine Kohortenbildung statt, bei der das übereinstimmende Merkmal der Zeitpunkt des Arbeitsloswerdens ist. Dann könnte die Entwicklung innerhalb dieser Kohorte z. B. nach drei oder sechs Monaten Arbeitslosigkeitsdauer erfaßt werden. *Statistisch* bildet eine Zugangsstichprobe die *wünschenswerte Basis*, um eindeutige Schlüsse über Abgänge aus der Arbeitslosigkeit bzw. über Verbleibsrisiken zu ziehen (vgl. Karr 1979, S. 158). *Theoretisch* wäre eine *Panelstudie* für die Abbildung von Entwick-lungsprozessen in der Arbeitslosigkeit *ideal*, vielleicht auf drei Wellen angelegt, mit der sich etwa 18 Monate erfassen ließen. Dieses Verfahren ist jedoch sehr (zeit-)auf-wendig, hätte aber vor allem wegen der zu erwartenden, erheblichen Panelmortalität in einem Arbeitslosensample - einmal durch die Beendigung der Arbeitslosigkeit, aber auch aufgrund mangelnder Motivation der Kohortenmitglieder, für mehrere Wellen zur Verfügung zu stehen - wahrscheinlich nur geringe Erfolgschancen.

Mit einer *Abgangsstichprobe*, also einer (Zufalls-)Auswahl unter denjenigen, die die Erwerbslosigkeit durch (Wieder-)Aufnahme des Berufes oder der Erwerbstätigkeit zu einem bestimmten Zeitpunkt verlassen haben, lassen sich *retrospektiv Arbeitslosigkeitsverläufe* über die gesamte *Dauer* der Arbeitslosigkeit nachzeichnen. Mutz et al. (1995) haben dieses Verfahren in ihrer Untersuchung über diskontinuierli-che Erwerbsverläufe angewendet und konnten dazu auf die amtliche Bewerber-Ange-bots-Kartei (BAnK) zurückgreifen. (Dieses Verfahren hat bedeutende Vorteile bei der Ausschöpfung, da auf aggregierte Daten zurückgegriffen werden kann, womit die zweite Selektion durch das Ausfüllen eines Fragebogens oder der Bereitschaft, sich persönlich befragen zu lassen, entfällt). Ein mögliches Problem dieser Stichproben-ziehung für unsere Thematik liegt in der retrospektiven Darstellung der Arbeits-losigkeit, wobei Erinnerungslücken nur ein vergleichsweise marginales Problem darstellen. Problematischer ist folgendes: Biographien werden rückwirkend entworfen für die Gegenwart und mit Blick auf die Zukunft, als Hilfe für biographisch anschlußfähige Entscheidungen. Die Bewertung und sinnhafte Einordnung von Ereignissen, Gefühlen und Einstellungen erfolgten somit vom Standpunkt der Gegenwart aus. Daher bestehen möglicherweise deutliche Unterschiede bei derselben Person hinsichtlich der Bewertung von Arbeitslosigkeitsverläufen, je nachdem, ob die Aussage während oder bereits nach Beendigung der Arbeitslosigkeit abgegeben wird. Auch steht zu vermuten, daß die Einschätzungen je nach aktueller Lage differieren: Wurde die offizielle Arbeitslosigkeit in eine erfolgreich stabilisierte Erwerbstätigkeit hinein verlassen, besteht nur ein prekäres Beschäftigungsverhältnis oder ist der Arbeitslose in die Stille Reserve übergegangen, also (vorübergehend) aus dem Erwerbsleben ausgetreten? Veränderungen in der alltäglichen Lebensführung während der Arbeitslosigkeit lassen sich damit wahrscheinlich nur retrospektiv geglättet erfassen. Zudem werden die Aussteiger möglicherweise nur geringes Interesse daran haben, ex post über die überwundene Arbeitslosigkeit zu berichten, so daß mit sehr geringen und zudem verzerrten Rücklaufquoten zu rechnen wäre.

Vom Zeit- und Organisationsaufwand her gesehen[67] ist eine *Bestandsstichprobe* am einfachsten zu realisieren, also eine (einfache oder mehrstufige Zufalls-)Auswahl unter den Personen, die zu einem bestimmten Zeitpunkt offiziell arbeitslos gemeldet sind bzw. in unserem Fall von den Arbeitsämtern als Leistungsempfänger geführt werden. Mit Bestandsdaten sind jedoch eine Reihe von Nachteilen verbunden, welche auf Richtung und Reichweite der Aussagen wirken.

Bestände (bzw. darauf aufbauende Bestandsstichproben) geben kein repräsentatives Abbild der gesamten Arbeitslosigkeit, sondern betonen einen spezifischen Aspekt: Erfassen läßt sich dadurch nur das *Arbeitslosigkeitsvolumen*[68] und seine Struktur zu einem bestimmten Zeitpunkt. Aussagen auf Basis von Beständen gelten eigentlich nur für die "Arbeitslosen vom Tage" (Cramer et al. 1986, S. 416), da Bestände nicht über einen größeren Zeitraum hinweg stabil bleiben, sondern (zudem nach Teilgruppen unterschiedlich) variieren. Die Struktur von aufeinanderfolgenden Beständen (z. B. im Monatsabstand) kann dabei gleich bleiben, die Personen im Bestand aber in erheblichem Umfang wechseln. Daher erlauben Bestände ausschließlich Annahmen über die "personenunabhängige Aufgliederung des Arbeitslosigkeitsvolumens" (1986, S. 417). Genaue Werte über die (Gesamt-)Struktur der Arbeitslosigkeit lassen sich nur

---

[67] Dieses Argument durften wir insofern nicht gering schätzen, als die Stichprobenziehung nur vor Ort, also bei den Ämtern, erfolgen konnte und dort notgedrungen eine zusätzliche Belastung darstellten. Die anderen Stichprobenverfahren wären zeitlich und organisatorisch erheblich aufwendiger gewesen.

[68] Die Anzahl der zu einem bestimmten Zeitpunkt arbeitslos Gemeldeten, gewichtet mit der bisherigen Dauer ihrer Episode, ergibt das Volumen (vgl. Walwei 1996; Cramer et al. 1986).

bei einer kontinuierlichen Erfassung von Zu- und Abgängen in dem ausgewählten Zeitraum (z. B. einem Jahr) erstellen (vgl. Egle et al. 1980, S. 106). Daneben erlauben bestandsbezogene Betrachtungen nur retrospektiv Aussagen über bisherige Dauern und sind daher nur begrenzt aussagekräftig. Sie heben auf den *Zustand* des Arbeitslosseins ab, sind also zeitraumbezogen, während eine bewegungsbezogene Betrachtung (durch eine Zugangs- oder Abgangsstichprobe) *zeitpunktbezogen* ist: Ausgangspunkt sind Zustandswechsel, also Beginn oder Ende der Arbeitslosigkeit (vgl. Cramer et al. 1986, S. 411).

Bestandsdaten geben insofern ein geschöntes bzw. unvollständiges Bild von der Arbeitslosigkeit, als der Kreis der davon Betroffenen wesentlich größer ist als die (durchschnittlichen) Bestandszahlen angeben, also die Aussagen über den Umfang der registrierten Arbeitslosigkeit zu einem bestimmten Zeitpunkt: Die Anzahl der Zugänge über ein Jahr übersteigt die (Jahres-)Durchschnittswerte des Bestandes bei weitem, die Arbeitslosenbestände schlagen um. Die Umschlagsgeschwindigkeit von Arbeitslosenbeständen wird definiert als das Verhältnis der registrierten Fälle in einem bestimmten Zeitraum zu dem Durchschnittsbestand dieses Zeitraumes (vgl. Cramer et al. 1986, S. 414). Dieses Verhältnis variiert im Verlauf der Massenarbeitslosigkeit: Bis 1980 galt eine Relation von 1 (Jahresdurchschnittsbestand) zu etwa 3 (jährliche Zugänge), was auf eine hohe Fluktuation aufgrund geringer Arbeitslosigkeitsdauern der Zugänge hindeutet. Mit den 80er Jahren konsolidierte sich das Verhältnis auf Werte zwischen 1,5 bis 2. Zum einen war die durchschnittliche Dauer einer Arbeitslosigkeitsphase angestiegen (von 10,9 Wochen im Jahre 1974 auf 31,3 Wochen für 1983), zum anderen nahm der Anteil längerfristig Erwerbsloser mit zunehmender Dauer der Massenarbeitslosigkeit ebenfalls zu (vgl. Karr 1983, S. 277 ff)

Für Baden-Württemberg besteht (vgl. Abb. 11) zwischen 1984 und 1988 eine geringe Zunahme in der Relation zwischen Jahresdurchschnitt und Jahreszugang, nämlich von 1 : 2,1 auf 1 : 2,3 bei geringfügig abnehmenden Jahresdurchschnitten und einigermaßen konstanten Zugängen. Zwischen 1989 und 1992 hingegen macht das Verhältnis einen deutlichen Sprung auf Werte bis/an 1 : 3,0. Dabei nehmen die Jahresbestände bis 1991 weiter leicht ab, die Zugänge erhöhen sich aber, vor allem 1990. Die Episodendauer der Fälle dürfte damit insgesamt leicht gesunken sein, es lag mehr kurzzeitige Arbeitslosigkeit vor. Ab 1993 sinkt die Relation Durchschnitt zu Zugang wieder deutlich ab und erreicht (mit 1,9) Werte leicht unterhalb der 80er Jahre. D. h.: Die durchschnittliche Arbeitslosigkeitsdauer nahm damit ebenfalls wieder zu, der Anteil längerfristiger Erwerbsloser stieg an. Im Gegensatz zu den 80er Jahren bestehen allerdings die gravierenden Unterschiede, daß sich sowohl die Jahresdurchschnittszahlen als auch die Zugänge jeweils erheblich erhöht haben.

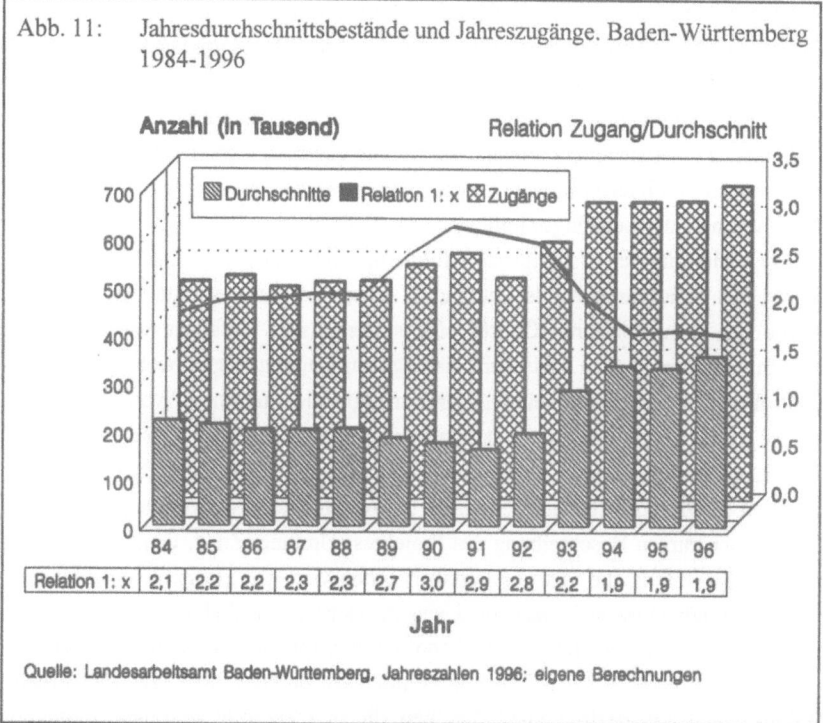

| Relation 1: x | 2,1 | 2,2 | 2,2 | 2,3 | 2,3 | 2,7 | 3,0 | 2,9 | 2,8 | 2,2 | 1,9 | 1,9 | 1,9 |

Jahr

Quelle: Landesarbeitsamt Baden-Württemberg, Jahreszahlen 1996; eigene Berechnungen

Ein weiteres Problem bildet die Verzerrung der Bestände nach der Arbeitslosig-keitsdauer. Die durchschnittliche (erwartbare) Arbeitslosigkeitsdauer einer Zugangs-kohorte liegt deutlich niedriger als der Vergleichswert im Bestand. Die Bestandswerte bilden dabei "eine Funktion der durchschnittlichen Dauer und der Varianz des Zu-gangs" (Cramer et al. 1986, S. 413): Nur bei fehlender Streuung der Bestandsdaten würden sich die Dauern der Zugänge und der Bestände entsprechen. Da dies nicht zutrifft, bleiben die Bestandswerte mit der jeweiligen Dauer gewichtet, wodurch die errechneten Durchschnittswerte im Bestand höher sind als bei den Zugängen. D. h. im Bestand sind Langzeitarbeitslose überrepräsentiert und kurzzeitiger Erwerbslose deut-lich unterproportional vertreten (vgl. Egle et al. 1980, S. 106; Brinkmann 1989). Bestandsstichproben bilden daher (einfache oder mehrstufige) Zufallsauswahlen aus einer systematisch verzerrten Population und können von daher kein repräsentatives, *personenbezogenes* Abbild des Phänomens Arbeitslosigkeit sein. Dies wird durch Verwendung der schriftlich-postalischen Befragung als Erhebungsverfahren tenden-ziell noch gesteigert, da die Population der Langzeitarbeitslosen möglicherweise zu den intrinsisch Motivierten zu rechnen ist. Kurzzeitig Erwerbslose, die in ihrer subjektiven Wahrnehmung entweder (noch) keine Arbeitslosen im eigentlichen Sinne sind, also sich (noch?) nicht als Arbeitslose fühlen, werden insgesamt wahrscheinlich eine geringere Motivation zur Teilnahme an der Untersuchung aufweisen. Daher wäre es bei unserer Untersuchung prinzipiell notwendig gewesen, die stichprobenbedingten Verzerrungen durch nachträgliche Gewichtungen weitgehend auszugleichen. Inhaltliche Merkmale der Leistungsempfängerstatistik ließen dies jedoch nicht zu.

Die Gewinnung der Urstichprobe erfolgte in zwei Schritten: Zunächst wurde im Auftrag des Landesarbeitsamts Stuttgart in jedem der ausgewählten Arbeitsamtsbezirke mit dem Verfahren CoPrüf eine systematische Zufallsauswahl aus den Stammnummernbeständen deutscher Leistungsempfänger gezogen, wobei jede achte Stammnummer ausgewählt wurde. Dann erfolgte die Zuordnung von Name und Adresse zu den Stammnummern mit dem Verfahren CoArb. Diese Population wurde dann dem Einwilligungsverfahren unterzogen. Dazu erhielten die Probanden ein Schreiben vom Landesarbeitsamt Stuttgart, das neben einem Anschreiben der Behörde und einer kurzen Beschreibung des Projektes (Umfang, Ziele, Umgang mit den gewonnenen Daten), die von uns verfaßt worden war, eine (kostenlose) Rückantwortkarte erhielt. Diese sollte *nur* von denen, die sich ausdrücklich *gegen eine Weitergabe* ihrer Daten aussprachen, an das Landesarbeitsamt zurückgeschickt werden.

Die Urstichprobe aus den Leistungsempfängern umfaßte über alle vier ausgewählten Arbeitsamtsbezirke 5.082 Personen, die sich wie folgt verteilten: Balingen 866, Freiburg 1.391, Mannheim 1.707 und Ravensburg 1.118 Arbeitslose. Davon wurden insgesamt 39,8% (2.024) nicht in die Bruttostichprobe aufgenommen: 1,3% (67) waren stichprobenneutrale Ausfälle - die Adressen hatten sich geändert, die Personen waren unbekannt verzogen oder nicht auffindbar - die aufgrund der geringen Anzahl jedoch keiner zusätzlichen Nachsendeaktion unterworfen wurden. Insgesamt 38,5% (1.957 Arbeitslose) hatten explizit durch Absenden der Rückantwortkarte ihr Nicht-Einverständnis ausgedrückt. Die Ablehnerquoten differierten leicht zwischen den verschiedenen Arbeitsamtsbezirken: So kam aus dem Freiburger Sample (35,4%) eine geringfügig unterdurchschnittliche Quote von Ablehnungen, Ravensburg (38,7%) und Balingen (39,9%) entsprachen vom Anteil gesehen in etwa dem Durchschnitt und Mannheim wies mit 44,1% ausdrücklicher Ablehnungen etwas überdurchschnittliche Zahlen auf. (Auf die Frage, ob diese Proportionen auch im Rücklauf der eigentlichen Feldphase auffindbar sein werden, wird später einzugehen sein). Damit gingen 60,2% (3.058 Personen) in die Urstichprobe ein (Balingen: 520, Freiburg: 899, Mannheim: 954, Ravensburg: 685). Noch während der Feldphase trafen Ablehnungsantworten aus der Einwilligungsaktion ein, so daß die Ausgangszahlen nachträglich korrigiert werden mußten: Es kamen noch 64 Antwortkarten mit expliziter Verweigerung dazu - vermutlich *nach* Erhalt des Fragebogens abgeschickt -, die den Anteil dieser Gruppe auf 39,8% (2021) erhöhten. Zusätzlich erwiesen sich vier weitere Einwilligungsschreiben als unzustellbar (zusammen: 1,4% (71)). Insgesamt müssen damit (korrigiert) 41,2% (2092) als nicht zur Bruttostichprobe gehörig betrachtet werden. Kostengründe[69] erzwangen allerdings eine weitere Reduzierung der Stichprobe durch systematische Zufallsauswahlen: Die endgültige Bruttostichprobe umfaßte nurmehr 78,4% (2.397) der Urstichprobe (Balingen: 78% (408), Freiburg: 79% (710), Mannheim: 78,1% (744) und Ravensburg 78,1% (535)).

4.3   Ausschöpfung und Rücklaufprofil

Von den 2.397 Arbeitslosen in der Bruttostichprobe antworteten insgesamt 31,8% (763). Abzüglich der 0,7% (18) Verweigerungen lag die realisierte Stichprobe somit bei 31,0% (745). Die Ausschöpfungsquoten der vier Arbeitsamtsbezirke unterschieden sich nicht wesentlich voneinander: Balingen erreichte 31,6% (129), Freiburg 30,8% (219), Mannheim 32,1% (239) und Ravensburg kam mit 29,7% (159) auf den vergleichsweise niedrigsten Anteil. Diese Rücklaufquoten lagen im Rahmen dessen, was wir besonders bei einer schriftlich-postalischen Befragung erwarten durften. Um mögliche systematische Verzerrungen ausfindig machen zu können, hätte es allerdings der Kontrolle einiger relevanter Merkmale bedurft, was aber (vgl. Kap. 4.4) nicht möglich war.

Der Rücklaufzeitraum wurde auf zwei Wochen begrenzt (vgl. Abb. 12). Nach einer Woche betrug der Rücklauf 54,0% (400), und innerhalb der gesamten regulären Frist erhielten wir 86,8% (643) aller gültigen Antworten zurück (ein weiterer Fragebogen war bereits vor Beginn der eigentlichen Feldphase versendet und auch zurückgeschickt worden). 13,1% (97) der (gültigen) Antworten trafen somit erst nach Ablauf des vorgesehenen Zeitraumes ein, die letzte Sendung mehr als einen Monat später, so daß sich die Feldphase auf insgesamt 52 Tage ausdehnte. Die Rücklaufprofile der Arbeitsamtsbezirke differierten nur unwesentlich.

---

[69]   Die nach theoretischer Maßgabe eigentlich eher randständig auf den Forschungsprozeß einwirken sollten (vgl. Friedrichs 1983)!

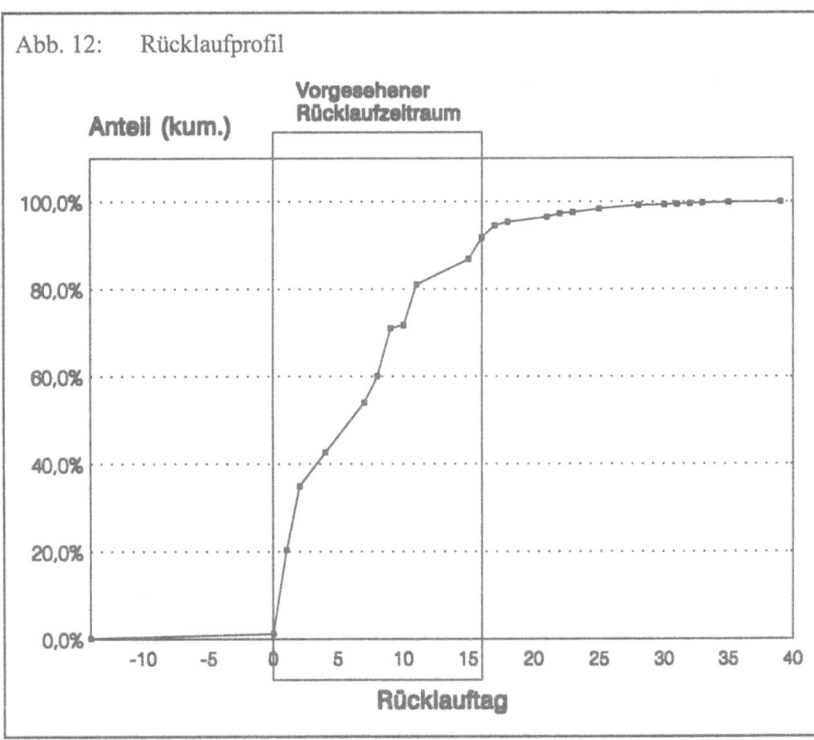

Abb. 12:   Rücklaufprofil

4.4 Wie repräsentativ sind die Samples?

Die Prüfung der Repräsentativität durch Vergleich der Verteilungen in den realisierten Samples aus Leistungsempfängern mit den Verteilungen in der jeweiligen Grundgesamtheit bezieht sich auf zwei Fragestellungen:

a. Wie repräsentativ können unsere Teilsamples insgesamt für die Arbeitslosigkeit in den ausgewählten Bezirken sein?

b. Wie repräsentativ können unsere Teilsamples für die jeweilige Population der Leistungsempfänger sein?

Die Antwort auf die erste Frage muß lauten: Nur sehr bedingt. Das hängt vor allem damit zusammen, daß wir nur einen spezifischen Ausschnitt der Arbeitslosen einbeziehen, nämlich *Leistungsempfänger*, also knapp drei Viertel aller *gemeldeten* Arbeitslosen. Zudem liegen uns Bestandsdaten und keine Bewegungsdaten vor, so daß die Antwort auf die zweite Frage ebenfalls lauten muß: Nur bedingt. Stichproben auf Basis von Beständen sind sehr wahrscheinlich bezüglich einiger, für die Abbildung der Arbeitslosenpopulationen relevanter Merkmale verzerrt. Eine Möglichkeit, dem zu begegnen, besteht im Redressment, also der nachträglichen Gewichtung von Fallgruppen, z. B. über eine "iterative Soll-Ist-Anpassung an alle vorgegebenen Randtafeln" (Rothe 1994, S. 69). Damit sollen die Verteilungen in der realisierten Stichprobe den nachweisbaren Merkmalsverteilungen in der Grundgesamtheit angepaßt werden. Es war geplant, die realisierten Samples nach Geschlecht, Alter und Dauer der Arbeitslosigkeit mit den entsprechenden Strukturdaten aller Leistungsempfänger des jeweiligen Arbeitsamtsbezirks zu vergleichen. Mehrfache Nachfragen bis hin zur Bundesanstalt für Arbeit ergaben jedoch, daß bei Leistungsempfängern ausschließlich die Geschlechterverteilung als Prüfgröße zur Verfügung steht[70]. Statt dessen die differenzierten Bestandsdaten über alle Arbeitslosen - z. B. aus den halbjährlichen Erhebungen von März oder September - zu verwenden, ist jedoch wenig sinnvoll, da zwischen Leistungsempfängern einerseits und der Gesamtheit gemeldeter Arbeitsloser andererseits mit hoher Wahrscheinlichkeit deutliche Unterschiede in den jeweiligen Merkmalsverteilungen auftreten. Auch der zweite Test auf Repräsentativität entfällt weitgehend, da einzig die Geschlechterverteilung kontrolliert werden kann.

Eine Kontrolle hätte allerdings im Hinblick auf die angestrebte Reichweite unserer Ergebnisse notwendig sein können. Systematisch verzerrte Stichproben ermöglichen theoretisch nur sehr beschränkte Aussagen, nämlich einzig bezogen auf die realisierte Stichprobenpopulation. Da wir potentiell an einer Generalisierung unserer Resultate auf der Ebene der ausgewählten Arbeitsamtsbezirke interessiert sind, hätte es möglichst gering verzerrter (realisierter) Stichproben bedurft, damit die Statistiken als hinreichend genaue Schätzer für die Grundgesamtheiten - Leistungsempfänger der Bezirke Balingen, Freiburg, Mannheim und Ravensburg - gelten dürfen.

Was die Art bzw. Reichweite der Resultate angeht, werden wir also die rein quantitativen Überlegungen zur Repräsentativität verlassen müssen. Dies ist auch insofern möglich, als die Entscheidung für die vier Arbeitsamtsbezirke in Form einer bewußten Auswahl typischer Fälle erfolgte, also auf der Basis subjektiver Kriterien, die jedoch aus theoretischen Vorüberlegungen abgeleitet wurden - theoretical sampling anstelle von statistical sampling.

Wir werden daher eine quantitative Analyse mit dem Ziel durchführen, Lebensführungs-Typen zu bilden. Generalisierung erfolgt daher als *Generalisierung durch*

---

[70] Zwischen Mitte der 80er Jahre und Anfang/Mitte der 90er Jahre wurden zusätzliche Merkmale aufgrund von Plausibilitätsproblemen nicht erhoben.

Typenbildung, und die kann trotz der mangelnden Repräsentanz *populationsimmanent* stattfinden. Wir lehnen uns an Überlegungen aus der qualitativen Methodologie an und verstehen Lebensführung in der Arbeitslosigkeit als typische, kollektive Deutungs- und Handlungsmuster sozialer Gruppierungen. Diese Kombination scheint insofern legitim, als die Bestrebung, Repräsentativität der Ergebnisse für eine spezifische Grundgesamtheit anzustreben, und das qualitative Vorgehen, mit der Herausstellung des Typischen gerade das kollektiv Geteilte zu repräsentieren, substanziell durchaus in eine ähnliche Richtung zielen (vgl. Lamnek 1993, S. 191 f.). Tendenziell entstehen damit generalistische Existenzaussagen, die exemplarische Verallgemeinerungen erlauben. Die Typenbildung erfolgt durch Herausarbeiten bzw. Abgrenzen ähnlicher Struktur-, Deutungs- und Handlungsmuster, die jeweils zu einer spezifischen Form der Lebensführung zusammengefaßt werden. Die Zusammenfassung geschieht allerdings nicht auf der Basis einer Intersubjektivität von Sinn, die aus den subjektiven Deutungen der Handelnden bzw. aus den Relevanzsystemen der Betroffenen hervorgeht, sondern auf der Basis statistisch gesicherter Übereinstimmungen zwischen Merkmalen und Merkmalskombinationen, und zwar über das Verfahren der Clusteranalyse.

5 Strukturdaten zur realisierten Stichprobe

Das folgende deskriptive Kapitel umfaßt einmal die Struktur der Arbeitslosigkeit, wie wir sie in den realisierten Stichproben der Bezirke Balingen, Freiburg, Mannheim und Ravensburg vorfanden, und beinhaltet des weiteren Angaben zum Prozeß der Arbeitslosigkeit, also Aussagen über Zugang, Verbleib und Abgang.

5.1 Zur Struktur der Arbeitslosigkeit

Aussagen über die Struktur der Arbeitslosigkeit sind zugleich Aussagen über die Struktur ihrer sozialen Ungleichheit. Dabei sind zum einen personenbezogene Daten, aber auch die Formen der sozialen Einbindung von Bedeutung, denn Wahrnehmung und Verarbeitung der Arbeitslosigkeit erfolgen durch Arbeitslose und ihr soziales Umfeld. Zu den personalen Merkmalen zählen konventionell sozialstatistische Kriterien der individuellen Ebene wie Geschlecht, Alter, Bildungsniveau und Beruf bzw. Berufsbiographie. Damit werden zunächst je zwei vertikale (Bildungsniveau, Beruf) bzw. horizontale (Geschlecht, Alter), ungleichheitsrelevante Kriterien in die Analyse einbezogen. Zu den Strukturdaten gehört auch die Dauer der Erwerbslosigkeit. Sie soll jedoch erst später, bei der Frage nach dem Prozeß der Arbeitslosigkeit, behandelt werden, so daß zunächst nur die personenbezogene, sozialstatistische Dimension erfaßt wird.

Die Analyse der Strukturdaten erfolgt auch im Hinblick auf die Möglichkeit, angesichts der vergleichsweise kleinen Fallzahlen in den Bezirken das Gesamtsample für die Auswertungen heranzuziehen. Wie sich im Verlauf der Analysen herausstellte, bildet die Zugehörigkeit zu den Arbeitsamtsbezirken für die Wahrnehmung und Bewältigung der Arbeitslosigkeit ein eher äußerliches Merkmal. Die relevanten Hintergrundmerkmale sind weitgehend an die Personen und deren unmittelbare soziale Kontexte gebunden. Veränderungen zwischen den Bezirken ergeben sich somit fast ausschließlich, wenn zugleich Unterschiede bei der Verteilung dieser Merkmale bestehen.

5.1.1 Arbeitslosigkeitsstrukturen nach personenbezogenen Merkmalen

Unser realisiertes Sample[71] weist mit 61,2% (452) einen deutlichen Männerüberschuß auf (vgl. Tab. 3).

Tab. 3: Geschlechterrelation in den Arbeitsamtsbezirken

Gruppe	Arbeitsamtsbezirk				
	Balingen	Freiburg	Mannheim	Ravensburg	Gesamt
Männer	54,3% (70)	58,1% (126)	63,0% (148)	68,8% (108)	61,2% (452)
Frauen	45,7% (59)	41,9% (91)	37,0% (87)	31,2% (49)	38,8% (286)
Summe	100,0% (129)	100,0% (217)	100,0% (235)	100,0% (157)	100,0% (738)

Chi^2 = 0,14; d. f. = 3; alpha = 0,05; C_{korr} = 0,14.

Das bestätigt sich in allen Bezirken, wobei Mannheim und vor allem Ravensburg auffallen: Hier bestehen die Samples relativ gesehen aus fast doppelt so viel Männern wie Frauen.

Beim Durchschnittsalter zeigen sich ebenfalls Unterschiede: So weist Freiburg mit etwa 42 Jahren die augenscheinlich jüngste Population auf, gefolgt von Balingen mit knapp 43 1/2 Jahren. Die Mannheimer (46 Jahre) und die Ravensburger Arbeitslosen (knapp 45 3/4 Jahre) sind hingegen etwas älter. Eindeutig interpretierbare Divergenzen bestehen jedoch nicht.

Aus Gründen der besseren Vergleichbarkeit haben wir trotz des leichten Informationsverlustes eine Gruppierung der Altersverteilung vorgenommen, die sich prinzipiell an den Kategorienbildungen der amtlichen Statistik orientiert. Die Zusammenlegung erfolgte zudem nach der Maßgabe einigermaßen gleichgroßer Teilgruppen. Als "Jüngere" wurden alle unter 35jährigen (29,8% (218)) zusammengefaßt, eine Gruppe eher "mittleren Alters" entstand aus den 35- bis unter 55jährigen (36,7% (268)), und die 55jährigen und älteren wurden zusammengenommen als "ältere" Arbeitslose (33,5% (245)).

Mit steigender Altersgruppe nimmt die "Männerdominanz" sehr deutlich zu (Chi^2

---

[71] In den Tabellen, die über das Statistikprogramm SPSS berechnet wurden, treten bei den Spaltensummen gelegentlich Rundungsfehler im Bereich von 0,1%-Punkten auf!

= 27,0; d. f. = 2; alpha = 0,00000; C_{korr} = 0,26), von 51,1% unter Jüngeren bis auf 73,5% unter älteren Arbeitslosen. Dieser Trend ist der geschlechtsspezifischen Verteilung von Mannheim und Ravensburg geschuldet.

Neben Geschlecht und Alter ist auch das Bildungsniveau eine wichtiges Strukturmerkmal (vgl. Abb. 13). Am häufigsten haben die Arbeitslosen einen Hauptschulabschluß (44,3%). Zusammengenommen ein gutes Viertel (27,5%) verfügt über die (Fach-)Hochschulreife, und davon haben etwas mehr als die Hälfte zudem einen (Fach-)Hochschulabschluß erworben. Arbeitslose mit mittlerer Reife machen nur gut ein Fünftel aus (21,9%). Eine sehr kleine Minderheit (2,9%) hat gar keinen Bildungsabschluß, und eine nur geringfügig größere Gruppe (3,5%) nicht näher angegebene "sonstige Abschlüsse".

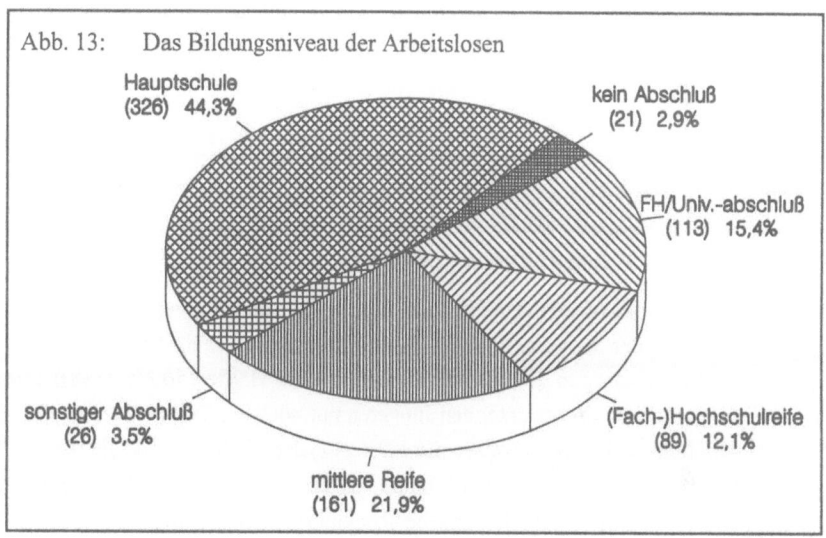

Abb. 13: Das Bildungsniveau der Arbeitslosen

Hauptschule (326) 44,3%

kein Abschluß (21) 2,9%

FH/Univ.-abschluß (113) 15,4%

sonstiger Abschluß (26) 3,5%

(Fach-)Hochschulreife (89) 12,1%

mittlere Reife (161) 21,9%

Zwischen den Arbeitsamtsbezirken bestehen eindeutige Unterschiede im Bildungsabschluß (vgl. Tab. 4). So ist Balingen auch im Vergleich mit den anderen Bezirken hauptschuldominiert: 62,8% der Erwerbslosen haben nur Hauptschulabschluß, relativ fast doppelt so viele wie Freiburg und etwa um ein Drittel mehr als Mannheim. In Freiburg dagegen stellen Arbeitslose mit höherem Bildungsabschluß (Abitur bzw. (Fach)-Hochschule) mit zusammen 40,6% den größten Anteil, etwa doppelt so viel wie Ravensburg und etwa dreimal so viel wie Balingen. Mannheim und noch deutlicher Ravensburg weisen eine "traditionelle" Struktur auf, bei der die Gruppen mit steigendem Bildungsniveau immer kleiner werden.

Tab. 4:   Der Bildungsabschluß nach Arbeitsamtsbezirk

Bildungsab-schluß	Arbeitsamtsbezirk				Summe
	Balingen	Freiburg	Mannheim	Ravensburg	
keiner	4,7% (6)	2,3% (5)	1,3% (3)	4,5% (7)	2,9% (21)
sonstiger	2,3% (3)	4,6% (10)	3,0% (7)	3,9% (6)	3,5% (26)
Hauptschule	62,8% (81)	34,1% (74)	41,5% (98)	47,4% (73)	44,3% (326)
mittlere Reife	15,5% (20)	18,4% (40)	26,7% (63)	24,7% (38)	21,9% (161)
Abitur	7,8% (10)	17,1% (37)	12,3% (29)	8,4% (13)	12,1% (89)
FH/Univ.-Abschluß	7,0% (9)	23,5% (51)	15,3% (36)	11,0% (17)	15,4% (113)
Summe	100,0% (129)	100,0% (217)	100,0% (236)	100,0% (154)	100,0% (736)

Chi^2 = 54,47; d. f. = 1; alpha = 0,00000; C_{korr} = 0,30.

Der Bildungsabschluß variiert mit dem Lebensalter und spiegelt tendenziell die Bildungsexpansion wider. Insgesamt steigt das Bildungsniveau, je jünger die Arbeitslosen sind. Haben von den Älteren noch mehr als die Hälfte (56,3% (138)) nur Hauptschulabschluß, so sind es unter den Jüngeren nur noch ein Drittel (33,5% (73)). (Fach-)Hochschulreife hingegen weisen nur 6,9% (17) der 55jährigen und älteren auf, hingegen 17,4% (38) der Jüngeren. Die Anteile beim (Fach-)Hochschul*abschluß* deuten möglicherweise auf eine systematische Rücklaufverzerrung hin, da die Unterschiede zwischen den Altersgruppen wesentlich geringer sind, als aufgrund des Bildungsvorsprungs der jüngeren Generationen zu erwarten gewesen wäre: 12,2% (30) bei den Ältesten, und etwa je ein Sechstel bei den anderen Altersgruppen (16,5% (36) bei Jüngeren, 16,8% (45)) bei Mittelalten). Diese Unterschiede lassen sich allerdings auf die Bildungsabschlüsse in Freiburg und Ravensburg zurückführen.

5.1.2 Lebensform und Haushaltsstrukturen

In den (auch) am Milieuansatz orientierten theoretischen Überlegungen ist der soziale Kontext wichtig, da das alltägliche Erleben und Verarbeiten der Arbeitslosigkeit mit davon abhängt. Wir haben zum einen nach der Lebensform - ledig mit oder ohne Partner, verheiratet, geschieden, verwitwet - und zum andern auf der Ebene des alltäglichen Zusammenlebens nach Haushaltstypen unterschieden.

Vergleichsweise am häufigsten (52,3%) sind die Arbeitslosen verheiratet. Hinzu kommen noch 16,4%, die unverheiratet sind, aber einen Partner haben. Mit zusammen 68,7% bilden verschiedene Formen der Partnerbeziehung somit die überwiegende Lebensform. Partnerlose Ledige machen knapp ein Fünftel aus (18,2%), ein gutes Zehntel (11,0%) ist geschieden, und ein sehr kleiner Anteil (2,0%) verwitwet. Männer und Frauen unterscheiden sich - sowohl allgemein als auch in den Bezirken - nicht wesentlich voneinander.

Tab. 5:   Lebensform nach Altersgruppen

Familien- stand	Altersgruppe (in Jahren)			Summe
	bis unter 35	35 bis unter 55	55 und älter	
ledig o. Partner	30,9% (67)	19,8% (53)	5,3% (13)	18,2% (133)
ledig m. Partner	39,2% (85)	10,1% (27)	3,3% (8)	16,4% (120)
verheiratet	25,8% (56)	49,6% (133)	78,5% (193)	52,3% (382)
geschieden	3,7% (8)	18,7% (50)	9,3% (23)	11,1% (81)
verwitwet	0,5% (1)	1,9% (5)	3,7% (9)	2,0% (15)
Summe	100,0% (217)	100,0% (268)	100,0% (246)	100,0% (731)

Chi^2 = 240,4; d.f. = 8; alpha = 0,00000; C_{korr} = 0,60.

Lebensform und Lebensalter hängen bekanntermaßen sehr eng zusammen. Bei den Jüngeren überwiegen im Gegensatz zu den anderen Altersgruppen unverheiratete Lebensformen - Ledige mit bzw. ohne Partner - mit zusammen vier Fünfteln. Mit zunehmendem Alter verschiebt sich das Gewicht dann überdeutlich zu den Verheirateten - fast vier Fünftel der Älteren gehören dazu - und der Anteil Lediger sinkt auf unter ein Zehntel ab. Verwitwung tritt unter Älteren mit 3,7% auf geringem Niveau am häufigsten auf. Auffallend ist der mit 18,7% vergleichsweise große Anteil Geschiedener in der mittleren Altersgruppe, doppelt so hoch wie bei den Älteren. Die Erosion der Ehen ist dort damit bereits deutlich größer als unter älteren Arbeitslosen.[72]

Unterschiede *zwischen* den Geschlechtergruppen bestehen nur bei Jüngeren: Männer unter 35 Jahren (38,7% (43)) führen häufiger ein Single-Dasein als Frauen (22,9% (24)), Frauen leben dafür häufiger in partnerschaftlicher Bindung, sei es verheiratet oder nicht verheiratet (72,3% (76) zu 56,6% (64)). Der Anteil Verheirateter (35,2% (37)) ist bei ihnen mehr als doppelt so groß wie bei Männern dieser Altersgruppe (16,2% (18)).

Auch das Bildungsniveau beeinflußt die (Wahl der) Lebensform eindeutig, wenngleich nicht sehr ausgeprägt. Arbeitslose mit Hauptschulabschluß leben deutlich seltener in nichtehelichen Partnerschaftsbeziehungen und sind vergleichsweise häufiger verheiratet. Dies könnte als schwacher Hinweis auf mögliche traditionale Lebensführungsmuster in dieser Bildungsgruppe genommen werden. Differenzieren wir allerdings weiter nach dem Lebensalter, verschwinden diese Unterschiede, was auch den zu gering gewordenen Fallzahlen geschuldet sein mag. Damit bleibt das Alter die relevante Einflußgröße für die Wahl der Lebensform.

Die Haushalte haben wir differenziert nach vier Formen erfaßt: Familienhaushalte, Partnerschaftshaushalte, Ein-Personen-Haushalte und (nicht) verwandte, nicht partnerschaftliche Mehrpersonenhaushalte. Zu den Familienhaushalten zählen alle Formen, in denen Arbeitslose als Eltern(teile) mit ihren Kindern zusammenleben, also Zwei- bzw. Eineltern familien, ledige Alleinerziehende, Geschiedene oder Verwitwete (mit bzw. ohne neuem/n Partner) mit Kind(ern) ebenso wie Verheiratete oder nichteheliche Lebensgemeinschaften mit Kindern. Partnerschaftshaushalte umfassen sowohl (Ehe)-Paare ohne Kinder als auch mit Kindern, die außerhalb des Elternhaushalts leben. Daneben schließt das Wohnen in Ein-Personenhaushalten Partnerschaftsbeziehungen nicht aus. Am häufigsten leben die Arbeitslosen in Familien- bzw. in Partnerschaftshaushalten (34,9% bzw. 34,2%). Mit 19,9% deutlich seltener sind Ein-Personenhaushalte, und nur ein gutes Zehntel (11,0%) lebt in Mehrpersonenhaushalten (Befragte mit Eltern(teilen), anderen Familienangehörigen (z. B. Geschwistern) oder Wohngemeinschaften von Personen ohne Verwandtschaft) (vgl. Abb. 14).

---

[72] Der Vergleich mit den Jüngeren wäre unangemessen, da hier der Anteil an Erstehen und Scheidungen noch weiter steigen dürfte.

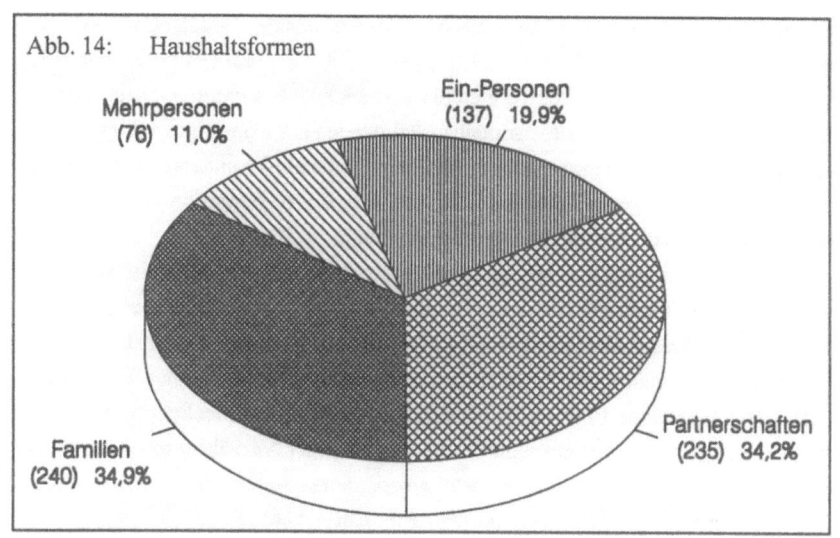

Abb. 14: Haushaltsformen

Mehrpersonen (76) 11,0%

Ein-Personen (137) 19,9%

Familien (240) 34,9%

Partnerschaften (235) 34,2%

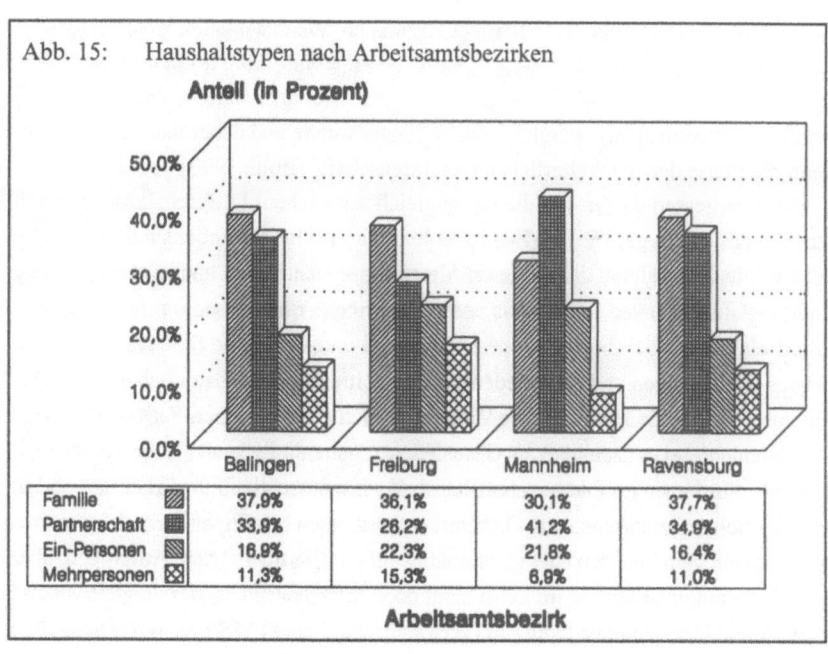

Abb. 15: Haushaltstypen nach Arbeitsamtsbezirken

Anteil (in Prozent)

		Balingen	Freiburg	Mannheim	Ravensburg
Familie	▨	37,9%	36,1%	30,1%	37,7%
Partnerschaft	▦	33,9%	26,2%	41,2%	34,9%
Ein-Personen	▧	16,9%	22,3%	21,8%	16,4%
Mehrpersonen	⊠	11,3%	15,3%	6,9%	11,0%

Arbeitsamtsbezirk

105

Zwischen den *Arbeitsamtsbezirken* bestehen zwar gesicherte, jedoch relativ geringe Unterschiede (Chi^2 = 18,46; d. f. = 9; alpha = 0,03; C_{korr} = 0,19) (vgl. Abb. 15). Mannheimer Erwerbslose leben vergleichsweise seltener mit Familie, dafür aber etwas häufiger mit Partner. Mehrpersonenhaushalte treten hier sehr selten auf. Mannheimer und Freiburger Arbeitslose wohnen häufiger alleine als die anderen. Freiburg hat daneben aber die wenigsten Partnerschaftshaushalte. Ravensburger und Balinger Arbeitslose entsprechen in etwa der Gesamtverteilung.

Eindeutige, wenngleich relativ geringe Unterschiede zeigen sich zwischen *Männern und Frauen* (Chi^2 = 11,05; d. f. = 3; alpha = 0,01; C_{korr} = 0,18): Frauen wohnen im Vergleich häufiger in Familienhaushalten (40,8% (106) gegenüber 31,3% (133) bei den Männern), männliche Arbeitslose dagegen öfter in Ein-Personen-Haushalten (23,1% (98) gegenüber 14,6% (38) bei den Frauen). Die geschlechtsgruppenspezifische Verteilung ist zum einen durch die Mannheimer Verhältnisse determiniert sowie durch das Lebensalter spezifiziert: Die erwähnte geschlechtsspezifische Form des Zusammenlebens ist auf die jüngeren Arbeitslosen zurückzuführen. In der mittleren Altersgruppe leben dagegen sowohl Männer als auch Frauen am häufigsten familial oder mit Partner. Unter den Älteren wohnen Männer häufiger mit ihrer Familie, Frauen hingegen mit einen (Ehe-)Partner zusammen. Wenn wir keine Unterschiede im generativen Verhalten zugrundelegen, kann das Ergebnis durch größere Altersunterschiede zwischen den Ehepartnern bedingt sein, die dazu führen, daß Frauen bei Beginn der Familienphase vergleichsweise jünger waren, und daher auch jünger sind, wenn die Phase der "nachelterlichen Gefährtenschaft" (Bolte 1990) beginnt.

Nicht vergessen dürfen wir die (wenngleich schwachen) Differenzierungen nach dem Lebensalter (vgl. Tab. 6). Einer idealen Phasenfolge im Lebenslauf entspricht, daß Familienhaushalte in der mittleren Altersgruppe sichtbar am häufigsten auftreten. Andererseits lebt unter den 35- bis unter 55jährigen Arbeitslosen ein relativ großer Anteil alleine, wobei diese Gruppe vorwiegend und zu relativ gleichen Teilen aus Singles bzw. Ledigen und Geschiedenen besteht. Im Gegensatz dazu haben ältere Arbeitslose, die alleine leben, in drei Vierteln der Fälle bereits einen Partnerschaftszyklus durchlebt, sei es (zumeist) als Geschiedener, getrennt Lebender oder bereits Verwitweter. Ein Leben im Partnerschaftshaushalt - fast ausschließlich verheiratet und in nachelterlicher Gefährtenschaft - kommt am häufigsten bei älteren Arbeitslosen vor. Die Jüngeren verteilen sich eher gleichmäßig auf die Haushaltstypen. Auffallend, aber der altersbedingten Stellung im Lebenslauf noch entsprechend, ist der vergleichsweise große Anteil, der - zumeist ledig - in (verwandtschaftlichen) Mehrpersonenhaushalten lebt, sehr oft mit den eigenen (Groß-)Eltern bzw. Elternteilen. Bei der Kontrolle nach Geschlecht und Bezirk kann diese Tendenz weitgehend bestätigt werden.

Tab. 6: Haushaltstypen nach dem Lebensalter (gruppiert)

| Haushaltstyp | Altersgruppe (in Jahren) | | | Summe |
	bis unter 35	35 bis unter 55	55 und älter	
Familie	28,1% (56)	44,9% (111)	30,4% (72)	35,0% (239)
Partnerschaft	24,6% (49)	21,9% (54)	55,3% (131)	34,3% (234)
Ein-Personen	20,2% (40)	26,3% (65)	12,2% (29)	19,6% (134)
Mehrpersonen	27,1% (54)	6,9% (17)	2,1% (5)	11,1% (76)
Summe	100,0% (199)	100,0% (247)	100,0% (237)	100,0% (683)

Chi^2 = 131,25; d. f. = 6; alpha = 0,00000; C_{korr} = 0,51; Lambda = 0,13.

5.2 Arbeitslosigkeit als Prozeß

5.2.1 Beruf und Berufsbiographie

Der Arbeitslosigkeitsprozeß beginnt nicht erst mit dem Verlust des Arbeitsplatzes, sondern bereits mit dem Einstieg in eine "negative Berufskarriere" (vgl. Büchtemann 1984). Dies kann sich durch Arbeit in prekären, atypischen und/oder weniger gesicherten Beschäftigungsverhältnissen, z. B. im "Jedermannsegment", manifestieren, die mit einem erhöhten Risiko des Arbeitsloswerdens belegt sind. Die Art der vorherigen beruflichen Betätigung - vollzeit- oder teilzeit-, befristet oder unbefristet beschäftigt - gehört damit zu den vertikalen ungleichheitsrelevanten Kriterien, die bereits im Vorfeld der Arbeitslosigkeit wirken.

Bei ihrer letzten Berufstätigkeit war die dominierende Mehrheit (85,7% (622)) vollzeitbeschäftigt. 8,7% (63) gingen einer Halbtags- und 5,6% (41) einer Teilzeittätigkeit nach. Dieses Verhältnis variiert nur unwesentlich zwischen den Arbeitsamtsbezirken. Auch das formale Bildungsniveau weist keinen eindeutigen Einfluß auf. Im Vergleich der Altersgruppen ergibt sich ein sehr schwacher Zusammenhang, wobei Ältere etwas häufiger voll- und am wenigsten teilzeitbeschäftigt waren, und die mittlere Altersgruppe geringfügig mehr Halbtagsbeschäftigte aufweist.

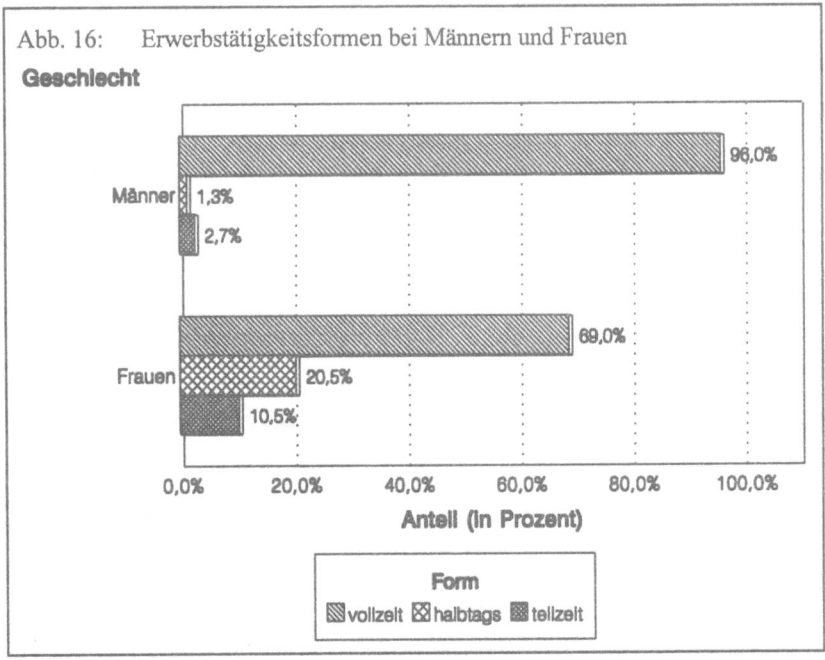

Abb. 16:   Erwerbstätigkeitsformen bei Männern und Frauen

Die deutlichsten Unterschiede bestehen erwartungsgemäß zwischen Männern und Frauen (Chi^2 = 108,2; d. f. = 2; alpha = 0,00000; C_{korr} = 0,49) (vgl. Abb. 16): Während Männer vor ihrer Arbeitslosigkeit fast ausschließlich Vollzeitbeschäftigungen nachgingen (96,0% (417)), liegt der Anteil unter den Frauen mit gerade 69,0% (187) wesentlich niedriger. Dafür waren Frauen bei ihrer letzten Tätigkeit aber (mit einem Anteil von knapp einem Drittel) deutlich häufiger in Halb- bzw. Teilzeitbeschäftigungen tätig.

Damit bestätigen sich tendenziell die Geschlechtsrollenmuster des männlichen Familien- oder Haupternährers und der weiblichen Zuverdienerin. Das läßt sich anhand der Haushaltstypen belegen, denn die Geschlechtsgruppenunterschiede sind bei Familien- und Partnerschaftshaushalten stark ausgeprägt[73], sichtlich schwächer bei

---

73 Bei Ein-Eltern-Haushalten können Familienmütter aber auch deswegen teilzeit oder halbtags gearbeitet haben, um mehr Zeit für die Kinder zu haben, also um beide Lebensbereiche - Beruf und Familie - besser vereinbaren zu können.

Mehrpersonenhaushalten. Keine Unterschiede liegen dagegen bei alleine Wohnenden vor, da die Frauen selber in vollem Umfang für ihren Lebensunterhalt aufkommen.[74] Wenn wir das Bildungsniveau einbeziehen - reduziert auf Hauptschul-, Realschul- und höheren Abschluß -, dann zeigt sich, daß die *halbtraditionale Rollenverteilung* von *Haupternährer* und *Zuverdienerin* unter Arbeitslosen mit Hauptschulabschluß deutlicher ausgeprägt ist als unter den anderen Erwerbslosen: Den 57,5% (65) vollzeitbeschäftigten Frauen mit Hauptschulabschluß stehen 76,5% (52) bei denen mit mittlerer Reife und 80,8% (63) bei der höheren Bildung gegenüber. Den geringsten Zusammenhang finden wir bei denjenigen mit höherer Bildung, wobei dies der Situation der Männer geschuldet ist: Ihr Anteil Vollzeitbeschäftigter - 88,1% (104) - ist im Vergleich zu den Männern der anderen Bildungsgruppen um etwa 10%Punkte geringer, der Anteil Teilzeitbeschäftigter mit zusammen 11,9% (14) hingegen um den Faktor 5 bzw. 10 größer.

Zusätzlich haben wir die (mögliche) Befristung der Beschäftigung einbezogen. Gut drei Viertel (77,9% (557)) der Arbeitslosen waren zuvor unbefristet beschäftigt gewesen, ein gutes Fünftel (22,1% (158)) hatte befristete Verträge. Die Häufigkeit befristeter Beschäftigungsverhältnisse variiert zwar gerade eindeutig, aber ziemlich schwach mit den (a)typischen Beschäftigungsverhältnissen (Chi^2 = 6,04; d. f. = 2; alpha = 0,05; C_{korr} = 0,14). Teilzeitbeschäftigte hatten mit einem Anteil von 36,6% (15) häufiger als andere befristete Arbeitsverhältnisse, Vollzeitbeschäftigte mit 20,3% (123) relativ am wenigsten.[75] Der Anteil unbefristet Vollzeitbeschäftigter steigt mit zunehmendem Alter, wogegen befristete Vollzeitbeschäftigung deutlich abnimmt, und Halbtages- bzw. Teilzeitarbeit auch etwas seltener wird (Chi^2 = 78,86; d. f. = 4; alpha = 0,000; C_{korr} = 0,37). Diese Zunahme der Normalarbeitsverhältnisse kann Ausdruck einer Normalisierungstendenz im Lebenslauf sein, aber auch bedeuten, daß die Erwerbsbiographien jüngerer Erwerbspersonen bzw. Arbeitsloser prekärer geworden sind.

Auf jeden Fall prekärer waren die vormaligen Beschäftigungsverhältnisse arbeitsloser Frauen: Sie hatten seltener Vollzeitstellen und waren besonders bei Vollzeitstellen häufiger als Männer befristet tätig. Das bestätigt sich auch anhand der Beschäftigungstypen, die wir in Kombination von täglicher Beschäftigungszeit und Befristung der Stelle bildeten (vgl. Abb. 17).

---

[74] Andererseits zeigen sich bei Männern jedoch altersspezifische Variationen: Es besteht ein gerade signifikanter und zudem sehr schwacher Trend (Chi^2 = 9,5; d. f. = 4; alpha = 0,05; C_{korr} = 0,17), wonach Jüngere etwas seltener vollzeitbeschäftigt waren. Ob dahinter mögliche Veränderungen in der Einstellung stehen oder aber ganz einfach Faktoren wie das formale Bildungsniveau verantwortlich sind, kann wegen der geringen Fallzahlen nicht beantwortet werden.

[75] Bezogen auf die Erwerbsbevölkerung ist dieser Anteil jedoch ziemlich hoch.

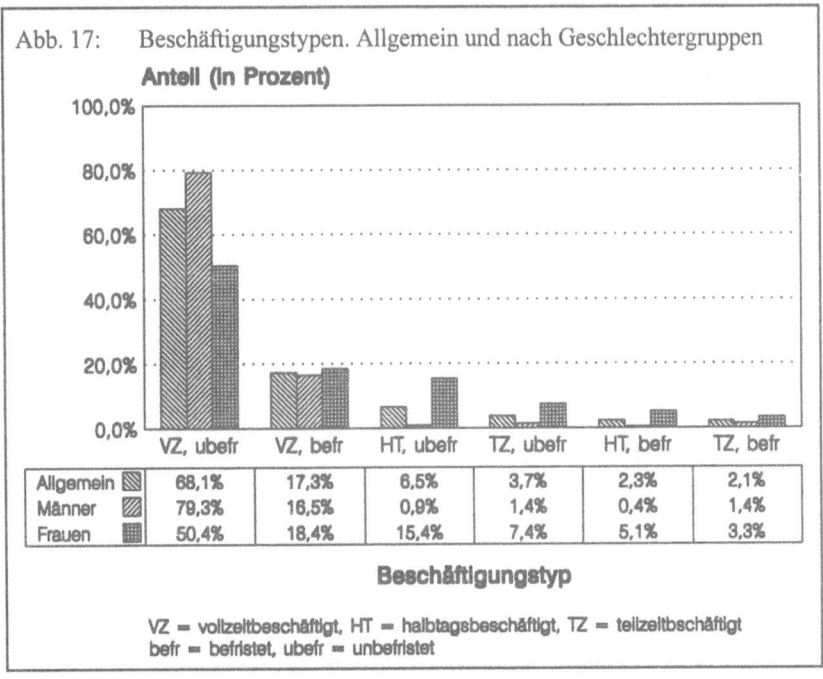

Abb. 17: Beschäftigungstypen. Allgemein und nach Geschlechtergruppen

Anteil (in Prozent)

		VZ, ubefr	VZ, befr	HT, ubefr	TZ, ubefr	HT, befr	TZ, befr
Allgemein		68,1%	17,3%	6,5%	3,7%	2,3%	2,1%
Männer		79,3%	16,5%	0,9%	1,4%	0,4%	1,4%
Frauen		50,4%	18,4%	15,4%	7,4%	5,1%	3,3%

Beschäftigungstyp

VZ = vollzeitbeschäftigt, HT = halbtagsbeschäftigt, TZ = teilzeitbeschäftigt
befr = befristet, ubefr = unbefristet

Männer waren um den Faktor 1,5 häufiger unbefristet vollzeitbeschäftigt gewesen als Frauen. Liegen beide Gruppen bei den befristeten Vollzeitstellen noch in etwa gleich, so fallen bei den Beschäftigungsformen mit kürzeren (täglichen) Arbeitszeiten die Anteile unter den Frauen zumeist um ein Vielfaches höher aus, was besonders an den unbefristeten Halbtagsstellen deutlich wird.

Daß die Arbeitsverhältnisse der Frauen vermehrt im Bereich "pluraler Unterbeschäftigung" (Beck 1986) lagen, hängt mit der Haushaltsform und den dort gelebten Rollenmodellen zusammen. Bei Ein-Personen-Haushalten bestehen keine Unterschiede, da auch Frauen ihren Lebensunterhalt alleine bestritten. Die erwähnten Divergenzen treten bei Familien- bzw. Partnerschaftshaushalten auf: Hier übernahmen Männer eher die Funktion eines Familien- bzw. Hauptemährers, Frauen dagegen eher die Zuverdienerrolle bei gleichzeitiger Familienversorgung. Dem entspricht, daß die Häufigkeit befristeter Vollzeitstellen mit steigender Kinderzahl sowohl bei Männern als auch bei Frauen sinkt: Die Rollenaufteilung verlangt nach eindeutigen, relative (Handlungs-)Sicherheit gebenden Optionen. Das erwähnte soziale Modell gewinnt also mit der Familienphase allgemein bzw. mit der zunehmenden Größe der Familie an Bedeutung.

5.2.2 Der Zugang in die Arbeitslosigkeit

Der vorübergehende Austritt aus dem Erwerbsleben begann gehäuft in zwei Alters-
bereichen, nämlich zwischen dem 31. und dem 33. Lebensjahr und um das 55. Lebensjahr herum. Im Durchschnitt waren die Arbeitslosen knapp 43 Jahre alt gewesen.
Ein Viertel war jünger als 32 Jahre, der Median lag bei 43 Jahren, ein Viertel war älter
als 55 Jahre. Das höchste Zugangsalter betrug knapp 63 Jahre. Männer waren durchschnittlich älter als Frauen. Für die zugangsseitige Betrachtung interessiert uns, auf
welche Weise die Arbeitslosen ihre Stellung verloren haben. Dies schließt an die
Modellüberlegungen an, in denen wir einen (begrifflichen) Zugang zum Phänomen
Arbeitslosigkeit über die Zugangswege gesucht haben.

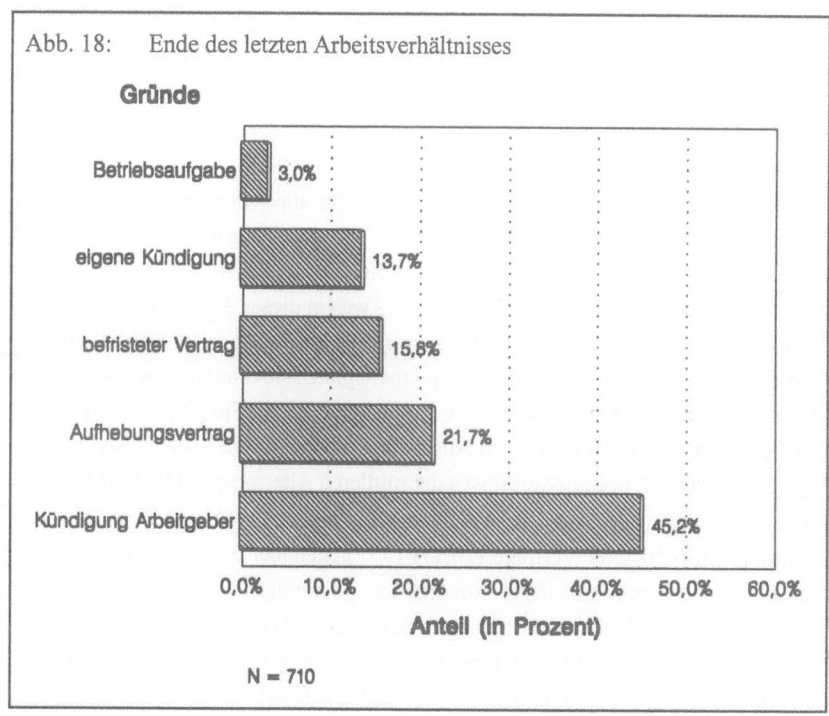

Abb. 18: Ende des letzten Arbeitsverhältnisses

Ein mit 13,7% (102) relativ geringer Anteil hat von sich aus gekündigt (vgl. Abb. 18).
Am häufigsten (45,2% (321)) fand eine Kündigung durch den Arbeitgeber statt, und
wenn wir uns vergegenwärtigen, daß hinter den Aufhebungsverträgen, die mit 21,7%
(154) am zweithäufigsten auftraten, dem Wesen nach auch anders gewandte Entlas-

111

sungen stehen, nämlich Übergänge in den sog. Vorruhestand, dann sind bis zu zwei Drittel aller Arbeitslosen vom Arbeitgeber "freigestellt" worden. Bei den verbleibenden 15,8% (112) erübrigte sich dies insofern, als hier befristete Arbeitsverhältnisse ausliefen und nicht verlängert wurden. Eine Betriebsaufgabe traf nur für eine kleine Minderheit von 3,0% (21) zu. Wegen zu geringer Fallzahlen bleibt diese Kategorie bei den weiteren Berechnungen unberücksichtigt.

Männer (26,5% (114)) kamen deutlich öfter als Frauen (14,6% (40)) über einen Aufhebungsvertrag in die Arbeitslosigkeit (was auch durch das insgesamt höhere Durchschnittsalter der männlichen Arbeitslosen erklärbar sein kann). Frauen hingegen kündigten doppelt so häufig wie Männer selber (20,1% (55) zu 10,9% (47)), waren also entweder offensiver oder hatten weniger Beharrungswillen (Chi^2 = 22,86; d. f. = 4; alpha = 0,0001; C_{korr} = 0,25).

Arbeitslose mit höherer Bildung verloren erheblich häufiger ihre Stelle durch das Auslaufen befristeter Verträge (28,4% (56)) als diejenigen mit Haupt- (9,1% (28)) bzw. Realschulbildung (11,6% (18)). Andererseits wurde nur einem Drittel der höher Gebildeten vom Arbeitgeber gekündigt, hingegen etwa der Hälfte in den anderen Gruppen (Chi^2 = 48,43; d. f. = 8; alpha = 0,0000; C_{korr} = 0,33).

Die Kündigung durch den Arbeitgeber bildete für alle Altersgruppen, vor allem aber die 35- bis unter 55jährigen, den häufigsten Anlaß für die Arbeitslosigkeit. Dahinter kann eine Tendenz zum Verharren stehen, die möglicherweise mit dem Familienstatus zusammenhängt: Wer Familie hat - was in dieser Altersgruppe überproportional zutrifft -, dürfte wegen der Verantwortung besonders in wirtschaftlich prekären Zeiten weniger geneigt sein, seinen Arbeitsplatz selber aufzugeben. Für ältere Arbeitslose trifft die Annahme mit den Vorruheständlern zu: Sie gingen überproportional häufig (40,8% (95)) über einen Aufhebungsvertrag in die Arbeitslosigkeit, bei Jüngeren (9,5% (20)) bzw. Erwerbslosen der mittleren Altersgruppe (15,1% (39)) traf dies nur zu geringen Teilen zu. Dagegen verloren Jüngere ihre Arbeit häufiger durch das Auslaufen befristeter Verträge (26,1% (55) gegenüber 3,9% (9) bei Älteren). Auch hatten sie deutlich häufiger von sich aus gekündigt (22,3% (47) gegenüber 12,4% (32) bei den 35-bis unter 55jährigen bzw. 9,0% (21) bei den Älteren) - wenngleich sie damit vielleicht auch nur einer Fremdkündigung zuvorgekommen sein mögen (Chi^2 = 118,39; d. f. = 8; alpha = 0,00000; C_{korr} = 0,46).

5.2.3 Begründung für die Fremdkündigung

Welche ex-post-Begründung geben Erwerbslose für die Kündigung durch den Arbeitgeber? Einschließlich der Mehrfachnennungen - 31,3% (103) zählen mehr als einen Grund auf - ergibt sich folgende Verteilung (vgl. Abb. 19):

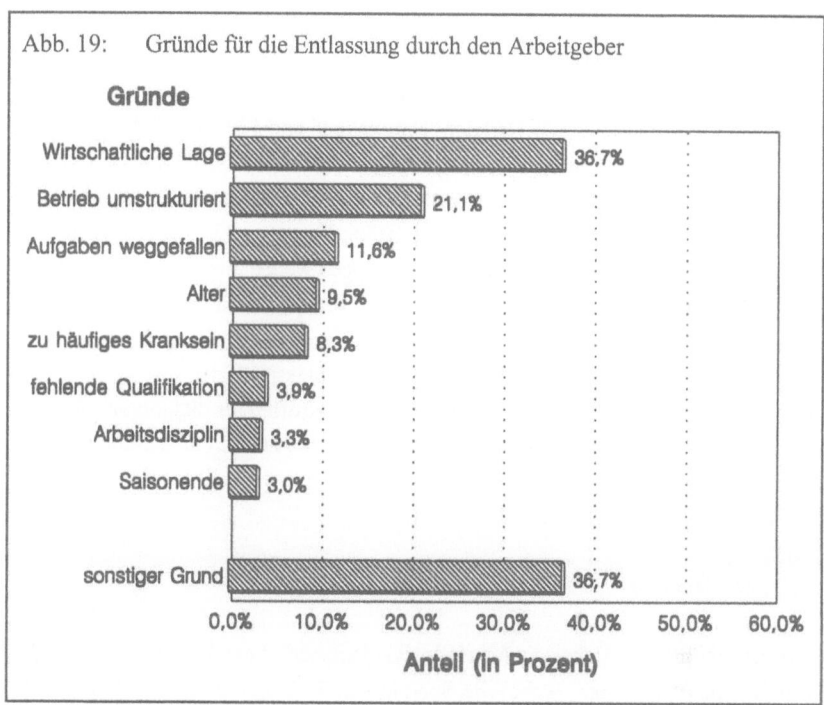

Abb. 19:   Gründe für die Entlassung durch den Arbeitgeber

Wirtschafts- bzw. unternehmensbezogene Gründe finden sich am häufigsten, insbesondere die wirtschaftliche Lage (36,7% (123)). Auch eine Umstrukturierung des Betriebes führte noch vergleichsweise oft (21,1% (71)) in die Arbeitslosigkeit. Augenscheinlich seltener (11,6% (39)) war der Wegfall von bisherigen Aufgabengebieten, und eine saisonal bedingte Entlassung traf nur für 3,0% (10) zu.

Personenbezogene Gründe werden seltener genannt, am häufigsten noch das zu hohe Alter (9,5% (32)). An zweiter Stelle folgt mit 8,3% (28) zu häufiges, krankheitsbedingtes Fehlen am Arbeitsplatz. Daß die Qualifikation (für die Tätigkeit) unzureichend war, traf nur in 3,9% (13) der Fälle zu, und eine mangelhafte Einstellung zur Arbeit, nämlich eine unzureichende Arbeitsdisziplin galt (nur) für eine Minderheit von 3,3% (11). (36,7% (123) führen einen sonstigen Grund an, der bei der weiteren Auswertung differenziert betrachtet werden muß. Darunter fallen je etwa 20 Fälle, denen konkursbedingt oder aufgrund von krankheitsbedingten Umständen gekündigt wurde). Die Entlassungen erfolgten mehrheitlich (71,0% (446)) einvernehmlich, aber bei fast drei Zehnteln (29,0% (182)) prägten Spannungen das Klima.

Jüngere (9,2% (8)) sind weitaus seltener wegen innerbetrieblicher Umstrukturierungen entlassen worden als die anderen (22,7% (32) bei der mittleren Altersgruppe bzw. 29,2% (31) bei Älteren). In etwas geringerem Umfang trifft das auch für den Wegfall von bisherigen Aufgabengebieten zu: Nur 4,6% (4) der Jüngeren geben dies als Grund an, gegenüber 11,3% (16) der "Mittelalten" und 17,0% (18) der Älteren.

Der betriebsinterne Wegfall von Aufgabengebieten wirkte sich eindeutig stärker auf Personen mit höherem Bildungsniveau aus: Nur 6,1% der entlassenen Arbeitslosen mit Hauptschulabschluß sind davon betroffen, hingegen 23,8% (15) derjenigen mit höherer Bildung. Ähnliches trifft bei Entlassungen wegen unzureichender Qualifikation zu: Arbeitslosen mit höherer Bildung (9,5% (6)) wurde häufiger als denjenigen mit Hauptschulabschluß (1,8% (3)) bzw. mittlerer Reife (2,6% (2)) gekündigt.

Krankheitsbedingte Entlassungen erfolgen bildungsspezifisch: Arbeitslose mit Hauptschulbildung (11,7% (19)) waren öfter davon betroffen als diejenigen mit mittlerer Reife (3,8% (3)) (bei höherer Bildung tritt der Grund nicht auf!). Dahinter kann auch die Belastung durch den Beruf stehen.

5.2.4   *Zur Dauer der Arbeitslosigkeit*

Die durchschnittliche *bisherige* Arbeitslosigkeitsdauer[76] liegt bei 561 Tagen, also ziemlich genau 1,5 Jahren, wobei die Spanne von 39 Tagen bis (nach Angabe der Befragten) 21 Jahren (!) reicht. Daß der Durchschnittswert einer deutlichen Verzerrung durch die Gruppe Arbeitsloser mit überlangen Dauern unterliegt, wird (auch) an der Lage der Quartile deutlich: Ein Viertel der Arbeitslosen ist bislang ca. 5 Monate (161 Tage) ohne Beschäftigung und zusammen die Hälfte unter einem Jahr, nämlich 344 Tage. Das bedeutet jedoch: Ziemlich genau 50% gehören zur Gruppe der *Langzeitarbeitslosen*, von denen wiederum die Hälfte eine *überlange Erwerbslosigkeit* aufweist: Ihre Dauer beträgt 762 Tage (also etwa 2 Jahre) und mehr. Für die weiteren Berechnungen haben wir die Daten sowohl anhand dieser Verteilung als auch

---

[76] Bestandsdaten erfassen nur retrospektiv den bis zur Untersuchung verstrichenen Zeitraum.

nach den amtlich festgehaltenen Arbeitslosigkeitsdauern gruppiert.[77] Dabei wurde unterschieden in *kurzzeitige Erwerbslosigkeit* mit "bis unter 6 Monate" Dauer (26,3% (196)), eine *mittlere Dauer* von "6 bis unter 12 Monaten" (22,7% (169)), die Gruppe der *Langzeitarbeitslosen* (12 bis unter 24 Monate) (22,4% (167)) sowie *überlang Erwerbslose* (24 Monate und mehr) (24,7% (189)).[78]

Die Dauer der Arbeitslosigkeit ist eindeutig alterstypisch verteilt. Dies ist von Interesse, da konventionell ältere Erwerbspersonen überproportional unter den Langzeitarbeitslosen vermutet werden.

Tab. 7:   Dauer der Arbeitslosigkeit (gruppiert) nach Lebensalter (gruppiert)

Dauer der Arbeitslosigkeit	Altersgruppe (in Jahren)			
	bis unter 35	35 bis unter 55	55 und älter	Summe
bis unter 6 Monate	44,2% (93)	25,8% (67)	14,5% (35)	27,4% (195)
6 bis unter 12 Monate	30,0% (63)	24,6% (64)	16,6% (40)	23,5% (167)
12 bis unter 24 Monate	11,0% (23)	17,7% (46)	40,1% (97)	23,3% (166)
24 Monate und mehr	14,8% (31)	31,9% (83)	28,6% (69)	25,8% (183)
Summe	100,0% (210)	100,0% (269)	100,0% (241)	100,0% (711)

Chi^2 = 106,62; d. f. = 6; alpha = 0,00000; C$_{korr}$ = 0,44; Lambda = 0,15.

Kurzzeitige(re) Arbeitslosigkeit tritt mit zunehmendem Alter immer seltener auf, längere Arbeitslosigkeitsdauern werden dagegen tendenziell häufiger, was die Randgruppenvermutung unterstützt. Sind unter den unter 35jährigen noch 44,3% weniger als sechs Monate ohne Arbeit, so sinkt dieser Anteil bei älteren Erwerbslosen auf ein Siebentel ab (14,5%). Hingegen gehören mehr als zwei Drittel (68,7%) der Älteren derzeit bereits zu den Langzeit- bzw. Überlangzeitarbeitslosen, unter den Jüngeren ist es

---

[77] Ob damit eine Verzerrung vorliegt, bleibt unklar: Karr (1997) weist auf Grundlage von Abgangsstichproben nach, daß der Anteil Langzeitarbeitsloser bisher erheblich unterschätzt wurde und realiter bei 58% läge!

[78] Ungruppierte Daten verwenden wir, wenn die statistischen Verfahren metrische Skalenniveaus voraussetzen.

"nur" ein Viertel (25,8%). Bei überlanger Arbeitslosigkeit (24 Monate und mehr) weist die mittlere Altersgruppe (31,9%) einen geringfügig höheren Anteil auf als die Älteren (28,6%).

Arbeitslose, die in Ein-Personen-Haushalten leben, sind im Vergleich mit den anderen Haushaltsformen bisher deutlich länger erwerbslos. Diese Gruppe weist mit einem knappen Fünftel (18,2%) den relativ geringsten Anteil kurzzeitiger Arbeitsloser (unter 6 Monaten) auf, hingegen mit 42,4% einen weit überproportionalen Anteil bei überlanger Erwerbslosigkeit. Bei Mittelwertvergleichen ergeben sich keine wesentlichen Unterschiede zwischen den drei übrigen Gruppen (Partnerschaft, Familie, Mehrpersonenhaushalt), insbesondere wegen der geringen Fallzahlen bei Mehrpersonenhaushalten.

Tab. 8:   Arbeitslosigkeitsdauer nach der Lebensform

Dauer (in Monaten)	Lebensform					Summe
	ledig o. Partner	ledig mit Partner	verheiratet	geschieden	verwitwet	
b. u. 6	31,5% (40)	33,1% (39)	27,1% (100)	18,5% (15)	7,1% (1)	27,5% (195)
6 b. u. 12	19,7% (25)	35,6% (42)	22,0% (81)	18,5% (15)	28,6% (4)	23,6% (167)
12 b. u. 24	12,6% (16)	8,5% (10)	32,0% (118)	19,8% (16)	42,9% (6)	23,4% (166)
24 u. mehr	36,2% (46)	22,9% (27)	19,0% (70)	43,2% (35)	21,4% (3)	25,5% (181)
Summe	100,0% (127)	100,0% (118)	100,0% (369)	100,0% (81)	100,0% (14)	100,0% (709)

Chi^2 = 72,0; d. f. = 12; alpha = 0,00000; C_{korr} = 0,35.

Die Unterscheidung nach der Lebensorm macht auf weitere Problemgruppen aufmerksam (vgl. Tab. 8): Singles (36,2%) und Geschiedene (43,2%) sind weitaus öfter als die anderen *überlange* ohne Arbeit. Dagegen kommt Langzeitarbeitslosigkeit am häufigsten bei Verheirateten (32,0%) und Verwitweten (43,6%) vor. Die bisher kürzesten Zeiten ohne Anstellung haben Ledige mit Partner.

Weitere Analysen ergeben, daß die genannten Problemgruppen für Überlangzeitarbeitslosigkeit besonders unter den 35- bis unter 55jährigen zu finden sind: Jeweils etwa die Hälfte der Singles und Geschiedenen bzw. alleine oder in Mehrpersonenhaushalten Lebenden dieser Altersgruppe sind mindestens 2 Jahre ohne Beschäftigung!

5.2.5 Gründe für den Verbleib in der Arbeitslosigkeit

Um Abgang und Verbleib aus Sicht der Betroffenen zu erfassen, haben wir die Arbeitslosen gefragt, welche Gründe sie subjektiv dafür sehen, daß sie immer noch erwerbslos sind (vgl. Abb. 20).

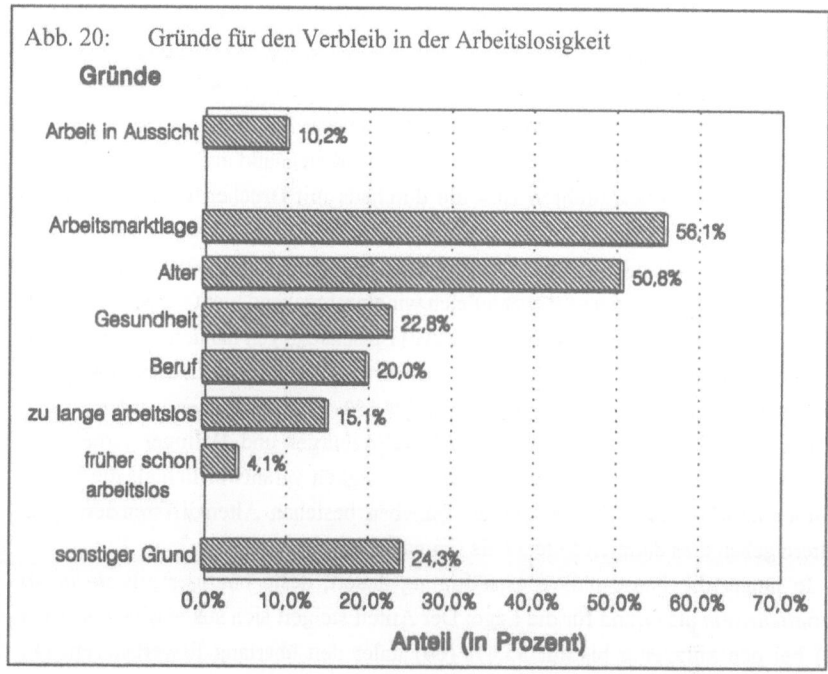

Abb. 20: Gründe für den Verbleib in der Arbeitslosigkeit

Gründe

- Arbeit in Aussicht — 10,2%
- Arbeitsmarktlage — 56,1%
- Alter — 50,8%
- Gesundheit — 22,8%
- Beruf — 20,0%
- zu lange arbeitslos — 15,1%
- früher schon arbeitslos — 4,1%
- sonstiger Grund — 24,3%

Anteil (in Prozent)

Ein Zehntel (10,2% (74)) hat zum Zeitpunkt der Befragung schon wieder eine *Anstellung in Aussicht* und ist damit auf dem Weg, die Arbeitslosigkeit zu verlassen.[79] Als häufigsten Grund für das Fortdauern der Erwerbslosigkeit wird die wirtschaftliche Gesamtsituation angegeben, die *allgemeine Arbeitsmarktlage* (56,1% (409)). An zweiter Stelle folgt ein persönliches Merkmal, das gerade wegen der Wirtschaftslage seine Wirkung entfalten kann, nämlich das *Lebensalter*: 50,8% (370) der Befragten

---

[79] Die Differenzen mit der Anzahl derjeniger, die explizit angeben, ihre Arbeitslosigkeit in naher Zukunft wieder zu verlassen (vgl. Kap 5.2.6), entstehen deshalb, weil einige Arbeitslose Umschulungs- und Ausbildungsstellen ebenfalls zu den Arbeitsplätzen gerechnet haben. Diese Fälle wurden den Umschulungs- und Ausbildungsmaßnahmen zugeschlagen. Auf die bald Wiederbeschäftigten wird im nächsten Abschnitt genauer eingegangen.

sehen sich als zu alt, um unter den gegebenen Bedingungen auf dem Arbeitsmarkt reelle Vermittlungschancen zu haben. Deutlich seltener (22,8% (166)) wird eine *eingeschränkte Gesundheit* als subjektiv vermutete Ursache angegeben. Etwa genauso viele (20,0% 146)) sehen ihren *Beruf* als Hindernis, vermutlich weil entweder keine Nachfrage danach besteht oder aber zu viele Mitkonkurrenten um die raren Stellen vorhanden sind. Immerhin 15,1% (110) glauben, daß sie schon *zu lange arbeitslos*, zu lange vom aktiven Erwerbsleben ausgeschlossen sind, um für den Arbeitsmarkt noch attraktiv zu sein. Dahinter können bereits Resignation und Fatalismus stehen, ein Akzeptieren der eigenen Arbeitslosigkeit als vielleicht übermächtige Lebensrealität, das Anerkennen einer (neuen) Identität als Arbeitsloser.

Daß die momentan geringen Chancen auf dem Arbeitsmarkt auf eigene *Mehrfacharbeitslosigkeit* zurückzuführen ist - die durchaus mit Brüchen in der bisherigen Erwerbsbiographie zusammenhängen könnte - glaubt eine sehr kleine Minderheit von 4,1% (30). Darin kann ein Hinweis auf unterschiedlich geformte, diskontinuierliche Erwerbsverläufe enthalten sein, wenngleich wir einschränkend nicht vergessen dürfen, daß es sich bei allen Angaben um (subjektive) Einschätzungen handelt, die vorformuliert vorgegeben waren. Einer genaueren Auswertung bedürften auch die offen formulierten *sonstigen Gründe*, die von immerhin 24,3% (177) angegeben werden.

Die *schlechte Arbeitsmarktlage* machen Freiburger und Balinger Arbeitslose deutlich häufiger für ihre andauernde Arbeitslosigkeit verantwortlich als die Mannheimer und vor allem Ravensburger. Daneben bestehen Altersdifferenzierungen: Ältere geben dies deutlich seltener als Grund an.

Je länger die Phase ohne Beschäftigung dauert, desto häufiger gilt *zu langes Arbeitslossein* als Grund für die Lage: Der Anteil steigert sich sukzessive von 1,6% (3) bei den kurzzeitig bis auf 35,4% (64) unter den überlang Erwerbslosen. Die mittlere Altersgruppe - die auch den größten Anteil überlang Erwerbsloser aufweist - vertritt diese Ansicht häufiger (22,3% (59)), Ältere hingegen mit 7,9% (19) seltener als die anderen. Auch sehen Männer (17,9% (79)) darin häufiger ein Hindernis als Frauen (10,7% (30)), wobei sie insgesamt auch länger ohne Arbeit sind.

Im *eigenen Beruf* sehen Erwerbslose mit höherer Bildung (30,2% (60)) häufiger als die mit Hauptschulabschluß (15,1% (48)) bzw. mittlerer Reife (17,7% (28)) ein Hindernis für einen Wiedereinstieg. Auch vermuten jüngere Arbeitslose (27,2% (59)) bzw. die zwischen 35 und 54 Jahren (24,6% (65)) öfter als ältere (55 Jahre und mehr) im Beruf den Grund ihrer andauernden Beschäftigungslosigkeit.

Beim *Lebensalter* als Hinderungsgrund mutet die Differenzierung nach Altersgruppen tautologisch an. So geben auch von den Jüngeren nur (oder: immerhin!) 5,5% (12) diesen Grund an, in der mittleren Altersgruppe sind es bereits über die Hälfte

(57,6% (152)) und unter den Älteren mehr als vier Fünftel (84,9% (203)). Ein erheblicher Anteil der mittleren Altersgruppe und die dominierende Mehrheit der Älteren räumen sich letztlich keine oder nur sehr wenig Arbeitsmarktchancen ein. Was die Älteren angeht, so bleibt für viele der Ausweg über die Verrentung. Problematisch ist es allerdings für Arbeitslose der mittleren Altersgruppe, da ihnen - Gesundheit vorausgesetzt - außer der Stillen Reserve keine legalen und legitimen Möglichkeiten offenstehen, die Arbeitslosigkeit anders als über die Erwerbsarbeit zu verlassen. Arbeitslose mit Hauptschulabschluß (61,3% (155)) glauben auffallend häufiger als die anderen Bildungsgruppen (44,3% (70) bei mittlerer Reife bzw. 38,2% (76) bei denjenigen mit höherer Bildung), daß ihr Alter ein Vermittlungs- bzw. Wiedereinstiegsproblem darstellt. Sie waren möglicherweise verstärkt in Berufen tätig, bei denen ein höheres Alter ein wesentlich größeres Hindernis für den beruflichen Wiedereinstieg ist. Auch (Über-)Langzeitarbeitslose sehen zu etwa je zwei Dritteln darin einen wichtigen Grund für die fortdauernde Arbeitslosigkeit, viel häufiger als kurzzeitig (32,6% (63)) bzw. mittelfristig Erwerbslose (42,2% (70)).

Bei den *gesundheitlichen Problemen* ergeben sich nur wenige Differenzierungen. Für Arbeitslose mit Hauptschulabschluß traf dies mit 31,4% (100) am häufigsten zu (gegenüber 19,0% (30) bei mittlerer Reife bzw. nur 10,1% (20) bei Arbeitslosen mit höherer Bildung). Es ist zu vermuten, daß sie Berufe mit einer vergleichsweise stärkeren gesundheitlichen Belastung bzw. einem Mehr an körperlichem Verschleiß ausübten. (Über-)Langzeitarbeitslose sehen in ihrer Gesundheit ebenfalls häufiger ein Wiederbeschäftigungshindernis als kurz- und mittelfristig Arbeitslose. Entgegen der Erwartung stehen die Gesundheitsprobleme nicht mit dem Alter in Verbindung.

5.2.6 Mittelbare Veränderung der eigenen Lage

Welche Veränderungen ihrer derzeitigen Lage ergeben sich für die Arbeitslosen in der näheren Zukunft? Mit der abgangsseitigen Betrachtung versuchen wir herauszufinden, ob, und wenn ja, in welche Richtung die Arbeitslosigkeit verlassen wird: In eine erneute Erwerbstätigkeit, einen (mehr oder weniger vorübergehenden) Einstieg in die Stille Reserve, oder durch Verrentung, also das Ende der Erwerbsbiographie.

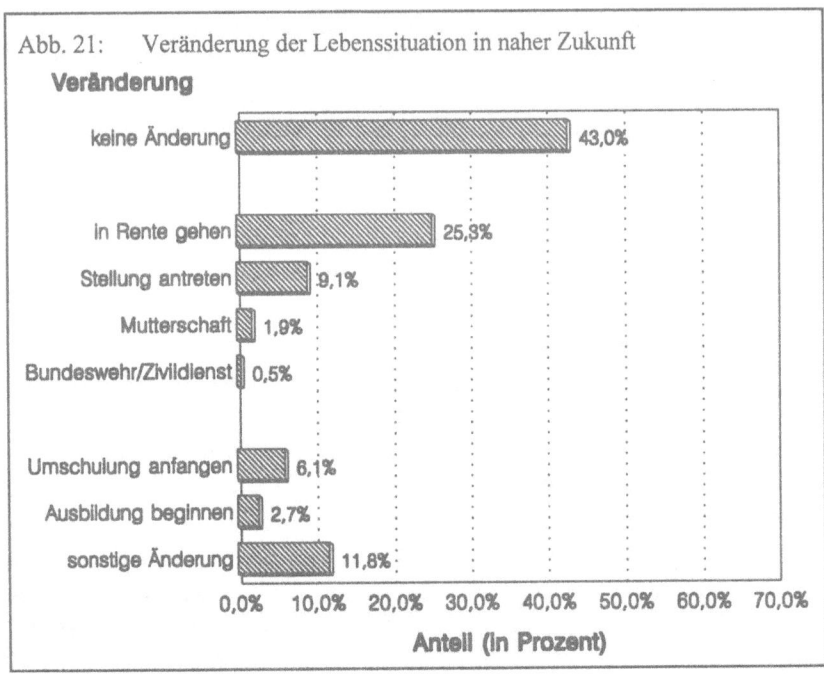

Abb. 21: Veränderung der Lebenssituation in naher Zukunft

Veränderung

- keine Änderung — 43,0%
- in Rente gehen — 25,3%
- Stellung antreten — 9,1%
- Mutterschaft — 1,9%
- Bundeswehr/Zivildienst — 0,5%
- Umschulung anfangen — 6,1%
- Ausbildung beginnen — 2,7%
- sonstige Änderung — 11,8%

0,0% 10,0% 20,0% 30,0% 40,0% 50,0% 60,0% 70,0%

Anteil (in Prozent)

Den Wiedereinstieg in das Berufsleben haben zunächst 9,1% (66) geschafft (vgl. Abb. 21): Sie treten in Kürze eine *Stellung* an. Bezogen auf alle Arbeitslosen ist dieser Anteil jedoch sehr gering, so daß kein erfreuliches Gesamtbild entsteht. Zudem können für diesen Personenkreis keine Aussagen über die Stabilität oder Dauerhaftigkeit der beruflichen (Re-)Integration getroffen werden.

Für den mit Abstand größten Teil der Arbeitslosen (43,0% (312)) wird sich nach eigener Einschätzung in der nächsten Zeit nichts wesentliches an ihrer Situation ändern: Sie *bleiben arbeitslos* und müssen auch weiterhin unter den bisherigen materiellen und sozialen Bedingungen leben. Nur ganze 1,9% (14) verlassen die Arbeitslosigkeit explizit in die Stille Reserve, allerdings durch Übernahme einer gesellschaftlich anerkannten Alternativrolle für Frauen, nämlich in eine *Mutterschaft*. (Alle Fälle finden wir erwartungsgemäß in der Gruppe der Jüngeren.) Ein relativ großer Teil (25,3% (184)) wird in absehbarer Zeit die Gruppe der Erwerbspersonen dauerhaft verlassen und *in Rente gehen*. (Hier spiegelt sich eine vermutlich verzerrte Altersstruktur wider). Auch diese Gruppe übernimmt - oftmals wohl auch vor der Zeit - eine gesellschaftlich anerkannte Alternativrolle für ältere (Erwerbs-)Personen und erkauft sich den Abgang aus der Arbeitslosigkeit mit dem endgültigen Ausscheiden aus dem Erwerbsleben. Zusammen weniger als ein Zehntel begibt sich (freiwillig oder als Auflage des Arbeitsamtes) in offensive Maßnahmen zur Verbesserung der Arbeitsmarktchancen, nämlich eine *Ausbildung* (2,7% (20)) bzw. eine *Umschulung* (6,1% (44)). Für ganze 0,5% (4) bildet die Arbeitslosigkeit eine Warteschleife vor dem Ableisten des *Wehr- bzw. Zivildienstes*. Die Entscheidung über die berufliche Zukunft wurde damit hinausgeschoben. Daß auch noch andere Wege in bzw. aus der Arbeitslosigkeit bestehen, deuten die 11,8% (86) ausschließlich *sonstigen Veränderungen* an.[80]

Der *Übergang in die Rente* erfolgt im Normalfall altersabhängig, weshalb Ältere mit 71,2% (173) diesen Weg beschreiten. In den anderen Altersgruppen treten nur wenige, vermutlich durch Erwerbsunfähigkeit bedingte Einzelfälle auf. Frauen (12,6% (35)) haben dabei eine wesentlich geringere Verrentungschance als Männer (33,5% (148)). Daher ändert sich für sie auch wesentlich seltener etwas an ihrer Situation. Möglicherweise haben sie seltener einen Rentenanspruch als Männer, z. B. wenn ihre Berufsbiographie durch eine Kinderphase unterbrochen und erst mit der nachelterlichen Gefährtenschaft wieder aufgenommen wurde.

Vor allem unter den Langzeitarbeitslosen ist der Anteil an künftigen Rentnern mit 42,1% (69) sehr groß, gefolgt von denjenigen mit überlanger Erwerbslosigkeit (30,2% (55)). Bei den übrigen Gruppen liegen die Anteile nur bei je etwa einem Sechstel. Der Verrentung gehen also vergleichsweise häufig längerfristige Arbeitslosenkarrieren voraus, oft als *Vorruheständler*. Besonders die Ravensburger weisen mit 59,4% (19) (gegenüber knapp 40% bei den anderen Bezirken) einen außergewöhnlich hohen Anteil auf, der vor der Verrentung in der (Langzeit)-Arbeitslosigkeit war.

Die offensiven Strategien zur Verbesserung der Arbeitsmarktchancen - Umschulung und Ausbildung - variieren sehr begrenzt. So sinkt mit zunehmender Dauer der Arbeitslosigkeit die ohnehin sehr geringe Zahl derer, die eine *Ausbildung* beginnen (dürfen), von 4,2% (8) bei kurzfristig, 3,2% (5) bei mittelfristig auf je 0,5% bei den (über-)lang Erwerbslosen. Auch steht letztlich nur Jüngeren (3,8% (8)) und Arbeitslosen mittleren Alters (2,3% (6)) in jeweils geringem Umfang eine Ausbildung in Aussicht. In analoger Weise variiert die *Umschulung* altersabhängig: In den beiden jüngeren Altersgruppen fangen je knapp ein Zehntel (8,0% (17) bei den Jüngeren bzw. 9,5% (25) in der mittleren Altersgruppe) in der näheren Zukunft damit an.

Der Abgang aus der Arbeitslosigkeit in eine *künftige Erwerbstätigkeit* variiert nach der Dauer der bisherigen Arbeitslosigkeit und dem Lebensalter. Die Möglichkeit, erneut eine Stellung zu finden, nimmt mit steigendem Lebensalter kontinuierlich ab:

---

[80] Auch diese Gruppe soll in späteren Analysen eingehender betrachtet werden.

Den 2,5% (6) unter den Älteren stehen 10,7% (28) in der mittleren Altersgruppe und (sogar) 14,6% (31) bei den Jüngeren gegenüber. Dies erhärtet die subjektive Einschätzung des Lebensalters als Hinderungsgrund für eine erneute Erwerbstätigkeit.

Kurzzeitig (14,3% (279)) bzw. mittelfristig Erwerbslose (11,4% (19)) haben etwas bessere Wiedereinstiegschancen als Langzeit- bzw. Überlangzeitarbeitslose (4,9% (8) bzw. 4,9% (9)). Dies dürfte zwar auch auf die Altersstruktur zurückzuführen sein, da in den letztgenannten Gruppen der Anteil Älterer größer ist. Allerdings verbleiben immer noch relativ große Anteile weiterhin Erwerbsloser, die auch nicht in anerkannte Alternativrollen überwechseln (können). So ist beispielsweise ein knappes Viertel der älteren Arbeitslosen weiter erwerbslos, *ohne* den Ausstieg über eine erneute Erwerbstätigkeit gefunden oder die Verrentung als Ausweg vor Augen zu haben. Das gleiche trifft auch für 62,3% (113) der Arbeitslosen mit überlanger Erwerbslosigkeit zu, ebenso wie für die Hälfte (52,1% (86)) der Langzeitarbeitslosen. Dieser Zusammenhang ist jedoch auf männliche Erwerbslose sowie solche mit Hauptschulbildung zurückzuführen. Damit würde sich von den Konturen her - Langzeitarbeitslosigkeit bei vergleichsweise schlechter (Aus-)Bildungslage - eine klassische Problemgruppe abzeichnen.

Davon, daß sich an der momentanen Lage *nichts Wesentliches ändert*, sind Frauen (49,1% (136)) häufiger betroffen als Männer (39,1% (173)). Das macht sich besonders unter Älteren - 41,3% (26) Frauen gegenüber 18,3% (33) Männern - sowie Arbeitslosen mit Hauptschulabschluß - 58,0% (65) Frauen bzw. 37,7% (78) Männer - bemerkbar.

Als potentiell problematische Gruppe erweisen sich damit zunehmend Arbeitslose zwischen 35 und 54 Jahren, die für eine zügige Reintegration in den Arbeitsmarkt nicht mehr jung genug sind, aber noch zu jung für ein endgültiges Ausscheiden aus dem Erwerbsleben. Hier besteht das Risiko, daß längere und lange Phasen der Erwerbsbiographie in Arbeitslosigkeit bei gleichzeitiger potentieller Entwertung des Humankapitals verbracht werden müssen. Bei ihnen verändert sich relativ am wenigsten: 59,2% (155) geben an, daß in absehbarer Zukunft alles so bleibt wie bisher. Etwas seltener (44,8% (95)) trifft dies auf Jüngere zu, und am häufigsten wird sich unter den Älteren die Situation verändern: Nur 24,3% (59) geben an, alles bliebe im wesentlichen wie bisher.[81] Dieser Trend bestätigt sich weitgehend bei *allen* analyti-

---

[81] Die Frage ließ Mehrfachnennungen zu. Aus Gründen der eindeutigen Zuordnung haben wir die insgesamt 2,2% (16), die sich objektiv zwar in Zukunft verändern, weil sie in Rente gehen, die zugleich aber subjektiv meinen, dadurch finde keine Änderung statt, nur dem objektiven Kriterium des Verlassens der Arbeitslosigkeit in die Rente zugeschlagen.

schen Differenzierungen. Allerdings sind in der mittleren Altersgruppe bestimmte Gruppen besonders betroffen: So werden (über-)lang Erwerbslose mit Anteilen von je etwa zwei Dritteln häufiger als andere in der momentanen Lage bleiben, mittelfristig Erwerbslose mit 44,4% (28) vergleichsweise am seltensten.

Beeinflußt möglicherweise auch die Art des Zugangs die weitere Entwicklung in der Arbeitslosigkeit? (vgl. Tab. 9)

Tab. 9:   Änderung der Lebenssituation nach dem Ende des vorherigen Arbeitsverhältnisses

Änderung in naher Zukunft	Ende des Arbeitsverhältnisses				Gesamt
	Frist abgelaufen	Aufhebungsvertrag	Eigenkündigung	Fremdkündigung	
keine	61,3% (49)	31,7% (44)	47,1% (41)	56,6% (151)	49,8% (295)
Anstellung	20,0% (16)	4,3% (6)	12,7% (11)	11,2% (30)	10,6% (63)
Rente	7,5% (6)	57,5% (80)	24,1% (21)	22,8% (61)	29,6% (175)
Maßnahmen	11,2% (9)	6,5% (9)	16,1% (14)	9,4% (25)	10,0% (59)
Gesamt	100,0% (80)	100,0% (139)	100,0% (87)	100,0% (267)	100,0% (592)

$Chi^2 = 85,18$; d. f. = 9; alpha = 0,00000; $C_{korr} = 0,41$.

Wer über einen Aufhebungsvertrag das Beschäftigungsverhältnis verlassen hat, verändert seine Lage in naher Zukunft am häufigsten, aber meist in die Rente: Das Ende der Arbeitslosigkeit wird mit dem Ausstieg aus dem Erwerbsleben bezahlt. Wer durch das Auslaufen eines befristeten Arbeitsvertrages oder eine Fremdkündigung erwerbslos wurde, kann derzeit nach eigener Einschätzung am wenigsten eine Veränderung seiner Lage erwarten, der Verbleib in der Arbeitslosigkeit überwiegt. Zwar weisen Arbeitslose, die mit befristeten Verträgen aus dem Arbeitsleben ausgeschieden sind, den größten Anteil (zukünftig) erneut Beschäftigter auf. Aber auch diese Zahlen sind, gemessen an der Gesamtheit, relativ klein. Wer selber gekündigt hatte, tritt etwas häufiger als andere den Weg in eine Umschulung an (16,1% (14)). Dahinter könnte stehen, daß diese Gruppe entweder intrinsisch motiviert war, nach erfolgloser Selbstsuche die Chancen auf dem Arbeitsmarkt zu erhöhen oder aber durch das Arbeitsamt dazu angehalten wurde. Bei weiteren Differenzierungen erweisen sich diese Zusammenhänge als einigermaßen stabil, so daß auf deren Darstellung verzichtet wird.

5.3 Das Bild der Arbeitslosen?

Zu Struktur und Prozeß der Arbeitslosigkeit halten wir folgende Ergebnisse fest:

- Etwa die Hälfte sind bereits Lang- und Überlangzeitarbeitslose. Je etwa ein Viertel sind weniger als sechs Monate bzw. zwischen sechs und unter 12 Monaten ohne Arbeit. Lebensform und Alter erklären die Dauer der Arbeitslosigkeit am besten. Besonders problematisch scheint die Lage für Singles und Geschiedene der mittleren Altersgruppe: Sie sind zu etwa je der Hälfte bereits überlangzeitarbeitslos.

- Frauen waren vor ihrer Arbeitslosigkeit viel häufiger als Männer in atypischen und auch prekären Beschäftigungsverhältnissen gewesen. So hatten 78,3% der Männer, aber nur 50,4% der Frauen unbefristete Vollzeitstellen gehabt.

- Der Zugang in die Arbeitslosigkeit erfolgte überwiegend fremdinitiiert, gerade einmal 13,7% hatten selber gekündigt. Mit 45,2% waren Kündigungen am häufigsten, ein gutes Fünftel (21,7%) hatte einen Aufhebungsvertrag, bei einem knappen Sechstel (15,8%) lief ein befristeter Vertrag aus, und 3% verloren durch Konkurs ihre Stelle.

- Jüngere Arbeitslose (unter 35 Jahre) hatten öfter von sich aus gekündigt. Andererseits wurden sie auch häufiger durch das Auslaufen befristeter Verträge arbeitslos. Zum einen waren sie also noch häufiger in prekären Beschäftigungsverhältnissen gewesen, zum andern zeigten sie aber auch mehr Bereitschaft, die Berufsbiographie zu verändern. Letzteres kann auch daher rühren, daß sie noch mobiler sind, weil sie noch seltener eine eigene Familie haben und/oder verheiratet sind, also seltener besondere Verantwortung für andere Menschen übernehmen müssen. Für Ältere hingegen bedeutet die Arbeitslosigkeit relativ oft Vorruhestand.

- Für die nähere Zukunft ergibt sich kein unbedingt optimistisches Bild: Nur 9,1% haben es nach eigener Angabe geschafft, wieder einen Arbeitsplatz zu bekommen, vornehmlich Jüngere sowie Personen, die noch nicht langzeitarbeitslos waren.

Zumindest vorübergehend bekommt ein knappes Zehntel (8,8%), das in Arbeits-förderungsmaßnahmen gehen wird, wieder Kontakt zur Arbeitswelt und fällt aus den Arbeitslosenstatistiken heraus. Einen endgültigen Ausstieg aus der Arbeits-losigkeit werden die 25,3% Arbeitslosen schaffen, die ihre Verrentung erwarten - aber um den Preis, daß die Erwerbsbiographie damit auch vor der Zeit beendet wird. Die meisten Arbeitslosen (43,0%) glauben, daß sie für die nächste Zeit weiter arbeitslos bleiben werden, räumen sich also wenig Chancen auf eine Änderung zum Positiven ein. Als mögliche Problemgruppe erweisen sich dabei die 35- bis unter 55jährigen, die diese Position ungeachtet zusätzlicher Differenzierungen (z. B. nach Geschlecht oder Lebensform) häufiger als alle anderen vertritt.

6 Zur ökonomischen Lage von Arbeitslosen

6.1 Die Veränderung der Ressourcen

6.1.1 Die rechtlichen Grundlagen für die Lohnersatzzahlungen

Ein Teil der objektiven Rahmenbedingungen von Arbeitslosen sind die rechtlichen Regelungen für die Gewährung der Lohnersatzleistungen. Im (1969 verabschiedeten und bis heute mehrfach novellierten) Arbeitsförderungsgesetz (AFG) haben die Lohnersatzleistungen eine nachrangige Bedeutung und stehen von der Idee her hinter den generalpräventiven Maßnahmen der Arbeits- und Berufsberatung, Förderung des wirtschaftlichen Leistungsvermögens sowie (spezialpräventiv) der Arbeitsbeschaffung. Andererseits sollen die finanziellen Leistungen Arbeitslosen eine wirtschaftliche (Grund-)Sicherung bieten und damit "die zur Inanspruchnahme der Möglichkeiten des Gesetzes notwendige Unabhängigkeit" (Hennig 1984, S. XXI) bewirken.[82]

Arbeitslosengeld bzw. Arbeitslosenhilfe knüpfen an unterschiedlichen Gestaltungsprinzipien des Sozialstaats an: Das Arbeitslosengeld als einkommensabhängige Versicherungsleistung an das Versicherungs- sowie das Solidaritätsprinzip. Um Solidarhaftung zu erreichen, besteht Versicherungspflicht.[83] Die Arbeitslosenhilfe hingegen wird (einkommensgebunden) über das Fürsorgeprinzip geregelt. Dies setzt eine Bedürftigkeitsprüfung (§ 138 AFG) voraus, vergleichbar der Sozialhilfe. Dabei greift das Subsidiaritätsprinzip[84], das die Selbsthilfe vorrangig vor die Fremdhilfe setzt.

Beide Lohnersatzzahlungen wurden 1974 durch Koppelung an die Entwicklung der Renten dynamisiert (§ 112a AFG). (Für 1997 wurde diese Dynamik jedoch erstmals

---

[82] Die besondere Situation in den neuen Bundesländern steigerte die ohnehin große präventive Bedeutung des Kurzarbeitergeldes.

[83] Mit einem Arbeitnehmer- und Arbeitgeberbeitrag von je 3,25% des Bruttolohnes. Ein anderes Konzept fand sich in der DDR: Hier bestand ein zentralistisches (Pflicht-)Versicherungssystem (10% des Bruttoverdienstes) mit einer Beitragsbemessungsgrenze. Die Träger waren der FDGB und die staatliche Versicherung der DDR. Jedoch wurde durch die Einführung eines im Arbeitsgesetzbuch der DDR niedergelegten "Rechts auf Arbeit" (1. 1. 1978) die Arbeitslosenversicherung formal abgeschafft (vgl. Richthammer 1994, S. 226).

[84] Das Subsidiaritätsprinzip wird - unter der Bezeichnung der "neuen Subsidiarität" - seit einigen Jahren gerne (uminterpretiert) herangezogen, um darüber Vorstöße zum Abbau sozialstaatlichen Wirkens zu legitimieren (vgl. dazu: Olk 1985).

wieder aufgehoben). Bis Anfang 1984 lag die Höhe des Arbeitslosengeldes bei 68% des um die gesetzlichen Abgaben reduzierten Bruttoverdienstes. Danach wurde differenziert nach Leistungsempfängern mit Kind (68%) bzw. ohne Kind (die nur mehr 63% bekamen) (vgl. Hennig et al. 1984, S. 174f ff.). Ab 1994 gilt der Satz von 67% der durchschnittlichen Nettoarbeitsbezüge der vorangegangenen sechs Monate für Leistungsempfänger mit bzw. 60% für diejenigen ohne Kind (ArbG 1994, §§ 111, 112).[85] Nach der AFG-Leistungsverordnung (Stand: März 1996) liegt der Höchstsatz bei 759 DM wöchentlich (bei einem wöchentlichen Arbeitsentgelt von mindestens 1.870 DM und Lohnsteuerklasse III).

Bei der deutlich geringeren Arbeitslosenhilfe tritt 1984 ebenfalls eine Differenzierung nach Leistungsempfängern mit (58% des letzten Nettolohnes) bzw. ohne Kind (56% des letzten Nettolohnes) ein. Die aktuellen Sätze wurden noch einmal reduziert und betragen jetzt 57% der Nettobezüge bei Arbeitslosen mit bzw. 53% bei denen ohne Kind. Der Höchstbetrag liegt hier bei 645,60 DM/Woche (bei mindestens 1.870 DM Wochenentgeld und Lohnsteuerklasse III) (vgl. AFG 1996).

Die Anspruchsdauer beim Arbeitslosengeld ist an Anwartschaftszeiten gebunden, also an die versicherungspflichtige Beschäftigungsdauer innerhalb der drei Jahre vor Eintritt der Arbeitslosigkeit (bzw. 7 Jahre bei der erweiterten Rahmenfrist). In den 80er Jahren wurden die Anwartschaftszeiten verkürzt und die Bezugsdauern verlängert (vgl. Tab. 10).

So erhöhte sich die allgemeine Anspruchsdauer (bei mindestens 360 Kalendertagen versicherungspflichtiger Beschäftigung) von 104 Tagen (1983) auf 156 Tage (1990). Für Saisonarbeiter, etc. wurde differenziert: Mußten 1983 noch 240 Tage Beschäftigung bestehen, um Anspruch auf 78 Tage (13 Wochen) Arbeitslosengeld zu haben, so waren es 1990 nur mehr 180 Tage. Daneben wurde für die mindestens 240 Tage Beschäftigten eine Dauer von 104 Tagen eingeführt. Um auf Veränderungen in der (Alters-)Struktur der Arbeitslosen und die Entwicklung von Langzeitarbeitslosigkeit älterer Erwerbspersonen zu reagieren, entstand ab 1990 bei versicherungspflichtigen Beschäftigungszeiten von mindestens 840 Tagen eine altersabhängige Staffelung (zwischen dem 42. - 54. Lebensjahr) der Bezugsdauern eingeführt, die zwischen 364

---

[85] Laut Beschluß der konservativ-liberalen Koalition (10. November 1996) sollte die Basis für die Berechnung des Arbeitslosengeldes im Rahmen der allgemeinen Sparmaßnahmen deutlich gekürzt werden: in den ersten drei Monaten um 20%, vom 4.-6. Monat um 30% und dann bis zum 12. Monat bis auf die Höhe des Arbeitslosengeldes. Dies würde bedeuten: 1.-3. Monat 52,6% (Familien) bzw. 48% (Einzelpersonen) des Nettoeinkommens, vom 4.-6. Monat 46,9% bzw. 42%, und vom 7.-12. Monat 44,2% (Familien) bzw. 36% (Einzelpersonen). Allerdings steht zu vermuten, daß diese immensen Einschnitte strategische Verhandlungsmasse beinhalten, nachdem nicht mit der Zustimmung des Bundesrates zu rechnen war.

und maximal 832 Tagen, also etwa 2 1/2 Jahren, liegt. Bei der Arbeitslosenhilfe beträgt die *einfache* Bewilligungsdauer längstens ein Jahr. Bei Verlängerungen - die *bislang* prinzipiell unbegrenzt möglich sind - müssen die Voraussetzungen erneut geprüft werden (§ 139a AFG).

Tab. 10:   Ausgewählte Anspruchsdauern und Anwartschaftszeiten. Vergleich 1983/1990

Anspruchsdauer in Tagen	Anwartschaftszeiten in Tagen	
	1983	1990
78	240	180
104	360	240
260	900	600
312	1080	720

Quelle: AFG 1983; 1990.

Erhöht wurden hingegen die Sperrzeiten (§ 119a AFG), also Zeiten, in denen trotz Arbeitslosigkeit und prinzipiellem Anspruch keine Leistungen ausgezahlt werden, z. B. im Falle eigener Kündigung, einer Verweigerung vom Arbeitsamt angebotener Stellen, oder einer Verweigerung der Teilnahme an Wiedereingliederungsmaßnahmen: Von bislang acht auf nunmehr zwölf Wochen (vgl. ArbG 1995).

6.1.2   Zur Einkommenslage von Arbeitslosenhaushalten

1993 zählten 79% der gemeldeten Arbeitslosen im Westen und 83,6% im Osten zu den Leistungsempfängern (die nicht identisch sind mit Leistungsberechtigten (vgl. dazu: Karr 1978)), jeweils etwa ein Fünftel erhielt keine Lohnersatzzahlungen (mehr) und/oder waren auf Leistungen der Sozialhilfe angewiesen. Mit 51,8% (West) bzw. 62,1% (Ost) überwogen die Empfänger von Arbeitslosengeld gegenüber 23% (West) bzw. 20,6% (Ost), die Arbeitslosenhilfe bekamen. Eingliederungsgeld (4,2% (West) bzw. 0,8% (Ost)) hatte demgegenüber nur eine geringe Bedeutung (vgl. Datenreport 1994, S. 100 f.). Bei einer eine Zeitlang in der Diskussion befindlichen Befristung der Arbeitslosenhilfe auf zwei Jahre würde sich die Zahl von Arbeitslosenhilfe-Empfängern in den alten Ländern um geschätzt 44%, in den neuen Ländern um etwa 18% reduzieren, was eine merklich gestiegene Zahl von Sozialhilfeempfängern zur Folge haben würde (vgl. Brinkmann/Wiedemann 1994, S. 179) und die ohnehin verschuldeten Gemeinden und Kommunen vor weitere Finanzierungsschwierigkeiten stellen.

Über welche Beträge Arbeitslose bzw. Arbeitslosenhaushalte im allgemeinen verfügen können, gibt Abb. 22 im Vergleich Auskunft:

Abb. 22: Durchschnittseinkommen der Privathaushalte 1992 (alte Bundesländer) nach der Stellung im Beruf.

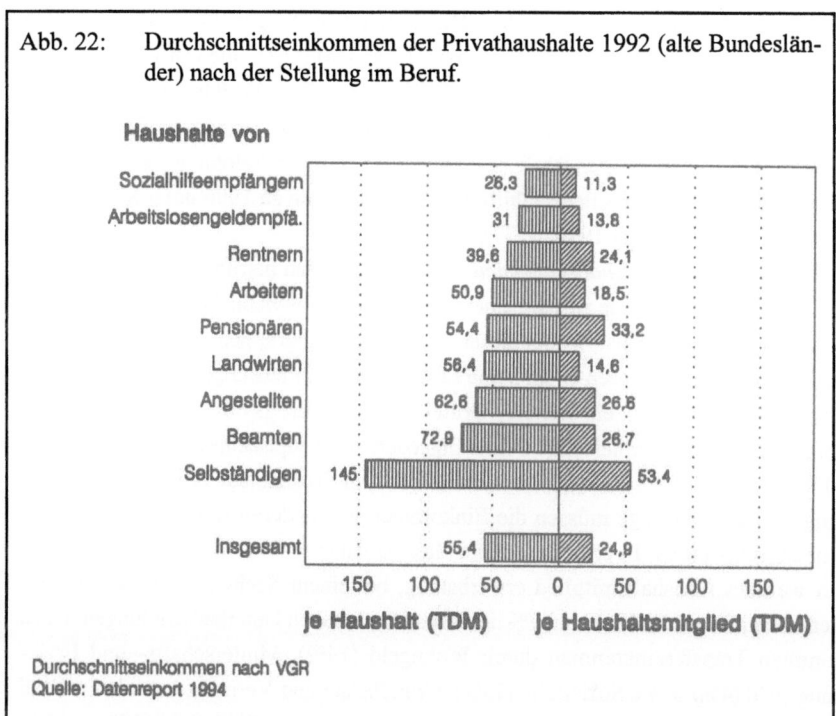

Empfänger von Arbeitslosengeld bekamen 1992 mit 31.000 DM/Haushalt (bzw. 13.800 pro Haushaltsmitglied) durchschnittlich 55,9% (bzw. 55,4%) der durchschnittlich verfügbaren Summen von 55.400 DM bzw. 24.900 DM (vgl. Datenreport 1994, S. 105 ff.). (Allerdings bewirken die weit überdurchschnittlichen Einkommen von Selbständigen eine deutliche Verschiebung des Gesamtmittels nach oben).

Für den einzelnen Arbeitslosen stiegen zwischen 1987 und 1992 die Bezüge bei Arbeitslosengeld von durchschnittlich 984 auf 1.300 DM, bei Arbeitslosenhilfe von 806 auf 975 DM.[86] Jedoch traten hierbei (u. a.) deutliche Differenzierungen nach Ge-

---

[86] Zur Berechnung wurden wurden jeweils die Bestandsdaten von Ende Oktober herangezogen (vgl. Kühl 1993, S. 10).

schlecht und Heiratsstatus auf: Verheiratete Männer erhielten durchgängig die höchsten Bezüge - von 1.207 (1987) auf 1.551 DM (1992) beim Arbeitslosengeld - verheiratete Frauen die geringsten (von 949 (1987) auf 1.104 DM (1992)) (vgl. Kühl 1993, S. 10), denn von ihnen ist eine nicht unerhebliche Anzahl teilzeitbeschäftigt. Im August 1993 lagen die monatlichen Durchschnittsleistungen für Empfänger von Arbeitslosengeld bei 1.400 DM (West) bzw. 1.045 DM (Ost) - die Ost-Bezüge damit bei 74,6% der Westgelder - und 1.032 DM (West) bzw. 784 DM (Ost) bei der Arbeitslosenhilfe (mit einem relativen Anteil Ost von 75,9%) (vgl. Brinkmann/Wiedemann 1994, S. 178 f.). Bei 5%igen jährlichen Kürzungen beim Bruttolohn (als Bemessungsgrundlage) wird die Arbeitslosenhilfe für Alleinstehende ab 1996 unter 800 DM im Mittel sinken (vgl. Kühl 1996, S. 37).[87]

Das *verfügbare Haushaltseinkommen* von Arbeitslosen betrug 1989 durchschnittlich 1.710 DM und wurde zu etwa einem Drittel aus AFG-Maßnahmen (Arbeitslosengeld bzw. -hilfe) gespeist, wobei dieser Anteil nach Subgruppen stark variiert: Etwa ein Drittel der Arbeitslosen erhält keine Leistungen (Nichtleistungsbezieher und reine Sozialhilfeempfänger), ein weiteres Drittel bekommt bereits 60% des Haushaltseinkommens, und das verbleibende Drittel finanziert sich hauptsächlich durch AFG-Mittel, ein gutes Fünftel sogar (fast) ausschließlich (vgl. Rosenbladt 1991). Zur Beurteilung der sozialen Lage müssen die Einkommen von anderen Haushaltsmitgliedern einbezogen werden: In etwa der Hälfte aller Arbeitslosenhaushalte ist (mindestens) ein weiteres Haushaltsmitglied erwerbstätig, bei einem Sechstel befindet sich ein Rentenempfänger im Haushalt, 7% der Haushalte erhalten Unterhaltszahlungen. Dazu kommen Transfereinkommen durch Wohngeld (14%), Mutterschafts- und Erziehungsgeld (4%) sowie Sozialhilfe (13%). Grundbesitz und Vermögen spielen nur bei 3% eine Rolle. Da 60% der arbeitslosen Frauen (gegenüber 32% bei den Männern) in Haushalten mit mindestens einer weiteren beschäftigten Person leben, haben sie auch weitaus seltener das Gefühl, sich in einer materiellen Notlage zu befinden als Männer (30% zu 46%). Dies läßt sich tendenziell über das verfügbare Gesamthaushaltseinkommen bestätigen, das bei Frauen (1989) durchschnittlich 2.226 DM, bei Männern hingegen nur 1.627 DM betrug. Unterstützungsbedürftig mit nachgewiesener Bedürftigkeit (Arbeitslosenhilfe- und Sozialhilfebezug) waren insgesamt 38% der Arbeitslosen, wobei 25% nur Arbeitslosenhilfe, 4% beides, 1% Arbeitslosengeld und Sozialhilfe sowie 8% ausschließlich Sozialhilfe bekamen (vgl. Rosenbladt 1991, S. 148 f.).

---

[87] Der Anstieg der Massenarbeitslosigkeit bewirkte eine Erhöhung der Ausgaben für Arbeitslosengeld: Von 8,1 Mrd. (1980) über 18 Mrd. (1982), ca. 14 Mrd. Mitte der 80er auf 17,5 Mrd. (1989) (vgl. Mackscheidt 1991, S. 30).

6.1.3 Arbeitslosigkeit und Verarmung

Arbeitslosenhaushalte unterliegen einem erheblichen Verarmungsrisiko, das mit der Dauer der Arbeitslosigkeit zunimmt (und das Binnenklima erheblich negativ beeinflussen kann). Klein (1987) hat dieses Phänomen auf Basis der Daten der SFB-3-Transferumfrage von 1981 untersucht. Die Ergebnisse basieren auf einer Arbeitslosigkeits-Mikrosimulation, die für insgesamt 2.122 Haushalte mit Erwerbspersonen vorgenommen wurde (vgl. 1987, S. 268). Als Einflußfaktoren wurden u. a. Haushaltsgröße, -struktur und Familienstand herangezogen.

Das Leben in Familienhaushalten bedeutet ohnehin, gemessen an den Lebensführungen nichtfamilialer Vergleichspopulationen, deutliche materielle Einschränkungen hinnehmen zu müssen (vgl. Beck-Gernsheim 1983, S. 285 f.).[88] Schon bei Erwerbstätigkeit haben Haushaltungen bis zu drei Personen unterdurchschnittliche, 5- und Mehrpersonenhaushalte eindeutig überdurchschnittliche Verarmungsrisiken. Das bestätigt sich auch bei (Langzeit-)Arbeitslosigkeit, wobei das *relative* Ausmaß der Verarmung mit zunehmender Haushaltsgröße kleiner wird. So reduzieren sich Einkommen und Lebensstandard um etwa 30% bei Ein-Personenhaushalten, aber nur um 14% bei Fünf-Personen-Haushalten. Allerdings ist das Ausgangsniveau wesentlich niedriger (vgl. Klein 1987, S. 289 ff.). Betroffen sind vor allem Haushalte, die bereits vor der Arbeitslosigkeit (oft mit einer Kumulation ungünstiger Merkmale, wie niedrigem formalen Bildungsstatus, fehlender Berufsausbildung, niedrigem Erwerbseinkommen) zu den sozial bzw. Einkommensschwachen zählten ("doppelte Marginalisierung") (vgl. auch: Hess et al. 1991; Zenke/Ludwig 1985).

Sozialer Abstieg und Verarmung sind am größten bei der Erwerbslosigkeit des Hauptverdieners, geringer hingegen bei Zweitverdienerarbeitslosigkeit. Daher tritt Verarmung seltener auf bei Frauen, selbst bei Wegfall der Lohnersatzzahlungen und dem Übergang in die Stille Reserve, da sie vergleichsweise häufiger Zweitverdiener waren. Allerdings kann der Wegfall dieses Einkommens durchaus sozialen Abstieg für den Haushalt bzw. die Familie bedeuten (vgl. Klein 1987, S. 396 f.). Die geringste Verarmungsquote bei Arbeitslosigkeit des Hauptverdieners hatten mit 5,1% Ehepaare ohne Kinder. Bei Erwerbslosigkeit eines Zweitverdieners stieg die Verarmungsquote um 2%-Punkte pro zusätzlichem Haushaltsmitglied an: von 3,9% beim Zwei-Personen-Haushalt bis auf 11,6% beim Haushalt mit sechs und mehr Personen (vgl. Klein 1987, S. 300 f.).

---

[88] Bereits bei Erwerbstätigkeit liegt der Lebensstandard von Fünf-Personen-Haushalten nur mehr bei der Hälfte des Niveaus von Ein-Personen-Haushalten (vgl. Klein 1987).

Daneben muß zwischen einer Vor-Transfer- und einer Nach-Transfer-Armut unterschieden werden, denn bei großen Haushalten greift die Kompensation durch Sozialeinkommen stärker, so daß Sozial- bzw. Tansfereinkommen - vor allem das Wohngeld! - eine nicht zu unterschätzende Pufferwirkung gegen den Schritt in die Armut aufweisen.[89] Modellrechnungen für fünf unterschiedliche Haushaltstypen[90] ergaben Einkommenseinbußen, die bei ausschließlichem Empfang von Arbeitslosengeld zwischen 38% (beim Ein-Personen-Haushalt) und 26% (beim Fünf-Personen-Haushalt) lagen. Ausschließlich Arbeitslosenhilfe führte mit Anteilen zwischen 44% bis 32% zum relativ größten Abstieg. Vergleichsweise am geringsten fielen die Einbußen bei Arbeitslosen- und Wohngeld aus: hier betrugen sie 36% beim Ein-Personen-Haushalt und sanken bis auf 21% für das Ehepaar mit drei Kindern (vgl. 1987, S. 206 ff.).

Allerdings erfahren Arbeitslosenhaushalte nicht nur eine Reihe von kompensatorischen Sozialmaßnahmen, sondern sie wenden selber kompensatorische Strategien an, die mildernd auf den sozialen Abstieg und die Verarmung wirken. Neben die sozialen Auffangnetze (durch Arbeitslosenunterstützung, Sozialhilfe, Transferzahlungen, bzw. Sozialleistungen) treten "Zuarbeitseffekte", Haushaltsproduktion oder der Verbrauch des Vermögens (vgl. Klein 1987, S. 202 ff.).

(Familiale) Mehrpersonenhaushalte mit mehreren Erwerbspersonen können Verluste und sozialen Abstieg in Teilen durch Zusatzeinkommen kompensieren, vor allem durch Zuarbeitereffekte der Partnerinnen. Diese "These zusätzlicher Arbeitskräfte" steht im Gegensatz zur "Entmutigungshypothese" (vgl. Klein 1987, S. 210) und kann zumindest partiell als offensive Strategie zur Bewältigung von Arbeitslosigkeit gesehen werden. Die Realisierung dieser Option hängt (neben personenbezogenen Ausbildungsfaktoren) von Arbeitsangebot, erfolgreicher Arbeitssuche und Verdienstmöglichkeiten ab. Auf der Basis qualitativer Untersuchungen kommt Posch (1988) zu dem Schluß, daß Weiterbildungsbereitschaft und Erwerbsorientierung von Frauen oft sehr stark sind, und sie "hängen weitaus seltener als vermutet mit dem Zwang zusammen, infolge der Arbeitslosigkeit des Partners eine Erwerbsarbeit aufnehmen zu müssen" (1988, S. 61).

---

[89] Die Bedeutung der Sozialleistungen und Einkommensersatzzahlungen wird daran deutlich, daß eine Simulation ohne diese Zahlungen maximale Einkommensverluste von bis zu 80% beim Ein-Personen-Haushalt und 65% beim Fünf-Personen-Haushalt mit sich brächten (vgl. Klein 1987, S. 294 f.).

[90] a: Erwerbstätiger Mann, b: Ehepaar mit erwerbstätigem Mann, c: wie b, dazu ein Kind unter 6 Jahren, d: wie c, dazu ein weiteres Kind zwischen 7 und 11 Jahren, e: wie d, dazu ein weiteres Kind zwischen 12 und 15 Jahren (vgl. Klein 1987, S. 206).

6.2 Die ökonomische Lage baden-württembergischer Arbeitsloser

6.2.1 Das verfügbare Haushaltseinkommen vor der Arbeitslosigkeit

Die Bereitschaft, überhaupt Auskunft über das jeweils *verfügbare Haushaltseinkommen* zu geben, war mit 88,9% (662) gültiger Antworten relativ hoch. Die Arbeitslosen konnten vor ihrer Erwerbslosigkeit im Durchschnitt über 3.226 DM verfügen. Für etwa zwei Drittel der Population lag der Betrag zwischen 1.253 und 5.198 DM (s = 1.972) und streut damit ziemlich weit. Das untere Viertel mußte mit höchstens 1.800 DM auskommen, weitere 25% hatten zwischen 1.801 und 2.800 DM. Beim nächsthöheren Quartil lagen die verfügbaren Einkommen zwischen 2.001 und 4.000 DM, und die oberen 25% konnten zwischen 4.001 und 15.000 DM ausgeben.

Die Höhe des durchschnittlich verfügbaren (Haushalts-)Einkommens hing von einer Reihe personaler Merkmale ab. So hatten *Männer* (3.499 DM) ein wesentlich höheres Einkommen als Frauen (2.762 DM). Dies ist vermutlich auch auf den größeren Anteil teilzeitbeschäftigter Frauen zurückzuführen. Einen ebenfalls relativ schwachen Effekt (eta^2 = 0,05) liefert das *Bildungsniveau*, wobei Arbeitslose mit Hauptschulabschluß mit 2.815 DM über ein deutlich geringeres Einkommen verfügen konnten als diejenigen mit mittlerer Reife (3.446 DM) bzw. höherer Bildung (3.788 DM). Das *Lebensalter*[91] (eta^2 = 0,17) wies einen sehr beachtlichen Einfluß auf: von 2.226 DM (bis unter 35 Jahre) stiegen die Beträge über 3.418 DM (35 bis unter 55 Jahre) bis auf 4.253 DM (55 Jahre und älter).

Den größten Einzeleinfluß hat mit 23,9% (eta^2 = 0,24) die *Lebensform*. Verheiratete konnten mit durchschnittlich 4.138 DM eindeutig über das höchste (Haushalts)-Einkommen verfügen, Ledige mit (1.982 DM) oder ohne Partner (2.212) über die vergleichsweise niedrigsten. Geschiedene (2.688 DM) lagen dazwischen. Bei den Verwitweten sind die Fallzahlen (n = 15) zu gering für die Auswertungen.[92]

Bildung und Alter beeinflussen einander wechselseitig. Innerhalb der Bildungsgruppen bestätigt sich der Alterseffekt jedesmal sehr deutlich, wie auch umgekehrt der Bildungseffekt in jeder Altersgruppe nachweisbar ist. Beide zusammen erklären 25,6% der Einkommensvariation (vgl. Abb. 23).

---

[91] Aus Gründen der Vergleichbarkeit wurde das Alter zu Beginn der Arbeitslosigkeit verwendet.
[92] Die Lebensform erweist sich - anders als bei der Betrachtung der Wahrnehmung der sozialen Folgen - für die Einkommensanalyse als günstiger als der Haushaltstyp.

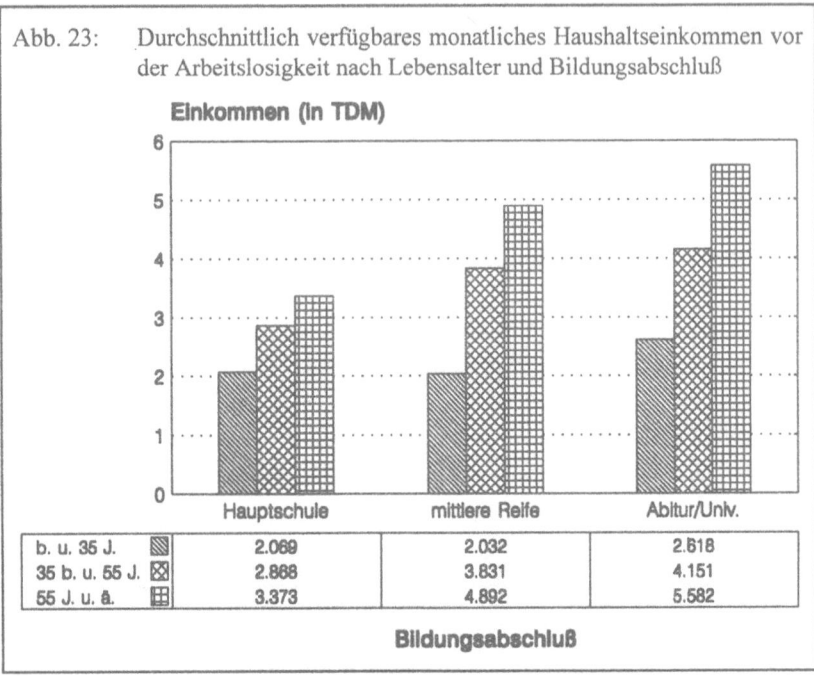

Abb. 23: Durchschnittlich verfügbares monatliches Haushaltseinkommen vor
der Arbeitslosigkeit nach Lebensalter und Bildungsabschluß

Einkommen (in TDM)

	Hauptschule	mittlere Reife	Abitur/Univ.
b. u. 35 J.	2.069	2.032	2.618
35 b. u. 55 J.	2.868	3.831	4.151
55 J. u. ä.	3.373	4.892	5.582

Bildungsabschluß

Daneben modifiziert die Lebensform den Einfluß des Bildungsabschlusses (vgl. Tab.
11).

Tab. 11: Verfügbares Haushaltseinkommen vor der Arbeitslosigkeit nach Bildung und
Lebensform

Bildungsabschluß	Lebensform			
	ledig o. P.	ledig m. P.	verheiratet	geschieden
Hauptschule	1989 DM	2222 DM	3327 DM	2107 DM
Mittlere Reife	1896 DM	2104 DM	4968 DM	2919 DM
Abi/Univ.	2152 DM	2307 DM	5034 DM	3876 DM
eta^2	0,01[+]	0,01[+]	0,16[***]	0,28[***]

*** $p < 0,001$; ** $p < 0,01$; * $p < 0,05$; + $p > 0,05$.

Für Ledige ohne bzw. mit Partner ergaben sich keine *gesicherten* bildungsabhängigen
Einkommensunterschiede. Bei Verheirateten und Geschiedenen hingegen nahm das
Einkommen mit steigendem Bildungsniveau eindeutig zu. Lebensform und Bildungs-

niveau zusammen erklären immerhin 34% (eta^2 = 0,34) der Variation beim vormaligen Einkommen, wobei die Bedeutung der Lebensform (27,7%) gegenüber dem Einzeleinfluß leicht gestiegen ist. Dazu besteht ein geringer Interaktionseffekt.

Werden Lebensform, Lebensalter und Bildungsniveau zusammen in die Berechnungen einbezogen, dann steigert sich der Anteil erklärter Varianz noch einmal leicht (eta^2 = 0,40). Der Alterseffekt wird überlagert und nicht signifikant. Interaktionen treten auf zwischen Lebensform und Bildungsniveau. In konkreten Ergebnissen bedeutet das: Bildungsabhängige Einkommensunterschiede in den Altersgruppen bestanden zum einen nur für *Verheiratete*. Hier wiesen in *jeder* Altersgruppe Arbeitslose mit Hauptschulabschluß das niedrigste verfügbare Haushaltseinkommen vor der Arbeitslosigkeit auf. Daneben trat ein Effekt bei *Geschiedenen* auf: In der mittleren Altersgruppe hatten höher Gebildete das größte Einkommen gehabt. Bei *Ledigen mit bzw. ohne Partner* bestanden keine nachweisbaren Einkommensvariationen nach Bildungsabschluß und Alter: Hier bestimmte die Lebensform.

6.2.2 Das gegenwärtig verfügbare Haushaltseinkommen

Zum Zeitpunkt der Untersuchung beträgt das im Monat *durchschnittlich verfügbare Haushaltseinkommen* aller Arbeitslosenhaushalte 2.009 DM, wobei die Spanne von angegebenen 0 DM bis zu der sehr hohen Summe von 9.000 DM reicht. Ein Viertel der Befragten muß sich mit höchstens 1000 DM bescheiden, und die Hälfte aller Arbeitslosenhaushalte verfügt über Beträge von höchstens 1.500 DM monatlich. Dem nächsthöheren Viertel stehen Einkommen zwischen 1.500 und 2.800 DM zur Verfügung, und die Haushalte des oberen Quartils liegen zwischen 2.801 und 9.000 DM. Damit kann die Mehrheit nur über unterdurchschnittliche Summen verfügen.[93]

Mit zunehmendem *Alter* steigt das durchschnittlich verfügbare Haushaltseinkommen (eta^2 = 0,10) von 1.341 DM bei den Jüngeren über 2.038 DM bei den 35- bis unter 55jährigen auf 2.506 DM bei den Älteren. *Keine* eindeutigen Unterschiede bestehen hingegen - anders als beim vormaligen Einkommen - zwischen Männern und Frauen. Das *Bildungsniveau* leistet nur 4,4% Erklärung (eta^2 = 0,04), wenngleich eine Steigerung vom Hauptschulabschluß (1.737 DM) über mittlere Reife (2.041 DM) zu

---

[93] Auf die Berechnung des Pro-Kopf-Einkommens wurde in diesen Ausführungen verzichtet. Bei der Clusterberechnung ergaben sich z. B. so gut wie keine Veränderungen, wenn im Modell das Pro-Kopf- anstelle des Gesamthaushaltseinkommens verwendet wurde.

Arbeitslosen mit höherer Bildung (2.449 DM) besteht.[94] Wesentlich aussagekräftiger ist der *Haushaltstyp* (eta^2 = 0,20): Hier stehen die einkommensstärkeren Familien- und Partnerschaftshaushalte (mit 2.586 DM bzw. 2.382 DM) den einkommens- schwächeren Arbeitslosen aus Ein- bzw. Mehrpersonenhaushalten gegenüber (1.217 DM bzw. 915 DM). Die *Lebensform* weist wie auch beim Einkommen vor der Arbeitslosigkeit mit 28,6% (eta^2 = 0,29) Varianzerklärung den größten Einzeleinfluß auf. Verheiratete haben mit durchschnittlich 2.732 DM das eindeutig höchste verfüg- bare Einkommen, und dabei absolut (mehr als) doppelt so viel wie Ledige ohne (1.211 DM) bzw. mit Partner (1.049 DM) und Geschiedene (1.382 DM).[95] Wird *dazu* noch das *Alter* einbezogen, läßt sich die Erklärungskraft nur geringfügig auf 30,2% (eta^2 = 0,30) steigern (vgl. Tab. 12).

Tab. 12: Verfügbares Haushaltseinkommen nach dem Alter und der Lebensform

Lebensalter (in Jahren)	Lebensform			
	ledig o. P.	ledig m. P.	verheiratet	geschieden
bis unter 35	848 DM	1001 DM	2644 DM	893 DM
35 bis unter 55	1139 DM	1625 DM	2779 DM	1359 DM
55 und mehr	1591 DM	1899 DM	2723 DM	1632 DM
eta^2	0,17***	0,21***	0,01+	0,07+

*** p < 0,001; ** p < 0,01; * p < 0,05; + p > 0,05.
Inhaltlich bedeutsame Unterschiede sind unterlegt.

Noch aussagekräftiger sind Lebensform und Bildungsniveau mit gemeinsam 40% Varianzaufklärung (eta^2 = 0,40) (vgl. Tab. 13). Der (Haupt-)Einfluß der Lebensform steigt dabei auf 33,6%, für das Bildungsniveau sinkt er jedoch auf 1,9% ab. Daneben besteht ein (ebenfalls hochsignifikanter) Interaktionseffekt von 4,1%. Unter Ledigen mit bzw. ohne Partner ergeben sich keine wesentlichen, bildungsabhängigen Ein- kommensunterschiede. Anders hingegen bei Geschiedenen: Hier sind Personen mit höherer Bildung in der eindeutig besten Lage. Verheiratete Arbeitslose mit Haupt- schulabschluß haben das geringste Einkommen.

---

[94] Alter, Bildung und Geschlecht leisten bei unterschiedlichen Variationen (und z. T. deutlicher Bestätigung der Trends) maximal 17,5% Varianzaufklärung.
[95] Die für weitere Berechnungen zu kleine Gruppe der Verwitweten (n = 15 Personen mit durch- schnittlich 1.803 DM Haushaltseinkommen) wurde herausgenommen.

Tab. 13: Verfügbares Haushaltseinkommen nach Bildungsniveau und Lebensform

Bildungsabschluß	Lebensform			
	ledig o. P.	ledig m. P.	verheiratet	geschieden
Hauptschule	1087 DM	1244 DM	2148 DM	1104 DM
Mittlere Reife	835 DM	1053 DM	3223 DM	1587 DM
Abi/Univ.	1152 DM	1342 DM	3519 DM	1812 DM
eta^2	$0{,}04^+$	$0{,}03^+$	$0{,}17^{***}$	$0{,}17^*$

*** $p < 0{,}001$; ** $p < 0{,}01$; * $p < 0{,}05$; + $p > 0{,}05$.
Inhaltlich bedeutsame Unterschiede sind unterlegt.

6.2.3 Einkommensverluste durch die Arbeitslosigkeit

Die Einkommensverluste ergeben sich aus dem Vergleich zwischen dem in etwa verfügbaren Haushaltseinkommen vor der Arbeitslosigkeit und dem derzeitigen. Die Resultate streuen sehr weit, wobei nicht nur Verluste angegeben werden: In 2,0% (13) der Fälle stehen die Befragten momentan während ihrer Arbeitslosigkeit angeblich finanziell besser als davor, 6,6% (31) weisen keine Veränderungen auf. Gründe dafür sind Eheschließung und das Erwerbseinkommen des (männlichen) Partners, das vor der Arbeitslosigkeit noch nicht vorhanden war. Die absoluten Verluste (Stand: Mai 1996) reichen von 50 DM bis 8.800 DM und betragen im Mittel 1.354 DM monatlich. Die Hälfte derjenigen mit Einbußen müssen mit bis zu 1.100 DM weniger auskommen, die andere Hälfte liegt zwischen 1.150 und 8.800 DM.[96]

Daneben wurden die *relativen Einkommenseinbußen* (also die Verlusthöhe, bezogen auf das vormalige Haushaltseinkommen) berechnet. Im Durchschnitt verloren Arbeitslose 42,9% ihres vormalig verfügbaren Einkommens, d. h. sie müssen mit etwas mehr als der Hälfte der zuvor vorhandenen Summe ihren Lebensunterhalt bestreiten! (Das liegt knapp oberhalb der allgemeinen durchschnittlichen Einbußen). Ein Viertel der Erwerbslosen verlor bis zu einem Drittel der bisherigen Beträge, zusammen 50% müssen auf mindestens 43,3% verzichten, und für ein Viertel bestehen Einbußen von

---

[96] Zwischen den Arbeitsamtsbezirken - Balingen 1.156 DM, Ravensburg 1.448 DM, Freiburg 1.353 DM und Mannheim 1.375 DM - ergeben sich zwar statistisch eindeutige, aber nicht klar interpretierbare Unterschiede.

mehr als 52,2%. Die Verluste konzentrieren sich damit um knapp die Hälfte des vorherigen Einkommens. Sehr hohe Einbußen von zwei Dritteln und mehr mußten immerhin knapp 8% hinnehmen.

Erklärungskräftig ist die Lebensform (eta^2 = 0,12), wobei der relative Verlust für Verheiratete auch aufgrund des Zweitverdiener-Effekts mit 38% geringer ausfällt als für die anderen, die an bzw. um 50% liegen. Mit 3% sehr gering ist der Alterseinfluß: Ältere machen (mit 39%) die geringsten, Jüngere (mit 47%) die höchsten Abstriche. Die Höhe des anteiligen Einkommensverlustes steht in hohem, negativen Zusammenhang mit dem *aktuell verfügbaren Haushaltseinkommen* (r = -0,56; r^2 = 0,28), das mit 28% die größte Erklärungskraft aufweist: Arbeitslose mit hohem Einkommen haben prozentual die geringsten Einkommenseinbußen hinnehmen müssen. (Da zudem das verfügbare Haushaltseinkommen vor und während der Arbeitslosigkeit einander sehr weitreichend erklären (r^2 = 0,71), könnte vermutet werden, daß einkommensstärkere Haushalte über mehr Strategien der Ressourcenakkumulation verfügen).

6.2.4 Die Einkommensquellen von Arbeitslosen(haushalten)

Gerade im Hinblick auf die soziale Ungleichheit innerhalb der Erwerbslosen scheint es wichtig zu erfassen, aus welchen Quellen Arbeitslose ihren Lebensunterhalt bestreiten. In der Wahrnehmung, die über Teile des öffentlich-politischen Diskurses (re)produziert wird, besteht neben der Stigmatisierung von Erwerbslosen als arbeitsunwillig eine relativ stabile Verbindung zwischen Arbeitslosigkeit und Schwarzarbeit, also Leistungsmißbrauch, Annahmen, die auch publizistisch (siehe: Bruns 1994) unterstützt werden. Eine regionale Bevölkerungsbefragung zum Thema "Soziale Devianz", die 1995 im Landkreis Eichstätt und der kreisfreien Stadt Ingolstadt durchgeführt wurde (vgl. Lamnek 1996), ergab als *Fremdstereotyp* einen durchschnittlich geschätzten Anteil von 37% Arbeitslosen, die ihre Unterstützung durch Schwarzarbeit aufbessern würden.[97] Zu fragen ist, inwieweit sich solche Vermutungen halten lassen.

"Ausfüllende Nebenbeschäftigungen" oder "Hilfe bei Bekannten" zählten in einer

---

[97] Wir beziehen uns inhaltlich auf die Bereiche Eigenarbeit, gemeinschaftliche Produktion und Schwarzarbeit, hier besonders als *Leistungsmißbrauch* (vgl. auch: Lamnek/Luedtke 1997). Damit soll eher die traditionelle *kleine Schwarzarbeit* im handwerklichen Bereich ("moonlightning") angesprochen werden (vgl. Gramatzki 1983, S. 68 f.). Zu den relevanten Tätigkeitsfeldern privater Haushalte zählen dann (vgl. Niessen/Ollmann 1987, S. 26): a). soziale und handwerkliche Dienstleistungen, Haushaltsproduktion, b.) Nachbarschaftshilfe und (Hilfe-)Leistungen für Verwandte und Bekannte, c.) Kauf ohne Rechnung und Schwarzarbeit (Leistungsmißbrauch).

qualitativen Untersuchung der psychosozialen Lage Schweizer (Langzeit-)Arbeitsloser zu den aktiven, konstruktiven Bewältigungsversuchen für die Arbeitslosigkeit (vgl. Barwinski Fäh 1990, S. 230 f.). Bei einer IAB-Untersuchung gaben 29% der Langzeitarbeitslosen an, "gelegentlich bei Bekannten geholfen, gegen Bezahlung gearbeitet oder die Möglichkeit zur Mitarbeit in einem Familienbetrieb genutzt" zu haben (Bach et al. 1994, S. 18; siehe auch: Brinkmann 1984). In einer Mehrzahl von Untersuchungen finden sich deutliche Hinweise darauf, daß derartige Tätigkeiten in der informellen Ökonomie von Arbeitslosen als Mittel zur Entlastung eingesetzt wurden, zumeist gegen die schlechte wirtschaftliche Situation. Posch (1988) exploriert auf Basis qualitativer Untersuchungen, daß Arbeitslosenhaushalte mit nur einer Erwerbsperson inoffizielle Nebenerwerbstätigkeiten, i. e. Schwarzarbeit, vornehmlich deshalb betreiben, um die prekäre ökonomische Lage durch zusätzliche Ressourcen zu verbessern (vgl. 1988, S. 127 f.).[98] Die SFB 3-Nebenerwerbstätigkeitsumfrage von 1984 ergab, daß 4,8% aller Befragten ohne hauptberufliches Beschäftigungsverhältnis (Rentner, Studenten, Arbeitslose, etc.) Nebenerwerbstätigkeiten ausübten. Einen wohlfahrtssteigernden Effekt hatte das vor allem für relativ arme Haushalte (vgl. Merz/Wolff 1987, S. 36 ff; S. 44). In einer empirischen Untersuchung auf Basis eines nicht-repräsentativen Samples aus drei (Groß-)Städten sowie einer ländlichen Gemeinde stellten Niessen/Ollmann (1987) fest, daß Arbeitslosigkeit, verbunden mit Verschuldung, die Bereitschaft zur Schwarzarbeit fördern kann: So hatten aus dem ländlichen Sample 34% der Arbeitslosen bereits schwarz gearbeitet - gegenüber 14,4% im Gesamtsample -, wobei auch hier die schlechte materielle Lage der Hauptgrund war (vgl. Niessen/Ollmann 1987, S. 173 ff.).

Da wir bei unserer Untersuchung nur Leistungsempfänger einbezogen haben, bilden Lohnersatzzahlungen auf jeden Fall eine Einnahmequelle. Dabei überwiegen im Verhältnis 2,7 : 1 die Empfänger von *Arbeitslosengeld* (71,6% (528)) gegenüber denen, die *Arbeitslosenhilfe* (26,2% (192)) bekommen (vgl. Abb. 24). Im Vergleich mit dem Landesdurchschnitt, aber auch mit den Bezirkswerten ist der Anteil an Arbeitslosenhilfeempfängern um etwa 5-6%-Punkte höher. Das dürfte auf die Bestandsstichprobe sowie die größere Antwortmotivation der Langzeitarbeitslosen zurückzuführen sein. 4,5% (33) der Arbeitslosen(haushalte) beziehen aufgrund ihrer unzulänglichen ökonomischen Lage zusätzlich *Sozialhilfe*: 3,3% (24) in Verbindung mit Arbeitslosenhilfe, 0,5% (4) mit Arbeitslosengeld. Daneben bestehen weitere Formen sozial-

---

[98] Möglicherweise haben sich auch "neue Arbeitslose" mit offensiven Bewältigungsstrategien herausbilden können, die u. a. in der Alternativ- und/oder Gemeinschaftsökonomie (Heinze 1984) tätig sind. Vermutlich handelt es sich dabei jedoch nur um eine relativ kleine Gruppe.

staatlich-institutionalisierter Ressourcen: *Wohngeld* als einkommensabhängige Sozialleistung erhält etwa ein Zehntel der Arbeitslosen, und etwa ein Sechstel bekommt *Kindergeld*. Bei 3,0% (22) geht *Erziehungsgeld* in das Haushaltseinkommen ein, 1% bezieht *Pflegegeld*, und 3,8% (28) der Erwerbslosen leben mit einem *Renten*empfänger im gemeinsamen Haushalt, deutlich weniger als im Bundesdurchschnitt.

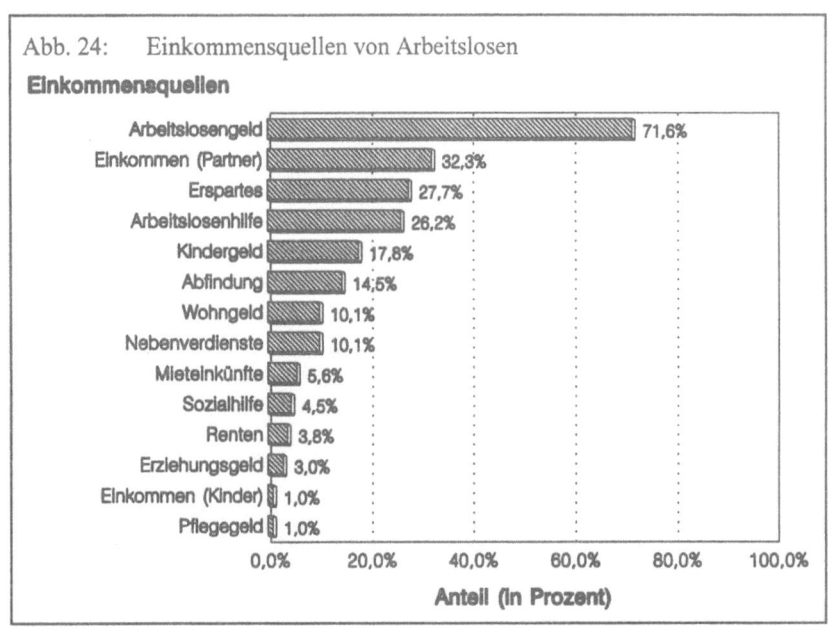

Abb. 24:   Einkommensquellen von Arbeitslosen

Von den privaten Einkommensquellen fällt vor allem das *Einkommen des Partners* (bei 32,3% (238)) ins Gewicht. Etwa ein Drittel der Arbeitslosen lebt damit in Mehrverdienerhaushalten, die eher in der Lage sind, Einkommensverluste aufzufangen. Ein wenig seltener erfolgt der *Rückgriff auf Erspartes* (27,7% (204)). Unter Arbeitslosengeld-Empfängern ist dieser Anteil (33,1% (174)) größer als unter Beziehern von Arbeitslosenhilfe (14,0% (27)) und Sozialhilfe (12,5% (4)). Im Sinne der Bedürftigkeitsprüfung ist dies stimmig. *Abfindungen* treten (mit 14,5% (107)) vergleichsweise selten auf, und *Einkommen aus Immobilienbesitz* (Mieteinkünfte) weist nur ein sehr kleiner Anteil der Arbeitslosen (5,6% (41)) auf.

Ein Zehntel (10,1% (74)) der Arbeitslosen gibt an, *Nebenverdienste* zu haben. Diese Kategorie ist insofern weitreichend, als sie sowohl Einkommen aus einer ge-

140

meldetenTätigkeit umfaßt (die auf die Lohnersatzleistungen angerechnet werden), als auch Einkünfte aus nicht gemeldeten Tätigkeiten (die in den Bereich der Schattenwirtschaft fallen bzw. dabei auch Leistungsmißbrauch bedeuten können). Nebenverdienste werden mit zunehmendem Lebensalter immer seltener: Von 16,1% (35) unter Jüngeren sinkt der Anteil auf 10,1% (27) in der mittleren Altersgruppe und 4,1% (20) unter Älteren. Nachdem die Nebenverdienste mit einem vergleichsweise geringen Haushaltseinkommen zusammenhängen, dürfte die Motivation dazu der relativ schlechten ökonomischen Lage entspringen.

Bei einer anderen Frage haben insgesamt 13,8% (100) der Arbeitslosen angegeben, daß sie bereits einer *ungemeldeten Nebentätigkeit* nachgegangen sind, also schwarz gearbeitet haben: 5,1% (37) *vor* ihrer Arbeitslosigkeit, 5,4% (39) *während* der Arbeitslosigkeit, und 3,3% (24) *sowohl* vor als auch während der Erwerbslosigkeit. (Männer und Frauen unterscheiden sich nicht wesentlich voneinander). Ältere Arbeitslose sind bzw. waren seltener in nicht gemeldete Nebenbetätigungen involviert als Jüngere und solche der mittleren Altersgruppe: Etwa 5% stehen hier jeweils etwa 20% gegenüber. Das kann auf einen Einstellungswandel hinweisen, aber auch Ausdruck der schlechteren ökonomischen Lage von Jüngeren bzw. mittleren Jahrgänge sein. Interessant ist der Bildungseinfluß: Arbeitslose mit Hauptschulabschluß haben *vor* der Arbeitslosigkeit etwas häufiger als die anderen Nebentätigkeiten gehabt, machen dies aber seltener als die anderen Bildungsgruppen, *seit* sie erwerbslos sind. Hier wäre zu vermuten, daß sie dafür Werkzeuge und Infrastruktur benötigen, auf die sie wegen ihrer Arbeitslosigkeit keinen Zugriff mehr haben. Arbeitslose aus verschuldeten Haushalten gehen etwas öfter einer nicht gemeldeten Tätigkeit nach (zusammen 11,6% (41) gegenüber 6,0% (22) bei nicht Verschuldeten), so daß Geldknappheit ein mögliches Motiv sein kann.

Augenscheinlich lassen sich drei Gruppen von Bezugsquellen bilden, die - zumindest den Durchschnittswerten nach - Ausdruck eines höheren oder geringeren Einkommens sind. Jedoch darf nicht vergessen werden, daß die Haushalte zumeist mehrere Einkommensquellen haben, so daß die jeweilig angeführte Einnahmeform nur als *Anhalt* für eine Tendenz genommen werden kann. Ein vergleichsweise hohes verfügbares Einkommen haben Arbeitslose mit Bezügen aus Kindergeld, Erziehungsgeld, Abfindung, Mieteinkünften, Einkommen des (Ehe-)Partners, Pflegegeld und z. T. Arbeitslosengeld. Zum mittleren Einkommensbereich können Erspartes, Renten und auch Arbeitslosengeld gerechnet werden, und über vergleichsweise geringe Beträge verfügen Arbeitslose, die sich (auch) über Arbeitslosenhilfe, Sozialhilfe, Wohngeld, Nebenverdienste, Einkommen der Kinder oder "Sonstiges" alimentieren.

Tab. 14:   Durchschnittseinkommen nach den Einkommensquellen

| Einkommensquellen | Vorhanden | | eta² |
	ja	nein	
Arbeitslosengeld	2.238	1.391	0,07***
Arbeitslosenhilfe	1.326	2.230	0,08***
Sozialhilfe	1.285	2.018	0,01*
Wohngeld	1.339	2.061	0,02***
Kindergeld	2.598	1.870	0,04***
Erziehungsgeld	2.466	1.977	0,00+
Erspartes	2.189	1.914	0,01*
Abfindung	3.033	1.809	0,09***
Mieteinkünfte	3.513	1.902	0,07***
Nebenverdienst	1.701	2.022	0,0 +
Einkommen Partner	2.729	1.659	0,12***
Einkommen Kinder	1.657	1.992	0,00+
Renten	2.188	1.988	0,0 +
Pflegegeld	2.996	1.979	0,0 +

*** p < 0,001; ** p < 0,01; * p < 0,05; + p > 0,05.
Inhaltlich relevante Unterschiede sind unterlegt.

Wenn wir bei jeder Einkommenart jeweils diejenigen, die darüber verfügen, mit denen vergleichen, die nicht darüber verfügen, dann lassen sich eine Reihe eher *bevorzugender* oder eher *benachteiligender* Einkommenslagen feststellen (vgl. Tab. 14). Arbeitslosengeld und Arbeitslosenhilfe verhalten sich (erwartbar) komplimentär zueinander. Arbeitslosengeldempfänger befinden sich in eindeutig besserer Lage als Nicht-Empfänger, bei der Arbeitslosenhilfe (wie auch der Sozialhilfe) ist es umgekehrt. Auch Bezieher von Wohngeld haben einen finanziell inferioren Status. Erwerbslose, die staatliche Sozialleistungen in Anspruch nehmen können, sind also finanziell schlechter gestellt als die, die keine entsprechenden Unterstützungen empfangen.

Relativ besser gestellt sind Familien- und Mehrverdienerhaushalte: Empfänger von Kindergeld bzw. Arbeitslose, deren Haushaltseinkommen (auch) aus dem Erwerbseinkommmens des Ehepartners besteht, weisen ein eindeutig höheres verfügbares Haushaltseinkommen auf als nicht-familiale· bzw. Einzel- oder Hauptverdienerhaushalte. (Die Aussagekraft des Partnereinkommens wird auch daran deutlich, daß die Höhe des aktuellen Haushaltseinkommens darüber zu immerhin 12% (eta^2 = 0,12) erklärbar ist). Ebenfalls relativ gewichtig sind die Abfindung und die Mieteinkünfte (mit 9,4% bzw. 6,8% statistischer Erklärungskraft). Auch hier zeigen sich deutliche Einkommensunterschiede zwischen denen, die darüber verfügen können und die ein höheres Einkommen aufweisen sowie den finanziell Schlechtergestellten, denen diese Einkommensquellen fehlen. Arbeitslose, die auf Erspartes zurückgreifen müssen/können, stehen finanziell etwas besser als diejenigen, die diese Möglichkeiten nicht (mehr) haben. Bei den übrigen Einkommensformen ergeben sich - z. T. auch aufgrund der sehr geringen Fallzahlen - keine eindeutigen Differenzen.

Allgemein steigt das verfügbare Haushaltseinkommen mit zunehmendem Alter an. Zudem variieren bevorzugende oder benachteiligende Einkommensquellen mit dem Lebensalter (vgl. Tab. 15). *Ältere* beziehen öfter (noch) Arbeitslosengeld. Ebenfalls häufiger haben sie ein weiteres Erwerbseinkommen durch den (Ehe-)Partner sowie Renten. Das gleiche trifft auf Mieteinkünfte, Abfindungen und den Rückgriff auf Erspartes zu. 33,5% schieden mit einer Abfindung (vorübergehend) aus dem Erwerbsleben aus, gegenüber nur 8,6% der mittleren Altersgruppe und gerade einmal 1,4% der Jüngeren. Das deutet auf einen relativ großen Anteil von Vorruheständlern unter den Älteren hin. Mieteinkünfte liegen selten vor, vor allem unter Jüngeren (2,3%). In der mittleren Altersgruppe beziehen 5,6% Einkommen aus Mieten, unter den Älteren 8,3%: Ältere hatten mehr Zeit, Eigentum zu bilden. Seltener kommen bei Älteren hingegen Einkommensformen vor, die mit durchschnittlich geringeren Bezügen verbunden sind: Arbeitslosenhilfe, (allgemeine) Sozialleistungen (Sozialhilfe, Wohngeld)[99], Nebenverdienste. Anderseits erhalten nur mehr 6,6% der älteren Arbeitslosen noch Kindergeld (das auch zu etwas überdurchschnittlichem Einkommen führt), bei den beiden anderen Altersgruppen liegen die Anteile drei- bis viermal so hoch.

Vorteilhaft für die *mittlere Altersgruppe* sind der relativ große Anteil an Kindergeldempfängern (24,3%) sowie ein mit 37,5% großer Anteil, bei dem ein Partnergehalt in das Haushaltseinkommen eingeht. Als benachteiligende Momente weist diese Gruppe jedoch auch den größten Anteil von Arbeitslosenhilfeempfängern und Wohngeldempfängern auf. *Jüngere* sind tendenziell benachteiligt. Bei insgesamt geringen Werten erhalten sie häufiger Sozialhilfe und auch Wohngeld, haben - da sie noch vergleichsweise häufiger ohne (Ehe-)Partner leben - etwas seltener ein Partner-

---

[99] Beides hängt zusammen: Knapp die Hälfte der Sozialhilfeempfänger (48,5% (16)) bekommt auch Wohngeld, hingegen nur 8,3% (58) der Nicht-Empfänger.

einkommen (25,2%), und weisen auch relativ mehr "sonstige" Einkommensquellen (wie z. B. Unterhaltsgeld oder Unterhaltszahlungen) auf (14,2%). Einen relativen Vorteil bietet für 22,0% der Jüngeren das Kindergeld.

Tab. 15: Einkommensarten: Relative Häufigkeit des Vorkommens in den Altersgruppen

Einkommensart	Altersgruppe (in Jahren)			C_{korr}
	bis unter 35	35 bis unter 55	55 und älter	
Mieteinkünfte	2,3% (5)	5,6% (15)	8,3% (20)	0,14*
Abfindung	1,4% (3)	8,6% (23)	33,5% (81)	0,51***
Pflegegeld	1,4% (3)	0,7% (2)	0,8% (2)	0,04+
Einkommen (Partner)	25,2% (55)	37,5% (100)	34,3% (83)	0,16*
Kindergeld	22,0% (48)	24,3% (65)	6,6% (16)	0,28***
Erziehungsgeld	6,0% (13)	2,6% (7)	0,4% (1)	0,18**
Arbeitslosengeld	69,3% (151)	61,2% (164)	86,0% (208)	0,38***
Erspartes	33,0% (72)	21,0% (56)	31,0% (75)	0,17**
Renten	1,8% (4)	2,2% (6)	7,5% (18)	0,18**
Sonstiges	14,2% (35)	7,1% (19)	5,0% (12)	0,18**
Nebenverdienste	16,1% (35)	10,1% (27)	4,1% (10)	0,23***
Einkommen (Kinder)	0,5% (1)	1,5% (4)	0,8% (2)	0,06+
Wohngeld	10,6% (23)	14,9% (40)	4,1% (10)	0,21***
Arbeitslosenhilfe	27,5% (60)	36,2% (97)	13,3% (32)	0,30***
Sozialhilfe	6,4% (14)	5,2% (14)	1,7% (4)	0,14*

*** p < 0,001; ** p < 0,01; * p < 0,05; + p > 0,05.

6.3 "Objektive" Einschränkungen durch die Arbeitslosigkeit

6.3.1 Beschränkungen in der Lebensführung

Arbeitslosigkeit führt mehr oder minder zu gravierenden Schwierigkeiten bei der Gestaltung des Lebensunterhalts, die nach Haushaltsform und Arbeitslosigkeitsdauer variieren. So hatten in einem Sample nordrhein-westfälischer Erwerbsloser (Dortmund und Wuppertal) 40% der Familien insgesamt und 63% der Familien Langzeitarbeitsloser mit weniger als 1.500 DM durchschnittlichem Haushaltseinkommen "sehr große" finanzielle Probleme. Daher überrascht auch nicht, daß mit zunehmender Dauer der Arbeitslosigkeit der Anteil von Familien mit rückständigen Zahlungsverpflichtungen sowie Verschuldungen (6% bei Bekannten, Freunden, 5% bei Kreditinstituten) zunahm (vgl. Hess et al. 1991, S. 182). Große finanzielle Probleme bereitet die Arbeitslosigkeit vor allem Alleinerziehenden beiderlei Geschlechts mit Kindern unter 14 Jahren sowie verheirateten, alleinverdienenden Männern (vgl. Klein 1987).

Untersuchungen zu Arbeitslosen aus den alten Bundesländern gegen Ende der 80er Jahre zeigen eine Reihe von gravierenden Veränderungen, die auf die finanziellen Einschränkungen zurückzuführen sind. Insgesamt sah 1989 (ähnlich wie in einer vergleichbaren Untersuchung 1978) ein Drittel der Arbeitslosen die eigene wirtschaftliche Lage als *schlecht* an, 40% beurteilten sie als *weniger gut*, und (nur/immerhin) 26% meinten *gut*. Diese Situation drückt sich auch in der Frage nach dem Ausmaß finanzieller Schwierigkeiten aus: Nur (etwa) ein Fünftel der Arbeitslosen hatte nach eigenem Bekunden *keine* bzw. *kaum* Probleme, und bei der mit 45% größten Gruppe hielten sich die Schwierigkeiten *in Grenzen*. Bei mehr als einem Drittel waren sie sehr *groß* (vgl. Rosenblatt 1991).

Bei den Beschränkungen dominierte die Reduzierung persönlicher Ausgaben (74%) sowie das Zurückstellen von Anschaffungen (47%). 37% hatten auf Ersparnisse zurückgegriffen und diese Reserven (z. T.) auch aufgebraucht. Dazu waren Schwierigkeiten bei der Finanzierung laufender Verpflichtungen aufgetreten: 15% hatten Raten-, 12% Versicherungszahlungen nicht mehr leisten können, 10% Schwierigkeiten bei der Zahlung von Sparverträgen bekommen und 9% wiesen Mietrückstände auf (vgl. Rosenblatt 1991, S. 147-150).

Je problematischer die selbstbewertete finanzielle Lage war, desto größer wurden die Anteile derjenigen, die sich einschränken mußten. Einige Formen der Beschränkung sind eindeutig Indikatoren für Notlagen. Dazu zählten besonders Probleme mit Raten- oder Versicherungszahlungen, das nicht mehr Finanzieren-Können von

Sparverträgen, Kreditaufnahmen bzw. Verschuldung sowie Mietrückstände. Rosenbladt (1991) sieht dabei einen wesentlichen Zusammenhang mit der Sozialhilfe, da die Anteile von Sozialhilfeempfängern unter denjenigen, die Mietverzüge, Kreditaufnahmen, etc., aufwiesen, deutlich erhöht waren: 28% bei den Verschuldeten, 33% bei denen mit Problemen bei Raten oder Versicherungszahlungen und 38% bei denjenigen mit Mietverzug gegenüber 17% bei allen Arbeitslosen[100] (vgl. 1991, S. 150). Der Zwang zu Einsparungen kann auch eine deutliche Veränderung (bzw. Verengung) der sozioökologischen Räume zur Folge haben: Besuche in Gaststätten oder Cafés, wie auch Konzertbesuche, die der Kontaktpflege oder -herstellung dienen können, werden zunehmend schwieriger finanzierbar.

In spezifischer Weise wirken sich in Ostdeutschland die Probleme der (Massen-) Arbeitslosigkeit aus. *Berufstätigkeit* galt in der DDR als bedeutendstes Kriterium für die Persönlichkeitsentwicklung, so daß das Nicht-Arbeiten zumeist jenseits der gewohnten Vorstellungen lag (vgl. Voigt/Hill 1992, S. 113) und Verletzungen der Arbeitspflichten sowie Arbeitslosigkeit als moralisch-sittliches Versagen stigmatisiert wurden (vgl. Henkel 1992, S. 133). Daher hat gerade das Phänomen Massenarbeitslosigkeit im Kontext des Transformationsprozesses zu erheblichen psychosozialen Irritationen geführt (vgl. Grehn 1992), die sich auch in einem relativen Wertverlust der Arbeit im Osten (vgl. Kasek 1992, S. 403) niedergeschlagen haben. Bei einer Untersuchung Ostberliner Arbeitsloser (vgl. Liljeberg 1992) sahen sich (fast) alle mit finanziellen Problemen konfrontiert, wobei sich bei der Mehrheit (58,9% (482)) die Schwierigkeiten in Grenzen hielten. Etwa ein Fünftel (18,4% (151)) hatte kaum finanzielle Engpässe, ein geringfügig größerer Anteil hingegen (21,1% (173)) große Probleme (vgl. 1992, S. 278 ff.).

6.3.2 Die subjektive Einschätzung der ökonomischen Lage

Stimmen die objektive ökonomische Lage der Arbeitslosen und deren subjektive Interpretation überein? In einer Frage sollten sie ihre finanzielle Lage auf einer Skala von 1 (sehr schlecht) bis 5 (sehr gut) einschätzen (vgl. Abb. 25). Am häufigsten be-

---

[100] Um allerdings dem Sozialhilfeempfang diesen Stellenwert empirisch abgesichert geben zu können, hätte es einer mehrdimensionalen Analyse bedurft, bei der neben den objektiven Kriterien - meßbarer Anteil der Einschränkungen sowie das Vorkommen von Sozialhilfebezug - der subjektive Aspekt der finanzielle Selbstverortung hätte hinzugenommen werden müssen. Sozialhilfeempfang wäre dann als intervenierende Variable zwischen die subjektive Bewertung der Problemlage und die verschiedenen Formen der Einschränkungen geschaltet worden.

werten die Erwerbslosen ihre ökonomische Situation ambivalent (39,9%). Allgemein überwiegt die negative Beurteilung - schlecht bzw. sehr schlecht - mit zusammen 42,1% gegenüber einer positiven Einschätzung (gut bzw. sehr gut) mit insgesamt 18,1%[101] um mehr als den Faktor 2. Sehr deutlich wird dies auch an den Extrempunkten, wo einem Fünftel (21,0%) Arbeitsloser mit der Einschätzung "sehr schlecht" gerade einmal 4,7% mit einer "sehr positiven" Beurteilung gegenüberstehen.

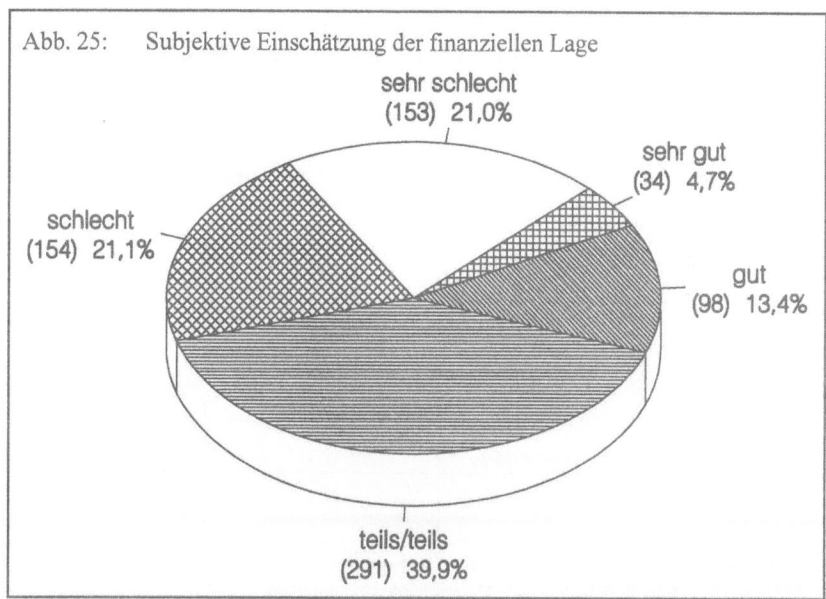

Abb. 25:   Subjektive Einschätzung der finanziellen Lage

sehr schlecht
(153) 21,0%

sehr gut
(34) 4,7%

schlecht
(154) 21,1%

gut
(98) 13,4%

teils/teils
(291) 39,9%

Vergleichen wir die *durchschnittlich* geäußerte Haltung in den Altersgruppen miteinander, dann zeigt sich, daß Ältere (2,8) ihre Situation schon eher ambivalent und damit deutlich besser als Jüngere (2,5) oder "Mittelalte" (2,5) sehen (eta^2 = 0,02). Auch die *Lebensform* beeinflußt die ökonomische Lagebeurteilung (eta^2 = 0,04). Geschiedene (2,2), Ledige mit (2,4) bzw. ohne Partner (2,5) beurteilen ihre finanzielle Situation im Durchschnitt noch eher schlecht und damit eindeutig negativer als Verheiratete (2,8), die dies eher ambivalent sehen (die Fallzahl bei Verwitweten (2,9) (n = 15) ist zu klein für signifikante Unterschiede). Auf der *Haushalt*sebene zeigt sich eine dem entsprechende Polarisierung: Erwerbslose aus Familien- und Partnerschafts-

---

[101]   Damit schätzen die Arbeitslosen aus den untersuchten Bezirken ihre finanzielle Lage schlechter ein als Arbeitslose einer bundesweiten Studie (vgl. von Rosenbladt 1991).

haushalten (2,7 bzw. 2,8) betrachten ihre finanzielle Lage bereits eher ambivalent und damit wesentlich besser als Arbeitslose aus Ein- bzw. Mehrpersonenhaushalten (2,3 bzw. 2,4), die ihre wirtschaftliche Situation als eher schlecht einstufen. Die bisherige *Dauer der Arbeitslosigkeit* wirkt mit 1,2% nur äußerst schwach auf die ökonomische Selbsteinschätzung ein: Überlang Erwerbslose (2,3) äußern sich eindeutig negativer als alle anderen, die eine relativ einheitliche, mit Durchschnittswerten zwischen 2,6 und 2,8 eher schlechte bis ambivalente Einschätzung ihrer finanziellen Lage abgeben.

Die subjektive Einschätzung der ökonomischen Lage wird von der "objektiv" meßbaren ökonomischen Lage zwar nicht determiniert, hängt aber doch sehr deutlich davon ab (vgl. Tab. 16).

Tab. 16:   Subjektive Lagebeurteilung nach objektiven Lagekriterien

Subjektive Lagebeurteilung	verfügbares Einkommen (in DM)		Anteilige Einkommensver- luste (in %)
	Haushalt	Pro Kopf	
sehr schlecht	1262 DM	713 DM	51%
schlecht	1637 DM	821 DM	47%
teils/teils	2322 DM	1043 DM	38%
gut	2786 DM	1206 DM	37%
sehr gut	1942 DM	1066 DM	50%
eta^2	0,13***	0,07***	0,13***

*** p < 0,001. Inhaltlich bedeutsame Unterschiede sind unterlegt.

Je höher das aktuell *verfügbare Haushaltseinkommen* ist, desto günstiger beurteilen Arbeitslose tendenziell die eigene finanzielle Situation (eta^2 = 0,13). Jedoch besteht keine "Linearität", denn Arbeitslose, die ihre wirtschaftliche Lage als "sehr gut" einschätzen, weisen in der Rangfolge nur das dritthöchste Einkommen auf. Das verfügbare *Pro-Kopf-Haushaltseinkommen* (und damit die Haushaltsgröße) geht mit 7,0% (eta^2 = 0,07) ebenfalls merklich (und in ähnlicher Weise) in die Beurteilung ein, aber schwächer als das Gesamteinkommen. D. h.: Für die Beurteilung der finanziellen Lage aus der Alltagssicht der Handelnden ist der überschaubare Gesamtbetrag wichtiger. Zudem spielt nicht die absolute Höhe die entscheidende Rolle, sondern wohl eher das Niveau (Lebensstandard, usw.).

Noch unschärfer wird das Bild, wenn die *relativen Einkommensverluste* einbezogen werden, wenngleich hier eine mit 12,5% (eta^2 = 0,13) ebenfalls ziemlich große

148

Erklärungskraft besteht. Hier liegt eine Polarisierung in zwei verlustärmere und drei verlustintensivere Gruppen vor: Diejenigen mit einer guten bzw. einer ambivalenten ökonomischen Lageeinschätzung, die zugleich auch das durchschnittlich höchste verfügbare Haushaltseinkommen aufweisen, mußten prozentual zudem die geringsten Einkommenseinbußen hinnehmen, die aber immerhin noch bei 37% bzw. 38% lagen. Alle anderen, also auch diejenigen, die ihre Lage selber als sehr gut einschätzen, weisen mit 47% bis 51% deutlich höhere Einbußen auf.

6.3.3   *Zur Verschuldung der Arbeitslosen*

Zur Beurteilung der finanziellen Lage von Arbeitslosen(haushalten) gehören auch Aussagen zur Verschuldung. Mit etwa der Hälfte (49,0% (360)) hat sich ein vergleichsweise großer Teil der Arbeitslosen verschuldet. Die Einschätzung, wie hoch die Schulden sind, streut dabei relativ breit (vgl. Abb. 26).

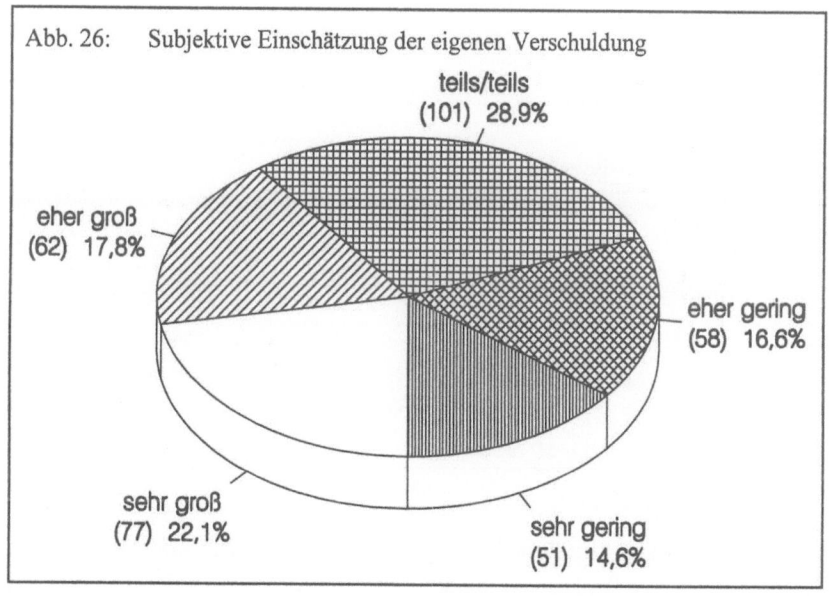

Abb. 26:   Subjektive Einschätzung der eigenen Verschuldung

teils/teils (101) 28,9%

eher groß (62) 17,8%

eher gering (58) 16,6%

sehr groß (77) 22,1%

sehr gering (51) 14,6%

Ein Schwerpunkt liegt bei der ambivalenten Beurteilung (28,9%). Jedoch ist auch das

149

Empfinden, sehr hoch verschuldet zu sein, mit 22,1% relativ häufig.[102] Insgesamt überwiegt die negative Einschätzung - eine große bzw. sehr große Verschuldung liegt vor - gegenüber der positiven Haltung, wonach die Schulden (eher) gering seien. Diese Verteilung wird auch durch Hinzuziehen zusätzlicher Variablen (Arbeitsamtsbezirk, Alter, Geschlecht, Lebensform) nicht wesentlich differenziert.

Arbeitslose beurteilen die eigene ökonomische Lage auch in Zusammenhang mit der Verschuldung (Chi^2 = 43,87; d. f. = 4; alpha = 0,00000; C_{korr} = 0,33). Verschuldete erleben ihre wirtschaftliche Situation eindeutig negativer als Schuldenfreie. Zusammen mehr als die Hälfte der Verschuldeten (52,7% (186)) an, ihre Lage sei (sehr) schlecht, bei den Nichtverschuldeten sind es mit 42,2% (119) deutlich weniger.

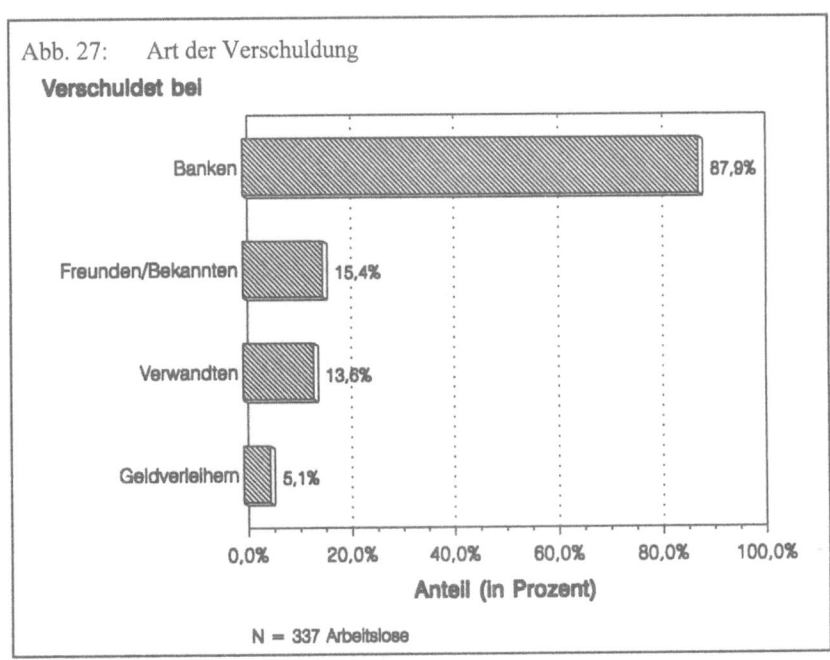

Abb. 27: Art der Verschuldung

Mit weitem Abstand am häufigsten haben sich Arbeitslose (durch Kontoüberziehung oder Kredite) bei den Banken verschuldet. Selten werden dagegen Personen aus den

---

[102] Insgesamt 2,7% (20) aller Arbeitslosen hatte auch bereits die Dienste einer Schuldnerberatung in Anspruch genommen. 60% (12)) dieser Gruppe empfinden sich auch als sehr hoch verschuldet.

sozialen Netzwerken - Freunde/Bekannte bzw. Verwandte - um finanzielle Unterstützung gebeten, und noch viel seltener erfolgte der Gang zu Kreditvermittlern.

Bankschulden bilden eine vergleichsweise einfache, unpersönliche Form: Ohnehin vorhandene Infrastrukturen werden weiter genutzt. Personen aus den sozialen Netzwerken werden vielleicht deshalb recht selten um Unterstützung angegangen, da möglicherweise Beziehungen nicht durch das Schuldenmachen belastet werden sollen oder aber die prekäre finanzielle Lage soll (gerade?) vor diesem Personenkreis verborgen bleiben soll. Die marginale Bedeutung der Kreditvermittler kann auf deren schlechtem Ruf und der damit zusammenhängenden Vorsicht der Arbeitslosen beruhen.

Die Verschuldungen innerhalb sozialer Netzwerke variiert mit dem *Lebensalter*. Ältere (5,9% (4)) haben seltener Schulden bei Freunden und Bekannten als Jüngere (20,2% (21) und Angehörige der mittleren Altersgruppe (16,9% (27)). Fast übereinstimmende Ergebnisse bestehen auch für Schulden bei Verwandten. In Zusammenhang mit Geldverleihern finden sich hingegen geschlechtsspezifische Differenzierungen, wobei männliche Arbeitslose (7,0% (14)) diesen Weg häufiger gingen als Frauen (2,2% (3)). Die deutlichsten Differenzierungen bewirken *Lebensform* und *Haushaltstyp*, wobei sich die Resultate ergänzen. So haben Geschiedene (28,6% (14)) und Ledige mit Partner (30,2% (19)) relativ öfter die finanziellen Dienste von Freunden oder Bekannten in Anspruch genommen. Entsprechendes findet sich auch für Arbeitslose, die in Ein- oder Mehrpersonenhaushalten wohnen. Schulden bei der Verwandtschaft treten häufiger bei Ledigen ohne (23,1% (15)) bzw. mit Partner (22,2% (14)) auf. Verschuldung bei Banken ist eher verheiratetentypisch: 98% (148) aller Verschuldeten, die verheiratet sind, geben dies an. (Im Gegensatz zu den drei Vierteln bis vier Fünfteln bei den anderen Lebensformen). Dazu paßt, daß verschuldete Familien- und Partnerschaftshaushalte zu mehr als 90% bei Banken Gläubiger haben. Darlehen über Kreditvermittler wurden häufiger von Ledigenohne Partner (12,3% (8)) bzw. Arbeitslosen die in Ein-Personen-Haushalten leben (19,0% (8)), aufgenommen.

Da die Summe über 100% liegt, muß ein Teil der Arbeitslosen sich mehrfach verschuldet haben. Insgesamt lassen sich 13 verschiedene Formen unterscheiden. Bei denen, die nur einen Gläubiger haben bzw. hatten, dominieren mit 71,8% (242) diejenigen, die bei Banken Außenstände haben, bei 4,5% (15) sind es nur Freunde bzw. Bekannte, für 4,2% (14) Verwandte und für 1,5% (5) Geldverleiher. Beziehen wir diese Gruppen auf die Gesamtzahl der verschuldeten Arbeitslosen (n = 337), bleibt ein Rest von 18,1% (61) Mehrfachschuldnern. Die Art der Verschuldung erklärt statistisch immerhin 9,1% der subjektiven Einschätzung der eigenen Verschuldung. Dabei stufen Arbeitslose mit Mehrfachaußenständen ihre Belastung im Durchschnitt als eindeutig größer ein als die, die sich nur über einen Weg verschuldeten. Wer nur Außenstände bei Verwandten hat, hat die geringsten Schulden, gefolgt von den sehr wenigen Arbeitslosen, die sich ausschließlich bei Verleihern Geld besorgt hatten. Wer sich bei Freunden oder Bekannten Geld lieh, hat im subjektiven Empfinden eine etwas höhere Schuldenbelastung. Als noch prekärer beurteilen die Bankschuldner ihre Situation.

6.3.4 *Arbeitslosigkeit und Zahlungsrückstände*

Ein in der Literatur als relevant erachteter Faktor für die Einschätzung der ökonomischen und sozialen Lage von Arbeitslosen sind Zahlungsrückstände (vgl. Hess et al. 1991; von Rosenbladt 1991). Diese haben wir auch einbezogen und dabei vier Formen erfaßt: Ratenzahlungen, Sparverträge, Versicherungsbeiträge, Miete.

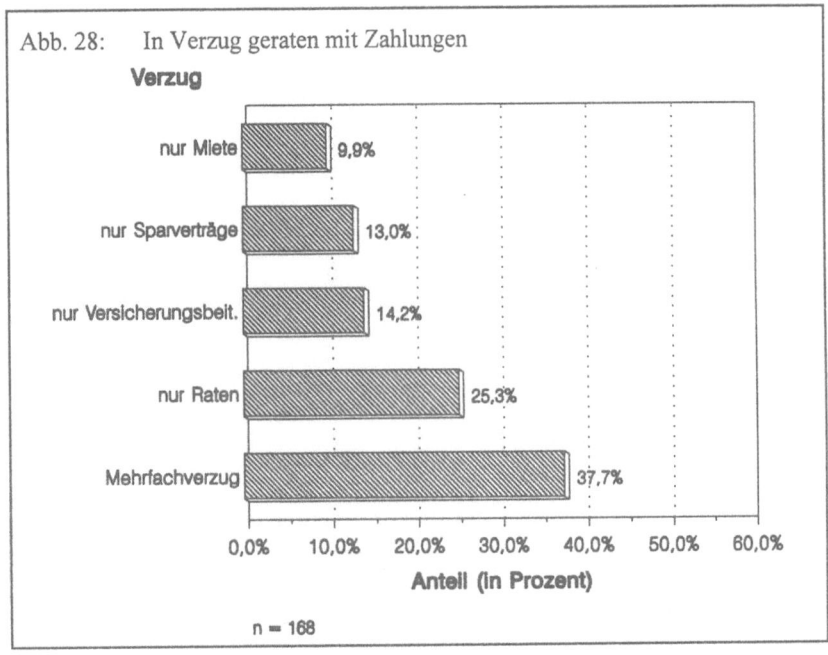

Abb. 28:   In Verzug geraten mit Zahlungen

Mit zusammen 22,2% (168) haben vergleichsweise viele Arbeitslose Zahlungsrückstände: Eine Ende der 80er Jahre durchgeführte Untersuchung ergab einen Anteil von 15% (vgl. von Rosenbladt 1991). Am häufigsten ist der Verzug bei Ratenzahlungen (vgl. Abb. 28). Beinahe genauso oft treten Rückstände bei Versicherungsbeiträgen auf. Deutlich seltener geben Arbeitslose dagegen an, Sparverträge nicht mehr erfüllen zu können. Da wir keine Angaben über deren Verbreitung haben, kann der Anteil nicht weiter interpretiert werden. Geringfügig weniger Erwerbslose sind derzeit nicht in der Lage, die Miete fristgerecht zu entrichten. Mietrückstände gelten jedoch als Indikator für eine prekäre finanzielle und soziale Lage (vgl. Brinkmann 1984; Rosenbladt 1991; Hess et al. 1991). Das bestätigt sich insofern, als diese Gruppe mit durchschnittlich 1.110 DM das geringste verfügbare Haushaltseinkommen aller Arbeitslosen mit Zahlungsrückständen aufweist.

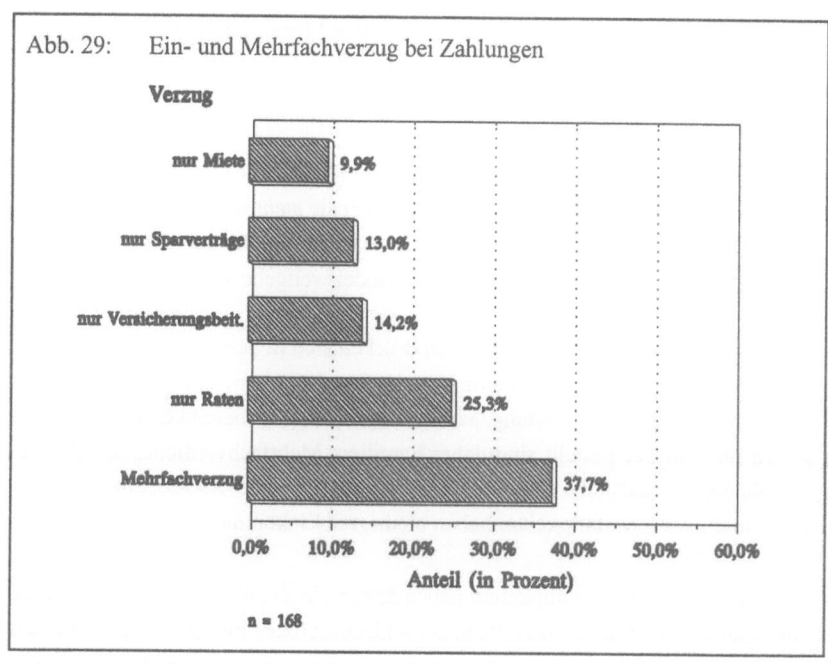

Abb. 29: Ein- und Mehrfachverzug bei Zahlungen

Verzug

nur Miete — 9,9%
nur Sparverträge — 13,0%
nur Versicherungsbeit. — 14,2%
nur Raten — 25,3%
Mehrfachverzug — 37,7%

0,0% 10,0% 20,0% 30,0% 40,0% 50,0% 60,0%
Anteil (in Prozent)

n = 168

Da in der Summe deutlich mehr als 100% herauskommen, muß eine Gruppe von Arbeitslosen mit Mehrfachzahlungsrückständen existieren. Die Auszählung ergibt 15 verschiedene Kategorien für den Verzug, 11 davon werden zur Kategorie "Mehrfachverzug" zusammengefaßt (vgl. Abb. 29). Ein mit mehr als einem Drittel erheblicher Anteil ist in mehr als nur einem Bereich mit seinen Zahlungen säumig geworden, wobei hier die Kombination aus Raten- und Beitragsverzug vergleichsweise am häufigsten auftritt (8,6% (14)), gefolgt vom Raten-, Versicherungs- und Sparvertragsverzug (5,6% (9)). Ansonsten bleibt tendenziell (wenngleich mit deutlich reduzierten

Anteilen) die oben festgestellte Abfolge erhalten: Wenn einfacher Verzug besteht, dann relativ am häufigsten bei Raten und vergleichsweise am seltensten bei der Miete.

6.3.5 *"Objektive" Restriktionen im Überblick*

Zu den Veränderungen der ökonomischen Lage halten wir resümierend fest:

- Den Arbeitslosen entstanden hohe Einbußen beim *verfügbaren* Haushaltseinkommen von durchschnittlich 42,9%. Fixkosten wie Miete und/oder Versicherungsraten bleiben unverändert, müssen aber von einem geringer gewordenen *Gesamteinkommen* beglichen werden.

- Zum Zeitpunkt der Untersuchung verfügen die Haushalte im Mittel über 2.009 DM. Da der Median bei 1.500 DM liegt, haben sie *mehrheitlich* nur *unterdurchschnittliche* Beträge verfügbar. Die objektive Lage und die subjektive Einschätzung der finanziellen Lage entsprechen einander weitgehend.

- Gute oder schlechte Einkommenslagen drücken sich in den Einkommensquellen aus. *Höhere* Durchschnittseinkommen resultieren aus Arbeitslosengeld, Kindergeld, Erziehungsgeld, Abfindung, Mieteinkünften und Partnereinkommen. *Im Vergleich* noch besser gestellt sind daher Familien, Mehrfachverdiener und Ältere. Empfänger von staatlichen Sozialleistungen oder Arbeitslosenhilfe, aber auch Erwerbslose mit Nebentätigkeiten haben niedrigere Einkommen.

- Nicht gemeldete Nebentätigkeiten geben knapp ein Zehntel an, häufiger jüngere Arbeitslose. Die Motivation dürfte in der schlechten ökonomischen Lage zu suchen sein: Wer ein Einkommen aus Nebentätigkeiten hat, verfügt nur über ein relativ geringes Haushaltseinkommen und ist zudem häufiger verschuldet. Knapp die Hälfte der Arbeitslosen sind verschuldet - am häufigsten (etwa 80%) bei Banken, am seltensten bei Kreditvermittlern -, knapp ein Fünftel sogar mehrfach.

- Ein gutes Fünftel hat Zahlungsrückstände, etwa ein Drittel davon sogar mehrfach. Am häufigsten tritt dies bei Ratenzahlungen auf, am seltensten bei der Miete. Der Mietrückstand ist jedoch Indikator für eine besonders schlechte finanzielle Lage.

- Lebensform, Bildungsniveau und Lebensalter erklären mit zusammen etwa 40%

das verfügbare Einkommen am besten. Verheiratete haben jeweils das höchste, Ledige das geringste Einkommen. Mit zunehmendem Alter steigen die verfügbaren Beträge. Bei Ledigen mit und ohne Partner bestimmt nur die Lebensform das Einkommen, nicht aber Bildung oder Alter.

6.4 Einschränkungen in der alltäglichen Lebensführung

Die z. T. erheblichen Einbußen im verfügbaren Einkommen bleiben nicht ohne Auswirkungen auf den materiellen und kulturellen Lebensstandard, der sich sowohl in den Möglichkeiten des alltäglichen Konsums, als auch in den Chancen zur Teilnahme am sozialen oder gesellschaftlichen Leben ausdrückt. Der Verlust der Arbeit kann daher einen materiell und kulturell reduzierten Alltag zur Folge haben. Daher wurde untersucht, in welchen Bereichen und bei welchen Gütern die Arbeitslosen Konsumeinschränkungen haben vornehmen müssen, weil dahinter bereits konkrete Hinweise auf eine Änderung der Lebensführung stehen.[103]

Augenscheinlich lassen sich drei Kategorien von Gütern unterscheiden (vgl. Abb. 30): Die eine mit eher starker Einschränkung, eine zweite, umfangreichere, bei der in Teilen Einsparungen vorgenommen werden müssen, und eine dritte mit Gütern bzw. Dienstleistungen, an denen eher weniger gespart wird.

Eher stark schränken sich Arbeitslose bei der Anschaffung *langfristiger Gebrauchs- bzw. Konsumgüter* ein, vor allem bei Möbeln bzw. Gegenständen für die Haushaltseinrichtung (3,9) - hier geben nur 15,2% (104) an, ihre Ausgaben wenig bzw. gar nicht zu reduzieren -, aber auch bei der Anschaffung von Haushaltsgeräten (3,6). Deutlich gespart wird im Bereich der *Unterhaltungselektronik* (Fernsehen, Video, CD, Stereoanlage) (3,6), wobei dies sowohl bedeuten kann, Kaufabsichten zurückzustellen, als auch, bei vorhandenen Geräten auf den Ausbau bzw. die Erweiterung der Konsummöglichkeiten zu verzichten (z. B. indem eine Stereoanlage nicht mehr vergrößert oder ersetzt wird oder aber, indem weniger bzw. keine neuen Videocassetten bzw. CD's angeschafft werden). Stärkere Einsparungen finden auch im Bereich *Freizeit, Geselligkeit und Entspannung* statt, nämlich einmal durch einen relativen Verzicht auf Urlaubsreisen (3,8), wobei 43,4% (305) der Arbeitslosen angeben, die Ausgaben hier sehr stark verringern zu müssen. Deutlich seltener werden auch Gaststätten, Cafés, etc besucht (3,7): Weniger als ein Fünftel der Arbeitslosen

---

[103] Da wir keinen direkten Vergleich zwischen dem Konsum vor bzw. während der Arbeitslosigkeit vornahmen, können wir nicht das Konsumniveau angeben, von dem aus eingespart wird.

(17,3% 122)) nimmt hier keine bzw. nur geringe Einschränkungen vor, hingegen reduzieren beinahe zwei Drittel (61,8% (426)) die Gaststättenbesuche stark bis sehr stark. Ebenso verzeichnet das Lottospielen einen merklichen Rückgang (3,6). Insgesamt zeigt sich, daß in den Bereichen, in denen sich Arbeitslose im Durchschnitt deutlich einschränken müssen, zwischen einem Drittel und fast der Hälfte der Betroffenen sogar sehr starke Ausgabenreduktionen betreiben, und nur weniger als ein Fünftel geringfügige bzw. gar keine Veränderungen vornehmen muß.

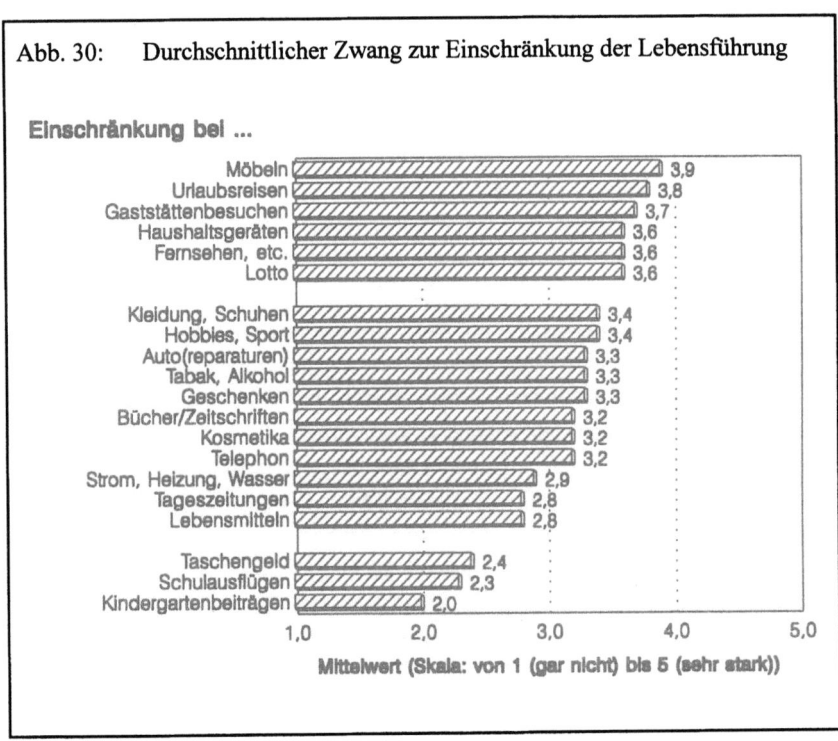

Abb. 30:   Durchschnittlicher Zwang zur Einschränkung der Lebensführung

Zu dem Bereich, in dem zumindest teilweise deutlich eingespart werden muß - was sowohl Einschränkung, aber auch Substitution bedeuten kann -, gehören sehr wesentlich *Konsumgüter*, die eher dem *alltäglichen Gebrauch* dienen. Darunter fallen einmal die Anschaffung von Kleidung und Schuhen (3,4), Investitionen in das Auto bzw. Autoreparaturen (3,3), aber auch Kosmetika und Körperpflege (3,2). Reduziert werden die Ausgaben für Nikotin und Alkohol (3,3). Betroffen ist auch der *kulturelle Bereich* mit tendenziellen Kürzungen beim Kauf von Büchern und/oder Zeitschriften (3,3), z. T. wird auch deutlich im Bereich *Freizeit und Kommunikation* gespart, nämlich bei den Hobbies und dem Sport (3,4), etwas weniger beim Telephonieren (3,2). Zudem machen Arbeitslose seltener oder weniger aufwendige Geschenke (3,3). Etwas seltener sind Einschränkungen bei den Tageszeitungen (2,8). Auch bei den Lebensmitteln wird nicht so gravierend eingespart (2,8), ebenso wie beim Verbrauch von Strom, Wasser, Heizung (2,9). Gerade die beiden letztgenannten Bereiche sind existenziell. Bei den Lebensmitteln ist dies fraglos durch die Bedeutung für die physische Existenz gegeben. Einsparen schlägt sich möglicherweise auf die Qualität der Ernährung nieder, die damit einen Indikator für den Grad der Betroffenheit von Armut abgeben kann. Strom, Wasser und Heizung sind Ausdruck der Lebensqualität. Hier sparen zu müssen, bedeutet, zumindest in der eigenen Wahrnehmung Abstriche am subjektiven Qualitätsstandard vornehmen zu müssen. Tageszeitungen bilden eine wesentliche Möglichkeit zur Information über (transnationale) Ereignisse, wesentlich aber auch über Begebenheiten im regionalen oder lokalen Kontext. Ein Wegfall der Tageszeitung kann möglicherweise ein Schritt auf dem Weg in die Isolation sein. Allerdings ist der Durchschnittswert bei den Tageszeitungen nur bedingt aussagekräftig, weil sich nämlich eine starke Polarisierung abzeichnet: 38,4% (267) der Arbeitslosen sehen keine Notwendigkeit, bei Tageszeitungen zu sparen - möglicherweise auch, weil sie zuvor bereits keine bezogen haben - für 27,2% (189) trifft es allerdings in sehr hohem Maße zu.

Die geringsten Einsparungen finden im *Familienbereich* statt, nämlich gegenüber den Kindern (vgl. auch: Baarda et al. 1990). Kinder von Arbeitslosen[104] erhalten zwar weniger Taschengeld, aber die Abstriche halten sich nach Einschätzung der Eltern noch in Grenzen (2,4). Ebenso wird versucht, bei Schulausflügen und Klassenfahrten nicht zu stark zu sparen (2,3). Das Begleichen der Kindergartenbeiträge bildet noch das relativ geringste finanzielle Problem (2,0).

Nach diesen Ergebnissen sind gerade die Fälle als besorgniserregend einzustufen, die dort Einsparungen vornehmen müssen, wo sich das Gros der Arbeitslosen (noch) nicht oder nur relativ wenig beschränkt, nämlich vor allem bei Lebensmitteln, bei Strom, Wasser, Heizung und zum anderen in Familienhaushalten bei Kindern. Es gibt aber auch (alltägliche) Konsumbereiche, in denen tendenziell eine einkommenselastische Nachfrage vorzuliegen scheint, z. B. bei Haushaltsgeräten, Möbeln oder Urlaubsreisen. Jedoch bedeutet das Einsparenkönnen nicht zwangsläufig, daß die Arbeitslosen diese Einschränkungen auch problemlos hinnehmen bzw. verarbeiten können.

Die allgemein vorgefundenen Spartendenzen differieren, wenn wir eine Reihe von

---

[104] Diese Aussagen beziehen sich nur auf Familienhaushalte!

allgemeinen, personenbezogenen, ökonomischen, etc., Kriterien in die Analyse einbeziehen. Die deutlichsten Unterschiede treten nach dem Lebensalter und dem Bildungsniveau auf. Hinweise auf unterschiedliche Sparstile bei Männern und Frauen finden sich nur in wenigen Bereichen. Auch die Dauer der Arbeitslosigkeit führt (wie auch die Unterscheidung nach Haushaltsformen) nur bei einigen Formen der Konsumeinschränkung zu wesentlichen Differenzierungen.

In vielen Bereichen müssen *Arbeitslose mit Hauptschulabschluß* die *größten Konsumrückgänge* vornehmen. Dies hängt mit dem geringeren Haushaltseinkommen zusammen, evtl. auch mit einer bildungsabhängigen Einspar*bereitschaft*. So schränken sie sich bei Büchern bzw. Zeitschriften schon eher stark ein (3,6), ebenso wie bei Hobbies bzw. Sport (3,6), Urlaubsreisen (4,0) und dem Gaststättenbesuch (4,0). Auch beim Alltagskonsum - Auto(reparaturen) (3,6), Telephon (3,4), Kosmetika (3,4), Nikotin und/oder Alkohol (3,6), aber auch Geschenke (3,6) - müssen sie wesentlich mehr einsparen als alle anderen. Tendenziell trifft das auch für Lebensmittel (2,9) zu. Der Sparzwang besteht ebenso bei den Ausgaben für die Kinder, nämlich Taschengeld (2,6) und Schulausflüge bzw. Klassenfahrten (2,6). Die Einsparungen in den beiden letztgenanten Bereichen - Lebensmittel und Kinder - können Indikatoren dafür sein, daß die Senkung des Lebensstandards für Arbeitslose mit Hauptschulabschluß mehr Alltagsprobleme nach sich zieht als für andere.

Ältere Arbeitslose schränken ihre Ausgaben merklich ein, liegen damit aber (auf teilweise relativ hohem Sparniveau) immer noch unterhalb der (Zwangs-)Einsparungen anderer Altersgruppen. Dies trifft sowohl bei Haushaltsgeräten (3,4), Möbeln (3,5), Urlaubsreisen (3,5) und dem Bezug der Tageszeitung (2,2) zu. Arbeitslose zwischen 35 und 54 Jahren reduzieren vornehmlich im Bereich Freizeit, Erholung, Geselligkeit die Ausgaben eindeutig mehr als die übrigen Altersgruppen, nämlich für Hobbies bzw. Sport (3,7), für Gaststättenbesuche (4,0), für Geschenke (3,6) und für Urlaubsreisen (4,1), aber auch bei den langlebigen Gebrauchsgütern für Möbel und Wohnungseinrichtung (4,1). Jüngere Arbeitslose sparen nur bei Tabak und Alkohol (3,0) weniger ein als alle anderen.

Der Ausgaben- bzw. *Konsumrückgang ist bei den Frauen stärker* ausgeprägt: Dazu zählen im Freizeit- und Erholungsbereich Hobbies bzw. Sport (3,5 zu 3,2), was möglicherweise bedeutet, daß Frauen mehr "Persönliches" aufgeben als Männer. Frauen reduzieren auch die Ausgaben für Bekleidung (3,5) stärker als Männer (3,2), was auch mit unterschiedlichen Ausgangsniveaus zusammenhängen mag. Bemerkenswert sind die größeren Einsparungen im Bereich Lebensmittel (2,9 zu 2,7).

Beim Vergleich der *Haushaltstypen* fallen einmal die relativ privilegierten Partnerschaftshaushalte, und zum andern die eingeschränkten Ein-Personenhaushalte auf.

So müssen Arbeitslose, die in Partnerschaftshaushalten leben, vergleichsweise weniger bei Tageszeitungen (2,2), Urlaubsreisen (3,5) und dem Kauf von Haushaltsgeräten (3,3) einsparen, wenngleich das Sparniveau teilweise bereits relativ hoch ist. Diejenigen, die alleine leben, nehmen bei Tageszeitungen (3,6) und Ausgaben für das Auto (3,8) die relativ größten Einschränkungen vor.

Die *Arbeitslosigkeitsdauer* führt erst bei überlanger Erwerbslosigkeit (24 Monate und mehr) zu eindeutig stärkerem Sparzwang: Überlangzeitarbeitslose müssen sich im Freizeitbereich bei Urlaubsreisen (4,1), im Bereich langfristiger Konsumgüter beim Kauf von Möbeln bzw. Einrichtungsgegenständen (4,1), und im Alltagsbereich bei Auto(reparaturen) (3,7) am stärksten einschränken, ebenso beim Verbrauch von Strom, Heizung und Wasser (3,2), womit sie ihre alltägliche Lebensqualität weiter als andere senken. Auch der Bezug bzw. das Lesen von Tageszeitungen (3,2) ist in dieser Gruppe am stärksten zurückgegangen.

In mehrfacher Hinsicht kann vermutet werden, daß die Konsum- und Ausgabeneinschränkungen in verschiedenen Lebensbereichen in Zusammenhang mit dem Selbstwertgefühl[105] der Arbeitslosen und ihrer Interpretation der eigenen Situation[106] stehen: Einmal ist denkbar, daß die Notwendigkeit des zunehmenden Sich-Einschränkens den Betroffenen das Gefühl eines inferioren sozialen Status vermittelt oder solche Gefühle verstärkt. Die ökonomischen Einbußen könnten zumindest bei Teilen der Population dazu führen, daß sie nur mehr eine "Kultur der Notwendigkeit" (Bourdieu 1989) pflegen können. Andererseits ist davon auszugehen, daß sich eher diejenigen mit einer zuvor extensiveren Lebensführung - Erwerbslose mit guter (Aus)-Bildung und entsprechendem Einkommen - von der Notwendigkeit zur Einschränkung stärker betroffen fühlen. Auch besteht Grund zur Annahme, daß die Dauer der Erwerbslosigkeit sich insoweit negativ auf die Situation auswirken kann, als mit ihrer Zunahme die Lohnersatzzahlungen geringer werden, was zu mehr Einsparungen zwingen kann. Diese Überlegungen bedeuten nicht, daß wir von einer einfachen Selbst- und Situationsdefinition der Akteure über bzw. durch den Konsum ausgehen. Konsum kann aber ein Gefühl des (Noch-)Partizipierens bedeuten und damit trotz Arbeitslosigkeit eine subjektiv empfundene partielle Kontinuität im Alltag leisten. Aus diesen Gründen unterstellen wir eine Wirkungsrichtung, die von der Konsumeinschränkung zum Selbstwertgefühl bzw. zur Situationsbeurteilung geht.

In einigen Bereichen wirken sich erst sehr starke Einschränkungen eindeutig negativ auf das Selbstwertgefühl der Arbeitslosen aus (vgl. Tab. 17).

---

[105] Zu Definition und Konstruktion des Index: vgl. Kap. 7.3.
[106] Zu Definition und Konstruktion der Indizes: vgl. Kap. 7.2.

Tab. 17:   Das Selbstwertgefühl Arbeitsloser nach der Höhe der Einsparnotwendigkeiten in verschiedenen Alltags- und Konsumbereichen

Bereich	Einschränkung					Gesamt	eta²
	gar nicht	weniger	teils/teils	stark	sehr stark		
Bücher	7,4	7,0	6,9	6,5	6,0	6,7	0,04**
Zeitung	7,3	6,4	6,5	6,3	6,2	6,7	0,04**
Hobbies	7,5	7,4	7,2	6,2	5,7	6,7	0,08**
Auto	7,6	7,0	7,0	6,7	5,9	6,7	0,05**
Gaststätten	7,4	7,0	7,3	6,8	6,0	6,7	0,05**
Telephon	7,5	7,0	6,9	6,6	5,6	6,7	0,06**
Lebensmittel	7,6	7,1	6,6	6,2	5,3	6,7	0,06**
Kindergarten	6,8	6,3	5,4	6,0	5,2	6,3	0,07**
Taschengeld	6,8	6,2	6,3	6,4	5,1	6,3	0,06*
Schulausflug	6,8	7,0	6,1	5,7	5,0	6,3	0,07**
Bekleidung	7,4	7,5	6,8	6,8	5,7	6,7	0,05**
Urlaubsreisen	7,6	7,5	7,3	6,9	6,0	6,7	0,07**
Haushaltsgeräte	7,4	7,5	7,2	6,8	5,9	6,7	0,06**
Fernsehen, etc.	7,5	7,5	6,9	6,7	6,1	6,7	0,05**
Möbel	7,1	7,5	7,5	6,8	6,1	6,7	0,05**
Tabak, Alkohol	6,9	7,3	6,0	6,8	6,6	6,6	0,02*
Kosmetika	7,0	7,1	6,8	6,7	6,2	6,7	0,02*
Strom, Heizung	7,4	6,9	6,7	6,5	5,8	6,7	0,03**
Geschenke	7,4	7,3	7,2	6,3	5,6	6,7	0,08**
Lotto	7,2	7,2	6,7	6,7	6,3	6,6	0,02*

*** p < 0,001; ** p < 0,01; * p < 0,05;+ p > 0,05. Inhaltlich bedeutsame Unterschiede sind unterlegt.
Selbstwertgefühl: Skala von 0 (sehr gering) bis 10 (sehr hoch).

Dies trifft zu bei allen Ausgaben für langfristige Gebrauchsgüter (Haushaltsgeräte,
Unterhaltungselektronik, Möbel bzw. Gegenstände der Haushaltseinrichtung), zudem
im Freizeitsektor (für die Einschränkungen bei Urlaubsreisen und bei Gaststättenbesu-
chen), aber auch im Bereich (eher) alltäglicher Ausgaben (für das Auto, die Bekleidung und das Telephonieren). Hier bestehen anscheinend noch ausreichende (psychische und materielle) Potentiale, um bis zu einem bestimmten Grad Sparmaßnah-

men sinnhaft zu integrieren, etwa wenn sie ohne größere materielle und soziale Probleme noch zeitlich verschoben werden können und von daher in der Wahrnehmung nicht unmittelbar erscheinen.

Etwas differenzierter ist die Reaktion bei Geschenken, die - auch in der Wirkung auf Familien- bzw. Haushaltsexterne - ein wenig als "Testfall" für die ökonomische Leistungsfähigkeit gesehen werden können: Bis einschließlich mittelgroßer Einsparungen finden sich keine deutlichen Unterschiede. Bei fortschreitendem Sparzwang ("stark" und "sehr stark") sinkt allerdings das Selbstwertgefühl mit jeder Stufe eindeutig weiter. Ähnliches zeigt sich bei Ausgabeneinschränkungen im Bereich "Hobbies, Sport": Hier wirken sich sowohl starke als auch sehr starke Einsparungen gleichermaßen negativ auf das Selbstwertgefühl aus.

Feinfühliger ist die Reaktion der Arbeitslosen, wenn es um Einschränkungen bei den Lebensmitteln geht, bei denen Sparen alltäglich sichtbar bzw. von den Akteuren relativ unmittelbar wahrgenommen wird: Erwerbslose, die sich hier im Vergleich zu früher nicht bzw. nur gering beschränken müssen, weisen das höchste Selbstwertgefühl auf. Überdeutlich zeigt sich auch, daß Tageszeitungen ein Normalitätsanker sind, denn überhaupt sparen zu müssen, senkt hier das Selbstwertgefühl erheblich.

Wir gingen auch von der Annahme aus, daß ökonomische bzw. materielle Einschränkungen im Alltag sich je nach Höhe der erzwungenen Beschränkung negativ auf die Wahrnehmung der eigenen Situation niederschlagen, wobei uns insbesondere die Selbstzweifel interessieren (vgl. Tab. 18).[107]

In einigen Konsumbereichen führen erst sehr starke Einschränkungen dazu, daß die betroffenen Arbeitslosen intensiver als andere an ihrer Situation verzweifeln. Das zeigt sich an den Ausgaben für Möbel bzw. Haushaltseinrichtungen sehr deutlich und trifft ebenso für alle weiteren langfristigen Gebrauchsgüter (Haushaltsgeräte, Unterhaltungselektronik) zu, wie auch im Freizeit- und Erholungsbereich für Gaststättenbesuche bzw. Urlaubsreisen. Selbst bei Lebensmitteln bedingen erst starke sowie sehr starke Einsparungen größere Zweifel an sich und der eigenen Situation. Eine tendenziell ähnliche Haltung finden wir im Freizeit- und Erholungsbereich bei Hobbies und Sport, im Alltagsbereich beim Telephonieren, dem Auto und bei Geschenken. Hier haben die Arbeitslosen ein erhebliches Maß an Elastizität, so daß Einschränkungen bis zu einem bestimmten Umfang in der Wahrnehmung abgefangen werden können.

---

[107] Zu Definition und Konstruktion des Index: vgl. Kap 7.2.

Tab. 18: Die Verzweiflung der Arbeitslosen an ihrer Situation nach der Höhe der Einsparnotwendigkeiten in verschiedenen Alltags- und Konsumbereichen

Bereich	Einschränkung					Gesamt	eta²
	gar nicht	weniger	teils/teils	stark	sehr stark		
Bücher	4,0	4,9	5,2	5,5	6,4	5,3	0,09**
Zeitung	4,5	5,4	5,7	6,2	5,9	5,3	0,07**
Hobbies	3,9	4,4	5,0	5,6	6,6	5,4	0,13**
Auto	4,1	4,4	4,9	5,7	6,4	5,4	0,10**
Gaststätten	3,8	4,7	4,7	5,2	6,3	5,4	0,09**
Telephon	4,0	4,7	5,2	5,8	6,6	5,3	0,09**
Lebensmittel	3,9	5,1	5,5	6,1	6,7	5,4	0,09**
Kindergarten	5,0	5,8	6,2	8,0	6,8	5,6	0,10**
Taschengeld	5,0	5,9	5,4	6,9	7,2	5,6	0,11**
Schulausflug	5,0	5,3	6,0	6,5	7,1	5,6	0,10**
Bekleidung	3,9	4,9	5,1	5,4	6,4	5,3	0,06**
Urlaubsreisen	3,6	4,5	4,6	5,0	6,3	5,3	0,11**
Haushaltsgeräte	3,9	4,7	4,8	5,3	6,2	5,3	0,08**
Fernsehen, etc.	4,0	4,7	4,8	5,5	6,0	5,3	0,06**
Möbel	4,3	4,4	4,5	5,0	6,1	5,3	0,08**
Tabak, Alkohol	4,5	4,8	5,8	5,5	5,8	5,4	0,04**
Kosmetika	4,2	5,0	5,3	5,6	6,0	5,3	0,04**
Strom, Heizung	4,2	5,0	5,4	5,7	6,5	5,3	0,06**
Geschenke	4,1	4,7	4,8	5,6	6,8	5,3	0,11**
Lotto	4,5	4,6	5,2	5,8	5,9	5,4	0,05**

*** p < 0,001; ** p < 0,01; * p < 0,05; + p < 0,05. Inhaltlich bedeutsame Unterschiede sind unterlegt.
"Verzweiflungs"-Skala: von 0 (gar nicht) bis 10 (sehr groß).

Allerdings darf der jeweils etwa mittelgroße Verzweiflungsgrad keinesfalls als quantité négligable gesehen werden. Besorgniserregend ist das überdurchschnittliche Maß an Selbst- und Situationszweifeln, das Arbeitslose entwickeln, die ihren Lebensstandard sehr stark einschränken müssen. Zu bedenken sind auch die Felder, bei denen allein die Notwendigkeit zur Einschränkung zu einer deutlich größeren Verzweiflung an der derzeitigen Situation führt. Sehr anschaulich wird das bei Tageszeitungen.

Prinzipiell analog, aber etwas differenzierter fallen die Reaktionen im kulturellen Bereich bei Büchern und Zeitschriften aus, im Alltäglichen bei Bekleidung sowie den Verbrauchsausgaben für Strom, Heizung und Wasser. Dabei weisen Arbeitslose, die sich sehr stark einschränken müssen, die relativ größte Verzweiflung auf, wohingegen diejenigen, die überhaupt nicht sparen müssen, davon am geringsten betroffen sind. Die angesprochenen Einschränkungen determinieren die Wahrnehmung eines normalen Alltags, weil sie als unmittelbar und alltäglich spürbare, negative Veränderungen der Lage empfunden werden, die einem die Mißlichkeit der eigenen Situation deutlich vor Augen führen.

Neben dem Erfassen der partiellen (Zwangs-)Sparstrategien und ihrer Wirkungen ist auch die Frage nach (Zwangs-)Einsparungs*mustern* von Bedeutung. Lassen sich zwischen bestimmten Alltags- und Konsumfeldern relativ übereinstimmende Aussagen hinsichtlich der Höhe der Einsparungen feststellen?

Tab. 19:   (Zwangs-)Einsparmuster bei Arbeitslosen. Faktorladungen der Variablen

Bereiche	Faktoren		
	"Luxus"	"Alltag"	"Kinder"
Urlaubsreisen	.87	.25	.13
Möbel	.81	.24	.23
Haushaltsgeräte	.77	.33	.13
Fernsehen, etc.	.76	.15	.20
Alkohol, Tabak	.63	.22	.16
Lotto	.60	.26	.08
Tageszeitung	.08	.72	.04
Bücher	.26	.72	.13
Lebensmittel	.28	.67	.19
Telephon	.25	.64	.20
Hobbies	.38	.63	.16
Strom, etc.	.29	.60	.26
Schulausflüge	.20	.18	.92
Taschengeld	.21	.20	.90
Kindergarten	.18	.20	.86

Dem sind wir über eine Faktorenanalyse nachgegangen und konnten insgesamt drei Faktoren extrahieren (vgl. Tab. 19). Dies geschah auch mit Blick auf die Analyse von Lebensführungsmustern, bei der die Konsumeinschränkungen ebenfalls als Baustein verwendet wurden (vgl. Kap. 9). Die bisherigen Ausführungen spiegeln sich auch in den Faktoren wider.

Zum so genannten *Luxus-Faktor* zählen einmal alle langfristigen Gebrauchsgüter (Möbel, Unterhaltungselektronik, Haushaltsgeräte), dann Urlaubsreisen, die alle als "außeralltägliche Ausgaben" gefaßt werden können und - mir Lotto und legalen Drogen - Güter bzw. Leistungen, die unter Verzichtbares einzuordnen wären. Hierbei handelt es sich insgesamt um Güter, bei denen bis zu einem erheblichen Maße Einsparungen möglich sind, ohne daß gravierende psychosoziale Folgen auftreten. Den zweiten Faktor haben wir mit *Alltags-Faktor* bezeichnet. Darunter fallen zum einen Gegenstände und Leistungen für den alltäglichen Gebrauch (wie Telephon, Lebensmittel, Verbrauchsgüter, wie Strom, Heizung, Wasser), für den kulturell-alltäglichen Umgang (Tageszeitungen sowie Bücher bzw. Zeitschriften) und für die Person Bedeutsames, wie die Möglichkeiten, Hobbies und Sport zu pflegen. Im *Kinder-Faktor* sind - mit Taschengeld, Kindergartenbeiträgen und Geld für Klassenfahrten - diejenigen Kriterien zusammengefaßt, die für Familien von Bedeutung sind.

Tab. 20: Ausgewählte Parameter der Einsparungs-Indizes

Indizes	Parameter				
	Mittelwert	Median	2. Quartil	3. Quartil	4. Quartil
Luxus	6,6	7,1	5,0	7,1	8,8
Alltag	5,0	5,0	3,1	5,0	6,9
Kinder	3,2	1,7	0,0	1,7	5,0

Jeder Index: Skala von 0 (gar nicht) bis 10 (sehr stark).

Am stärksten sind die Einsparungen bei den "Luxus"-Gütern (6,6) (vgl. Tab. 21). Ein Viertel der Arbeitslosen nimmt dabei höchstens mittelgroße Abstriche am Standard vor. Ihnen steht eine gleichgroße Gruppe gegenüber, die sich im Luxusbereich stark bis sehr stark einschränken muß. Eine mittelgroße, normalverteilte Einspartendenz haben Arbeitslose bei "Alltags"-Gütern (5,0). Das kann allerdings wegen der Bedeutung dieser Güter und Leistungen kein Anlaß für ein optimistisches Bild sein. Bei ihren Kindern sind Arbeitslose im Durchschnitt bemüht, relativ wenig sparen zu müssen (3,2),um die Folgen der Arbeitslosigkeit damit von ihnen fernzuhalten. Ein Viertel der

Arbeitslosen mit Familie schränkt die Ausgaben für die Kinder nach eigenen Angaben sogar gar nicht ein; ebenso viele sind dagegen gezwungen, zumindest mittelstark einzusparen.

Zu den alltäglichen Einschränkungen infolge der materiellen Schlechterstellung durch die Arbeitslosigkeit bleibt rekapitulierend festzuhalten:

- Es lassen sich drei (Konsum-)Bereiche mit je unterschiedlichen Einschränkungsraten festhalten: Eine relativ einkommenselastische Nachfrage besteht bei außeralltäglichen Ausgaben wie z. B. Urlaub, Möbel, Unterhaltungselektronik. Sichtlich geringer werden die Einsparungen bei Gegenständen und Leistungen für den alltäglichen Gebrauch, wie Lebensmittel oder Strom, Heizung und Wasser. Die wenigsten Einsparungen finden bei den Ausgaben für die Kinder statt.

- Diejenigen, die dort einsparen müssen, wo sich das Gros der Arbeitslosen (noch) nicht oder nur relativ wenig beschränkt, nämlich bei Lebensmitteln, Strom, Wasser, Heizung und bei ihren Kindern, haben einen deutlich reduzierten Lebensstandard und einen deutlichen Verlust an Lebensqualität.

- Stark einschränken im alltäglichen Bereich müssen sich aufgrund ihrer Einkommenslage Arbeitslose mit Hauptschulabschluß, Jüngere und Arbeitslose der mittleren Altersgruppe, Arbeitslose, die alleine leben, sowie überlang Erwerbslose.

- Einschränkungen im alltäglichen Lebensstandard bzw. der Lebensqualität wirken sich negativ auf Selbst- und Situationswahrnehmung aus. Das Selbstwertgefühl sinkt, die Zweifel an sich und der eigenen Situation nehmen zu.

7 Arbeitslosigkeit subjektorientiert betrachtet

7.1 Arbeitslosigkeit als Zeit-Problem

Arbeitslosigkeit ist mit synchronen und diachronen Veränderungen der Zeit verbunden. Einmal ändern sich gewohnte alltägliche Zeitroutinen durch den Wegfall der Arbeitszeit. Zum andern entwickeln sich die negativen Folgen des Ressourcenverlustes im Arbeitslosigkeitsprozeß in Abhängigkeit von antezedierenden Faktoren, wie der Stellung im Lebenslauf, dem beruflichen Werdegang, der Lebensweise, dem Alter. Beide Zeitaspekte sind nicht unabhängig voneinander, da (Ressourcen-)Veränderungen die Möglichkeiten der Alltagsgestaltung und Lebensführung beeinflussen.

Trotz deutlicher Veränderungen im System der Erwerbsarbeit durch geringere Arbeitszeit (und gestiegener Freizeit), die auch ihren strukturellen Ausdruck in der Zunahme prekärer Beschäftigungsverhältnisse finden, bleibt die Stellung zur Erwerbsarbeit weiterhin ein wesentliches Moment für die Regulierung des Alltags: Mit den Positionen einer Erwerbsperson (beschäftigt oder arbeitslos) bzw. einer Nichterwerbsperson (mit anerkannten Alternativrollen, Schüler bzw. Auszubildender, Hausfrau, Rentner) sind divergierende zeitliche Gestaltungen des Alltags sowie unterschiedliche Rollenmuster verbunden. Es gibt spezifische Formen einer "geschlechtlichen Rhythmisierung des Alltags für verschiedene Bevölkerungsgruppen" (Hirschauer 1994, S. 690).

Arbeitslosigkeit gibt das Quantum Zeit, das bis dato für die Erwerbsarbeit verwendet wurde, an den Handelnden zurück, zur scheinbar freien Disposition. Dies stellt die Betroffenen - Arbeitslose, ihre Familien, ihre sozialen Netzwerke - vor ein Zeit-Problem, nämlich die Frage nach einer (sinnhaften) Reorganisation und zeitlichen Neustrukturierung des Alltags. Das Problem hat a.) eine alltagspraktische, ungleichheitsrelevante Ebene, und ist b.) mit einem Legitimationsproblem verbunden.

Zeit(verwendung) gehört zu den Dimensionen, die konstitutiv für soziale Lagen sind. Sie ist bedingt ungleichheitsrelevant, da sie nicht unabhängig von der Ausprägung anderer Ressourcen bzw. Ungleichheitsdimensionen erfolgt. Die Möglichkeit, Zeit in einer spezifischen Weise zu verwenden - für die Erwerbsarbeit, den Konsum, für Freizeitaktivitäten, etc. - steht immer im Kontext der Lebenschancen bzw. Handlungsmöglichkeiten von Akteuren bzw. Akteursgruppen (z. B. Haushalten) und ist damit rückgebunden an die objektiven Bedingungen der jeweiligen sozialen Lage. In

Abhängigkeit davon verwenden Haushalte die ihnen zur Verfügung stehende Zeit, um ihre Versorgung mit (Konsum-)Gütern, Dienstleistungen oder Netzwerkkontakten sicherzustellen, mithin bestimmte Lebensziele zu erreichen. Welche Ziele dies sind und in welcher Form sie realisiert werden können, hängt stark von der sozialen Lage und den damit verbundenen Lebenschancen ab.

Jahoda et al. (1975) bezeichneten die Freizeit durch Arbeitslosigkeit als ein "tragisches Geschenk", denn "losgelöst von ihrer Arbeit und ohne Kontakt mit der Außenwelt, haben die Arbeiter die materiellen und moralischen Möglichkeiten eingebüßt, die Zeit zu verwenden" (1975, S. 83). Für die Bewältigung der "sinnloser" gewordenen Zeit wurde nicht die neue Situation in das bislang verwendete Zeitschema eingefügt. Vielmehr "beginnt der ärmer gewordenen Ereignis- und Anforderungswelt [der Industriearbeiter] allmählich eine ärmere Zeitordnung zu entsprechen" (Jahoda et al. 1975, S. 92): Aufstehen, Mittagessen, Schlafengehen bzw. bei Familien der Schulgang der Kinder sind Orientierungspunkte der reduzierten Tageseinteilung.

Auch aktuellere Untersuchungen (z. B. Brinkmann 1984) zeigen, das das plötzliche Verfügen über *freie Zeit* für Arbeitslose zu einem Problem wird. So bilden Langeweile, Unausgelastetsein oder Nichtstun für knapp ein Drittel der Befragten sehr unangenehme Erfahrungen (vgl. 1984, S. 461). Bei einer nordrhein-westfälischen Studie gaben 57% an, die freie Zeit mache ihnen zu schaffen, mehr als zwei Drittel erfahren nervliche Anspannungen infolge des Zuhauseseins. Jedoch bestehen auch beim Umgang mit Zeit differentielle Muster: Für jeweils 40% entstanden positive Effekte, einmal durch mehr Zeit für Sachen, die Spaß machen bzw. mehr Zeit für die Familie (vgl. Hess et al. 1991). Daneben entsteht eine Nutzlosigkeitserfahrung: Die Hälfte aller Arbeitslosen und 60% der Langzeitarbeitslosen fühlte sich manchmal überflüssig (vgl. Brinkmann 1984, S. 461; Brinkmann/Wiedemann 1994, S. 183 ff.). Die Zeitperspektiven von Arbeitslosen ändern sich mit zunehmendem subjektiven Gewahrwerden einer dauerhaften Ausgrenzung vom Arbeitsmarkt (vgl. Kronauer et al. 1993): Die Abfolge reicht von der Freude über selbständige Zeitnutzung zum Gefühl, die Zeit läuft (für die Rückkehr in die Erwerbsarbeit) langsam davon, geht über in die Zeitperspektive des nicht mehr Rückkehren-Könnens, wobei der Tag mit nicht erfüllenden Tätigkeiten gefüllt ist. In einer weiteren Stufe wird die erzwungene Freizeit zur Belastung. Bei übermächtig gewordener Arbeitslosigkeit kommen erst Klagen über unerfüllte Zeit und Langeweile. Ist dann der innerliche Abschied von der Erwerbsarbeit vollzogen, haben sich auch neue Routinen mit einem geänderten Zeitgefühl ergeben, in denen Zukunft als etwas Geplantes aufgegeben wurde.

Daneben kann die (Mehr-)Zeit aufgrund gesellschaftlicher Stigmatisierungen zum Problem werden. Prinzipiell wird dem Arbeitslosen in einer von Ambivalenz geprägten Haltung (Neid und Verurteilung zugleich) ein unverdienter Genuß von Freizeit vorgehalten, da er nicht mehr über die (stereotype) Legitimation dafür verfügt, nämlich erwerbstätig zu sein: Die *Mehr-Zeit* wird zum *sozialen Stigma* des Arbeitslosen, zum Ausdruck seines abweichenden Sozialstatus (vgl. Parker 1983; Vester 1988), der organisatorische Bemühungen in Form von Stigma-Management (vgl. Goffman 1990) erforderlich macht. So könnten Arbeitslose z. B. nicht wagen, öffentliche Orte, die mit Erholung, Entspannung oder Freizeitvergnügen in Verbindung gebracht werden (z. B. Schwimmbäder), zu den allgemein "üblichen" Arbeitszeiten zu benutzen. Diese veränderte Wahrnehmung verfestigt sich mit zunehmender Dauer der Arbeitslosigkeit. Auch die Freizeit bzw. die Zeit zur Muße stehen nach asketisch-protestantischer Maxime unter dem Einfluß der dominanten Berufsarbeit (vgl. Weber 1973). Ihre Verwendung sollte insofern rational sein, als sie instrumentell auf den Erhalt oder die Verbesserung der Leistungsfähigkeit ausgerichtet werden sollte[108]. Da jedoch der (Berufs-)Arbeitsbegriff weder trennscharf noch vollständig ist, wird auch das gängige Stereotyp über die Frei-Zeit in Frage gestellt (vgl. auch: Voß 1991).

Inwieweit Zeit zum Problem wird, hängt von der Art und Weise ab, in der Arbeitslose den Alltag bewältigen können. Problemfördernd oder -abmildernd wirken aber auch (nicht) vorhandene Zukunftsoptionen. Vergleichsweise geringere Probleme mit der Zeit(re-)organisation, dem Rollenwechsel und der sozialen Identität dürften bei einem Übergang in eine gesellschaftlich anerkannte, alters- und/oder geschlechtsgruppenstereotype *Alternativrolle* zu erwarten sein. Dazu gehört für Frauen als defensive Strategie der Rückzug als Hausfrau bzw. Hausfrau und Mutter, oft *vor* Eintritt der Langzeitarbeitslosigkeit. Kronauer et al. (1993) kritisieren, daß der Wechsel in diese Alternativrolle gerne als "naturwüchsige" Problemlösung für die Frauen gesehen werde (vgl. 1993, S. 210). Entsprechende, für die Betroffenen nicht unproblematische biographische Bewältigungsformen haben Vonderach et al. (1992) bei langzeitarbeitslosen Frauen gefunden.

---

[108] "Unbefangenes Genießen" oder "triebhaften Lebensgenuß", der sich z. B. durch Tanz, "seigneuralen" Sport oder Kneipenbesuche des "gemeinen Mannes" manifestiert, lehnte die puritanische Lehre ab, da sie hierin ein Mittel sah, das von Frömmigkeit und Berufsarbeit ablenkt (vgl. Weber 1973, S. 367). Dieser Aspekt kumulierte mit der einsetzenden Industrialisierung des 19. Jahrhunderts derart, daß den Fabrikarbeitern nur ein Minimum an Zeit neben der Arbeitszeit zugestanden wurde, um sich (bedingt) für die Mühen des kommenden Tages auszuruhen. Die Wochenarbeitszeiten waren bekanntermaßen sehr hoch: 1849 mußten Arbeiter in England 69 Stunden arbeiten, in Frankreich bzw. den USA 78, und in Deutschland sogar 83 Stunden (vgl. Lampert 1980, S. 39). Das hatte allerdings unintendierte Nebenfolgen: In Verbindung mit dem zeitgleichen Aufkommen von billigem Schnaps führten Zeitknappheit und soziale Verelendung zur Zerstörung der proletarischen Kneipenkultur, die besonders in Deutschland und in Großbritannien durch einen "narkotischen Alkoholismus" ersetzt wurde (vgl. Selling 1989, S. 280).

168

Während Mutterschaft und häusliche Erziehungstätigkeit in der Erwerbsbiographie von Frauen gesellschaftlich anerkannte bzw. teilweise geforderte Phasen der Nicht-Erwerbstätigkeit bedeuten, unterstellt die männliche Normalbiographie eine möglichst lückenlose Erwerbstätigkeit. Diese wird jedoch durch die seit 20 Jahren bestehende Massenarbeitslosigkeit vermehrt in Frage gestellt. Da mit Ausnahme des Rentners oder Pensionärs keine gesellschaftlich anerkannten Alternativrollen für den Mann vorliegen[109], könnte die traditionelle männliche Identität *in der subjektiven Perzeption* von der Arbeitslosigkeit schwerer betroffen sein. Eine sozial akzeptierte/tolerierte Absetzbewegung von der Lage des mehr oder weniger stigmatisierten Arbeitslosen bildete im Selbst- und Fremdbild der Ausweg als *Vorruheständler[110]*, also als ältere Erwerbsperson mit kurz- und mittelfristiger Perspektive des Übergangs in die Rente, die mit betrieblicher Abfindung bzw. Zuzahlung und Einkommensersatzleistungen (Arbeitslosengeld) auf etwa 85% des letzten Nettoverdienstes kommt. Hier kann das vorzeitige Ausscheiden aus dem Erwerbsleben funktionalistisch mit einer positiven Bedeutung für das Gemeinwohl interpretiert werden: Als Freimachen eines Arbeitsplatzes, der mit einer jüngeren Erwerbsperson besetzt werden kann, die auf diese Weise (vorerst) von der Arbeitslosigkeit ferngehalten wird.

Gegenstand dieses 7. Kapitels werden die individuellen Haltungen gegenüber der eigenen Arbeitslosigkeit sein, die Meinungen und Einschätzungen zur eigenen Person - allgemein und als Arbeitsloser - sowie die Frage nach den (wahrgenommenen) Auswirkungen der Arbeitslosigkeit auf die eigene Situation. Die Beurteilung der eigenen Situation bezieht sich zunächst auf die subjektiv empfundene *(Un-)Zufriedenheit mit der eigenen Lage* sowie die belastende Wirkung der Arbeitslosigkeit. Danach analysieren wir affektuelle und soziale Auswirkungen des Erwerbsstatus für die Betroffenen und fragen nach (subjektiven) Strategien des Umgangs mit der (zumeist) neuen Lage. Daran schließt sich eine Darstellung der Selbsteinschätzung der Arbeitslosen an. Wir untersuchen Aspekte des *Selbstwertgefühls*, der subjektiv zugeschriebenen *Autonomie* sowie des *Aktivitätsbedürfnisses* Arbeitsloser. Abschließend thematisieren wir ausschnittweise Versuche, die eigene Situation vor allem im Blick auf die Zukunft zu beeinflussen. Dies beinhaltet die Beurteilung der eigenen Zukunft, und umfaßt Aktivitäten, die auf die Zukunft einwirken können, nämlich die Stellensuche: Sowohl *aktiv*, also über eigene Bemühungen, als auch *reaktiv*, nämlich über Vermittlungs-

---

[109] Die stereotypen Verhaltensregeln variieren altersspezifisch: Der Status als Lernender oder Auszubildender wird aufgrund der länger gewordenen Bildungsphasen bis weit ins dritte Lebensjahrzehnt toleriert, während dasselbe Verhalten z. B. jenseits des vierzigsten Lebensjahres möglicherweise einen Verstoß gegen alters- und geschlechtsspezifische Erwartungshaltungen bedeutet.

[110] Der mittlerweilen formal-rechtlich durch die Altersteilzeit abgelöst wurde.

angebote der Arbeitsämter. Ausdruck der eigenen Lage und möglicher Indikator für den (zumindest vorübergehenden) Erfolg bei der Stellensuche ist auch die jeweilige Bereitschaft, räumlich-geographisch und/oder beruflich vertikal *mobil* zu sein.

7.2 Reaktions- und Verarbeitungsformen für die Arbeitslosigkeit

7.2.1 Zur Zufriedenheit der Arbeitslosen

Die Zufriedenheit der Arbeitslosen mit ihrem Status und ihrer Lage ist insgesamt relativ gering, was am Durchschnittswert (2,6)[111] gar nicht so sichtbar wird.

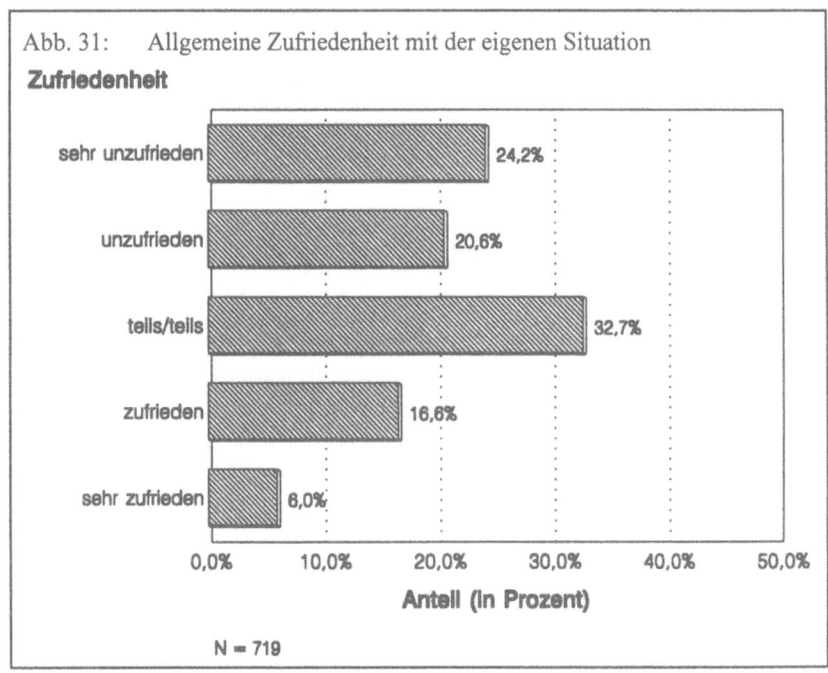

Mit 32,7% (235) äußert sich der vergleichsweise größte Teil zwar ambivalent, aber

---

[111] Auf einer Skala von 1 (sehr unzufrieden) bis 5 (sehr zufrieden).

170

dem guten Fünftel (22,6% (162)) (sehr) Zufriedener steht ein ziemlich genau doppelt so großer Anteil (sehr) Unzufriedener gegenüber. Noch gravierender wird das im Vergleich der Extreme, wo die Anzahl sehr Unzufriedener die Zahl der sehr Zufriedenen um den Faktor vier übersteigt (vgl. Abb. 31).

Ältere Arbeitslose zeigen mit einer eher unentschiedenen Haltung die noch eindeutig größte Zufriedenheit (2,8) (eta^2 = 0,02). Weiterhin treten schwache Unterschiede zwischen den *Haushaltsformen* auf (eta^2 = 0,02), wobei Arbeitslose, die mit ihrem (Ehe-)Partner zusammenleben (2,8), zufriedener sind als die anderen (je 2,5).

Auch die *(ökonomische) Lage* beeinflußt das Maß der (Un-)Zufriedenheit (eta^2 = 0,03). Sehr Unzufriedene haben mit durchschnittlich 1.618 DM das geringste, gegenwärtig verfügbare *Haushaltseinkommen*. Erklärungskräftig ist auch die *Intensität der Verschuldung*: Wenn wir die Nicht-Verschuldeten als Vergleichskategorie hereinnehmen, liegt der Anteil erklärter Varianz bei 6,4% (eta^2 = 0,06), nur auf die Gruppe der Verschuldeten (N = 344) bezogen, beträgt er sogar 10,3% (eta^2 = 0,10). Erst die nach eigener Einschätzung sehr hoch Verschuldeten sind mit ihrer Lage weniger zufrieden als die anderen. Verschuldung kann also bis zu einer bestimmten subjektiv wahrgenommenen Grenze zur Normalität werden, die die Zufriedenheit kaum tangiert. Die Art der Verschuldung zeigt keine Wirkung.

Die Allgemeinzufriedenheit hängt sehr stark von der *subjektiven Bewertung der finanziellen (Haushalts-)Lage* ab, was die große statistische Erklärungskraft - 36,5% (eta^2 = 0,36) - eindrucksvoll verdeutlicht (vgl. Abb. 32): Je schlechter Arbeitslose ihre Lage bewerten, desto unzufriedener sind sie mit ihrer eigenen Situation. Wer seine finanzielle Situation als sehr gut sieht, ist eher zufrieden (4,1), wer sie hingegen als sehr schlecht einschätzt, schwankt zwischen unzufrieden und sehr unzufrieden (1,6). Daß die Zufriedenheit wesentlich von der subjektiv bewerteten ökonomischen Lage bestimmt wird, erweist sich bei allen weiteren Variablenkontrollen als stabil.

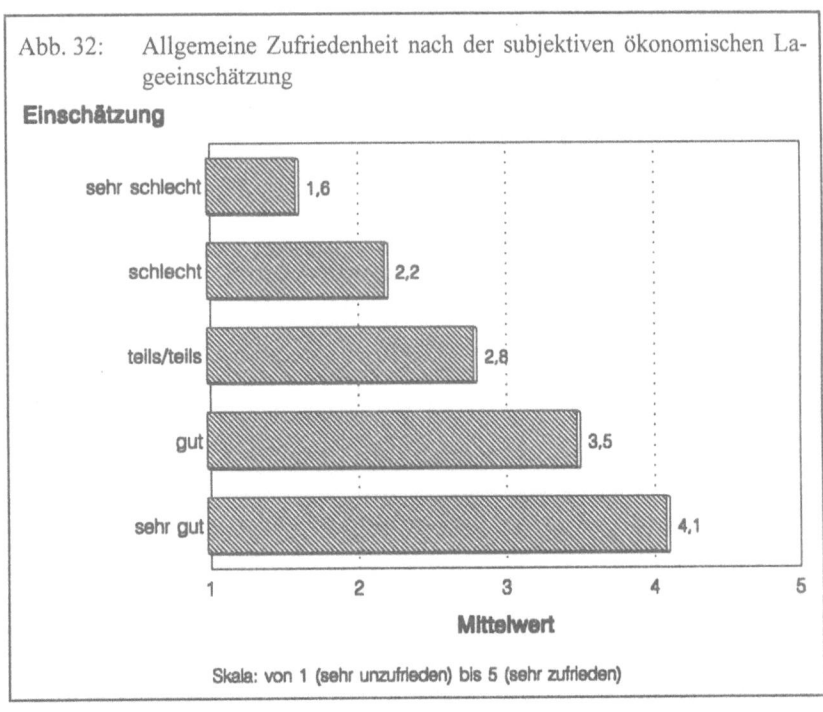

Abb. 32: Allgemeine Zufriedenheit nach der subjektiven ökonomischen Lageeinschätzung

Einschätzung

Skala: von 1 (sehr unzufrieden) bis 5 (sehr zufrieden)

7.2.2 Die subjektive Belastung der Arbeitslosen durch die Arbeitslosigkeit

Auch interessierte, inwieweit die Arbeitslosen ihre *Situation* insgesamt als *belastend* empfinden.[112] Der Meinungsdurchschnitt (3,1)[113] verweist auf die ambivalente Haltung der Arbeitslosen, die auch am häufigsten (27,4% (197)) vertreten wird (teils/teils) (vgl. Abb. 33). Bei diesem starken Viertel treten zwar Belastungen aufgrund der Situation auf, die aber noch keine subjektive "Schmerzgrenze" überschritten haben, ab der z. B. Bewältigungs- und Bearbeitungsstrategien keine Wirkung mehr zeigen. Der Anteil stark bis sehr stark Belasteter, bei denen nach unserer Sicht diese Grenze übertroffen wurde, ist mit zusammen etwa zwei Fünfteln (40,9% (294)) relativ groß und übersteigt den Anteil der weniger bis gar nicht Betroffenen (31,6% (227)) um fast

---

[112] Die Frage lautete: "Empfinden Sie Ihre Situation insgesamt als belastend?"
[113] Auf einer Skala von 1 (überhaupt nicht belastend) bis 5 (sehr stark belastend).

10%-Punkte. Wenn wir argumentieren, daß nur diejenigen, die explizit "überhaupt nicht" angegeben haben (14,9% (107)), ihr Arbeitslossein als gänzlich nicht belastend erfahren, dann bleibt eine dominierende Mehrheit von über vier Fünfteln, die in unterschiedlicher Intensität (und wahrscheinlich auch bei unterschiedlicher (inter)subjektiver Verarbeitungskompetenz) mit entsprechenden Problemen konfrontiert sind.

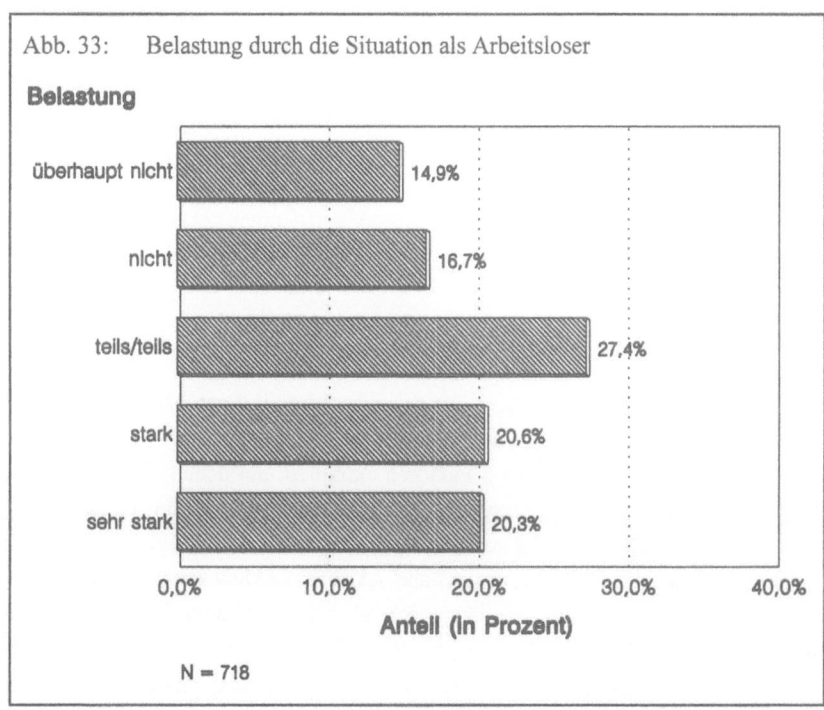

Abb. 33:   Belastung durch die Situation als Arbeitsloser

Wie schon bei der Einschätzung der Zufriedenheit zeigen sich eindeutige, aber nur schwach erklärungskräftige Unterschiede zwischen den Altersgruppen und den Haushaltstypen. So ist die Belastung für *ältere Arbeitslose* geringer als für alle anderen (eta^2 = 0,03), was möglicherweise auch daher rührt, daß sie dem Ende der Berufsbiographie näher sind und - zumindest die Vorruheständler - ihre Lage subjektiv weniger als Makel oder berufliches Versagen empfinden müssen. Nur marginal erklärungskräftig (1,3%) sind die Differenzen zwischen den *Haushaltstypen*, wobei Arbeitslose aus Partnerschaftshaushalten die relativ geringste Belastung spüren: Der Partner dürfte für sie auch eine emotionale und psychische Stütze sein. Unterschiede

173

bestehen auch nach der Dauer der Arbeitslosigkeit (eta^2 = 0,01), wobei sich *überlang Erwerbslose* einer signifikant größeren Belastung ausgesetzt sehen als alle anderen. Aspekte der *ökonomischen Lage* sind ebenfalls erklärungskräftig. Das trifft noch weniger für die undifferenzierte Angabe der *Haushaltsverschuldung* (eta^2 = 0,02) zu - wer verschuldet ist, sieht sich eindeutig höher belastet -, als für die *Intensität der Verschuldung*. Denn wer meint, sehr große Schulden zu haben, fühlt sich auch am stärksten durch die Arbeitslosigkeit belastet (eta^2 = 0,08 bzw. eta^2 = 0,13, wenn nur Verschuldete einbezogen werden). Den sichtlich größten Einfluß (eta^2 = 0,24) zeigt wiederum die *subjektive Einschätzung der eigenen ökonomischen (Haushalts-)Lage*. Die momentane Situation als Arbeitsloser wirkt als umso belastender, je schlechter die eigene wirtschaftliche Lage eingeschätzt wird: Bei einer sehr guten Lage fühlen sich Arbeitslose nicht, bei einer als sehr schlecht bewerteten Lage dagegen schon stark belastet. Dieser Trend erweist sich bei allen weiteren Differenzierungen nach weiteren Variablen als stabil.

7.2.3   Faktoren der Situationseinschätzung

Die Befragten sollten in 28 Statements Aussagen zu ihrer Situation bzw. ihrer Person als Arbeitsloser auf einer Skala von 1 (lehne voll ab) bis 5 (stimme voll zu) beurteilen[114]. Faktoranalytisch wurden 5 Faktoren extrahiert, auf denen die Items hoch laden. Probleme mit zu hohen Nebenladungen führten zum Ausschluß von fünf Variablen: "Ich komme mir überflüssig vor" (All3_4), "Ich zweifle an mir selbst" (All3_4), "Ich langweile mich, da ich nichts zu tun habe" (All3_25), "Mein gewohnter Tagesablauf zerbricht" (All3_28) und "Je länger ich arbeitslos bin, desto besser kann ich damit umgehen" (All3_3). Ein Faktor ist eine Residualkategorie von zwei nur statistisch zusammenhängenden Variablen, so daß vier Faktoren für die Analysen zur Verfügung stehen: der "Verzweiflungsfaktor", der "Verheimlichungsfaktor", der "Sinnverlust- und Desintegrationsfaktor" sowie der "Positive Mehrzeit-Effekt-Faktor".

---

[114] Statistisch nicht ganz korrekt, aber im Rahmen konventioneller Gepflogenheiten liegend, wurde diesen Variablen ein metrisches (Intervall-)Skalenniveau unterstellt. Da die Arbeitslosen zum einen ihr subjektives Empfinden quantifizieren sollten, und die Fragen zum anderen im Bereich ihrer persönlichen, alltäglichen Erfahrungen liegen, wurden die möglichen Verzerrungseffekte, die eher hinter dichotomen "stimme zu"-"lehne ab"-Fragestellungen liegen können (vgl. Schnell et al. 1989) als geringeres Problem angesehen, zumal die Fragestellungen kurz, einfach und nicht sugggestiv formuliert waren.

Tab. 21: Faktoren hinter der Situationsbetrachtung. Faktorladungen der Variablen

Variablen	Faktoren				
	Verzweiflung	Verheimli-chung	Mehr-Zeit-Effekt	Sinnverlust	Residual
All3_11	0,76	0,13	0,08	0,06	0,06
All3_4	0,72	0,15	-0,21	0,29	0,02
All3_24	0,71	0,12	-0,06	0,09	0,01
All3_2	0,70	0,14	-0,18	0,03	0,02
All3_5	0,69	0,15	-0,26	0,26	0,12
All3_14	0,62	0,18	-0,21	0,13	0,32
All3_17	0,60	0,28	-0,22	0,02	0,33
All3_6	0,55	0,16	-0,07	0,22	0,03
All3_9	0,22	0,87	-0,06	0,11	0,14
All3_10	0,17	0,84	-0,08	0,16	0,11
All3_8	0,23	0,84	-0,13	0,06	0,08
All3_13	0,21	0,82	-0,12	0,15	-0,01
All3_18	-0,26	-0,03	0,77	-0,09	-0,01
All3_7	-0,11	-0,08	0,76	-0,05	-0,07
All3_1	-0,17	-0,14	0,74	-0,07	-0,01
All3_16	-0,11	-0,05	0,54	0,01	0,06
All3_27	0,01	0,09	-0,06	0,74	0,12
All3_23	0,28	0,02	-0,08	0,66	-0,17
All3_22	0,38	0,15	-0,17	0,53	0,16
All3_12	0,26	0,25	0,05	0,51	0,19
All3_21	0,16	0,08	-0,01	0,01	0,85
All3_26	0,03	0,09	0,09	0,42	0,50

Der *Verzweiflungsfaktor* umfaßt die Items "Ich mache mir Sorgen um eine Stelle" (All3_2), "Es fällt mir die Decke auf den Kopf" (All3_4), "Ich bin unausgeglichener und leichter reizbar" (All3_5), "Ich verbringe zu viel Zeit auf dem Arbeitsamt" (All3_6), "Mir fehlt die Anerkennung durch die Arbeit" (All3_11), "Ich habe Angst vor der Zukunft" (All3_14), "Ich frage mich oft: Warum gerade ich?" (All3_17) und "Mir fehlen die Kontakte zu den Kollegen/Kunden" (All3_24) (vgl. Abb. 34).

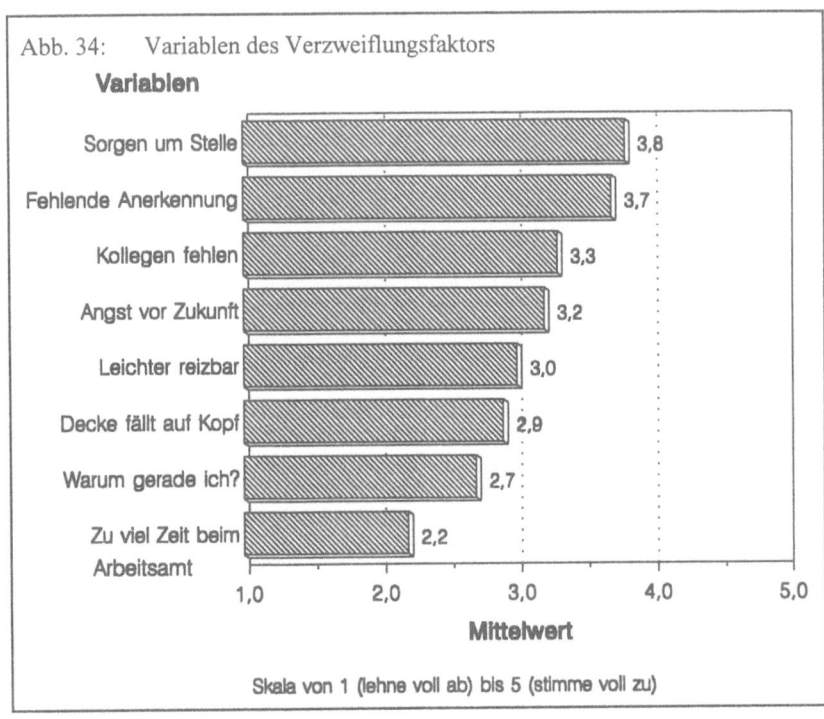

Abb. 34:   Variablen des Verzweiflungsfaktors

Die Arbeitslosen machen sich am meisten Sorgen um eine zukünftige Stelle (3,8). Auch fehlt ihnen deutlich die Anerkennung, die mit der früheren Arbeit verbunden war (3,7): Fast zwei Drittel (64,0% (437)) bzw. 61,7% (426)) äußern dazu (eher) Zustimmung. Ihnen stehen beide Male nur etwa ein Fünftel (eher) Ablehnender gegenüber. Unschlüssiger sind sie, ob ihnen die Kontakte zu früheren Kollegen fehlen, inwieweit sie Zukunftsängste haben, ob sie leichter reizbar seien oder ihnen die Decke auf den Kopf falle: Je ein Drittel bis zwei Fünftel stimmen zu bzw. lehnen ab.

Retrospektiv-sinnsuchende Larmoyanz ("Ich frage mich oft: warum gerade ich?") kommt durchaus vor, aber nicht sehr ausgeprägt (2,7). Ein Drittel (33,8% (232)) sieht sich zwar (ziemlich) oft in dieser Situation, aber zusammen annähernd die Hälfte (46,5% (319)) lehnt diese Form der Selbstbetrachtung ab. Zeitvergeudung durch überlange oder überhäufige Aufenthalte beim Arbeitsamt besteht eher weniger (2,2): Nur

176

ein Achtel (12,7% (85)) kann der Aussage zustimmen, fast drei Fünftel (59,2% (396)) lehnen sie dagegen ab.

Im *Verheimlichungsfaktor* werden zusammengenommen: "Nach außen hin soll es niemand merken" (All3_8), "Ich habe mich zuerst nicht getraut, es Freunden oder Bekannten zu sagen" (All3_9), "Ich habe mich zuerst nicht getraut, es Verwandten zu sagen" (All3_10) sowie "Die Nachbarn sollen es nicht wissen" (All3_ 13).

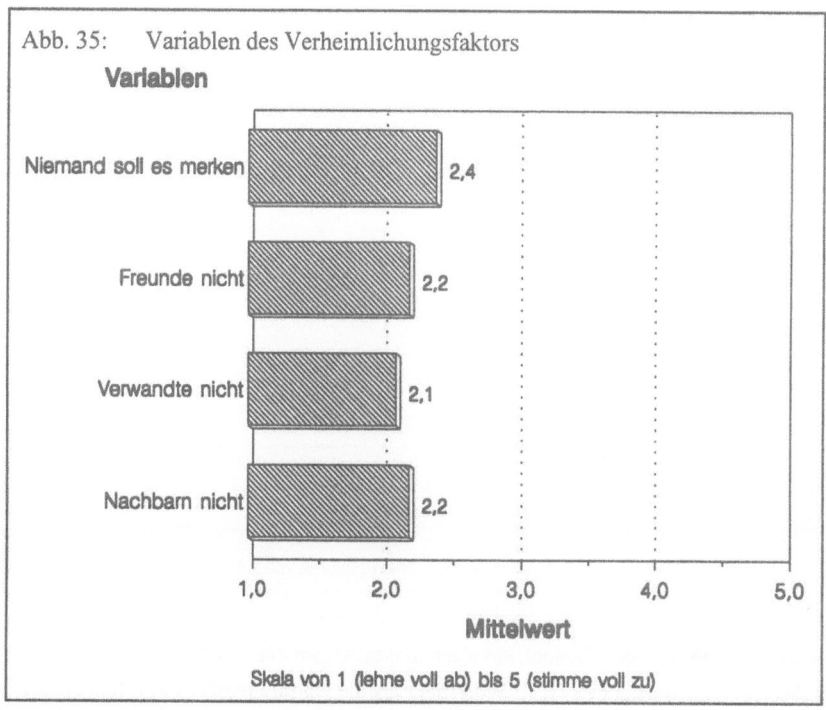

Abb. 35: Variablen des Verheimlichungsfaktors

Arbeitslose gehen relativ offen mit ihrer Lage um. Sie lehnen es eher ab (2,4), die bisherige Situation als Fassade aufrechtzuerhalten ("Nach außen hin soll es niemand merken"), wenngleich dennoch ein Viertel (26,6% (180)) diese Strategie (eher) befürwortet. Noch geringfügig offensiver fällt das Verhalten gegenüber dem informellen sozialen Nahfeld - Freunde (2,2) und Verwandte (2,1) - aus: Nur etwa je ein Fünftel der Erwerbslosen traute sich anfänglich nicht, ihnen das Arbeitslossein mitzuteilen. Ähnlich verhalten sie sich gegenüber ihrem Wohnumfeld (2,2): Ängste davor, daß die Nachbarn es nicht wissen sollen, bestehen eher weniger.

Der *Sinnverlust- und Desintegrationsfaktor* umfaßt: "Andere halten mich für

177

arbeitsunwillig" (All3_12), "Mir fällt es schwer, die Zeit sinnvoll zu verbringen" (All3_22), "Ich rauche mehr" (All3_23) und "Ich trinke mehr" (All3_27) (vgl. Abb. 36).

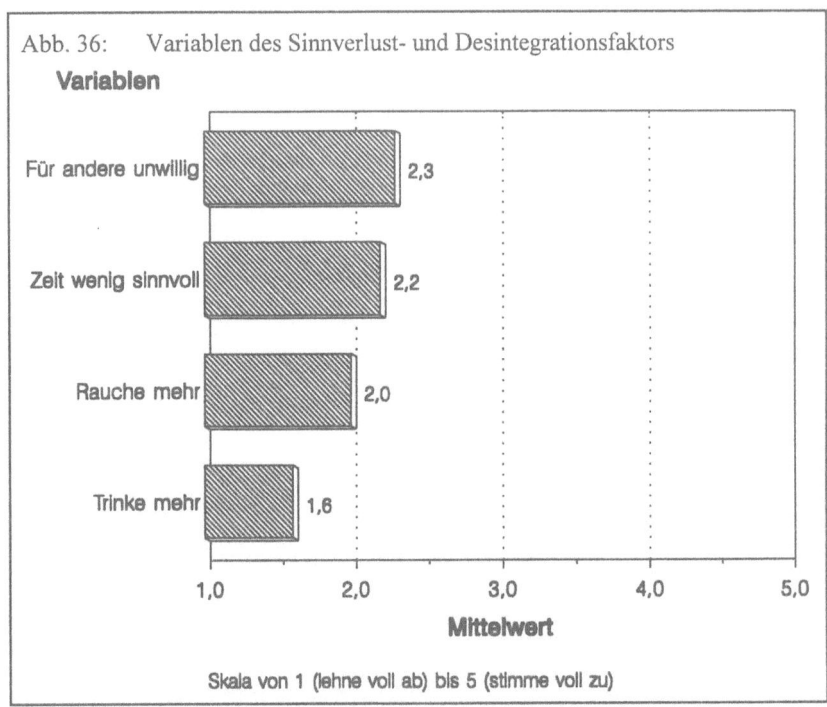

Abb. 36:   Variablen des Sinnverlust- und Desintegrationsfaktors

Arbeitslose stimmen der Ansicht, sie seien in den Augen der anderen arbeitsunwillig, im Durchschnitt weniger zu (2,3). Weit mehr als die Hälfte (59,6% (399)) lehnen dies mehr oder weniger deutlich ab, wenngleich zusammen ein gutes Fünftel (22,0% (147)) mit diesem Fremdstereotyp konfrontiert wird. Das geänderte Zeitbudget sinnvoll zu verwenden, verläuft zwar nicht ohne Schwierigkeiten, aber alles in allem bestehen dabei eher geringe Probleme (2,2). Jedoch hat es ein Sechstel (16,0% (114)) (eher) schwer, seine Zeit sinnvoll zu nutzen. Daß infolge der Arbeitslosigkeit ein höherer Nikotin- (2,0) und besonders Alkoholkonsum (1,6) stattgefunden hat, wird allgemein eher verneint. Da aber nur 63,5% (418) beim Nikotin und 73,5% (492) beim Alkohol eine Mengensteigerung ausdrücklich ablehnen, haben ungeachtet der Intensität 36,5% (240) der Arbeitslosen seit ihrer Arbeitslosigkeit angefangen, mehr zu rauchen, und 26,5% (177), mehr zu trinken. Bei zusammen einem Zehntel (10,2%

(69)) stieg der Alkoholkonsum sogar mehr oder weniger deutlich, bei Nikotin traf dies sogar für ein gutes Fünftel (23,6% (155)) zu.

Der *Positive Mehrzeit-Effekt-Faktor* bezieht ein: "Ich habe mehr Zeit für mich selber" (All3_1), "Ich habe mehr Zeit für Freunde und Bekannte" (All3_7), "Ein paar Monate geht es auch ohne Arbeit" (All3_16), "Ich habe mehr Zeit für Sachen, die Spaß machen" (All3_18).

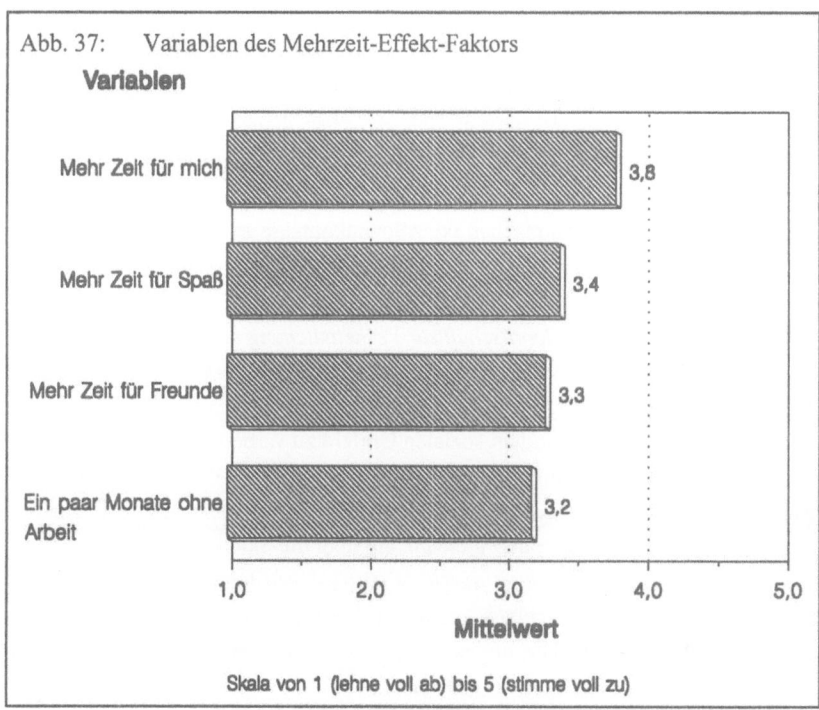

Abb. 37:   Variablen des Mehrzeit-Effekt-Faktors

Deutlichster Effekt der zusätzlichen freien Zeit ist es, mehr für sich selber zu machen (3,8). Zusammen 60,5% (419) stimmen dem (voll) zu, ganze 11,5% lehnen (vollkommen) ab. Bei anderen Aussagen - mehr Zeit für Sachen, die einem Spaß machen (3,4) bzw. mehr Zeit für Freunde oder Bekannte aufbringen zu können (3,3) - sind Arbeitslose im Durchschnitt etwas weniger expansiv. Mehr Zeit für sich selber zu haben, ist nicht gleichbedeutend damit, sie hedonistisch umzusetzen oder freizeitorientiert für die Kontaktpflege zu verwenden. Durchaus ambivalent ist auch die Haltung zur Aussage, daß es ein paar Monate auch ohne Arbeit gehe (3,2), wenngleich der Anteil an Befürwortern mit 42,6% (285) doch größer ist als der Anteil von 28,6% (191) ablehnenderStimmen. Dahinter können mehrere Motive stehen: Auf der alltagspraktischen Ebene finanzielle Probleme durch den Wegfall des Erwerbseinkommens, auf der alltagsorganisatorischen Ebene der Verlust der alltagsstrukturierenden Kraft der Berufsarbeit, auf der Werteebene eine starke Arbeitsorientierung.

Auf Basis der Ergebnisse aus der Faktorenanalyse haben wir aus dem Faktor *Positiver Mehrzeit-Effekt* einen einfachen additiven, z-transformierten Index (Skala: 0 bis 10)[115] erstellt, der praktisch normalverteilt ist (Mittelwert: 5,7; Median: 5,5; Schiefe: -0,12; Standardfehler der Schiefe: 0,09). Auf einer Skala von 0 (gar nicht) bis 10 (sehr hoch) liegt der durchschnittliche (positive) Mehr-Zeit-Effekt bei 5,7 und damit im mittleren Bereich. Von den Befragten weisen 25% höchstens den Wert 4,0 auf, das nächsthöhere Viertel bewegt sich zwischen 4 und 5,5, besitzt also eine deutlich kleinere Spanne, und die 75%-Marke liegt bei 7,5. Insgesamt können die Arbeitslosen ihre zusätzliche freie Zeit also durchaus - wenn auch in Grenzen - dazu nutzen, um mehr für sich zu machen oder Sozialkontakte zu intensivieren. Gerade letzteres darf angesichts der (auch) unterstützenden Wirkung bei der Bewältigung nicht unterschätzt werden.

Ein weiterer Index ist die *Bereitschaft zur Verheimlichung der Arbeitslosigkeit* vor der sozialen Umwelt (Freunde, Verwandte, Nachbarn). Die Verteilung streut sehr weit, die Einstellung ist eher heterogen. Im Durchschnitt (3,0) kann die Bereitschaft, die eigene Arbeitslosigkeit vor dem sozialen Umfeld zu verbergen, als relativ gering eingeschätzt werden. Ein Drittel der Arbeitslosen (34% (233)) empfand gar keine Schwierigkeiten, Verwandten, Freunden oder Nachbarn davon zu berichten. Ansonsten streut die Einschätzung relativ gleichmäßig über die Skala.

Sinnverlust und Desintegration durch Arbeitslosigkeit treten mit einem Durchschnitt von 3,0 ebenfalls in relativ geringem Ausmaß auf und sind rechtsschief, linkssteil verteilt: Während das untere Quartil bis zum Skalenwert 0,83 reicht, erstreckt sich das obere Quartil zwischen 4,6 und 10,0.

Normalverteilt ist hingegen der letzte Index, *Resignation und Verzweiflung angesichts von (andauernder) Arbeitslosigkeit* (Mittelwert = Median: 5,0; Schiefe: -0,05; Standardfehler der Schiefe: 0,09). Die resignative Stimmung ist unter den Arbeitslosen mittelstark ausgeprägt und damit intensiver als der Sinnverlust.

---

[115] Alle anderen Indizes wurden nach demselben Verfahren erstellt, so daß es im folgenden nicht mehr gesondert erwähnt wird.

7.2.4 Einflüsse auf die Situationsbeurteilung

Nach welchen Merkmalen variieren nun die in den Indizes operationalisierten Einstellungen? In nachstehender Tabelle sind einige uns wichtig erscheinende Variablen enthalten:

Tab. 22: Statistische Erklärung der Situationsbeurteilung (eta^2)

Indizes	Variablen								
	Bezirk	Alter	Geschlecht	Lebensform	Haushaltstyp	Bildung	Dauer	ökonom. Lage	Schulden
Heimlich	+	0,01*	+	+	+	0,02*	+	0,06***	0,03*
Zweifel	+	0,09***	+	0,02**	0,03***	0,04***	0,01*	0,13***	0,03***
Mehrzeit	+	0,06***	+	+	0,03***	+	0,02**	0,05***	0,02***
Sinnverlust	+	0,05***	0,01**	0,04***	0,04***	0,02***	0,02**	0,10***	0,04***

+ p > 0,05; * p < 0,05; ** p > 0,01; *** p > 0,001 + p > 0,05.
Nicht signifikante Ergebnisse werden nicht aufgelistet.

Bei (fast) allen verwendeten Variablen ist die statistische Erklärungskraft sehr gering und/oder der Zusammenhang statistisch nicht eindeutig (wie z. B. bei den Arbeitsamtsbezirken). Von den personalen Merkmalen hat das Lebensalter (mit Ausnahme der Neigung zum Verheimlichen) noch die vergleichsweise größte Erklärungskraft, besonders bei der Neigung zum Verzweifeln (eta^2 = 0,09): Je älter Arbeitslose sind, desto günstiger ist tendenziell die Situationseinschätzung. Das formale Bildungsniveau wirkt nur auf die Verzweiflung mit 4% erwähnenswert ein. Begrenzt erklärungskräftige Unterschiede finden sich noch bei der Haushalts- bzw. der Lebensform, wobei Partnerschaftshaushalte am günstigsten urteilen. Bei allen Indizes erweist sich hingegen die subjektive Einschätzung der finanziellen Lage als ziemlich erklärungskräftig: Wer seine finanzielle Situation negativ(er) sieht, nimmt auch seine Situation als Arbeitsloser negativer wahr. Die Verschuldung leistet dagegen nur sehr kleine Beiträge zur Varianzerklärung, obgleich stark Verschuldete ihre Situation negativer einschätzen.

Bei weiterreichenden Variablenkontrollen ergeben sich vornehmlich *alters-* und *haushaltstyp*spezifische Differenzierungen, und zwar *zwischen den Geschlechtergruppen*. Männer und Frauen unterscheiden sich je nach *Lebensalter* in spezifischer Weise. Vor allem bei den 35- bis unter 55jährigen schätzen Männer ihre Situation deutlich negativer ein als altersgleiche Frauen: Sie haben (anfänglich) mehr Angst davor, über ihre Arbeitslosigkeit zu berichten, können eindeutig weniger positive Effekte (für sich und durch vermehrte Sozialkontakte) ziehen, und haben auch deutlich mehr Probleme durch den größeren Sinnverlust. Bei den Jüngeren kämpfen Männer "nur" mit etwas mehr Sinnverlust.

Die Altersunterschiede (und in Verbindung damit auch die Stellung im Lebenslauf) bestimmen bei Männern weitaus stärker die Einstellungen: Bei ihnen variieren *alle* Faktoren der Situationsbeurteilung eindeutig mit dem Lebensalter, wobei Ältere vergleichsweise am wenigsten Schwierigkeiten haben. Stärker betroffen ist die mittlere Altersgruppe: Ihr Wunsch nach Verheimlichung der belastenden Arbeitslosigkeit ist relativ groß, entlastende positive Effekte aus dem Mehr an freier Zeit bestehen hingegen weniger.

Ebenfalls nur bei *Männern* hängt die Situationseinschätzung zusätzlich vom *Haushaltstyp* ab, in dem sie leben. Diejenigen, die in Partnerschaftshaushalten leben, neigen weniger zur Verheimlichung, verzweifeln seltener an ihrer Situation, können die Mehr-Zeit besser für sich und Sozialkontakte nutzen, und haben den im Vergleich geringsten Sinnverlust, noch vor Familienvätern.

Die Unterschiede *zwischen Männern* und *Frauen* setzen sich auf der *Haushaltsebene* fort. In etwa ausgeglichen ist die Lage bei Partnerschaftshaushalten: Hier treten bei Frauen etwas größere (Selbst)Zweifel auf. Arbeitslose Männer mit Familie neigen dagegen mehr dazu, ihre Arbeitslosigkeit zu kaschieren und haben auch mehr Schwierigkeiten mit dem Sinnverlust. Unter alleine Wohnenden beurteilen hingegen Frauen ihre Situation günstiger: Sie können die Mehr-Zeit für sich selber und für ihre Sozialkontakte besser nutzen und erfahren daneben weniger Sinnverlust.

Verunsicherung, die Angst vor Ausgrenzung und/oder Gefühle des sozialen Versagens sind gerade bei Männern der mittleren Altersgruppe relativ groß. Dahinter vermuten wir einmal den Einfluß normativer, alters- und besonders geschlechtsgruppenstereotyper Verhaltenserwartungen, die mit den Vorstellungen eines Normallebenslaufs verbunden sind. Ein Nicht-Erfüllen dieser Erwartungen (z. B. als Familienernährer) durch Arbeitslosigkeit käme dann einem Normverstoß gleich. Während Jüngeren die Erwerbsbiographie prinzipiell noch genügend Zeit für Veränderungen läßt, Ältere ohnehin zumindest prinzipiell auf das absehbare Ende ihrer Erwerbsbiographie blicken können, trifft für die mittlere Altersgruppe das eine nicht mehr, das andere noch nicht richtig zu. Ebenso müssen diese Männer befürchten, trotz ihres Alters für eine erfolgreiche Vermittlung auf dem Arbeitsmarkt bereits zu alt zu sein, so daß die Antizipation einer möglicherweise lange währenden Arbeitslosigkeit zu der relativ negativen Situationsbeurteilung führt.

7.2.5   (Selbst-)Zweifel: Relevanter Indikator der Situationsbeurteilung

Die vier Dimensionen der subjektiven Lagebeurteilung hängen untereinander z. T. relativ eng zusammen, wobei wir zumindest partiell von einer Konsistenz der Einschätzungen ausgehen können (vgl. Abb. 38). Die jeweils größten Einflüsse mit der höchsten Erklärungskraft treten in Zusammenhang mit den Zweifeln an sich selbst bzw. dem Verzweifeln an der Situation als Arbeitsloser auf: 29,9% wechselseitige Erklärungskraft mit dem Sinnverlust, 25,9% mit dem Verheimlichen der Arbeitslosigkeit und noch 18,9% bei den (positiven) Effekten der Mehr-Zeit.

Abb. 38:   Bivariate Korrelationen zwischen den Dimensionen der Situationsbeurteilung

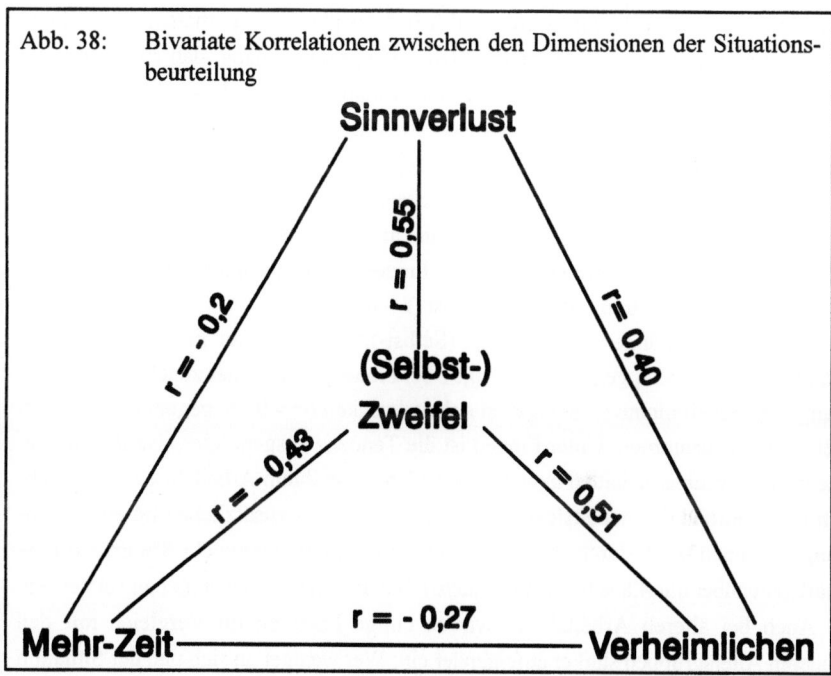

Die Entscheidung über die Wirkungsrichtung ist aufgrund der bivariaten Zusammenhänge prinzipiell theoretischer Natur, kann aber in Grenzen durch partielle Korrelationen unterstützt werden. Es zeigt sich, daß (nur) mit der Verzweiflung als Kontrollvariable alle bivariaten Zusammenhänge verschwinden bzw. (im Falle von Verheimlichung und Sinnverlust (r = 0,17)) erheblich reduziert werden. Die eigentlich erklärungskräftige Variable ist damit sehr wesentlich das Ausmaß der Verzweiflung. Wir gehen daher von der theoretischen Annahme aus, daß die Verzweiflung an sich selber und der eigenen Lage die jeweilige Grundhaltung bildet, die wiederum die anderen Dimensionen der Situationsbeurteilung beeinflußt. Das bedeutet: Mit zunehmenden Selbstzweifeln neigen Arbeitslose dazu, ihr Arbeitslossein verheimlichen zu wollen. Auch führen die Zweifel an sich und der eigenen Situation - sei es aufgrund fehlender Anerkennung (aus der Arbeit oder durch Kollegen) oder großer Zukunftssorgen - zu deutlich mehr Desintegrationserscheinungen, wie z. B. Zeitnutzungsproblemen oder gestiegenem Tabak- bzw. Alkoholkonsum. Außerdem sind Arbeitslose, die weniger Selbst- und Situationszweifel aufweisen, sichtlich besser in der Lage, die neue, zusätzliche Zeit für sich selber oder für die Verbesserung ihrer Sozialkontakte zu nutzen. Die Bedeutung der Verzweiflung bleibt bei Kontrolle nach Bezirken, Altersgruppen, Bildungsniveaus und Arbeitslosigkeitsdauer erhalten. Weitgehend bestätigt sich auch der schwache (zusätzliche) Zusammenhang, daß eine geringere Neigung zur Verheimlichung mit geringeren Desintegrationserscheinungen verbunden ist. Erwähnenswert sind die Unterschiede zwischen Männern und Frauen: Während bei Männern das Ausmaß der Verzweiflung alles andere determiniert, ist dieser Eqinfluß bei Frauen etwas geringer: Wer offensiver ist, also nicht so darauf bedacht, seine Arbeitslosigkeit zu verheimlichen, kann auch der Mehr-Zeit mehr Positives abgewinnen ($r = -0,20$). Daneben besteht bei Frauen ein eigenständiger Zusammenhang zwischen Verheimlichung und Sinnverlust ($r = 0,24$).

Bei Männern hängen zunehmende (Selbst-)Zweifel stärker mit zunehmendem Sinnverlust ($r^2 = 0,37$, gegenüber $r^2 = 0,21$ bei Frauen) sowie einer zunehmenden Neigung zur Verheimlichung der eigenen Arbeitslosigkeit ($r^2 = 0,35$, gegenüber $r^2 = 0,15$ bei Frauen) zusammen. Unter Frauen ist die Tendenz ausgeprägter, daß diejenigen, die weniger Probleme hatten bzw. haben, anderen von ihrem Arbeitslossein zu erzählen und während der Arbeitslosigkeit auch mehr mit der zusätzlichen freien Zeit anfangen können, z. B. durch Intensivierung der Umweltkontakte (11,8% Erklärungskraft gegenüber nur 4,8% bei den Männern): Sie brauchen sich weniger zu verstecken.

Auch bei älteren Arbeitslosen wirken einige Faktoren im Vergleich mit den anderen Altersgruppen stärker aufeinander ein: Wer weniger an sich und der Situation verzweifelt, der hat auch weniger Hemmungen, anderen von seiner Arbeitslosigkeit zu berichten. Für Ältere liegt der Anteil erklärter Varianz bei 42,2%, gegenüber 23,0% bei Jüngeren bzw. 16,8% in der mittleren Altersgruppe.

7.2.6 Die Situationsbeurteilung in Gesamtschau

Die Analyse ergab im wesentlichen:

- Die *Zufriedenheit* der Arbeitslosen mit ihre Lage ist gering, sie empfinden ihre Erwerbslosigkeit als deutliche *Belastung*. Beides ist bei Älteren sowie denen, die mit einem Partner zusammenleben, weniger stark ausgeprägt.

- Unzufriedenheit und Belastungsgefühl nehmen zu, je schlechter die eigene finanzielle Lage eingeschätzt wird.

- Wer seine finanzielle Lage schlechter beurteilt, hat (über alle Faktoren der Situationsbeurteilung hinweg) mehr Probleme im Umgang mit der Situation als Erwerbsloser und mit seiner Umwelt.

- Arbeitslose Männer zwischen 35 und 54 Jahren haben besonders große Probleme mit ihrer Situation. Sie fürchten häufig, bereits zu alt zu sein für den Arbeitsmarkt, so daß die Antizipation einer lange währenden Arbeitslosigkeit zu der negativen Situationsbeurteilung führt. Das könnte durch das Gefühl, z. B. als Familienernährer versagt und damit gegen alters- und geschlechtsrollenstereotype Verhaltenserwartungen verstoßen zu haben, verstärkt werden.

- Vor allem bei Männern sinken mit zunehmenden Selbst- und Situationszweifeln die Möglichkeiten, mit ihrer Situation produktiv umzugehen.

7.3 Arbeitslose in der Selbsteinschätzung

7.3.1 Aspekte der Selbsteinschätzung

In den theoretischen Überlegungen wurde die Ansicht vertreten, daß sich die Arbeitslosigkeit auch auf das Selbstwertgefühl bzw. die Identität der Arbeitslosen auswirkt. Dieser Abschnitt untersucht mit der Frage nach dem Selbstbild bzw. der Selbsteinschätzung sowie dem Selbstwertgefühl *einen* Aspekt der Modellannahme.

Tab. 23: Faktorenanalyse für die Selbsteinschätzung. Faktorladungen der Variablen

Variablen	Faktoren			
	"Selbstwert"	"Autonome"	"Macher"	Residual
All3_20	0,84	-0,03	-0,09	-0,02
All3_19	0,80	0,04	0,01	-0,17
All4_4	0,73	-0,16	-0,20	0,12
All4_3	0,66	-0,15	-0,17	0,38
All4_5	-0,63	0,14	0,06	0,21
All4_2	0,57	-0,07	-0,02	0,41
All4_11	-0,11	0,80	0,11	0,01
All4_7	0,04	0,72	-0,02	0,18
All4_10	-0,32	0,66	0,10	0,04
All4_12	0,02	0,53	0,36	-0,2
All4_14	-0,02	0,31	0,76	-0,12
All4_13	-0,04	0,08	0,73	0,36
All4_8	0,15	0,16	-0,48	-0,01
All4_1	0,31	-0,33	-0,51	-0,32
All4_6	-0,07	0,14	0,03	0,73

Die Selbsteinschätzung der Arbeitslosen wurde mit einer Batterie von insgesamt 16 Items erhoben. Auch hier haben wir faktorenanalytisch drei Einflußbündel extrahiert: Die Faktoren "Selbstwert", "Autonome" und "Macher" (vgl. Tab. 23). Alle drei sind zu einfachen additiven, z-transformierten Indizes mit einer 10er-Skala umgeformt worden. Es zeigt sich, daß drei Faktoren auf jeweils spezifischen Variablen hoch bis sehr hoch laden. (Der vierte Residual-Faktor entfällt, da er nur bei einer Variablen zufriedenstellende Resultate bringt). Bei fünf Variablen bestehen zwar merkliche Nebenladungen (um 0,3), jedoch liegt die Hauptladung zumeist erheblich höher, so daß sie auch aufgrund theoretischer Überlegungen weiter einbezogen bleiben. Das Ergebnis dieser Faktorenanalyse war Ausgangspunkt für die weiteren Indexkonstruktionen.

Für den Index *Selbstwertgefühl* wurde im wesentlichen auf die Items von Silbereisen/ Walper (1987) zurückgegriffen.[116] Das Konstrukt war verwendet worden, um Veränderungen im Selbstwertgefühl durch längerwierige ökonomische Einbußen im Familieneinkommen zu analysieren. Verglichen wurden Jugendliche mit erwerbstätigem und mit langzeitarbeitslosem Vater. Die Items lauten:

"Ich möchte vieles an mir ändern" (All4_2),

"Ich wünsche mir manchmal, ein anderer zu sein" (All4_3),

"Ich glaube, ich bin nicht viel wert" (All4_4),

"Ich bin mit mir zufrieden" (All4_5),

Um tendenziell den Funktionsverlust durch Erwerbslosigkeit einzubeziehen, verwendeten wir zusätzlich:

"Ich komme mir überflüssig vor" (All3_19),

"Ich zweifle an mir selber" (All3_20).

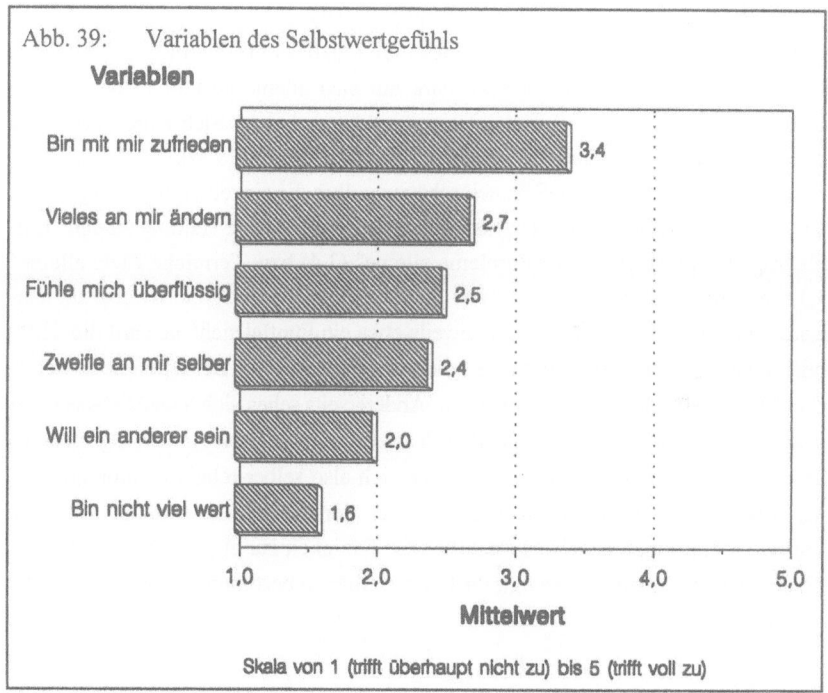

Abb. 39: Variablen des Selbstwertgefühls

Skala von 1 (trifft überhaupt nicht zu) bis 5 (trifft voll zu)

---

[116] Dieser Index hatte sich bereits mehrfach bewährt, u. a. auch im Rahmen einer Schüler-Gewaltstudie (vgl. Fuchs/Lamnek/Luedtke 1996).

Nach der durchschnittlichen Aussagetendenz der einzelnen Statements vermitteln die Arbeitslosen insgesamt kein Bild übermäßigen Zerbrochenseins (vgl. Abb. 39). Im allgemeinen sind sie einigermaßen zufrieden mit sich selber (3,4), wenngleich (nicht sehr starke) Wünsche vorhanden sind, vieles an sich ändern zu wollen (2,7). Die Relativität der Änderungswünsche wird hingegen sichtbar an der deutlichen Ablehnung, jemand anderer sein zu wollen (2,0). Selbstzweifel (2,4) oder das Gefühl des Überflüssigseins (2,5) treten bei ihnen eher weniger auf, wozu auch die klare Ablehnung der Aussage paßt, nicht viel wert zu sein (1,6).[117]

Der Faktor bzw. Index *Autonome* umfaßt Items, die einmal den Wunsch nach Eigenständigkeit, Unabhängigkeit und Kontrolle über das eigene Leben ausdrücken, andererseits aber die Dimension des "Einzelkämpfers" beinhalten:

"Ich löse Probleme immer alleine" (All4_7),

"Ich bestimme selbst, was in meinem Leben geschieht" (All4_10),

"Ich erreiche meine Ziele immer alleine" (All4_11),

"Ich bilde mir stets meine eigene Meinung" (All4_12).

Ansatzweise wurden damit Aspekte eines individualisierten, "heroischen" Subjekts einbezogen, das seine Identität sehr stark auf sich alleine gestellt in der aktiven Auseinandersetzung mit der sozialen Umwelt erhält, wobei das Sich-Durchsetzen und Sich-Bewähren zu zentralen Momenten werden (vgl. Keupp 1990).

Bei der durchschnittlichen Selbsteinschätzung über die einzelnen Items (vgl. Abb. 40) nehmen die Arbeitslosen insgesamt eine eher ambivalente Haltung zu den "Einzelkämpfer"-Aspekten - "löse Probleme alleine" (3,4) bzw. "erreiche Ziele alleine" (3,3) - ein: Ambivalenz ("teils/teils") ist die in beiden Fällen vergleichsweise am häufigsten eingenommene Position, und jeweils etwa ein Fünftel sieht sich auf die Hilfe anderer angewiesen, so daß zusammen mehr als die Hälfte der Befragten dem "heroischen" Gedanken eher weniger anhängen. Andererseits sehen sich jeweils etwas mehr als zwei Fünftel (eher) in der Lage, ihre Probleme alleine lösen bzw. ihre gesteckten Ziele selber erreichen zu können, sprechen sich also selber relative Autonomie zu. Das wird auch an der Beurteilung der eigenen Person über die anderen Aussagen deutlich: Sie attestieren sich sehr deutlich die Fähigkeit zur eigenen Meinung (4,2), und sind darüberhinaus überzeugt, ihr Leben selber zu bestimmen (3,8).

---

[117] Um mit steigenden Indexwerten ein zunehmendes Selbstwertgefühl auszudrücken, wurden für die Konstruktion alle Items außer "Ich bin mit mir zufrieden" in der Skala gedreht.

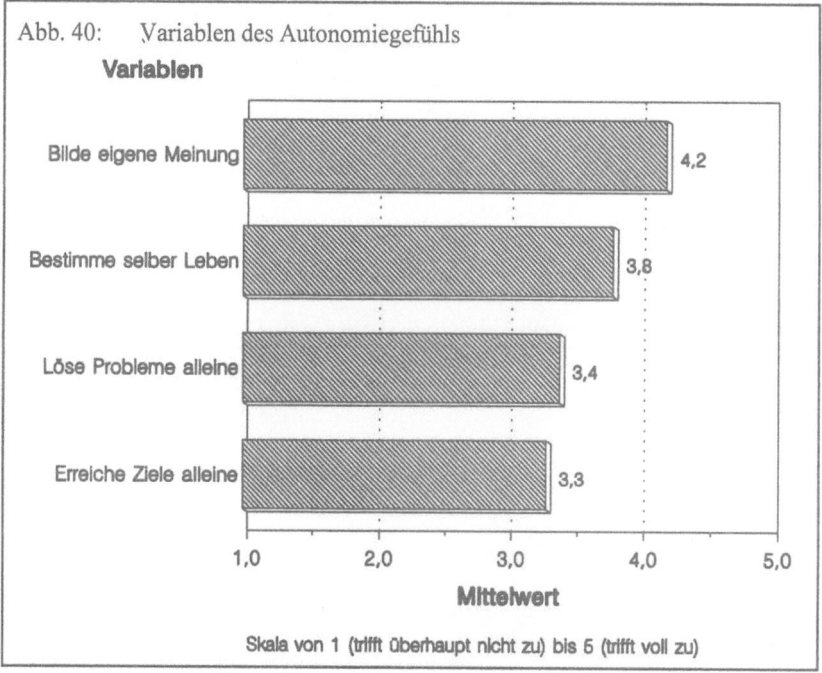

Abb. 40:   Variablen des Autonomiegefühls

Variablen

- Bilde eigene Meinung — 4,2
- Bestimme selber Leben — 3,8
- Löse Probleme alleine — 3,4
- Erreiche Ziele alleine — 3,3

Mittelwert (1,0 — 2,0 — 3,0 — 4,0 — 5,0)

Skala von 1 (trifft überhaupt nicht zu) bis 5 (trifft voll zu)

Der letzte Index, der mit *Macherorientierung* bezeichnet wird, bezieht sich auf die Aktivitätsorientierung der Arbeitslosen:

"Ich warte, daß sich etwas ändert" (All4_1),

"Ich lasse mir gerne Entscheidungen abnehmen" (All4_8),

"Ich habe viele Pläne" (All4_13),

"Ich übernehme gerne Verantwortung" (All4_14).

Die ersten beiden Items sollen als "negative" Items das passive, reaktive Moment festhalten, die anderen Statements dagegen die aktive Seite repräsentieren.

Ein Bild vom passiven, reaktiven Arbeitslosen läßt sich nur bedingt bestätigen (wenngleich die Einstellungen in Teilen durchaus heterogen sind) (vgl. Abb. 41). Vielmehr sehen sich die Befragten tendenziell als eher aktiv und eingreifend: So lassen sie sich nur ungerne von anderen die Entscheidungen abnehmen (2,0). Für den Wunsch, etwas (auch an der eigenen Lage) verändern zu wollen, könnte auch sprechen, daß sie viele Pläne haben (3,8). Diese tendenzielle Zustimmung mag nun durchaus ambivalent sein, denn sie läßt sich auch sinngemäß fortführen mit "aber es wird nichts daraus". Ambivalent ist auch die Haltung gegenüber eigener Passivität, was sich ansatzweise in der Frage nach dem Warten auf Veränderung zeigt: Immerhin

189

knapp die Hälfte lehnen diese Haltung für sich selber ab, können also als ungeduldig gegenüber eigener Passivität gesehen werden, jedoch ein Drittel stuft sich hingegen selber als passiv ein. Allerdings sehen sich Arbeitslose selber nicht in der Rolle als "Drückeberger", da sie gerne bereit sind, Verantwortung zu übernehmen (3,9).[118]

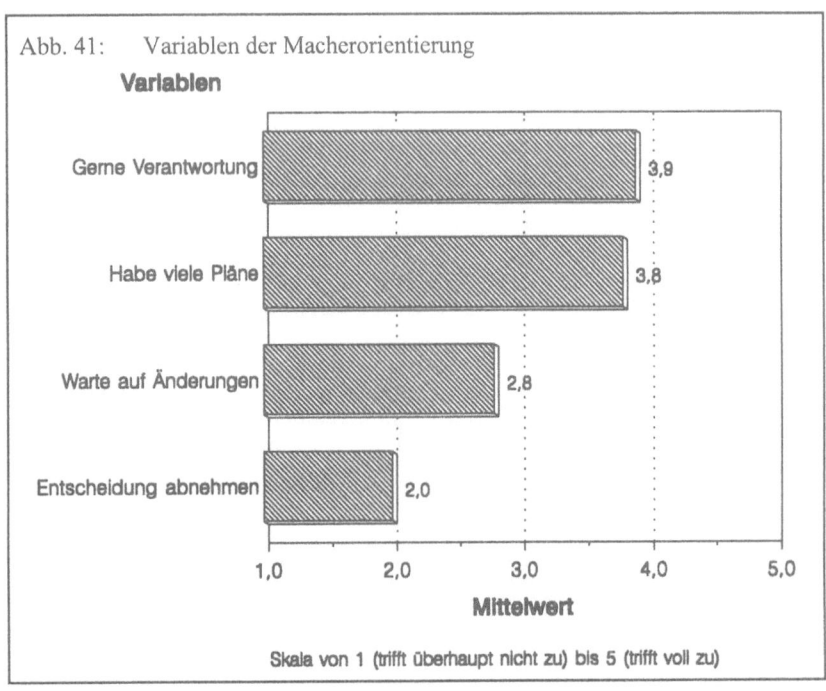

Abb. 41: Variablen der Macherorientierung

Das *Selbstwertgefühl* der Arbeitslosen ist relativ groß: Auf der von 0 (sehr gering) bis 10 (sehr hoch) reichenden transformierten Skala beträgt das Gesamtmittel 6,7. Das untere Quartil streut sehr weit bis 5,2. Bei allen weiteren Quartilen werden die Wertespannen deutlich kleiner: Die 50%-Marke liegt bereits bei 7,1. Das bedeutet aber: Die Hälfte der Arbeitslosen weist ein hohes bis sehr hohes Selbstwertgefühl auf. So stauen sich weitere 25% im Bereich von 7,2 bis 8,7, und das obere Quartil liegt zwischen 8,8 und 10,0. Mit einem Durchschnittswert von 6,8 ist das Bedürfnis nach *Eigenständigkeit* bis hin zur Einzelkämpferhaltung ebenfalls relativ stark ausgeprägt. Auch hier besteht eine relativ große Breite für das untere Quartil (zwischen 0,0 und 5,6),

---

[118] Die Statements "warte auf Änderungen" und "lasse mir gerne Entscheidungen abnehmen" mußten als "gedrehte" Items für die Indexkonstruktion wieder umgepolt werden.

wohingegen die Spannen für alle weiteren Quartile wieder deutlich kleiner werden: Der Median liegt bei 6,9, die 75%-Marke bei 8,1. Identische Werte (bei unterschiedlicher Schiefe) bestehen auch für die *Macherorientierung*.

Tab. 24:   Ausgewählte Parameter der Selbsteinschätzung

Indizes (0-10)	Parameter				
	Mittelwert	Median	2. Quartil	3. Quartil	4. Quartil
Selbstwertgefühl	6,7	7,1	5,2	7,1	8,8
Autonomiegefühl	6,8	6,9	5,6	6,9	8,1
Macherorientierung	6,8	6,9	5,6	6,9	8,1

Die drei Indizes beeinflussen sich untereinander, wobei die wechselseitige Erklärungskraft bei maximal 11,0% liegt. Das Bedürfnis nach Eigenständigkeit erklärt nur rund 4,2% der Variation des Selbstwertgefühls. Diejenigen, die sich als vergleichsweise eigenständiger einschätzen, weisen also nur *sehr* bedingt ein höheres Selbstwertgefühl auf. Zwischen dem Aktivitätsniveau und dem Selbstwertgefühl bestehen hingegen (bei 11,0% erklärter Varianz) etwas stärkere Zusammenhänge. Personen mit höherem Selbstwertgefühl tendieren vergleichsweise mehr dazu, Aktivität zu entwikkeln. Arbeitslose mit überdurchschnittlicher Autonomiegefühl weisen ebenfalls ein höheres Aktivitätsbedürfnis auf ($r^2 = 0,11$).

Die Einstellungen verändern sich in Abhängigkeit von personalen bzw. Haushaltsmerkmalen. Deutliche Differenzen bestehen beim *Lebensalter*, wobei ältere Arbeitslose gegenüber den zwei jüngeren Gruppen eindeutig mehr Selbstwertgefühl (7,6 zu 6,1 bzw. 6,5) und mehr Macher-Mentalität (7,1 zu je 6,7) aufweisen. In den *Haushaltsformen* bestehen ebenfalls eindeutige Unterschiede: Arbeitslose in Ein- und Mehrpersonen-Haushalten verfügen über das geringste Selbstwertgefühl (6,0 bzw. 6,1), partnerschaftlich Lebende über das höchste (7,5). Der *Bildungsabschluß* führt ebenfalls zu Differenzierungen: Arbeitslose Akademiker haben die am schwächsten ausgeprägte Autonomieorientierung (6,3) (Hauptschulabschluß: 6,9; mittlerer Reife: 6,8). Arbeitslose mit Hauptschulabschluß (6,4) weisen dagegen eine geringere Macherorientierung auf als die anderen Bildungsgruppen (mittlere Reife: 7,0, höher Gebildete: 7,3).

7.3.2 Der entscheidende Faktor: das Selbstwertgefühl

Inwieweit beeinflussen sich die Aspekte der Situationsbeurteilung bzw. der Selbsteinschätzung wechselseitig (vgl. Tab. 25)?

Tab. 25: Korrelationsmatrix Situationseinschätzung und Selbsteinschätzung

Indizes	Indizes						
	Situationseinschätzung				Selbsteinschätzung		
	Zweifel	Mehr-Zeit	Sinnver-lust	Heim-lich	Selbst-wert	Auto-nomie	"Ma-cher"
Zweifel		-.43*** (720)	.55*** (692	.51*** (685)	-.65*** (705)	-.05+ (683)	-.19*** (684)
Mehr-Zeit	-.43*** (720)		-.20*** (677)	-.27*** (671)	.29*** (692)	.05+ (687)	.03+ (691)
Sinnverlust	.55*** (692	-.20*** (677)		.40*** (677)	-.60*** (689)	-.06+ (689)	-.27*** (686)
Heimlich	.51*** (685)	-.27*** (671)	.40*** (677)		-.46*** (683)	-.05+ (683)	-.19*** (684)
Selbstwert	-.65*** (705)	.29*** (692)	-.60*** (689)	-.46*** (683)		.20*** (702)	.33*** (705)
Autonomie	-.05+ (683)	.05+ (687)	-.06+ (689)	-.05+ (683)	.20*** (702)		.33*** (707)
Macher	-.19*** (684)	.03+ (691)	-.27*** (686)	-.19*** (684)	.33*** (705)	.33*** (707)	

Koeffizient: r (Bravais-Pearson). Werte in Klammern: Fallzahlen.
*** $p < 0{,}001$; + $p > 0{,}05$.

Unterstellen wir theoretisch eine Einflußrichtung von der Selbstwahrnehmung auf die Situationsbeurteilung, dann haben *Macher* etwas weniger Zweifel durch ihre Situation als Arbeitsloser ($r^2 = 0{,}04$),[119] etwas seltener Sinnkrisen ($r^2 = 0{,}07$) und etwas weniger Hemmungen, Freunden, Verwandten oder Nachbarn über ihre Lage zu berichten ($r^2 = 0{,}04$). Die *Eigenständigkeits-Orientierung* hängt dagegen nicht weiter mit der Situa-

---

[119] In Tab. 26 werden die unquadrierten Koeffizienten "r" angegeben, um Aussagen über die Richtung machen zu können. Im Text wird r^2 verwendet, um die wechselseitige Varianzerklärung anzugeben.

tionsbeurteilung zusammen. Die subjektive Einschätzung der Lage als Arbeitsloser erfolgt demnach (statistisch gesehen) unabhängig davon, ob ein Erwerbsloser ein hohes oder ein geringes Bedürfnis nach Selbstbestimmung hat. Einen z. T. erheblichen Einfluß - mit Varianzaufklärung zwischen 8,7% und 42,4% - hat aber das *Selbstwertgefühl*: Mit zunehmendem Selbstwertgefühl sinken die Zweifel ob der Situation als Arbeitsloser sichtlich ($r^2 = 0,42$), Sinnverlust und Desintegrationserscheinungen sind wesentlich geringer ($r^2 = 0,37$), ebenso die Neigung zur Verheimlichung der eigenen Arbeitslosigkeit ($r^2 = 0,21$). Zudem wissen Arbeitslose mit höherem Selbstwertgefühl auch etwas mehr mit dem Mehr an freier Zeit anzufangen ($r^2 = 0,09$).

Um sicher sagen zu können, ob die Selbstwahrnehmung der Arbeitslosen Art und Richtung ihrer subjektiven Lageeinschätzung *als* Arbeitslose bedingt, oder aber die subjektive Wahrnehmung der (neuen) Lage als Arbeitsloser das Selbstbild beeinflußt, müßten wir *inhaltlich* die Wirkungsrichtung wissen, die zwischen der subjektiven Situationsbeurteilung und der Selbsteinschätzung besteht.[120] Das kann jedoch auf Grundlage *wechselseitiger* Zusammenhänge nicht bestimmt werden, da beide Einflußrichtungen gültig sind. Um zumindest Aussagen über den Einfluß des einen Konstruktes auf die Höhe der Zusammenhänge zwischen den verschiedenen theoretischen Dimensionen des jeweils anderen Konstruktes zu erhalten, wurden *partielle Korrelationen* berechnet. Diese ermöglichen auf metrischem Niveau Aussagen über die Höhe des "reinen" Zusammenhangs zwischen zwei Variablen, wenn eine oder mehrere metrische Drittvariable(n) eingeführt und konstant gehalten werden (vgl. Tab. 26).

Während die Situationseinschätzung so gut wie keine (bzw. nur sehr geringe) Veränderungen innerhalb der Selbsteinschätzung bewirkt, führt umgekehrt das *Selbstwertgefühl* - alleine oder in Kombination - zu einer teilweise erheblichen Reduzierung der bivariaten Zusammenhänge innerhalb der Situationseinschätzung. *Eigenständigkeit* und *Macherorientierung* - weisen demgegenüber alleine keine nennenswerte Auswirkung auf. Damit sinkt auch die wechselseitige Erklärungskraft der Variablen für die Situationseinschätzung, wobei dies in mehr oder weniger großem Umfang *alle* Zusammenhänge betrifft. Gravierend zeigt dies sich bei (Selbst-)Zweifel und Sinnverlust, wo die Einbuße an Erklärungkraft bei knapp 25%-Punkten liegt, von 29,9% auf 5,3%, oder für die Relation zwischen den (Selbst-)Zweifeln und der Verheimlichung der Arbeitslosigkeit: Hier sinkt der Anteil erklärter Varianz von 26,0% auf 9,6% ab. Die gemeinsame (bivariate) Variation der Dimensionen der Situationsbeurteilung wird damit in z. T. erheblichem Maße durch die Variation des Selbstwert-

---

[120] Diese Festlegung kann aufgrund des Forschungsdesigns ohnehin nur ex-post und in hypothetischer Form erfolgen.

gefühls erklärt, womit allerdings keine Aussage über die Richtung des Zusammenhangs verbunden ist, sondern lediglich eine *Intensitätsaussage* getroffen wird.

Tab. 26: Partielle Korrelationen: Wirkung der Selbsteinschätzung auf die bivariaten Zusammenhänge innerhalb der Situationseinschätzung

Bivariate Zusammenhänge	Gesamt r	Kontrolle mit						
		Sw	Au	Ma	Sw+Au	Sw+Ma	Au+Ma	Sw+Au+Ma
Zweifel + Sinnverlust	.55***	.23***	.51***	.49***	.23***	.23***	.48***	.23***
Zweifel + Heimlich	.51***	.31***	.49***	.46***	.30***	.30***	.46***	.30***
Zweifel + Mehr-Zeit	-.43***	-.35***	-.44***	-.46***	-.35***	-.36***	-.46***	-.36***
Sinnverlust + Heimlich	.40***	.18***	.38***	.35***	.18***	.17***	.35***	.17***
Sinnverlust + Mehr-Zeit	-.20***	-.05+	-.20***	-.21***	-.05+	-.05+	-.21***	-.05+
Heimlich + Mehrzeit	-.27***	-.17***	-.27***	-.27***	-.17***	-.18***	-.28***	-.18***

Koeffizient: r (Bravais-Pearson).
Sw: Selbstwertgefühl; Au: Autonomieorientierung; Ma: Macher-Orientierung;
*** $p < 0{,}001$; + $p > 0{,}05$

7.3.3 Selbst- und Situationseinschätzung nach Einschätzung der Zukunft

Biographie wird in der Gegenwart retrospektiv entworfen, sie soll in der subjektiven
Wahrnehmung Kontinuität im Lebenslauf herstellen und damit Ausgangspunkt für
prospektive (Lebens-)Entwürfe sein können. Inwieweit beeinflußt nun das Wissen um
die (antizipierte) künftige Entwicklung des Lebenslaufs die biographisch ausgerichte-
te Selbstwahrnehmung und Interpretation der eigenen Situation als Arbeitsloser? Dazu
haben wir die Gruppen der "bald Verrenteten", "bald Wiederbeschäftigten", "keine
Änderung Erwartenden", und "an 'offensiven' Maßnahmen zur Verbesserung ihrer
Arbeitsmarkschancen Beteiligten" miteinander verglichen (Bundeswehr- bzw. Zivil-
dienstleistende, die Gruppe werdender Mütter und diejenigen, auf die nur "Sonstiges"
zutrifft, haben wir aus Gründen der Fallzahlen herausgenommen, wodurch knapp ein
Sechstel der Population wegfiel).

Tab. 27:   Situations- und Kontextindizes nach der Änderung der Lebenssituation

Index	Zukünftige Änderung der Lebenssituation				eta^2
	Rente	Anstellung	Maßnahmen	keine	
Zweifel	4,0	6,1	5,9	6,0	0,10***
Mehr-Zeit	7,1	6,0	5,4	5,5	0,11***
Selbstwert	7,7	6,1	6,1	6,3	0,07***

*** p < 0,001. alle Indizes: Skala von 0 (gar nicht) bis 10 (sehr groß).
Inhaltlich bedeutsame Ergebnisse sind unterlegt.

Die wenigen, statistisch eindeutigen Unterschiede münden in eine Polarisierung "zukünftige Rentner - andere" (vgl. Tab.27), die sich auch bei weiteren Analysen in etwa bestätigt. So verzweifeln Arbeitslose, die in absehbarer Zukunft in die Rente gehen werden, weniger an ihrer Arbeitslosigkeit als alle übrigen. Auch können sie der zusätzlichen Mehr-Zeit eindeutig mehr Positives abgewinnen. Daneben weist die Gruppe zukünftiger Rentner das mit Abstand größte Selbstwertgefühl auf. Zudem sehen sie die negativen Auswirkungen der Arbeitslosigkeit auf das Partnerschafts-klima als weniger gravierend als die anderen. Fazit: Die Belastungen, die durch die Arbeitslosigkeit entstehen, sind gerade bei denjenigen am wenigsten ausgeprägt, die die Arbeitslosigkeit dauerhaft in eine gesellschaftlich anerkannte Alternativrolle verlassen werden.

Die Sonderrolle der bald Verrenteten bestätigt sich auch, wenn wir die Einschätzung zum Optimismus/Pessimismus, zum subjektiven Empfinden des Belastetseins durch die Lage als Arbeitsloser und zur (Un-)Zufriedenheit mit dieser Lage ein-beziehen (vgl. Tab. 28). Künftige Rentner sind von allen im Durchschnitt noch am zu-friedensten mit ihrer Situation. Allerdings bewegt sich ihre Einschätzung auch nur im Bereich des Unentschiedenen, wenngleich die Haltung aller anderen mit nur geringfü-giger Nuancierung in Richtung Unzufriedenheit mit der eigenen Lage geht. Die bald Verrenteten nehmen somit nur die *relativ* günstigste Lagebeurteilung in einem ins-gesamt eher düsteren Szenario vor. Dem entspricht auch die Meinung über das Aus-maß des subjektiven Belastetseins durch die eigene Situation: Auch hier ist die Ein-schätzung der Vorruheständler bzw. in Zukunft Verrenteten - unentschieden mit Tendenz zu "eher weniger belastend" - die im Vergleich positivste in einem Klima, das bei allen anderen Gruppen bereits relativ deutlich in Richtung "(stark) belastend" geht. Die Unterschiede beim Pessimismus bzw. Optimismus sind hingegen nicht eindeutig interpretierbar. Wichtig scheint, daß die Polarisierung bei der subjektiven Belastung auf Kurzzeitarbeitslose (bis unter 6 Monate) zurückzuführen ist. Sie tritt *nicht* mehr auf bei allen längeren Dauern, so daß der "Entlastungseffekt" durch den "bald-Rentner"-Status nur bei kurzzeitiger Arbeitslosigkeit wirkt.

Tab. 28: Subjektive Lagebewertung nach der zukünftigen Veränderung der eigenen Situation

Einstellung	Zukünftige Änderung der Lebenssituation				eta^2
	Rente	Anstellung	Maßnahmen	keine	
Zufriedenheit	3,0	2,5	2,3	2,5	0,04***
Belastung	2,7	3,5	3,5	3,3	0,06***
Optimismus	3,2	3,0	3,3	2,8	0,03***

Zufriedenheit: Skala von 1 (sehr unzufrieden) bis 5 (sehr zufrieden).
Belastung: Skala von 1 (überhaupt nicht) bis 5 (sehr stark).
Optimismus: Skala von 1 (sehr pessimistisch) bis 5 (sehr optimistisch).
*** $p < 0,001$. Inhaltlich bedeutsame Ergebnisse sind unterlegt.

Zusammenfassend können wir sagen, daß der Status als Vorruheständler bzw. allgemein als Arbeitsloser, der für die Verrentung ansteht und somit objektiv wie auch in der subjektiven Wahrnehmung langsam das Ende der Erwerbsbiographie ansteuert, für die Betroffenen die vergleichsweise wenigsten Probleme aufgeworfen hat und aufwirft und mit der relativ positivsten Sichtweise der eigenen Lage verbunden ist. Hingegen sieht die Gruppe derjenigen, die erwarten, ihre Arbeitslosigkeit in Bälde durch die Rückkehr in die Erwerbsarbeit zu verlassen, ihre Erfahrungen mit der Arbeitslosigkeit deutlich negativer. Gerade hier hätte eigentlich vermutet werden können, daß die retrospektive Interpretation positiver oder gelassener ausfallen würde, weil aktuell ein Zustandswechsel ansteht, über den die Arbeitslosigkeit (vorerst) verabschiedet werden kann. Möglicherweise kann aber die Phase der Erwerbslosigkeit auch düster gemalt werden, um den Übergang in die Wiederbeschäftigung günstiger erscheinen zu lassen.

7.3.4 Selbsteinschätzung: rekapituliert

Es bleibt festzuhalten:

■ Ein Bild von einem resignierten, passiven Arbeitslosen bestätigt sich überhaupt nicht: Die Arbeitslosen haben ein hohes Selbstwertgefühl, schätzen sich als aktiv ein und weisen ein deutliches Unabhängigkeitsbedürfnis auf. Dies gilt für Ältere noch mehr als für die beiden jüngeren Altersgruppen. Dahinter könnte die künftige Entwicklung des Lebenslaufes stehen: Ältere haben zum einen eine erfolgreiche oder erfüllte (Berufs-)Biographie, und brauchen zumal als wenn sie Vorruheständler sind, keine oder weniger Legitimationsprobleme zu befüchten.

■ Ältere Arbeitslose vertreten in allen Bereichen eine positivere Selbsteinschätzung. Sie können bereits auf eine längere Erwerbsbiographie zurückblicken, so daß bei ihnen Versagensgefühle schwächer sein dürften. Das Zusammenleben, Mit-Leiden, die Möglichkeit, im Alltagsleben vom Partner unterstützt zu werden, macht sich positiv bemerkbar, denn Arbeitslose mit Partner haben das größte Selbstwertgefühl. Zudem ist das Selbstbild nicht unabhängig von der objektiven Lage: Mit abnehmenden ökonomischen Ressourcen sinkt auch das Selbstwertgefühl. Das kann auf die Einschränkung des Lebensstandards, den sozialen Abstieg oder sogar die Furcht vor Armut zurückzuführen sein.

■ Die Beurteilung der Situation als Arbeitsloser hängt in erheblichem Umfang von der Bewertung der eigenen Person ab, und zwar im besonderen vom Selbstwertgefühl. Arbeitslose, die sich selber positiver wahrnehmen, können demnach auch besser mit der Situation der Arbeitslosigkeit umgehen.

7.4 Zukunft und Arbeit(ssuche)

Zukunft ist ein Element von Zeit. Lebensbewältigung erfolgt auch über Zukunftsplanung oder Zukunftsentwürfe. Bei Arbeitslosen bedeutet dies z. B., die eigene Biographie zu reorganisieren, entweder auf neue, teilweise auch arbeitsferne Ziele hin auszurichten, oder Wiederanknüpfungen an den bisherigen Biographieverlauf zu versuchen. Erst wenn Arbeitslosigkeit zur übermächtigen, das Leben bestimmenden Wirklichkeit gerät (vgl. dazu: Kronauer et al. 1993), können die Lebensplanungen, die Zukunftsentwürfe sukzessive zurückgenommen werden, aktive Maßnahmen kommen immer seltener vor (vgl. auch: Jahoda et al. 1975). Daher drückt z. B. das Aufgeben der Suche nach einem Arbeitsplatz oftmals Resignation aus (vgl. Wacker 1983).

Dieser Abschnitt geht zuerst auf die subjektive Zukunftseinschätzung der Arbeitslosen ein. Danach werden mit der Suche nach einem Arbeitsplatz, sowohl über die Arbeitsämter als auch über eigene Bewerbungen, konkrete Handlungen einbezogen, mit denen Erwerbslose die eigene Zukunft (aktiv) zu gestalten suchen. Zu den inhaltlichen Kriterien, die von Interesse sind, gehören auch die Maßgaben, nach denen

Arbeitslose die Suche nach einer neuen Beschäftigung angehen. Dazu zählt neben zeitlichen Präferenzen (Ganz- oder Halbtagsbeschäftigung) auch die Frage, inwieweit der Gang in eine Selbständigkeit von Arbeitslosen als (Aus)Weg gesehen wird. Zuletzt fragen wir nach der Bereitschaft Arbeitsloser, für einen neuen Arbeitsplatz Veränderungen (z. B. in Form beruflich-vertikaler Mobilität) einzugehen.

7.4.1 Zur Zukunftsperspektive von Arbeitslosen

Wie optimistisch bzw. pessimistisch sehen Arbeitslose ihre eigene Zukunft?

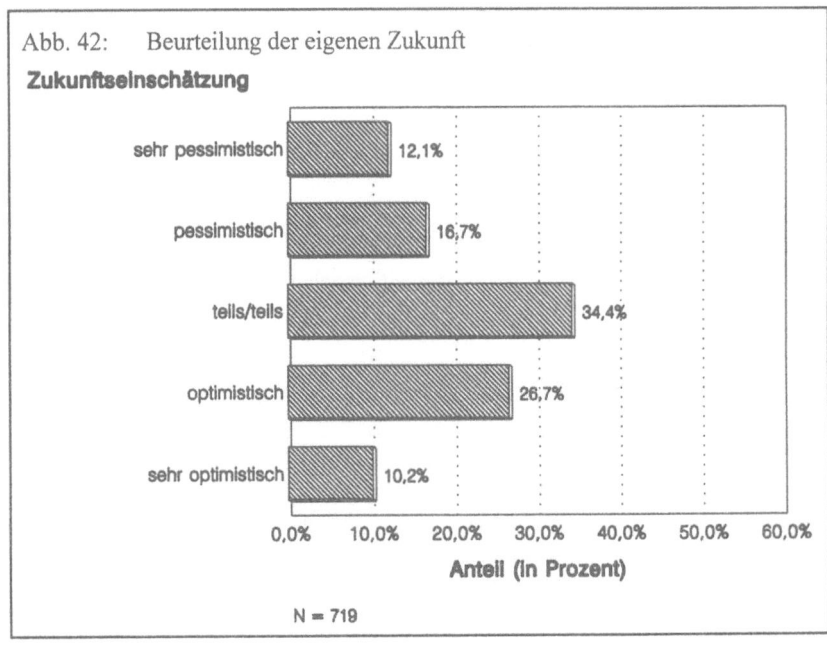

Abb. 42: Beurteilung der eigenen Zukunft

Im Durchschnitt (3,1) urteilen sie ambivalent. Am häufigsten (34,4% (247)) wird die sowohl-als-auch-Perspektive ("teils/teils") vertreten, die Unsicherheit angesichts der eigenen Zukunft ausdrückt. Verhaltener Optimismus tritt aber bereits am zweithäufigsten (26,7% (192)) auf. Sehr optimistisch ist nur eine relativ kleine Gruppe (10,2% (73)). Insgesamt überwiegt der Anteil der Optimisten ein wenig die Zahl der pessimistisch Eingestellten, wenngleich das starke Viertel (zusammen 28,8% (207)) Pessimisten nachdenklich stimmen sollte.

Die Einstellung zur Zukunft variiert marginal nach dem *Alter* (eta^2 = 0,02). Jüngere Arbeitslose (3,3) sind insgesamt unentschieden, geben sich aber vergleichsweise optimistischer als die anderen. Das kann daher rühren, daß sie auf dem Arbeitsmarkt bessere Chancen haben. Zudem können sie sich prinzipiell noch mehr Zeit für die weitere Gestaltung ihrer Erwerbsbiographie nehmen, zumal in dieser Altersgruppe der Anteil Verheirateter bzw. familial Eingebundener, also Arbeitsloser mit spezifischer Verantwortung für andere Personen, geringer ist. Das kann auch ihre Bereitschaft zur Mobilität vergrößern. Dahinter stehen aber unterschiedliche Reaktionen innerhalb der Geschlechtergruppen, denn die Einschätzung variiert nur bei arbeitslosen Männern schwach altersabhängig (eta^2 = 0,02).

Als erklärungskräftiger erweisen sich erneut Kriterien der ökonomischen Lage, vor allem die subjektive Lageeinschätzung, aber auch die Verschuldung. Nach eigener Einschätzung hoch bzw. sehr hoch Verschuldete (2,8 bzw. 2,6) sind wesentlich pessimistischer als nicht bzw. gering(er) Verschuldete (eta^2 = 0,04). Noch aussagestärker (eta^2 = 0,13) zeigt sich die subjektive Beurteilung der eigenen finanziellen Lage. Dabei steigert sich der Pessimismus mit zunehmend negativer Einschätzung der finanziellen Situation. Das läßt sich detailliert anhand der nachfolgenden Kreuztabellierung nachvollziehen (vgl. Tab. 29).

Tab. 29:   Zukunftseinschätzung nach subjektiver Lageeinschätzung.

Zukunfts-einschät-zung	Einschätzung der finanziellen Lage					
	sehr schlecht	schlecht	teils/teils	gut	sehr gut	Gesamt
sehr pessimistisch	33,3% (49)	12,0% (18)	4,3% (12)	1,0% (1)	6,1% (2)	11,6% (82)
pessimistisch	20,4% (30)	26,0% (39)	12,8% (36)	13,4% (13)	6,1% (2)	16,9% (120)
teils/teils	23,8% (35)	36,0% (54)	42,5% (120)	25,8% (25)	33,3% (11)	34,6% (245)
optimistisch	24,3% (21)	21,3% (32)	30,5% (86)	48,5% (47)	15,1% (5)	26,9% (191)
sehr optimistisch	8,2% (12)	4,7% (5)	9,9% (28)	11,3% (11)	39,4% (13)	10,0% (71)
Gesamt	100,0% (147)	100,0% (150)	100,0% (282)	100,0% (97)	100,0% (33)	100,0% (709)

Chi^2 = 152,19; d. f. = 16; alpha = 0,00000; C$_{korr}$ = 0,49.

Arbeitslose, die ihre eigene wirtschaftliche (Haushalts-)Lage als sehr schlecht bezeichnen, sind gegenüber der eigenen Zukunft häufiger pessimistisch und vor allem sehr pessimistisch eingestellt als alle anderen. Bei einer unentschiedenen Haltung zur eigenen finanziellen Situation besteht überwiegend eine ambivalente bzw. - etwas seltener - eine verhalten positive Einschätzung der eigenen Zukunft. Je besser die eigene wirtschaftliche Lage bewertet wird, desto optimistischer sind die Arbeitslosen: Bei guter Einstufung sind 48,5% eher, bei sehr guter Beurteilung 39,4% sehr optimistisch. Demzufolge entscheidet die aktuelle Wahrnehmung der eigenen wirtschaftlichen Versorgungslage sehr wesentlich über die Einstellung der Arbeitslosen zur eigenen Zukunft.

7.4.2 Die Suche nach einem Arbeitsplatz

Zu den Faktoren, die wesentlich über den Verlauf des Arbeitslosigkeitsprozesses entscheiden, gehört die Suche nach einem Arbeitsplatz (vgl. Büchtemann 1984). In einer Untersuchung von Ehrhardt/ Hahn (1993) sehen Ostberliner und Brandenburger Arbeitslose im *eigenständigen Bewerben* den erfolgreichsten Weg, um wieder zu einer Stelle zu kommen (1992: 63%), gefolgt von informellen Hinweisen durch Freunde oder Bekannte (41%) sowie Qualifizierungsmaßnahmen (1992: 31%). Vermittlungen des Arbeitsamtes wurden Ende 1992 nur noch von 26% als erfolgversprechend eingestuft (1991: 47%). Selbständigkeit scheint zumindest in Ostdeutschland nur ein Notnagel zu sein: Nur 9% (1991: 16%) sahen darin eine zukunftsträchtige Möglichkeit, der Arbeitslosigkeit zu entrinnen (vgl. 1993, S. 44).

Das ideale klassische Modell kennt vom Prinzip her keine Arbeitslosigkeit: bei einem freien Spiel der Kräfte würden sich das Angebot an und die Nachfrage nach Arbeitskräften regulieren. Arbeitslosigkeit galt den liberalen Theoretikern daher nicht als ökonomisches, sondern als politisches Problem, das aufgrund regulierender Staatseingriffe (z. B. "Armengesetze") oder Gewerkschaftsaktivitäten entstand (vgl. Niess 1982, S. 47 f.). Als Folge dieser (tarifpolitischen) Interventionen übersteige der Reallohn den Grenzertrag der Arbeit, so daß Arbeitskräfte entlassen werden müssen, um das Gleichgewicht wiederherzustellen (vgl. Klems/Schmid 1990, S. 58).[121] Die "Schuld" für die Arbeitslosigkeit wird daneben radikal individualisiert durch die

---

[121] Diese dominierende Bedeutung des Lohnsatzes für die Zahl der Beschäftigten resultiert aus einer radikalen Individualisierung, insofern "die Neoklassik jedem einzelnen Arbeiter ein individuelles Grenzprodukt unterstellt" (Sengenberger 1978, S. 23).

Ansicht, wer keine Arbeit habe, wolle letztlich auch keine (vgl. Niess 1982, S. 12).

Die latente oder manifeste Unterstellung, Arbeitslose hätten kein Interesse an einer Arbeitsaufnahme, richtet immer noch einen "Strahl ethischer Mißbilligung" (Weber 1973) auf diese Gruppe. Es besteht Grund zur Vermutung, daß sich (auch) hier eine relativ stabile "Einstellungsstruktur" (Quensel 1980) herausgebildet hat, in der Arbeitslosigkeit (gerade wegen ihrer außerordentlichen Dimensionen) in die Nähe von Devianz gerückt wird. IfD-Daten ergaben zwischen 1976 und 1981, daß um bzw. über die Hälfte der Befragten unter den Arbeitslosen kollektive Arbeitsunwilligkeit ausmachten. Wuggenig/Engel (1995) sehen dahinter Anzeichen einer deutlich "antisolidarischen Haltung" im Angesicht von Massenarbeitslosigkeit (vgl. 1995, S. 72). Andere Untersuchungen zeigen ein ähnliches Bild: In einer Regionalstudie im süddeutschen Raum (vgl. Lamnek 1996) vertraten die Befragten die Ansicht, etwa 40% aller Arbeitslosen könnten einen Job finden, wenn sie nur wollten - Arbeitslose unterschieden sich in ihrer Meinung nicht von den anderen.[122] Einem erheblichen Teil Erwerbsloser wird also unterstellt, zumindest die Stellensuche mit zu wenig Ernsthaftigkeit zu betreiben, eher aber, kein wirkliches Interesse an einer Wiederaufnahme der Arbeit zu haben. Hingegen werden weniger als ein Drittel als "in einer echten Notlage befindlich" gesehen. Damit gelten Arbeitslose zwar noch als mehrheitlich an einer Arbeitsaufnahme interessiert, aber auch trotz Arbeitslosigkeit einigermaßen versorgt. Diese Meinungen werden öffentlichkeitswirksam bekräftigt durch Äußerungen z. B. von Noelle-Neumann/Gillies (1987): Sie sprachen für den Zeitraum Mitte der 80er Jahre von 20% "freiwillig Arbeitslosen", nämlich denjenigen, die in Umfragen nicht explizit ein Interesse an einer Arbeitsaufnahme geäußert hätten, durchaus unter inhaltlicher Mißachtung der Ergebnisse aus der differentiellen Arbeitslosenforschung, wonach dieses "Desinteresse" Ausdruck gravierender Resignation in Folge der Arbeitslosigkeit sein kann, wie Uske (1995) kritisiert.[123]

Um nun die Suche nach einem Arbeitsplatz zu erfassen, wurde in unserer Studie sowohl nach den eigenständigen Bemühungen als auch nach den Vermittlungstätigkeiten der Arbeitsämter gefragt. Im Durchschnitt bekamen die Arbeitslosen bislang von den Ämtern zwei (2,2) Stellen angeboten. Etwa die Hälfte (51,1% (351)) hatte noch keine Angebote erhalten, und ein Viertel (24,5% (168) bekam bisher mehr als

---

[122] Wie Kronauer et al. (1993) darlegen, dient das Sich-Abgrenzen vom stigmatisierten, passiven Arbeitslosen oft als eine Art letztes (moralisches) Bollwerk vor dem Abgleiten in die Phase, in der Arbeitslosigkeit zur "lebensbestimmenden Realität" wird (vgl. 1993, S. 172). Beispiele dafür finden sich bei Kirchler (1993).

[123] Ein möglicher Grund für das Aufgreifen und Verstärken öffentlich wirksamer Aussagen ist die Theorielosigkeit einer wissenschaftlich ungebundenen Markt- und Meinungsforschung.

zwei Offerten. Nur einer relativ kleinen Gruppe von 6,4% (44) wurden bislang 10 oder mehr Arbeitsplätze vorgeschlagen. Die Angaben lassen sich aus Gründen der Anschaulichkeit in drei Gruppen zusammenfassen: *keine Angebote* (51,1% (351), *ein bis drei* Angebote (31,3% (215)) sowie *vier und mehr* Angebote (17,6% (121))[124].

Die Stellenangebote variieren sehr stark altersspezifisch (Chi^2 = 137,57; d f. = 4; alpha = 0,00000; Ckorr = 0,49). Mit Abstand am wenigsten Angebote erhalten ältere Arbeitslose: Über vier Fünftel (83,1% (172)) bekommen keine, mehr als doppelt so viele wie in den anderen Altersgruppen. Das ist zurückzuführen auf diejenigen, die älter als 58 Jahre (nach AFG § 105) bzw. Vorruheständler sind und in absehbarer Zeit verrentet werden.[125] Bei Jüngeren und den Arbeitslosen der mittleren Altersgruppe waren die Arbeitsämter, gemessen an der Anzahl angebotener Stellen, intensiver bemüht, sie wieder in den Erwerbsprozeß einzugliedern: Jeweils etwa zwei Fünftel erhielten 1-3 Angebote, und ein Fünftel (der Jüngeren) bzw. etwa ein Viertel (der mittleren Altersgruppe) mehr als drei Offerten. Bildungsspezifische Unterschiede treten ebenfalls auf, wobei Arbeitslose mit höherer Bildung etwas mehr Angebote bekamen (Chi^2 = 10,47; d. f. = 4; alpha = 0,03; C$_{korr}$ = 0,16): 23,8% (45) der höher Gebildeten geben an, 4 und mehr Offerten erhalten zu haben, bei den anderen Gruppen bewegen sich die Werte je um ein knappes Sechstel. Die Häufigkeit der Arbeitsangebote variiert auch nach der Arbeitslosigkeitsdauer (Chi^2 = 28,46; d. f. = 6; alpha = 0,0001; C$_{korr}$ = 0,26), wobei Langzeitarbeitslose häufiger als die anderen nichts (63,2% (96)) erhalten.[126] Überlang Erwerbslosen wurden im Verlaufe ihrer Arbeitslosenkarriere wesentlich häufiger Stellen abgeboten: 29,8% (50) gaben mindestens vier Stellen an, mehr als doppelt so viele wie in den anderen Gruppen.

Arbeitslose haben sich weitaus häufiger selber um eine Stelle bemüht, als sie Angebote von den Arbeitsämtern erhalten haben: Im Durchschnitt werden knapp 23 Versuche (22,8) angegeben. (Allerdings haben wir nicht differenziert nach speziellen Formen oder Strategien gefragt). Etwa ein Fünftel (21,1% (134)) entwickelte bislang noch keine eigenen Aktivitäten, und die Hälfte der Arbeitslosen bemühte sich selber bislang mehr als sieben Mal. Insgesamt ein Viertel kümmerte sich selber bislang mehr

---

[124] Die obere Gruppe sollte so groß gehalten werden, daß Drittvariablenkontrollen ohne Probleme für die Signifikanzberechnungen durchgeführt werden konnten.

[125] Der Einfluß des Verrentungsstatus zeigt sich auch daran, daß 86,3 % (132) der in absehbarer Zukunft Verrenteten keine Stellen angeboten bekamen, wohingegen die Anteile bei den Arbeitslosen, an deren Lage sich nichts wesentliches ändert, und denen die in AFG-Maßnahmen gehen sowie diejenigen, die eine Stelle antreten werden - um zwei Fünftel herum liegen.

[126] Allerdings ist der Anteil an Vorruheständlern bzw. in absehbarere Zeit Verrenteten gerade in dieser Gruppe auch überproportional groß.

als 20mal um eine neue Stelle.[127] Bei der Gruppierung der Daten ergibt sich folgende Verteilung: 21,1% (134) hatte bislang keine eigenen Bemühungen gezeigt, etwa ein Viertel (26,8% (170)) waren ein- bis fünfmal aktiv geworden, ein sehr starkes Viertel (29,6% (188)) hatte sich zwischen 6 und 20mal um eine Stelle bemüht, und ein gutes Fünftel (22,5% (143)) sogar mehr als 20mal.

Tab. 30: Eigene Bemühungen um einen Arbeitsplatz nach Altersgruppen

Versuche	Altersgruppe (in Jahren)			Gesamt
	bis unter 35	35 bis unter 55	55 und mehr	
gar keine	7,6% (15)	8,4% (20)	50,5% (98)	21,1% (133)
1-5 mal	34,2% (67)	22,2% (53)	25,3% (49)	26,9% (169)
6-20 mal	34,2% (67)	36,4% (87)	16,5% 32)	29,6% (186)
mehr als 20 mal	24,0% (47)	33,0% (79)	7,7% (15)	22,4% (141)
Gesamt	100,0% (196)	100,0% (239)	100,0% (194)	100,0% (629)

Chi^2 = 162,98; d. f. = 6; alpha = 0,00000; C_{korr} = 0,53.

Der größte Zusammenhang besteht nach den *Altersgruppen* (vgl. Tab. 30). Ältere Arbeitslose bemühen sich auffallend seltener als die jüngeren um eine neue Stelle, was auf die Vorruheständler bzw. in absehbarer Zeit Verrenteten rückführbar sein dürfte: Ziemlich genau die Hälfte hat selber bislang nichts unternommen, um einen Arbeitsplatz zu finden - ein Anteil, der um den Faktor 6-7 größer ist als bei den anderen Gruppen. Die mittlere Alterskategorie erweist sich hingegen als aktiver: Ein Drittel (33,1%) hat sich - wenngleich zumeist erfolglos - bisher sehr häufig (mehr als 20mal) um eine neue Stelle gekümmert, mehr als bei den Jüngeren (24,0%) und wesentlich mehr als bei den Älteren (7,7%). Dagegen haben mehr jüngere Arbeitslose sich 1-5mal um einen neuen Arbeitsplatz bemüht.

Männer und Frauen entwickeln unterschiedliche Eigenaktivitäten bei der Stellensuche. So suchen Männer auf der einen Seite häufiger als Frauen *nicht* selber nach einer Arbeit (24,4% (92) zu 16,3% (41)). Andererseits geben relativ mehr Männer an, über

---

[127] Die größte angegebene Anzahl von Versuchen war 700.

20 mal aktiv geworden zu sein (25,2% (95) zu 18,2% (46)). Frauen hingegen sind stärker bei der selteneren Arbeitssuche (1-5 mal) vertreten (35,3% (89) zu 21,0% (79)). Wenn Männer eigeninitiativ werden, dann entwickeln sie ein stärkeres Engagement als Frauen. Diese Unterschiede treten jedoch nur in den beiden jüngeren Altersgruppen auf.

Nicht nur bei den Arbeitsplatzvermittlungen durch die Ämter, sondern auch bei der aktiven Arbeitssuche ergeben sich Unterschiede nach der Arbeitslosigkeitsdauer (vgl. Abb. 31), wobei die Muster einander entsprechen.

Tab. 31: Eigene Bemühungen um einen Arbeitsplatz nach der Arbeitslosigkeitsdauer

Versuche	Arbeitslosigkeitsdauer (in Monaten)				Gesamt
	bis unter 6	6 bis unter 12	12 bis unter 24	24 und mehr	
gar keine	13,3% (22)	16,8% (25)	36,6% (53)	18,5% (29)	20,9% (129)
1-5 mal	37,6% (62)	31,5% (47)	24,8% (36)	13,4% (21)	26,9% (166)
6-20 mal	34,6% (57)	32,9% (49)	22,8% (33)	27,4% (43)	29,5% (182)
mehr als 20 mal	14,5% (24)	18,8% (28)	15,8% (23)	40,7% (64)	22,6% (139)
Gesamt	100,0% (165)	100,0% (149)	100,0% (145)	100,0% (157)	100,0% (616)

Chi^2 = 74,26; d. f. = 9; alpha = 0,00000; C_{korr} = 0,39.

Langzeitarbeitslose (12 bis unter 24 Monate) haben sich seltener als die anderen überhaupt selber um Stellen bemüht, obwohl sie eigentlich mehr Zeit und Gelegenheit dazu hatten: 36,6% (53) geben an, bislang noch nicht aktiv geworden zu sein, das sind (mehr als) doppelt so viele wie in den andern Gruppen. Hier dürfte eine Rolle spielen, daß die Anteile an Älteren bzw. Vorruheständlern unter den Langzeitarbeitslosen vergleichsweise hoch sind. Mit deutlichem Abstand am häufigsten haben hingegen überlang Erwerbslose (erfolglos) eigene Anstrengungen unternommen: 40,8% (64) geben mehr als 20 Versuche an, um eine Arbeit zu finden - in den anderen Gruppen liegen die Werte zwischen etwa 14% und 19%.

7.4.3 Präferenzen für die Art zukünftiger Betätigung

Inwieweit orientieren sich die Vorstellungen der Arbeitslosen von ihrer beruflichen Zukunft eher am Normalarbeitsverhältnis, inwieweit präferieren sie "atypische" (Teilzeit-)Beschäftigungsverhältnisse oder möchten sogar (vorerst) gar nicht mehr in den Arbeitsmarkt zurück?

Nur oder immerhin ein knappes Sechstel (15,5% (104)) kann sich vorstellen, auch für längere Zeit Hausmann bzw. Hausfrau zu sein. Interessant ist, daß sich der Wunsch nach einer Ganztagsstelle und der Gefallen an einer Teilzeitstelle, die eine Verbindung zwischen Arbeit und Zeit für sich bzw. die Familie eröffnet, mit jeweils etwas mehr als zwei Fünfteln in etwa gleich häufig auftreten. Dies kann bedeuten, daß ein nicht unerheblicher Teil der Arbeitslosen eine leichte Abkehr von der Vorstellung eines Normalarbeitstags vollzogen hat, getragen von dem subjektiven Wunsch, den Bedürfnissen aus verschiedenen Lebensbereichen - Arbeit *und* Familie, Arbeit *und* Freizeit - zeitlich, in der Alltagsorganisation, gerecht werden zu können. Um zu erfahren, ob hier eine Veränderung durch die Erwerbslosigkeit vorliegt oder aber eine bereits bestehende Haltung fortgeführt wird, vergleichen wir die aktuelle Einstellung mit der Art der vorherigen Beschäftigung.

Tab. 32: Stellenpräferenz nach der Art der vorherigen Beschäftigung

Präferenz	Art der Beschäftigung			Gesamt
	vollzeit	halbtags	teilzeit	
Hausmann/ Hausfrau	15,6% (89)	16,6% (10)	12,8% (5)	15,5% (104)
Teilzeitstelle	38,1% (218)	71,7% (43)	71,8% (28)	43,1% (289)
Ganztagsstelle	46,3% (265)	11,7% (7)	15,4% (6)	41,4% (278)
Gesamt	100,0% (572)	100,0% (60)	100,0% (39)	100,0% (671)

Chi^2 = 48,91; d. f. = 4; alpha = 0,00000; C$_{korr}$ = 0,30; Lambda$_{Besch}$ = 0,12.

Tendenziell bestätigen sich beide Annahmen. Deutliche Unterschiede zeigen sich bei den Teilzeit- bzw. Ganztagsstellen: Ehemals Vollzeitbeschäftigte weisen den mit Abstand größten Anteil (46,3%) auf, der wieder ganztags arbeiten möchte - in den anderen Gruppen beträgt der Anteil nicht einmal ein Sechstel. Umgekehrt wünschen sich jeweils mehr als sieben Zehntel derjenigen, die schon vor der Erwerbslosigkeit weniger als ganztags gearbeitet haben, auch wieder eine Teilzeitstelle. Jedoch weisen die knapp zwei Fünftel (38,1%) zuvor Vollzeitbeschäftigter, die aus dem angeführten Grund - bessere zeitliche Vereinbarkeit von Arbeit und Familie bzw. eigenen Bedürf-nissen - eine Teilzeitstellung anstreben würden, darauf hin, daß in dieser Gruppe möglicherweise ein Umdenken stattgefunden hat. Ein Grund könnten die positiven Erfahrungen mit der Mehr-Zeit bzw. einer als sinnvoll empfundenen (potentiellen) Nutzung dieser Mehr-Zeit für sich selber, den Partner oder die Familie sein.

Es bestehen deutliche, alters- und geschlechtsgruppenabhängige Unterschiede. Äl-tere Arbeitslose sind (mit einem starken Drittel) erheblich öfter an einer Fortführung des Hausmann-/Hausfrauendaseins interessiert als die übrigen *Altersklassen*, mögli-cherweise, weil sie bereits relativ häufig für eine absehbare Verrentung anstehen. Unterschiede zwischen *Männern und Frauen* treten nur bei den Teilzeit- und Ganz-tagsstellen auf: Frauen haben mit 56,8% (155) (gegenüber 34,2% (139) bei Männern) eine größere Präferenz für Teilzeittätigkeiten, wohingegen mehr Männer (48,6% (198)) als Frauen (30,0% (82)) explizit in eine Ganztagsbeschäftigung streben. Unter Männern besteht eine größere Arbeitsorientierung, wahrscheinlich aufgrund der (zu-geschriebenen) Funktion als Familienernährer, wohingegen Frauen (sicher auch fami-lienabhängig) häufiger den Wunsch nach einer Vereinbarkeit beider Sphären, nämlich Beruf und Privates bzw. Familie, zum Ausdruck bringen.

Tab. 33: Präferenzen nach der subjektiven Beurteilung der ökonomischen Lage

Präferenzen	Einschätzung der ökonomischen Lage					Gesamt
	sehr schlecht	schlecht	teils/teils	gut	sehr gut	
Hausmann/ Hausfrau	11,2% (16)	10,4% (15)	17,2% (46)	23,1% (21)	16,7% (5)	15,2% (103)
Teilzeitstel-le	30,8% (44)	43,8% (63)	50,0% (134)	49,4% (45)	26,7% (8)	43,5% (294)
Ganztags-stelle	58,0% (83)	45,8% (66)	32,8% (88)	27,5% (25)	56,7% (17)	41,3% (279)
Gesamt	100,0% (143)	100,0% (144)	100,0% (268)	100,0% (91)	100,0% (30)	100,0% (676)

Chi^2 = 40,02; d. f. = 8; alpha = 0,00000; C_{korr} = 0,29.

Daneben scheint es so zu sein, daß Arbeitslose in ihrer wahrgenommenen ökonomi-schen Lage einen subjektiv empfundenen Zwang zur Wiederaufnahme einer Beschäftigung sehen (vgl. Tab. 33): Je besser sie ihre finanzielle Lage einschätzen, desto häufiger finden sie Gefallen an einer länger andauernden Hausmann- bzw. Hausfrauentätigkeit. Sind es unter denjenigen mit (sehr) schlechter Beurteilung nur jeweils etwa ein Zehntel, so geben es von denen mit einer guten ökonomische Lageeinschätzung mehr als doppelt so viele (23,1%) an. Gleichermaßen sinkt der Anteil derjenigen, die explizit eine Ganztagsstelle annehmen wollen, von mehr als der Hälfte (58,0%) unter den sich sehr schlecht Einstufenden bis auf 27,5% unter den mit guter Lageeinschätzung.[128] Die entscheidenden Unterschiede könnten darin liegen, ob bzw. wie lange es sich der Haushalt noch leisten kann, auf ein zusätzliches Erwerbseinkommen zu verzichten.

Gerade im Hinblick auf den Zusammenhang mit der ökonomisch bedingten Zwangsmotivierung ist die Frage von Bedeutung, ob die Präferenzen von der erwartbaren Entwicklung der eigenen (Berufs-)Biographie in der näheren Zukunft abhängig sind oder eher Ausdruck eigener Wunschvorstellungen, tendenziell abgekoppelt von der wirklichen Entwicklung?

Tab. 34: Präferenzen nach der Änderung der Lebenssituation

Präferenz	Änderung der Lebenssituation				Gesamt
	keine	Anstellung	Rente	Maßnahmen	
Hausmann/ Hausfrau	9,0% (26)	4,7% (3)	42,3% (69)	11,8% (7)	17,0% (98)
Teilzeitstelle	41,5% (120)	35,9% (23)	43,6% (71)	44,1% (26)	41,7% (240)
Ganztagsstelle	49,5% (143)	59,4% (38)	14,1% (23)	44,1% (26)	41,3% (237)
Gesamt	100,0% (289)	100,0% (64)	100,0% (163)	100,0% (59)	100,0% (575)

Chi^2 = 136,16; d. f. = 6; alpha = 0,00000; C_{korr} = 0,53.

Wesentlich und auffällig sind vor allem die Unterschiede zwischen denen, die in absehbarer Zeit durch Verrentung die Arbeitslosigkeit verlassen und allen übrigen Gruppen (vgl. Tab. 34). Dabei zeigt sich, daß die Verrenteten viel häufiger als alle anderen angeben, ein Hausmann- bzw. Hausfrauendasein würde ihnen auch noch für längere

---

[128] Diejenigen, die ihre Lage als sehr gut bewerten, fallen hier heraus. Diese Gruppe ist von der objektiven Lage her schlechter gestellt als es die Selbsteinschätzung erwarten ließe. Subjektive und objektive Kriterien wirken damit gemeinsam ein.

Zeit Spaß machen. Dagegen haben sie auffallend seltener Interesse an Ganztagsstellen. Zumindest in dieser Gruppierung werden die Präferenzen für Nichterwerbstätigkeit, Teilzeit- oder Ganztagsbeschäftigung in Teilen durchaus von der eigenen
biographischen Zukunft beeinflußt. Auch fällt auf, daß die, die bald wiederbeschäftigt
sein werden, seltener eine Teilzeitstelle präferieren, dafür aber häufiger als alle übrigen eine Ganztagsstelle angeben. (Das kann auch ein Hinweis auf die Art der zukünftigen Stellen sein).

Daß die wesentlichen Unterschiede durch die bald Verrenteten bedingt sind, zeigt
sich am Vergleich der Altersgruppen. Die bereits erwähnten Einstellungsunterschiede
von Männern und Frauen bleiben bei allen zukünftigen oder angestrebten (berufs-)
biographischen Entwicklungen bestehen - mit Ausnahme der Vorruheständler/bald
Verrenteten: Hier unterscheiden sich die Positionen nicht mehr eindeutig voneinander.

Zu fragen ist auch, ob die Präferenzen für die künftige Tätigkeit in Zusammenhang
mit den subjektiv empfundenen Auswirkungen der Arbeitslosigkeit stehen?[129]

Tab. 35: Auswirkungen der Arbeitslosigkeit nach den Präferenzen für die künftige
Tätigkeit

Auswirkungen	Präferenzen			eta^2
	Hausmann/-frau	Teilzeitstelle	Ganztagsstelle	
Klima	3,1	4,1	5,2	0,08[***]
Effekt	8,2	7,7	6,6	0,08[***]
Mehr-Zeit	7,4	6,5	5,0	0,16[***]

[***] $p < 0,001$. Skala: jeweils von 0 (sehr gering) bis 10 (sehr groß).

Überdeutlich zeigt sich, daß diejenigen, die sich auch noch längere Zeit eine Tätigkeit
als Hausmann/Hausfrau vorstellen können, mit der Arbeitslosigkeit die vergleichsweise geringsten Probleme für das Partnerschaftsklima ("Klima") und den vergleichsweise größten positiven Effekt der Arbeitslosigkeit auf die Familie ("Effekt") sowie
den relativ höchsten subjektiven Nutzen (durch eine sinnvolle Nutzung der zusätzlich
verfügbaren Zeit für sich selber bzw. seine Netzwerkkontakte ("Mehr-Zeit")) verbinden.[130] Bei denen, die eine Teilzeitbetätigung (mit potentieller Vereinbarkeit von
Arbeitzeit und Eigen- bzw. Partnerschafts-und/oder Familienzeit) anstreben, sind

---

[129] Die Indizes "Klima" und "Effekt" werden in Kap. 8.1 eingeführt.
[130] Eventuell ist dies eine Klientel, die auch überproportional in die Stille Reserve geht.

diese Effekte bereits eindeutig geringer ausgeprägt, und die relativ negativsten Einstellungen vertreten diejenigen, die explizit wieder ganztags beschäftigt sein wollen. Dahinter kann einmal eine rückwirkende Glättung der Wahrnehmung stehen, die aufgrund der Absicht entstand, die Biographie in einer bestimmten Weise fortzusetzen. Wir können auch - statistisch nicht ganz abgesichert - einen Umkehrschluß ziehen: Jene, die ihre Arbeitslosigkeit in den erwähnten Aspekten bislang als (sehr) zufriedenstellend erfuhren und wahrnehmen, möchten dies zumindest eine Zeitlang fortsetzen. Werden in der Arbeitslosigkeit in der Partnerschaft mehr Probleme erlebt und/oder für sich, seine Sozialkontakte und die Familie weniger positive Effekte gesehen, will man hingegen dem Zustand des Arbeitslosseins (und damit wahrscheinlich der subjektiv empfundenen Ursache ihrer Probleme) möglichst bald entkommen und die Normalität ex ante wiederherstellen.

Beziehen wir einige Randbedingungen für das (mögliche) Handeln ein (Lebensalter, Geschlechtergruppen, Haushaltstyp, absehbare Zukunft), dann variieren die Zusammenhänge in z. T. typischer Weise. Durchgängig bestätigt sich der Effekt, daß Arbeitslose, die explizit eine Ganztagsstelle anstreben, größere, arbeitslosigkeitsinduzierte Partnerschaftsprobleme hatten und bislang weniger positive Erfahrungen als andere mitnehmen konnten. Der Hausmänner- und Hausfrauen-Effekt gilt dagegen nur in bestimmten Teilpopulationen, vor allem für Arbeitslose mit eigener Familie. Daneben tritt er jedoch auch bei Frauen auf. Kombinieren wir beide Merkmale, dann zeigt sich eindeutig ein Haus*frauen*effekt.

7.4.4 Selbständigkeit - ein Ausweg?

Inwieweit sehen Arbeitslose im Gang in die Selbstständigkeit einen möglichen Ausweg aus ihrer Lage? Es fällt auf (vgl. Abb. 43), daß die Antworten sich recht gleichmäßig verteilen, wobei relativ genau die Hälfte der Arbeitslosen einer Selbständigkeit zustimmt bzw. sie ablehnt. Daß sie nicht mit der eigenen Person bzw. den persönlichen Kompetenzen übereinstimmt ("Nein, selbständig zu sein liegt mir nicht"), meint genau ein Viertel. Weitere 23,0% sehen damit ein zu hohes Risiko verbunden, antizipieren also die potentielle Unsicherheit der Lage und die Gefahr des Scheiterns. Das knappe Viertel (24,4%) derer, die in einer Selbständigkeit den wirklich letzten Ausweg sehen ("Ja, wenn es keinen anderen Weg gibt, um Arbeit zu haben"), gehört potentiell zu den selbständigen "Notexistenzen", den "neuen" Selbständigen, die damit einer ökonomischen Notlage entfliehen wollen. Eher intrinsisch motiviert wären nur 27,6% ("Ja, ich glaube, es würde mir Spaß machen, selbständig zu sein"):

Sie würden einen eigenständigen Weg in die Erwerbstätigkeit beschreiten.

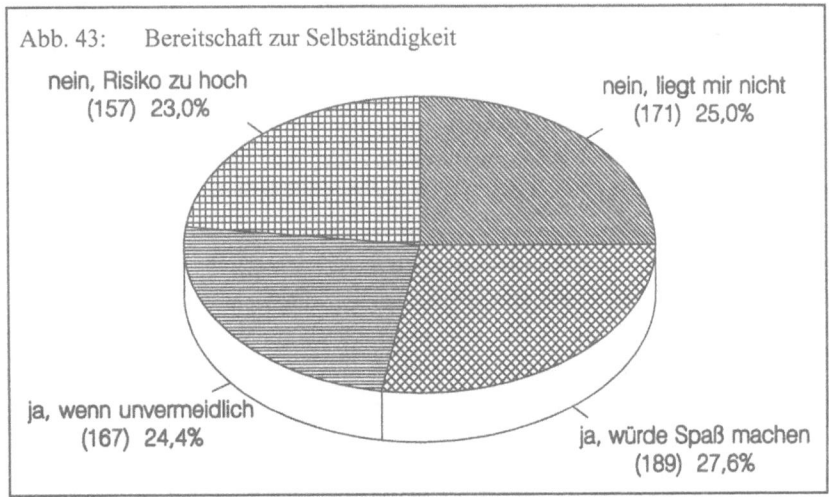

Abb. 43:   Bereitschaft zur Selbständigkeit

nein, Risiko zu hoch
(157) 23,0%

nein, liegt mir nicht
(171) 25,0%

ja, wenn unvermeidlich
(167) 24,4%

ja, würde Spaß machen
(189) 27,6%

Die zunehmende Dauer der Arbeitslosigkeit wirkt nicht (zwangs-)motivierend auf die Bereitschaft zur Selbständigkeit. Sie variiert jedoch eindeutig mit dem *Lebensalter* (vgl. Tab. 36). Ältere meinen wesentlich häufiger, daß ihnen eine Selbständigkeit nicht liegen würde, wohingegen in den beiden anderen Alterskategorien die stark extrinsisch motivierte Zustimmung ("...wenn es keinen anderen Weg gibt...") bzw. die freiwillige Überzeugung ("Ich glaube, es würde mir Spaß machen...) deutlich häufiger auftreten. Die geringere Bereitschaft Älterer zur "Zwangsselbständigkeit" mag daher rühren, daß ihre biographische Zukunftsperspektive bereits in Richtung Verrentung geht, wodurch ihnen weniger psychischer Druck oder Handlungszwang entsteht. Eindeutige, aber nicht sehr große Unterschiede bestehen zwischen *Männern* und *Frauen,* wobei Frauen etwas häufiger dazu tendieren, einen Gang in die Selbständigkeit abzulehnen, sei es, daß sie sich nicht dazu berufen fühlen, sei es, daß ihnen das Risiko zu groß erscheint. Augenscheinliche Divergenzen treten zwischen den *Bildungsgruppen* auf: Höher Gebildete weisen insgesamt weniger Scheu vor einer Selbständigkeit auf und würden sie sich auch eher zutrauen, wohingegen diejenigen mit Hauptschulbildung hier größere (Selbst-)Zweifel haben.

Tab. 36: Bereitschaft zur Selbständigkeit nach personalen Merkmalen

Einstellung	Geschlechtergruppe[1]			Bildungsniveau[2]				Altersgruppe (in Jahren)[3]			
	Männer	Frauen	Gesamt	Haupt-schule	mittlere Reife	Abitur/ Univ.	Gesamt	bis unter 35	35 bis unter 55	55 und älter	Gesamt
liegt mir nicht	22,4% (92)	29,6% (79)	25,3% (171)	32,5% (96)	17,8% (26)	16,1% (31)	24,2% (153)	16,1% (34)	18,7% (47)	41,8% (89)	25,2% (170)
Risiko zu hoch	20,2% (83)	27,3% (73)	23,0% (156)	24,4% (72)	33,5% (49)	13,5% (26)	23,2% (147)	27,0% (57)	19,9% (50)	22,5% (48)	23,0% (155)
als letzte Möglichkeit	27,3% (112)	20,2% (54)	24,5% (166)	19,7% (58)	24,0% (35)	33,3% (64)	24,8% (157)	26,1% (55)	31,9% (80)	14,1% (30)	24,4% (165)
würde Spaß machen	30,0% (123)	22,8% (61)	27,2% (184)	23,4% (69)	24,7% (36)	37,0% (71)	27,8% (176)	30,8% (65)	29,5% (74)	21,6% (46)	27,4% (185)
Gesamt	100,0% (410)	100,0% (267)	100,0% (677)	100,0% (295)	100,0% (146)	100,0% (192)	100,0% (633)	100,0% (211)	100,0% (251)	100,0% (213)	100,0% (675)

[1] Chi^2 = 54,90; d. f. = 3; alpha = 0,00000; C_{korr} = 0,34.
[2] Chi^2 = 13,20; d. f. = 6; alpha = 0,004; C_{korr} = 0,20.
[3] Chi^2 = 47,90; d. f. = 6; alpha = 0,00000; C_{korr} = 0,32.

7.4.5 Arbeitslosigkeit und Mobilität

Inwieweit sind Arbeitslose zur räumlich-geographischen und beruflichen, horizontalen oder vertikalen Mobilität bereit, um wieder einen Arbeitsplatz zu erhalten bzw. ihre subjektiv perzipierten Chancen darauf zu verbessern? Das ist insofern von Bedeutung, als im öffentlich-politischen Diskurs eine relativ enge Verbindung mit dem prekären Etikett der Arbeitsunwilligkeit oder Arbeitsscheu besteht - wobei hier gerne eine weitere Verbindung zur Sozialkriminalität gezogen wird.[131]

Horizontale Arbeitsmobilität umfaßt den Wechsel des Wirtschaftszweiges, andere Arbeitsbedingungen, Veränderung der Arbeitswege, geänderte Arbeitszeiten und den (beruflich oder nicht-beruflich bedingten) Wohnortwechsel. *Vertikale Mobilität* bedeutet, Änderungen in der beruflichen Stellung, dem Einkommen hinzunehmen oder einen anders bewerteten Arbeitsplatz anzunehmen (vgl. Klems/Schmid 1990, S. 39). Die Bereitschaft zur Mobilität variiert mit dem Lebensalter und sinkt mit zunehmender Dauer der Tätigkeit in einem Beruf: Zwischen 18 und 20 Jahren (nach Beendigung der Ausbildung) ist sie relativ am höchsten (etwa 25% würden wechseln), nimmt danach mit zunehmendem Lebensalter kontinuierlich ab und liegt mit 58 Jahren weit unter 5% (vgl. Velling/Bender 1994).

Arbeitslose müssen deutlich häufiger als Beschäftigte Dequalifizierungserfahrungen wie Berufswechsel oder Entwertung von Kenntnissen machen (vgl. Büchtemann 1984, S. 77). Gerade längere Arbeitslosigkeitsphasen erzwingen eine höhere Bereitschaft zu beruflicher Mobilität: Mit zunehmender Dauer der Arbeitslosigkeit sinkt der Marktwert des eigenen Humankapitals, da kein unmittelbarer Anschluß mehr an die sich mit der Zeit wandelnden Berufsprofile besteht. Fast die Hälfte der Arbeitslosen wies Mitte/Ende der 70er Jahre bereits Erfahrungen mit Berufswechseln auf. Diese waren zum Großteil beruflich abwärtsmobil, vor allem mit zunehmender Arbeitslosigkeitsdauer. So mußten mehr als die Hälfte der Wiedereinsteiger, die mindestens 15 Monate arbeitslos waren, einen Berufswechsel akzeptieren. Für etwa ein Drittel der Wiedereinsteiger war dieser mit beruflichem Abstieg verbunden - in Abhängigkeit von der früheren beruflichen Stellung: Unter ehemaligen gehobenen und leitenden Angestellten betrug er sogar 50%. Bei Mehrfacharbeitslosigkeit bestanden sogar

---

[131] Das Label "arbeitsscheu" entwickelte sich unter zwei historischen Bedingungen zu einem Stigma, nämlich der Durchsetzung eines klassisch-manchesterliberalen Denkens sowie der ethisch überhöhten Bedeutung der Berufsarbeit.

kaum Chancen auf einen stabilen Wiedereinstieg (vgl. Velling/Bender 1994, S. 212; S. 219). Bei einer Untersuchung Frankfurter Langzeitarbeitsloser (Klems/Schmidt 1990) zeigte sich, daß eine "unterqualifizierte Beschäftigung" (21% in der "neuen" bzw. 17,9% in der "traditionellen" Gruppe) sowie ein "Wechsel des Wohnorts" (22,6% in der "neuen" bzw. 17,1% in der "traditionellen" Gruppe) als jeweils letzte Möglichkeiten für eine Mobilität in Betracht kamen (vgl. 1990, S. 101). Werden beide Kritereien akzeptiert, dann dürfte ein erhebliches Leiden an der Arbeitslosigkeit vorliegen. Mittlerweile wird versucht, Arbeitslose durch sukzessives Verschlechtern ihrer ökonomischen Lage zur Mobilität zu motivieren. Kühl (1996) hält es für fraglich, ob derartiger Druck auf Arbeitslose hilft, die Beschäftigungslücke zu schließen (vgl. 1996, S. 27).

Die Bereitschaft der untersuchten Arbeitslosen, für eine neuen Arbeitsstelle Zugeständnisse zu machen, variiert augenscheinlich, je nach "Zumutung" (vgl. Abb. 44). Zwischen Unentschiedenheit und der Tendenz zur Zustimmung schwanken die Einstellungen gegenüber einem Berufswechsel bzw. einer Umschulung als Bedingung für eine erneute Arbeitsaufnahme. Beide Fragen sprechen die *beruflich-horizontale* Mobilität an. Deutlich mehr als die Hälfte der Arbeitslosen können sich beides vorstellen, wobei jeweils ein starkes Drittel sogar volle Zustimmung äußerte. Immerhin lehnt aber ein gutes Viertel die Umschulung ab, wie auch ein Viertel der Arbeitslosen gegen einen Berufswechsel eingestellt ist. Insgesamt bilden Berufswechsel und Umschulung noch relativ "anerkannte" Strategien, um zu einer neuen beruflichen Tätigkeit zu kommen.

Daneben haben wir Aspekte der *vertikalen beruflichen Mobilität* erhoben ("Die Arbeit darf geringer qualifiziert sein", "Die Arbeit darf weniger interessant sein" sowie "Die Arbeit darf mit weniger Einkommen verbunden sein"). Zugeständnisse werden hier relativ wenig gemacht: Zu allen drei Items nehmen die Arbeitslosen eine eher ablehnende Haltung ein. Jeweils etwa die Hälfte lehnt ab, eine geringer qualifizierte Arbeit anzunehmen (51,6% (320)) bzw. Einkommenseinbußen in Kauf zu nehmen (51,8% (320)). Nur etwa ein Fünftel zeigt sich bereit, diese Verschlechterungen hinzunehmen, um eine neue Stellung zu erhalten. Noch wichtiger ist, daß eine Arbeit interessant sein muß: Hier wären nur 15,2% (93) bereit, mehr oder weniger große Zugeständnisse zu machen. Dem stehen allerdings fast zwei Drittel (62,9% (378)) gegenüber, die dazu weniger bzw. überhaupt nicht willens wären. Damit erweist sich die vertikale berufliche Mobilität deutlich als problematischer für die Arbeitslosen als die horizontale (Berufswechsel, Umschulung).

Die *räumlich-geographische* Mobilität wurde angesprochen über die Fragen nach einem potentiellen Wohnortwechsel, und über die Bereitschaft, einmal längere und zum anderen ungünstigere Arbeitszeiten als bisher zu akzeptieren. Der räumlich-geographische Aspekt besteht dabei indirekt, weil evtl. die räumliche bzw. räumlich-zeitliche Trennung vom Haushalt und damit auch vom Partner bzw. der Familie angesprochen wird. Die Bereitschaft zum Wohnortwechsels ist im Durchschnitt gering ausgeprägt (2,1): Etwa zwei Drittel lehnen es ab, mehr als die Hälfte (52,7% (333)) sogar absolut. Zusammen wäre nur ein Fünftel (20,0% (124)) (bedingt) bereit, einen Wohnortwechsel vorzunehmen. Auch Zugeständnisse an die zeitliche Organisation der Arbeit finden nicht unbedingt Zustimmung, die Meinungen dazu sind uneinheitlich.

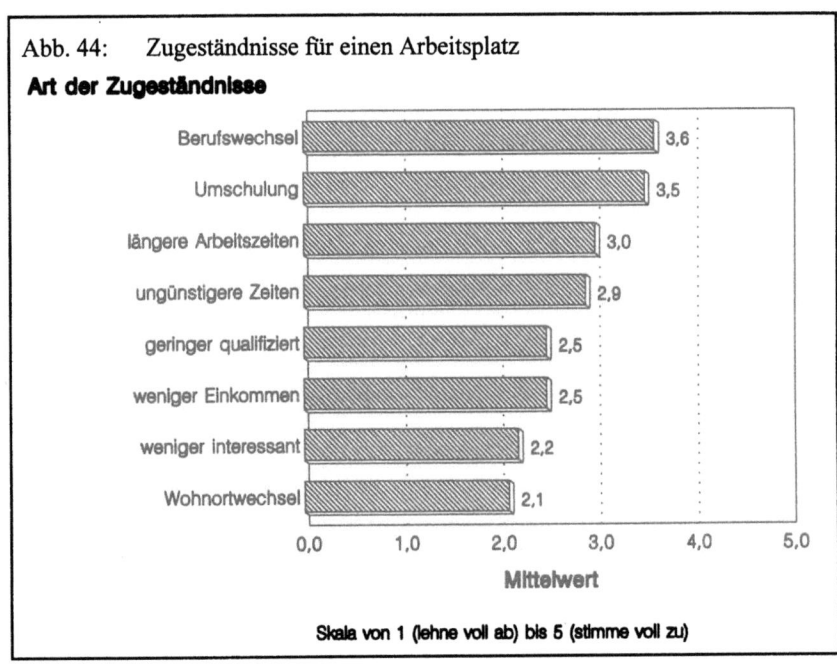

Abb. 44:   Zugeständnisse für einen Arbeitsplatz

Art der Zugeständnisse

	Mittelwert
Berufswechsel	3,6
Umschulung	3,5
längere Arbeitszeiten	3,0
ungünstigere Zeiten	2,9
geringer qualifiziert	2,5
weniger Einkommen	2,5
weniger interessant	2,2
Wohnortwechsel	2,1

Skala von 1 (lehne voll ab) bis 5 (stimme voll zu)

Alle Haltungen differieren hauptsächlich nach dem *Lebensalter*: Ältere Arbeitslose weisen eine deutlich geringere Flexibilität auf als die jüngeren. Dahinter mag wieder stehen, daß ein erheblicher Teil von ihnen in absehbarer Zeit aus dem Erwerbsleben ausscheidet. Jüngere Erwerbslose müssen noch weiter arbeiten und möglicherweise auch eine Familie unterhalten. Das *Bildungsniveau* wirkt nur auf den Wohnortwechsel ein, wobei Arbeitslose mit Hauptschulbildung dazu weniger Zustimmung zeigen als alle anderen. Ebenfalls nur beim Wohnortwechsel bestehen Unterschiede zwischen den *Haushaltstypen*: Arbeitslose aus Familien- und Partnerschaftshaushalten bringen eindeutig weniger Bereitschaft dazu auf, sie fühlen sich räumlich und sozial stärker eingebunden.

Von den subjektiv geäußerten Meinungen und Einstellungen hat die *Einschätzung der eigenen Zukunft* einen geringen Einfluß. So würden pessimistische und sehr pessimistische Arbeitslose mehr Zugeständnisse dahingehend machen, daß eine neue Arbeit weniger interessant sein darf (wenn es nur wieder Arbeit ist). Dagegen zeigen sehr zukunftsoptimistische Arbeitslose eine deutlich geringere Bereitschaft zu Einkommenseinbußen, um eine neue Stelle zu bekommen. Daneben wirkt nur noch die *subjektive Bewertung der finanziellen Lage*, allerdings nur bei den Berufswechseln: Wer seine ökonomische Lage selber als schlecht bzw. sehr schlecht einstuft, wäre eher bereit, einen Berufswechsel zu akzeptieren, um wieder Arbeit zu bekommen.

Für weitere Auswertungen zur Lebensführung (vgl. Kap. 9) wurden aus den Einzelitems drei Faktoren extrahiert (vgl. Tab. 37): für die vertikale Mobilität ("Vertikal"), die räumlich-geographische ("Raum-Zeit") und die horizontalen Mobilität ("Horizontal") und aus den Variablen der jeweiligen Faktoren einfache additive, z-transformierte Indizes (mit einer Skala von 0 bis 10) gebildet.

Tab. 37:   Faktoren hinter der Mobilität. Faktorladung der Variablen

	Vertikal	Raum-Zeit	Horizont
Qualifikation	.88	.11	.16
Interessant	.88	.06	.09
Einkommen	.75	.28	.01
Arbeitszeiten	.28	.78	.08
Arbeitswege	.26	.77	.10
Wohnortwechsel	-.05	.67	.18
Berufswechsel	-.16	.11	.89
Umschulung	.04	.20	.89

Die bisher gefundenen Ergebnisse spiegelten sich in den Indizes wider, so daß auf die weitergehende Verbalisierung der o. a. Tabelle und der Korrelationen mit den Standardvariablen verzichtet wird.

7.4.6 Die Zukunft der Arbeitslosen im Überblick

Zum Bereich Zukunft und Arbeitssuche bleibt festzuhalten:

- Wesentlich entscheidet die subjektive Einschätzung der eigenen ökonomischen Lage über die Einstellung der Arbeitslosen zu ihrer eigenen Zukunft: Wer seine momentane Lage als schlecht ansieht, ist für die Zukunft deutlich pessimistischer.

- Arbeitslose gehen häufiger eigeninitiativ auf Stellensuche als sie sich auf Arbeitsplatzangebote von den Arbeitsämtern verlassen. Jüngere und "Mittelalte" erhalten mehr Angebote vom Arbeitsamt, haben aber auch häufiger selber gesucht. Sie haben, anders als die Älteren, noch längere Abschnitte in ihrer Erwerbsbiographie vor sich und bringen daher eine größere intrinsische Motivation auf. Seitens der Arbeitsämter scheint ein größeres Interesse bestehen, diese Gruppen zu vermitteln.

- Die künftige berufliche Tätigkeit soll zeitlich (Vollzeit oder Teilzeitstelle) überwiegend an die Zeit vor der Arbeitslosigkeit anknüpfen. Geschlechtsrollenstereotyp streben Männer häufiger eine Vollzeitstelle an, Frauen möchten häufiger Familie und Beruf, Arbeit und Freizeit über eine Teilzeitstelle realisieren.

- Etwa die Hälfte der Erwerbslosen wäre bereit, selbständig zu werden, um aus der Arbeitslosigkeit herauszukommen. Davon kann wiederum die Hälfte zu den selbständigen Notexistenzen gezählt werden, die darin ihren letzten Ausweg sehen. Jüngere und höher Gebildete äußern weniger Scheu vor einer Selbständigkeit.

- Die Bereitschaft der Arbeitslosen zu horizontaler beruflicher Mobilität (Umschulung, etc.) ist relativ groß - wobei auch damit oft Dequalifizierung und vertikale Abwärtsmobilität verbunden sind! Eher auf Ablehnung stößt die vertikale Mobilität (schlechter bezahlte oder uninteressante Tätigkeiten). Das drückt jedoch keine Verweigerungshaltung aus, die sozialstaatlicher Sanktionen bedarf. Vielmehr muß es als ernsthaftes Interesse der Arbeitslosen an sinnvoller, erfüllender Arbeit gesehen werden. Anlaß zur Besorgnis geben eher die, die in größerem Maße zu vertikaler beruflicher Mobilität bereit sind: Ihre ökonomische Lage ist vergleichsweise schlecht, sie sind aus der Not heraus mobil und flexibel.

8   Probleme im sozialen Kontext

Bei Eintritt der Arbeitslosigkeit wird der Betroffene in eine Auseinandersetzung mit latenten oder manifesten Stereotypen über Arbeitslose gedrängt. Arbeitslosigkeit weist (immer noch) den Charakter eines mehr oder weniger deutlichen Stigmas auf, das seinen Träger diskreditierbar macht und - so es entdeckt wird - auch diskreditiert. Weil darüber (nicht nur) die soziale Identität des Betroffenen (mit)definiert wird, treten Veränderungen in der Selbst- und (antizipierten) Fremdwahrnehmung sowie im Selbstwertgefühl auf. Die Stigmatisierung kann dabei sehr wohl (in)direkt negativen Einfluß nehmen auf partnerschaftliche und/oder familiale Beziehungen sowie Netzwerkkontakte, also das soziale Kapital. Gerade die Individualisierungstheorie betont die große Bedeutung der Netzwerkintegration für die soziale Identität, vor allem in großstädtischen Milieus (vgl. Keupp 1990). Die erweiterten Möglichkeiten der Gestaltung und die gestiegenen Notwendigkeiten, sich in externe Netzwerke zu integrieren, variieren mit einer Reihe sozialer Kontextvariablen. Dazu gehören Haushaltsstruktur bzw. Haushaltsgröße: Einpersonenhaushalte zeichnen sich prinzipiell durch eine erhöhte Notwendigkeit zur *Beziehungsarbeit* aus, da Binnennetze, anders als in familialen Haushalten (darunter fallen auch Haushaltungen mit erwachsenen und evtl. arbeitslosen Kindern), wo ein biologisch-soziales Netz bereits vorgegeben ist, nicht vorhanden sind. Ungeachtet des Erwerbsstatus bestehen damit auch im Hinblick auf die Zeitökonomie insofern ungleichheitsrelevante Momente, da Einpersonenhaushalte mehr Zeit in die Pflege des Freundes- und Bekanntenkreises investieren müssen als Mehrpersonenhaushalte und deshalb eine größere zeitliche Reglementierung erfahren. Eine gewichtige Größe daneben ist die räumliche Verortung: Einpersonenhaushalte werden vergleichsweise häufiger in (Innen)Städten anzutreffen sein, familiale Haushalte eher am Stadtrand oder in ländlichen Gebieten (vgl. Dangschat 1994, S. 434). Der Frage nach den Auswirkungen von Arbeitslosigkeit auf Sozialkontakte soll daher in drei Feldern nachgegangen werden:

1. in der Familie im engeren Sinne bzw. der Partnerschaft, sowie im familialen Netzwerk im weiteren Sinne (Verwandtschaft);
2. gegenüber Personen des sozialen Nahfeldes (Freunde/Bekannte);
3. gegenüber Personen des weiteren sozialen Feldes (Bekannte, Wohnnachbarschaften, Vereinskameraden).

8.1 Arbeitslosigkeit als Problem für Familien

8.1.1 Belastungen des Familienklimas durch Arbeitslosigkeit

Die Auswirkungen auf die Familie und/oder das familiale Netzwerk bilden eine bislang (nicht nur im öffentlichen Diskurs) nur unzureichend bedachte Dimension der sozialen Folgen von Arbeitslosigkeit. Arbeitslose werden zumeist als "Arbeitslosen-Robinson" gesehen, als individuelle Akteure, die ohne Einbezug ihres jeweiligen sozialen Umfeldes analysiert werden (vgl. Hornstein 1990, S. 165). Einer der Gründe dafür dürfte die offizielle, politisch-institutionell bestimmte Sichtweise sein, nach der Arbeitslosigkeit für Arbeitsmarktforschung und Arbeitsverwaltung ein individuali-siertes Phänomen ist: Einzelpersonen, die ohne Arbeit sind, soll wieder eine Erwerbs-tätigkeit vermittelt werden (vgl. Hess et al. 1991, S. 179). Demgegenüber bezieht z. B. der Fünfte Familienbericht die ganzheitlichere, haushalts- und auch netzwerkorien-tierte Position ein, daß bzw. weil Einzelschicksale - zu denen wir auch Arbeitslosig-keit zählen - stets familiale Bezüge haben (vgl. Fünfter Familienbericht 1994, S. 146). Überdeutlich ist dies bei arbeitslos Gewordenen, die bereits in eigenen Familien leben. Aber auch bei alleine Lebenden oder kinderlosen Partnerschaften (ehelich oder nichtehelich) trifft dies zumindest in Teilen zu, wobei der Bezugspunkt in diesem Falle die Herkunftsfamilie ist: Sei es, daß z. B. alleine Lebende (auch) aus ökono-mischen Gründen wieder in das Elternhaus zurückkehren (vgl. Zilian/Fleck 1990) oder (was auch für die Partnerschaften zutreffen kann (vgl. McKee 1990; Pelz/Münz 1990)) von den Eltern Unterstützung erfahren. Gerade für die Analyse der tatsächli-chen Lebenslagen und Lebenschancen in der Arbeitslosigkeit müssen die Situation aller Haushaltsmitglieder sowie die gemeinsame Wohlfahrtsproduktion (einschließ-lich nicht-erwerbsmäßiger Arbeit bzw. Bedarfsdeckung) einbezogen werden (vgl. Posch 1988, S. 1).

Die Familie als eine spezifische Haushaltsform, in der Eltern- und Kindergenera-tionen miteinandere leben (vgl. Nave-Herz 1990), bildet ein Interaktionssystem, das intern zu einer dynamischen, relativ autonomen Problemverarbeitung fähig ist. In ihm entstehen - in Wechselwirkung mit seiner (sozialen) Umwelt - expressive, lebens-stiltypische Freizeit- und Konsumaktivitäten (vgl. Nauck 1986; Lüdtke 1989). Jedoch ist die Familie trotz Toleranz gegenüber inneren Widersprüchen eine potentiell "kon-fliktanfällige Institution" (Freese 1992), deren Solidarität und Stabilität durch Arbeits-losigkeit bei einem oder mehreren Mitgliedern auf eine harte Probe gestellt werden kann, zumal, wenn die Familie ohnehin strukturell bereits belastet ist. Gerade die "emotional-affektive Personenbezogenheit" familialer Konflikte (vgl. Schneider 1994, S. 61 f.) erschwert die Versuche, Probleme sachlich zu bearbeiten. Zentrales Moment der Konfliktbewältigung ist die (Un-)Möglichkeit, eine "innere Einheit" zu bewahren (vgl. Schneider, 1994, S. 67 ff.). Da die Familie "als Filter und Multiplikator von Arbeitslosigkeitseffekten zugleich" (Lüders/Rosner 1990, S. 77 f.) wirkt, würde es überraschen, wenn bei einem derart einschneidenden Ereignis keine Veränderungen aufträten, zumal allgemein das *subjektive* Gefühl der Belastung durch Arbeitslosigkeit von Mitte der 70er bis Anfang der 80er Jahre deutlich zunahm (vgl. Kieselbach 1988; Brinkmann 1984). Wie vielfältig familieninterne Reaktionen auf die Erwerbslosigkeit eines Mitgliedes ausfallen können, zeigt u. a. auch eine qualitative Studie über österreichische Arbeitslose in einer Industrieregion (Zilian/Fleck 1990). Eine Panelstudie (vier Wellen, zwischen 1990 und 1992) mit Arbeitslosen in Ost-Berlin bzw. Brandenburg belegt, daß mit zunehmender Arbeitslosigkeit der vorherige innerfamiliale Umgang immer weniger aufrechtzuerhalten ist. Jedoch erlebten gleichbleibend etwa je ein Viertel bis ein Drittel der Männer und Frauen mehr Harmonie (und damit Zusammenhalt bzw. psychosoziale Unterstützung) in der Beziehung, da mehr Zeit für die Familie vorhanden ist oder mehr auf den Partner eingegangen wird. Zugenommen haben hingegen auch die krisenhaften Situationen: Fehlende Arbeitskontakte oder gesunkene Sozialintegration erhöhten die Konflikte (vgl. Ehrhardt/Hahn 1993, S. 46). Bereits Jahoda et al. (1975) hielten drei Tendenzen in der Entwicklung des Ehe- und Familienklimas fest: a.) eine Verbesserung der Beziehungen zwischen den Ehepartnern, wenn der Mann sein Verhalten änderte (z. B. aufgrund der Armut mit dem Trinken aufgehört hatte), b.) situativer Druck durch die ungewohnte Problemlage ließ in bislang unauffälligen Ehen Unstimmigkeiten aufkommen, und c.) Ehen mit bereits angespanntem Partnerverhältnis verschlechterten sich. Eheinterne Problemlagen treten in Folge der äußeren Bedingungen stärker hervor (vgl. 1975, S. 98 ff.).

Insgesamt zeigt sich, daß ein intaktes Beziehungsgefüge anfallende Problemsituationen wesentlich besser be- und verarbeiten kann als Familiensysteme, die bereits interne Spannungen aufweisen (vgl. Kieselbach 1988; Hornstein et al. 1986). Unterschiede ergeben sich je nach der relativen Stellung im familialen Lebenszyklus: In einer jungen Familie mit kleinen Kindern und einer gerade beginnenden Berufskarriere des Mannes wird Arbeitslosigkeit anders aufgenommen als in einer älteren Familie, vielleicht bereits in der Phase des leeren Nestes, die in absehbarer Zeit ohnehin der Verrentung gegenübersteht (vgl. Lüders/Rosner 1990, S. 83). Einschätzung und Reaktion auf die Arbeitslosigkeit variieren zudem nach Geschlecht der Arbeitslosen sowie dem Familienstand. Verheiratete Männer zeigten bei Arbeitslosigkeit die höchste, verheiratete Frauen, die einen arbeitenden Partner hatten, die geringste Belastungsquote. Auch Kinder (unter 14 Jahren) bewirken Reaktionen, die zudem geschlechtsspezifisch differenziert sind: Frauen mit Kindern fühlen sich seltener überflüssig als verheiratete Frauen ohne Kinder, und Männer *mit* Kindern unter 14 Jahren machen sich mehr Sorgen um eine neue Stelle (vgl. Kieselbach 1988, S. 51).

Angehörige von Arbeitslosen werden zu "Opfern durch Nähe" (vgl. Kieselbach 1988), die zunehmenden Belastungen und Konflikten ausgesetzt sind bzw. sein können. Dazu gehören intrafamilial die geänderten Alltagsroutinen durch die Anwesenheit des Arbeitslosen, Probleme im Rollenspiel oder Auseinandersetzungen um die Machtverteilung, die auch durch mögliche Verhaltensänderungen des Arbeitslosen bedingt sein können. Der (temporäre) Wegfall der Erwerbsarbeit und das Zerbrechen der bisherigen zeitlichen Strukturierung des Alltags lassen z. T. in den Familien die bisher praktizierten, tradierten Rollenverteilungen obsolet werden (vgl. Hess et al. 1991, S. 180), wodurch Arbeitslose (auch durch eigenes Zutun) in die Gefahr einer *innerfamilialen Stigmatisierung* geraten. Außenwelt-Kontakte werden z. T. bis zur Isolation reduziert ("Familismus"). Der Rückzug auf den Partner oder die Familie führt zwar (teilweise auch nur vordergründig) zu mehr Nähe, beinhaltet aber auch mehr Kontrolle, was wiederum Konflikte im Binnenklima bewirken kann. Dies findet vor dem Hintergrund einer deutlich verschlechterten ökonomischen Lage statt (vgl. Kieselbach 1988, S. 53; vgl. auch: Schindler/Wetzels 1990, S. 49).

Im Tenor weisen die Ergebnisse unterschiedlicher Untersuchungen auf eine erhöhte Belastung vor allem der (Ehe-)Frauen hin. Ihre ohnehin zumeist höhere (Doppel)Belastung sowohl bei eigener Arbeitslosigkeit als auch besonders bei einer Erwerbslosigkeit des (Ehe-)Partners nimmt weiter zu, wobei dies vor allem die (erwartete) Beziehungsarbeit betrifft. Mit dem Verlust der Arbeit fällt für den Mann ein bedeutender Faktor für das Selbstwertgefühl weg. Die latente oder manifeste Erwartung an die (Ehe-)Partnerin lautet dabei, zusätzliche emotionale Ressourcen für die psychische Stabilisierung des (Ehe-)Partners bereitzustellen, was die ohnehin schwierige Situation für die Partnerin verschärft. Insgesamt führt Arbeitslosigkeit oft zur Labilisierung des Familiengefüges, wobei vor allem (Ehe-)Frauen emotional negativ betroffen sind (vgl. Schindler/Wetzels 1990, S. 51). Wie Kieselbach (1988) festhält, hängen die Möglichkeiten einer Bewältigung von Arbeitslosigkeit vom Ausmaß der erfahrenen emotionalen und instrumentellen bzw. praktischen Unterstützung ab, wobei besonders männliche Arbeitslose sich psychisch stabiler zeigen, wenn sie von der Partnerin psychosozial unterstützt werden (vgl. 1988, S. 50). "Da die Symptombelastung bei Frauen in epidemiologischen Untersuchungen generell über der von Männern liegt, läßt sich sagen, daß die Arbeitslosigkeit des Mannes einen zusätzlichen Stressor für Frauen darstellt, wohingegen die Arbeitslosigkeit der Frauen eher keine zusätzliche Belastung für den Mann beinhaltet" (1988, S. 53).

In der qualitativen Studie von Schindler/Wetzels (1990) zeigten sich klare Zusammenhänge zwischen den Rollenmustern, die innerhalb der Familie bestanden, und den auftretenden Problemlagen durch die Arbeitslosigkeit. Gerade in Familien mit einer tradierten geschlechtsrollenspezifischen Arbeitsteilung, die von beiden Partnern akzeptiert und zur Grundlage ihrer familialen Identität gemacht wurde, traten die intensivsten Verwerfungen auf. Der arbeitslose Mann versagt gleichsam in seiner Rolle als Ernährer, wobei die (latenten) Schuldvorwürfe der Ehefrau (auch über den fehlenden Erfolg bei der Arbeitssuche und damit den längeren Verbleib in der Arbeitslosigkeit) mit entsprechenden Selbstbezichtigungen des Mannes korrespondieren. Andererseits klagen Ehefrauen über die unzureichende Unterstützung durch den Ehemann bei der Hausarbeit, die sich ihrer Meinung nach wegen der fehlenden Erfolge bei der Arbeitssuche auch nicht legitimieren läßt. Die Ambivalenz dieser Situation bzw. ihre Unlösbarkeit wird dadurch erhöht, daß die Zuständigkeit der Frauen für den inneren Bereich nicht gefährdet werden durfte. Eine zu intensive Betätigung im Haushalt als vorübergehender Ersatz für die weggefallene Berufsarbeit wurde z. B. von Frauen oft als ein Ablenken von der Arbeitssuche interpretiert. Damit entstand oftmals "ein Konfliktpotential hinsichtlich der 'Umverteilung' sinnvoller Beschäftigungsmöglichkeiten in der Familie" (Schindler/Wetzels 1990, S. 52).

Die geringsten Probleme entstanden, wenn der Ehemann bereits bei Partnerschaftsbeginn arbeitslos gewesen war: die Hausarbeitsverteilung gestaltete sich unproblematisch, es traten weder Schuldvorwürfe noch Selbstzweifel auf. Es entwickelte sich keine emotionale Distanzierung, und die Ehefrauen unterstützten ihre Männer gezielt (vgl. 1990, S. 51; S. 60 ff.). Wacker (1993) resümiert, daß nur in den (Einzel-)Fällen, bei denen der Mann in der Familiengründungsphase bereits erwerbslos oder die Partnerbeziehung durch ein ausgeprägtes Liebesverhältnis gekennzeichnet war, keine schwerwiegenden emotionalen Spannungen auftreten (vgl. 1993, S. 35). Insgesamt zeigte sich, daß Arbeitslosigkeit bei Vorliegen guter Familienbeziehungen besser zu verkraften war, als bei vorab bereits gestörten Familienbeziehungen.

Lüders/Rosner (1990) stellen fest, daß das traditionelle Basismuster familialer Identität z. T. auch dann (und besonders von der Ehefrau) aufrechterhalten wird, wenn die ökonomischen Ressourcen der Familie überwiegend durch eine Erwerbsarbeit der Frau erwirtschaftet werden (vgl. 1990, S. 84 f.). Ein Fallbeispiel für derartige kontrafaktischen Haltungen geben Zilian/Fleck (1990, S. 134 ff.): Hier rüttelt die Partnerin, die bereits vor der Arbeitslosigkeit des Mannes (vollzeit-)erwerbstätig war, nicht an dem Bild bestehender Rollen- bzw. Identitätsmuster. Ihre Grundposition läßt sich dabei mit Solidarität im ökonomischen Alltag und Loyalität gegenüber dem Selbstbild des Familien"chefs" umschreiben. Diese Haltung wird ihr aber möglicherweise durch die teilweise Übernahme der Haushaltsarbeit durch den arbeitslosen Ehemann sowie dessen (letztlich erfolgreiche) Bereitschaft, unter seinem Ausbildungsniveau Arbeit zu suchen, erleichtert. Der symbolische Profit, dem "braven Mann eine Stütze im Lebenskampf zu sein" (1990, S. 136), führte bei der Ehefrau, die an den traditionellen Rollenmustern festhielt, zum Ignorieren oder Beschönigen der (für sie) entstehenden Kosten. Auch hier liegt also eine große Last bei der Ehepartnerin, wobei sie diese Belastung entweder nicht zugibt oder nicht wahrnimmt.

Allgemein erhöhen sich bei den Ehefrauen von Arbeitslosen Aggressivität, Hilflosigkeit und Opfergefühl. In England konnte eine vergleichsweise größere Rate an psychischen Störungen unter den Ehepartnerinnen von Arbeitslosen festgestellt werden. Frauen in Arbeiterfamilien neigen zudem tendenziell zu häufigerem Alkohol-, Frauen in Angestelltenfamilien tendierten zu vermehrtem Medikamentenkonsum. In einer US-Studie (Liem 1988) zeigte sich, daß in Familien mit mindestens einem minderjährigen Kind die Frauen längstens nach drei Monaten ebenfalls Streßreaktionen aufwiesen, die in einer Reihe von Fällen zu Scheidungen führten, was wiederum den psychosozialen Streß der Arbeitslosen erhöhte. Ein weiterer Stressor für arbeitslose Männer ist die Erwerbstätigkeit der Ehefrau. Wie eine britische Studie zeigte, reagieren arbeitslose Männer darauf vermehrt mit psychischen Störungen (vgl. Kieselbach 1988): Die damit bewirkte Rollenumkehr stellte das traditionell orientierte männliche Selbstwertgefühl eindeutig in Frage. Im Rahmen einer qualitativen Arbeitslosen-Studie in England äußerten die Betroffenen jedoch nur eine geringe Neigung zum Rollentausch: Hausmann und/oder Vater sind als Alternativrolle für das traditionelle Männlichkeits(selbst)verständnis unattraktiv bzw. sozial nicht anerkannt. "Auf der ideologischen Ebene scheint männliche Arbeitslosigkeit minimale Auswirkungen auf die Rigidität der Ansichten bezüglich der männlichen Ernährerrolle und der weiblichen Abhängigkeit zu haben" (McKee/Bell 1985, S. 394). Insgesamt dürfte die Massenarbeitslosigkeit eher zu einer Retraditionalisierung sozialer Rollen führen, bedingt dadurch, daß Frauen ohnehin häufiger in prekären Beschäftigungsverhältnissen tätig, und von daher auch leichter aus dem Arbeitsmarkt herauszudrängen sind. Hinzu kommt, daß Ehe- oder Lebenspartner bei der Planung und Ausgestaltung ihrer Erwerbsbiographie - besonders bei ungünstigen Arbeitszeiten - in Teilen auch die Erwerbswünsche der Partnerinnen *nicht* in die Überlegungen einbeziehen (vgl. Posch 1988, S. 68), was entweder a priori den Verzicht auf Erwerbsarbeit oder aber den (mehr oder weniger vorübergehenden) Ausstieg bedeutet: Durch "freiwillige" Arbeitslosigkeit oder nicht mehr erfolgte Reintegration in die Erwerbsarbeit.

Das Ausmaß familialer Unterstützung wird oft unterschätzt (vgl. Kieselbach 1988). Familie bzw. erweitertes familiales Netzwerk können einen erheblichen Ausgleich bei auftretenden Spannungen leisten und zu einem vergleichsweise besseren Gesundheitszustand führen, wobei die subjektive Wahrnehmung der Leistungen von Bedeutung ist. Unterstützung durch erweiterte familiale Netzwerke setzt aber nicht automatisch ein, sobald Arbeitslosigkeit im Familien- bzw. Verwandtschaftskreis auftritt. Bei nicht-intakten bzw. konfliktbelasteten Beziehungen werden entprechende Hilfeleistungen sogar ausbleiben (vgl. McKee 1990, S. 109). Es zeichnet sich eine Hierarchie der Helfenden ab, die von den Eltern über Geschwister und Großeltern zu anderen Verwandten und dann zu Freunden und Nachbarn reicht (vgl. 1990, S. 115). Als Leistungen werden gegeben: Geld, die Übernahme von Rechnungen, der Einkauf von Haushaltsgeräten, Schuhen oder Kleidung, das Stellen von Nahrungsmitteln und Mahlzeiten, Übernahme von Kosten für die Kinder (z. B. bei Klassenfahrten, Ausflügen, Spielwaren, Süßigkeiten), Baby-Sitting, Kinderaufsicht, das Anbieten oder Vermitteln von Beschäftigung (vgl. 1990, S. 105 f.).

Die Inanspruchnahme von Unterstützungsleistungen ist aber oft mit Spannungen verbunden. Das bezieht sich auf die Diskrepanz zwischen der kulturell geforderten, aber auch selber gewollten Selbständigkeit und der (gezwungenermaßen bestehenden) Abhängigkeit von anderen bzw. dem Wunsch nach Autonomie versus des sich Verlassenmüssens auf andere (vgl. McKee 1990, S. 111). Dieser Aspekt ist insofern von Bedeutung, als in einer Reihe von Fällen die Unterstützung durch die Eltern als Kontrolle der Ressourcen bzw. als Machtmittel verstanden wurde (vgl. McKee 1990, S. 117; Pelz/Münz 1990, S. 139).[132] Minderwertigkeitsgefühle entstanden nicht, wenn Gegenleistungen erbracht werden konnten. Dabei "zeigt sich (...), daß auch Arbeitslosenhaushalte in reziproke Unterstützungsbeziehungen eingespannt sind" (vgl. McKee 1990, S. 112), und sie nicht dem Stereotyp der Schnorrer entsprechen. Als Gegenleistungen waren: Geld, Reparaturen - eingeschränkt, da Arbeitslosenhaushalte oftmals nicht (mehr) über entsprechende Werkzeuge verfügen (vgl. 1990, S. 120) -, Lebensmittel oder Mahlzeiten, Gefälligkeiten, Pflege, Gesellschaft, Transport.

---

[132] Pelz/Münz (1990) machen in diesem Zusammenhang auf Probleme in der Beziehung zwischen dem Arbeitslosen und seinen Eltern aufmerksam. Die Extrapolation der Kinder-Rolle führt (u. a.) zu einer Verdrängung der faktischen Arbeitsmarktlage und hat für die Betroffenen deutlich negative Effekte: Gewährte Leistungen bewirken die geforderten Gegenleistungen, die eine Ablösung vom Elternhaus verhindern (sollen) und von den Autoren als "'Refeudalisierung' familialer Verhältnisse" (1990, S. 140) deutlich kritisiert wird.

8.1.2 Arbeitslosigkeit und die Folgen für die Kinder

Ein lange Zeit so gut wie gar nicht thematisierter Aspekt ist das Mitbetroffensein der Kinder von der Arbeitslosigkeit der Eltern bzw. Elternteile. September 1984 lebten in 34,9% der Arbeitslosenhaushalte Kinder, zusammen 1,3 Mio. (1988: 1,1 Mio.). Davon waren 29,9% (0,38 Mio.) unter 6 Jahre alt, 32,5% (0,42 Mio.) zwischen 6 bis unter 15 Jahre und 38,0% (0,49 Mio.) zwischen 15 und unter 18 Jahren. Das Risiko der Kinder, (zumindest) einen arbeitslosen Elternteil zu haben, ist für die verschiedenen Altersgruppen unterschiedlich verteilt: waren insgesamt 6,7% aller Kinder davon betroffen, so lag der Anteil bei den unter 6jährigen bei 11% (vgl. Zenke/Ludwig 1985, S. 265, S. 270 f.; Hess et al. 1991, S. 178).

Die Einschätzungen der Eltern, wie sich die Arbeitslosigkeit auf ihre Kinder auswirkt, sind relativ ambivalent. In der Studie von Ehrhardt/Hahn (1993) vermuteten Eltern am häufigsten (mit Anteilen zwischen einem Drittel und mehr als der Hälfte), das psychische Befinden der Kinder werde nicht beeinträchtigt. Nur jeweils etwa ein Viertel der Männer und Frauen gaben mit unterschiedlicher Intensität an, negative Veränderungen explizit bemerkt zu haben. Es ist jedoch nicht von der Hand zu weisen, daß sich die Eltern z. T. erheblich verschätzen und die Beeinträchtigungen ihrer Kinder verdrängen (vgl. 1993, S. 46 f.).

Kinder nehmen im Denken und Fühlen von Familien eine wichtige Position ein, die bei Eintritt von Arbeitslosigkeit und dem dabei auftretenden Sinnverlust sogar zunimmt. Exemplarisch ergab die qualitative Studie von Hornstein et al. (1986) bei 12 Arbeitslosenfamilien, daß vor allem jüngere Kinder bei einer Arbeitslosigkeit des Vaters insofern familienstabilisierend wirken, als die Eltern über sie einen Sinn finden, den Mühen der Arbeitslosigkeit so lange wie möglich zu trotzen (vgl. 1986, S. 300). Die Kinder sind insofern instrumentalisiert, als ihre Anwesenheit familienstabilisierend wirkt, sowohl auf der strukturellen als auch auf der affektiven Ebene. Gerade im letzteren Feld haben sie eine Ausgleichs- bzw. Kompensationsfunktion bei angespannten oder emotional distanzierten Elternbeziehungen und helfen andererseits den arbeitslosen Vätern durch ihr Vorhandensein, depressive Stimmungslagen besser verarbeiten zu können. Väter sehen in dem Mehr an Zeit für ihre Kinder die "einzig positive Seite der Arbeitslosigkeit" (vgl. Schindler/Wetzels 1990, S. 64), jedoch wird diese Zeit - besonders mit zunehmender Dauer der Arbeitslosigkeit - nur selten für die Kinderbetreuung verwendet (siehe auch: Wacker 1993). Auch ermöglicht ihre Anwesenheit, geschlechtsspezifische Familienrollen aufrecht zu erhalten, indem z. B. die Frau darin eine Legitimation sieht, nicht in die Erwerbstätigkeit einsteigen zu müssen, sondern dem Ehemann weiterhin die Ernährerrolle überläßt, wodurch ihre Identitätsbasis erhalten bleibt (vgl. Schindler/Wetzels 1990, S. 64).

Kinder haben für die Arbeitslosenfamilien eine ambivalente Bedeutung auf, nämlich sowohl Entlastungsfunktion (besonders für arbeitslose Väter), als auch eine belastende Wirkung, wenn nämlich Väter den eigenen Kindern die Arbeitslosigkeit erklären müssen und Kritik (besonders) der (älteren) Kinder am Versagen des Familienernährers befürchten (vgl. Schindler/Wetzels 1990, S. 63; S. 67). In einer etwas älteren Untersuchung stellte Schindler (1979) sogar einen deutlichen Autoritätsverlust für arbeitslose Väter fest, was wiederum zu autoritativen Gegenreaktionen und Einschränkungen für die Kinder führte.

Kinder sind erheblichen Belastungen durch die Arbeitslosigkeit der Eltern bzw. Elternteile ausgesetzt, wobei sowohl Über- als auch Unterforderung auftritt (Schindler/Wetzels 1990, S. 67). Dazu zählen (gelegentliche) Versuche älterer Kinder, ungelöste Konflikte zwischen den Eltern auszugleichen ("Machtmakler") (vgl. Hornstein et al. 1986, S. 308; Lüders/Rosner 1990, S. 82). Auch versuchen Kinder teilweise, selber Verantwortung zu übernehmen, z. B. durch das Beaufsichtigen jüngerer Geschwister (vgl. Hornstein et al. 1986, S. 302 f.). Belastungen für die Kinder entstehen aus den (un-)mittelbaren Folgen der relativen ökonomischen Deprivation, aber auch durch Verhaltensänderungen beim (arbeitslosen) Vater: Stärkere Gereiztheit oder Änderungen in den väterlichen Ansprüchen. Dabei sehen sich die Kinder emotional, sozial und schulisch mit erhöhten Leistungsanforderungen konfrontiert und werden in ihrer Selbständigkeit behindert (vgl. Schindler/Wetzels 1990, S. 67).

Nach Peitinger (1985) bewirkt Arbeitslosigkeit des Vaters weniger Lebensmut in der Familie und weniger Prestige, wodurch familiäre Spannungen ansteigen (vgl. 1985, S. 273). Als relative Problemgruppe hinsichtlich der Auswirkungen auf die Kinder erweisen sich statusniedrige Familien mit geringem elterlichen Bildungsniveau. So zeigt sich, daß ein über ein Jahr hinweg reduziertes Familieneinkommen (durch Arbeitslosigkeit oder bei Selbständigen durch Auftragsrückgänge bedingt) bei dieser Gruppe zu einer "kumulierenden Belastungssituation" führt (vgl. Silbereisen/Walper 1987, S. 243), aus der bei Kindern im Jugendalter ein verringertes Selbstwertgefühl und eine deutlich erhöhte Bereitschaft zur Normübertretung (Transgressionsbereitschaft) entsteht. Leidet als Folge der Einkommenseinbußen auch die Integrationskraft der Familie, dann reduziert dies das jugendliche Selbstwertgefühl und fördert ebenfalls die Transgressionsbereitschaft (vgl. 1987, S. 236, S. 242). Vor allem in statusniedrigen Familien lassen die finanziellen Einbußen relativ schnell innerfamiliale Konfliktpotentiale aufbrechen und auch gewalttätig eskalieren (vgl. Zenke/Ludwig 1985). Die Verunsicherung der Väter durch die Einkommenseinbußen kann zu schlechteren Ehebeziehungen führen, die ein erhöhtes Maß an strafendem Verhalten beider Eltern gegenüber den Kindern zur Folge haben, wodurch bei diesen "Problemverhalten" ausgelöst wird (vgl. Silbereisen/Walper 1987, S. 231). Andererseits zeigen die Fallbeispiele bei Hornstein et al. (1986), daß in den Fällen elterlicher Gewalt gegenüber den Kindern die Arbeitslosigkeit Auslöser war und die Ursachen bereits vorher in der Familie vorlagen (vgl. 1986, S. 305 f.). Körperliche Gewaltanwendung als Indikator für ein geändertes Konfliktverhalten wurde nicht bekannt, wenngleich die Methode des Familieninterviews keinen richtigen Zugang zu den Kindern geboten hat (vgl. Lüders/Rosner 1990, S. 81; S. 96).

Gerade Kinder aus statusniedrigen sozialen Problemfamilien reagieren auf das gewaltförmige Klima mit Einstellungs- und Verhaltensänderungen, wie z. B. Resignation, Ohnmacht, Zukunftsängsten, Rückzug und sozialer Isolation, psycho-somatischen Erkrankungen, abweichendem Verhalten, schlechten Schulleistungen, schlechteren Beziehungen zum arbeitslosen Vater. Durch Verkettungen - vom Motivationsproblem zum Schulversagen, fehlendem Schulabschluß, fehlendem Ausbildungsplatz bis in die Jugendarbeitslosigkeit - können Notlagen sozial vererbt werden (vgl. Zenke/Ludwig 1985, S. 270 ff.).[133]

Bereits in der Marienthal-Studie zeigte sich bei den Kindern und Jugendlichen eine resignative Grundhaltung, die nicht den altersspezifischen Tendenzen entsprach. Deutlich wird dies an den sehr bescheidenen, aber dennoch zumeist enttäuschten Weihnachtswünschen. Mit wachsendem Alter nahmen die Kinder Arbeitslosigkeit zunehmend als persönliches Problem wahr und ihre Zukunftsangst stieg (vgl. Jahoda et al. 1975, S. 75-80). Verarmungsfolgen bei Langzeitarbeitslosigkeit in Problemfamilien schränken auch die kindliche bzw. jugendliche Identitätsbildung ein: Kinder erfahren partielle Normzusammenbrüche, erleben eine Entstrukturierung des Alltags und elterliche Planlosigkeit. Die Eltern gehen als Bezugspunkte (teilweise) verloren, weil ihre Identität selber bedroht ist, und weil sie teilweise (temporär) durch Krankheit, auch Alkoholismus, ausfallen (vgl. Zenke/Ludwig 1985, S. 274 f.).

Ein weniger dramatisches Bild, das aber ebenfalls deutliche Belastungen erkennen läßt, ergeben niederländische Studien über Arbeitslosenfamilien (vgl. Baarda et al. 1990). Hier waren die Eltern bemüht, die Kinder die Folgen der (väterlichen) Arbeitslosigkeit nicht spüren zu lassen. Daher wurden Einsparungen zunächst nicht bei den

---

[133] Datenbasis und Analyseform schränken die Aussagekraft ein wenig ein: Es fand eine Sekundäranalyse der Erfahrungen von Mitarbeitern freier Wohlfahrtsverbände statt. Damit wurden nur Familien erfaßt, die bereits Problemsituationen ausgesetzt waren und freiwillig um Hilfe nachgefragt hatten (vgl. Zenke/Ludwig 1985, S. 268).

Kindern (Kleidung, Hobbies, Sport) vorgenommen, sondern bei den Eltern[134], auch, um Versagens- und Minderwertigkeitsgefühle zu verringern und den Statusverlust nicht so gravierend scheinen zu lassen (vgl. 1990, S. 148). Die Kinder nahmen die (väterliche) Arbeitslosigkeit insgesamt relativ negativ wahr, wobei sie vornehmlich auf die praktischen Folgen, weniger Geld zum Ausgeben, seltener aber die sozialen, emotionalen und langfristigen ökonomischen Auswirkungen sahen. Mit zunehmendem Alter (ab 11 Jahre) wirkte eine negative Haltung zur väterlichen Arbeitslosigkeit auch negativ auf das eigene Selbstbild. Positiv an der Arbeitslosigkeit wurde vornehmlich das väterliche Zuhausesein gesehen, das mit mehr Zeit für die Kinder verbunden war (vgl. 1990, S. 150 f.). In Familien Langzeitarbeitsloser traten mehr Probleme auf, die negative Einstellung der Eltern gegenüber der Arbeitslosigkeitssituation übertrug sich auf die Kinder und bewirkte eine erhöhte emotionale Labilität. Zudem verschlechterten sich ihre Schulleistungen (vgl. 1990, S. 159 ff.).

8.1.3 Arbeitslose und ihr Verhältnis zum (Ehe-)Partner

Wir untersuchen in diesem Abschnitt, wie sich die Partnerbeziehung verändert hat und sprechen spezifische Problemfelder für das Zusammenleben an, die sich durch die Arbeitslosigkeit eines Haushaltsmitglieds entwickeln und/oder verschärfen können.

Bei der überwiegenden Mehrheit (68,8%) hat sich das Verhältnis zum (Ehe)Partner durch die Arbeitslosigkeit nicht verändert (vgl. Abb. 45).[135] Immerhin einem knappen Fünftel (18,1%) gelang es sogar, ihre Beziehung während der Arbeitslosigkeit auf ein besseres Fundament zu stellen. Ihnen steht mit einem Achtel (13,1%) eine etwas kleinere Gruppe gegenüber, die inzwischen mehr oder weniger intensive Beziehungsprobleme bekommen hat. Damit wirkt sich die Arbeitslosigkeit bei fast 90% nicht nachteilig auf das Leben in der Partnerschaft aus, wenngleich die kleine Gruppe mit Partnerschafts- und Beziehungsproblemen nicht unbeachtet bleiben darf.

---

[134] Auf die Bereitschaft der Eltern, bei z. T. weitreichenden persönlichen Einschränkungen ihre Kinder immer noch, so gut es geht, zu versorgen, weisen bereits die qualitativen Ergebnisse aus der Marienthal-Studie hin. Hier gilt die Kinderversorgung (neben dem Haushalt) als Indikator gegen den endgültigen familialen und persönlichen Zerfall (vgl. Jahoda et al. 1975). Andere, exemplarische Beispiele deuten ebenso darauf hin, daß Einschränkungen der Lebensführung -hier: bei Sozialhilfebezug - die Kinder zuletzt treffen sollen (vgl. Buhr 1995, S. 205).

[135] Von den 13,8% (102) Nicht-Antworten können letztlich nur ganze 12 als "richtige" Verweigerer gesehen werden: Die Mehrheit hat angegeben, ledig ohne Partner zu sein (n = 66), zu den Geschiedenen zählen n = 21, und zwei Personen sind verwitwet.

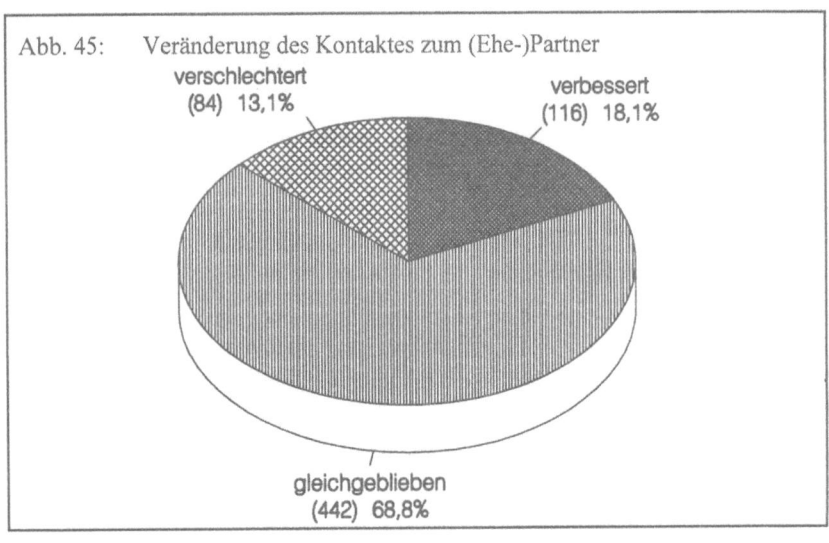

Abb. 45:   Veränderung des Kontaktes zum (Ehe-)Partner

verschlechtert
(84) 13,1%

verbessert
(116) 18,1%

gleichgeblieben
(442) 68,8%

Abb. 46:   Kontakte zum Partner nach der Haushaltsform. Veränderungen durch
die Arbeitslosigkeit

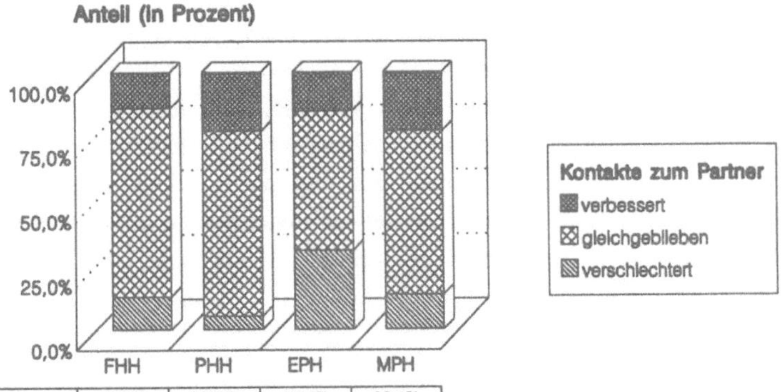

Anteil (in Prozent)

Kontakte zum Partner
▨ verbessert
▨ gleichgeblieben
▧ verschlechtert

	FHH	PHH	EPH	MPH
verbessert	14,2%	23,1%	15,4%	23,1%
gleichgeblieben	73,3%	71,6%	53,8%	63,5%
verschlechtert	12,9%	5,2%	30,8%	13,5%

Haushaltsform

FHH: Familienhaushalt, PHH: Partnerhaushalt,
EPH: Ein-Personen-Haushalt, MPH: Mehrpersonenhaushalt

228

Deutliche Unterschiede bestehen zwischen den Haushaltstypen (Chi^2 = 39,97; d. f. = 6; alpha = 0,00000; C_{korr} = 0,32) (vgl. Abb. 46). Es zeigt sich, daß die Risiken für eine Verschlechterung der Beziehung bzw. die Chancen auf eine Verbesserung der Kontakte unterschiedlich verteilt sind. Arbeitslose aus Ein-Personenhaushalten weisen den mit Abstand größten Anteil auf, bei denen die Beziehungen zum Partner deutlich gelitten haben. In Partnerschafts- und Mehrpersonenhaushalten führt(e) hingegen die Arbeitslosigkeit häufiger als bei anderen zu einer Verbesserung. Bei Familienhaushalten dominiert die Konstanz, Verbesserungen und Verschlechterungen treten - auf relativ niedrigem Niveau von je etwa einem Achtel - in etwa gleichhäufig auf.

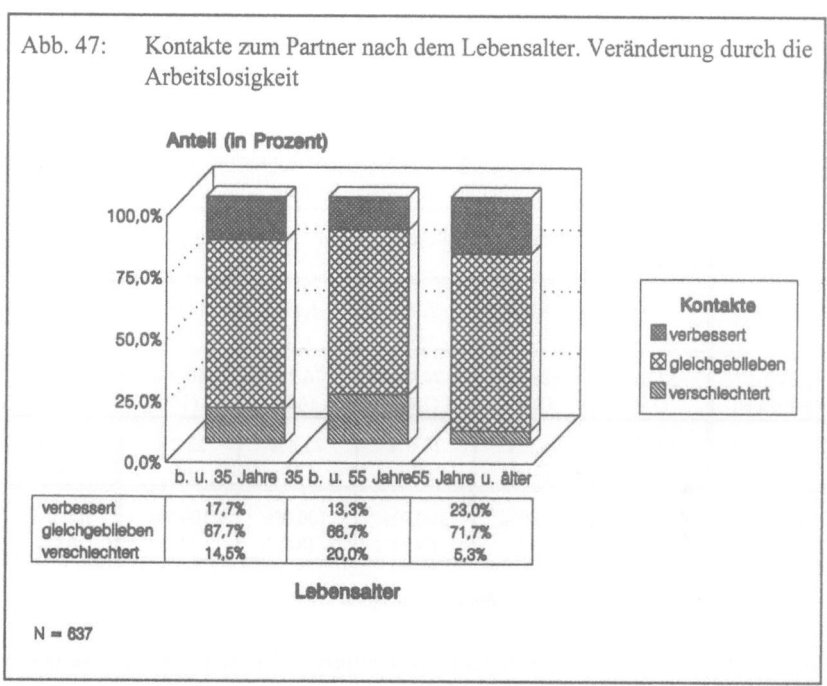

Abb. 47: Kontakte zum Partner nach dem Lebensalter. Veränderung durch die Arbeitslosigkeit

	b. u. 35 Jahre	35 b. u. 55 Jahre	55 Jahre u. älter
verbessert	17,7%	13,3%	23,0%
gleichgeblieben	67,7%	66,7%	71,7%
verschlechtert	14,5%	20,0%	5,3%

N = 637

Eindeutige, wenngleich nicht sehr große Unterschiede bestehen auch zwischen den Altersgruppen (Chi^2 = 27,18; d. f. = 4; alpha = 0,00002; C_{korr} = 0,24) (vgl. Abb. 47). Sie betreffen vor allem die "extremen" Positionen: Ältere Arbeitslose meinen etwas häufiger, ihre Kontakte zum (Ehe-)Partner hätten sich verbessert. Hingegen geben sie erheblich seltener an, das Verhältnis habe sich verschlechtert. Hier kommt möglicherweise bereits die Perspektive eines gemeinsamen Lebensabends ins Blickfeld, da in diesem Alter mit der Arbeitslosigkeit - die auch zumindest zum Teil als Vorruhestand stattfindet - tendenziell das Ende der Erwerbsbiographie eingeleitet wird. Daher kann für diesen Personenkreis vermutlich ein Perspektivenwechsel hin zu einer *privat-aktiven* Lebensführung mit weniger Legitimationszwang und daher streßloser erfolgen als bei den anderen Arbeitslosen, die vom Alter her noch deutlich in der *berufsaktiven* Phase stehen. Halten sich bei den Jüngeren die Veränderungen in etwa die Waage, so verschlechtern sich bei der mittleren Altersgruppe die Beziehung zum (Ehe-)Partner häufiger, als daß sie sich verbessern. Vor allem arbeitslose Männer zwischen 35 und 54 Jahren, die allein wohnen, sind von der Verschlechterung der Partnerschaftskontakte betroffen.

Außerdem zeigt sich, daß Konflikte zwischen den Partnern auch durch die verschlechterte finanzielle Lage ausgelöst werden können (vgl. Tab. 38).

Tab. 38: Kontakte zum Partner nach der wirtschaftlichen Haushaltslage. Veränderungen durch die Arbeitslosigkeit

Kontakte zum Part-ner	wirtschaftliche Selbsteinschätzung					
	sehr schlecht	schlecht	teils/teils	gut	sehr gut	Gesamt
schlechter	31,5% (41)	15,0% (19)	7,5% (20)	1,2% (1)	12,0% (3)	13,3% (84)
gleich-geblieben	54,6% (71)	68,5% (87)	74,9% (200)	76,2% (64)	60,0% (15)	69,0% (437)
besser	13,9% (18)	16,5% (21)	17,6% (47)	22,6% (19)	28,0% (7)	17,7% (112)
Gesamt	100,0% (130)	100,0% (127)	100,0% (267)	100,0% (84)	100,0% (25)	100,0% (633)

$Chi^2 = 57,28$; d. f. = 8; alpha = 0,00000; $C_{korr} = 0,35$.

Probleme in der Partnerschaft treten umso häufiger auf, je schlechter die subjektiv empfundene ökonomische Lage ist. Während nur 1,2% derjenigen in guter Lage eine Verschlechterung angeben, steigt der Anteil bis auf 31,5% bei denen, die ihre wirtschaftliche Situation als sehr schlecht beurteilen: Die schlechte finanzielle Lage bewirkt entweder (Partnerschafts-)Konflikte bzw. läßt Konflikte, die vielleicht ansonsten gar nicht oder nicht in der Intensität aufgetreten wären, viel deutlicher hervortreten. Umgekehrt steigt der Anteil verbesserter Beziehungen, von etwa einem starken Zehntel bei den sehr schlecht bis zu einem etwa doppelt so großen Anteil unter den zahlenmäßig wenigen sehr gut Situierten. Die Abweichung von der idealen Linie bilden die, die sich selber eine "sehr gute" wirtschaftliche Lage bescheinigen. Sie vermitteln ein ziemlich ambivalentes Bild: Einerseits ist der Anteil besser gewordener Beziehungen am höchsten, andererseits durchbricht die Zahl verschlechterter Partnerkontakte deutlich den Trend. Stabile Partnerbeziehungen während der Arbeitslosigkeit hängen also mit ab von einer als einigermaßen gut empfundenen ökonomische Lage.

Da Problemlagen mit zunehmender Dauer der Arbeitslosigkeit kumulieren (können), vermuten wir, daß Veränderungen in der Qualität der Partnerschaftsbeziehung auch damit zusammenhängen können.

Tab. 39: Veränderung der Kontakte zum Partner nach der Arbeitslosigkeitsdauer

Kontakt zum Partner	Arbeitslosigkeitsdauer (Monate)				
	bis unter 6	6 bis unter 12	12 bis unter 24	24 und mehr	Gesamt
verschlechtert	8,2% (14)	11,0% (17)	11,2% (17)	22,2% (32)	12,9% (80)
gleichgeblieben	72,9% (124)	70,8% (109)	68,1% (192)	66,7% (96)	69,5% (431)
verbessert	18,9% (32)	18,2% (28)	21,7% (33)	11,1% (16)	17,6% (109)
Gesamt	100,0% (170)	100,0% (154)	100,0% (152)	100,0% (144)	100,0% (620)

$Chi^2 = 18,16$; d. f. = 6; alpha = 0,01; $C_{korr} = 0,21$.

Das bestätigt sich tendenziell, wenngleich der Zusammenhang nicht stark ist. Mit zunehmender Dauer der Arbeitslosigkeit steigt der Anteil derjenigen, die eine Verschlechterung in der Beziehung zum Partner angeben, wobei der eigentliche "Sprung" mit der überlangen Arbeitslosigkeitsdauer einsetzt: Der entsprechende Anteil (22,2%) ist (mehr als) doppelt so groß wie in den übrigen Gruppen. Dem entspricht, daß überlang Erwerbslose den geringsten Anteil (11,1%) aufweisen, bei denen sich die Beziehung verbessert hat. Sie bilden ebenfalls eine potentielle Problemgruppe bei Partnerschaftsproblemen, wenngleich auch hier die überwiegende Mehrheit in unveränderten Beziehungen weiterlebt.

8.1.4 Faktoren hinter "Familie und Partnerschaft"

Um einen Einblick in Art und Intensität von Veränderungen in Familie und Partnerschaft zu erhalten, haben wir mit insgesamt 21 Items Aussagen über Probleme erhoben, die im familialen und partnerschaftlichen Zusammenleben bei Arbeitslosigkeit eines Haushaltsmitgliedes auftreten (können). Faktorenanalytisch konnten wir drei voneinander relativ abgegrenzte (Themen-) Felder extrahieren (vgl. Tab. 40), nämlich den Faktor "Kind-Arb" ("Auswirkungen der Arbeitslosigkeit auf Kinder"), das "Familien- und Partnerschaftsklima" (den Faktor "Klima") sowie die "Positiven Familieneffekte" (Faktor: "Familie"). Die Auswertungen beschränken sich jedoch nicht nur auf Familien, sondern vergleichen diese Haushaltsform mit anderen Formen des Zusammen- bzw. auch Getrenntlebens. Die Familienhaushalte werden jedoch eingehender analysiert.

Tab. 40: Faktoren hinter Familien- und Partnerschaftsproblemen. Faktorladung der Variablen

Variablen	Faktoren		
	Kind-Arb	Klima	Familie
Bewl_13	0,86	0,17	-0,15
Bewl_15	0,84	0,21	-0,11
Bewl_12	0,81	0,23	-0,16
Bewl_11	0,77	0,31	-0,15
Bewl_17	0,76	0,11	-0,07
Bewl_6	0,22	0,89	-0,14
Bewl_5	0,20	0,84	-0,16
Bewl_7	0,27	0,82	-0,11
Bewl_8	0,14	0,65	0,03
Bewl_2	-0,05	0,05	0,85
Bewl_1	-0,12	-0,13	0,80
Bewl_3	-0,30	0,00	0,63
Bewl_4	-0,05	-0,27	0,63

Die *Auswirkung der Arbeitslosigkeit auf die Kinder* umfaßt die Items "Die Kinder leiden stark unter der Arbeitslosigkeit" (Bewl_11), "Kinder werden in der Schule schlechter" (Bewl_12), "Die Freundeskreise der Kinder werden kleiner" (Bewl_13), "Kinder werden wegen der Arbeitslosigkeit oft gehänselt" (Bewl_15) sowie "Die Kinder können nicht mehr an Schulveranstaltungen (Klassenfahrt, Ausflug) teilnehmen" (Bewl_17).

Arbeitslose lehnen es im Durchschnitt ab, daß die Erwerbslosigkeit negative Auswirkungen auf die Kinder habe (vgl. Abb. 48): Sie werden ihrer Meinung nach nicht mehr gehänselt als vor der Arbeitslosigkeit, sie werden tendenziell auch nicht schlechter in der Schule und haben auch nicht weniger Freunde. Jeweils etwa drei Viertel verneinen die Aussagen, ca. die Hälfte sogar vollkommen. Ihnen steht je nur etwa ein Zehntel gegenüber, das die Aussagen (voll) unterstützt. Ausgeprägter meinen die Befragten dagegen, daß die Arbeitslosigkeit der Eltern für die Kinder stark belastend sei - hier äußert etwa ein Fünftel (eher) Zustimmung, etwa die Hälfte lehnt (eher) ab - sowie, daß für Kinder arbeitsloser Eltern(teile) weniger Möglichkeiten bestehen, an kostenintensiven Schulveranstaltungen teilzunehmen (etwa ein Viertel zeigt Zustimmung, etwa die Hälfte äußert Ablehnung).

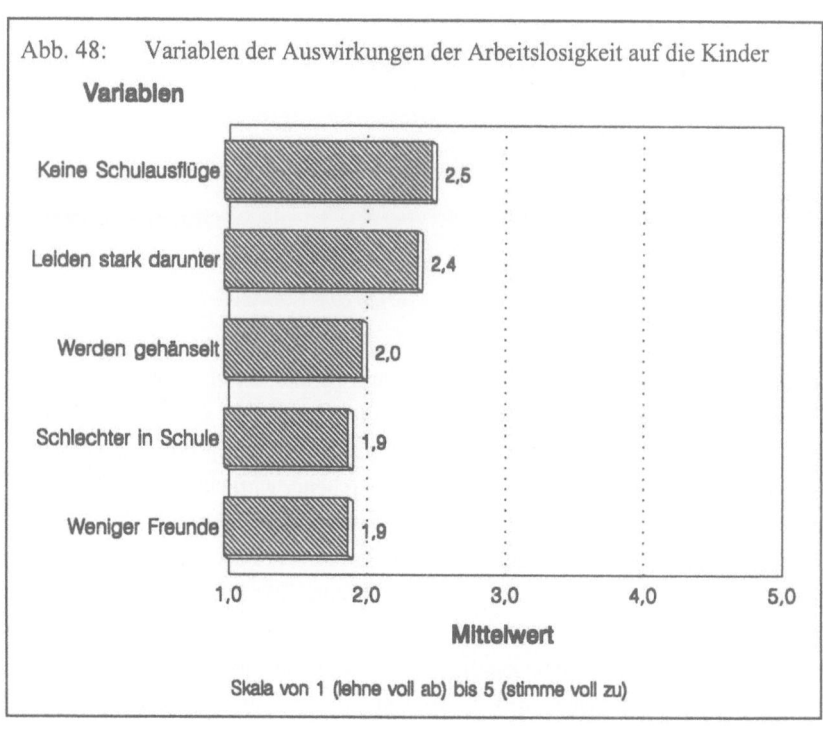

Abb. 48:   Variablen der Auswirkungen der Arbeitslosigkeit auf die Kinder

Der Bereich *"Partnerschaftsklima"* bezieht die Aussagen ein "Man geht sich auf die Nerven" (Bew1_5), "Man streitet häufiger" (Bew1_6), "Man wird reizbar und läßt seine Laune am Partner aus" (Bew1_7), "Der Partner könnte einen mehr unterstützen" (Bew1_8) sowie "Man ist sich zu Hause gegenseitig im Weg" (Bew1_10) (vgl. Abb. 49).

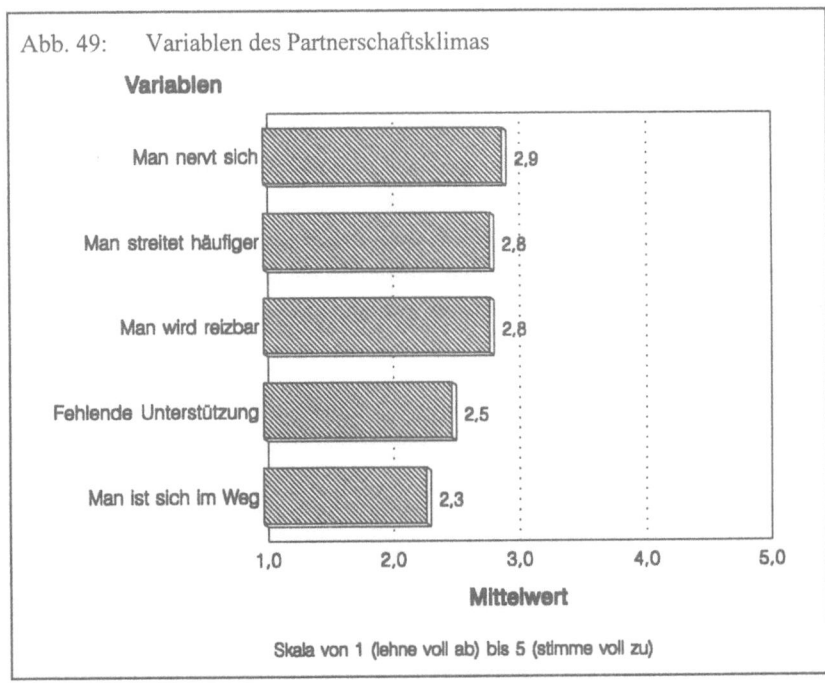

Abb. 49:   Variablen des Partnerschaftsklimas

Bei möglichen Irritationen in der Beziehung zum Partner, die eher athmosphärischer Natur sind - sich nerven, häufiger streiten oder reizbarer sein - sind die Arbeitslosen unentschlossen, wenngleich der Anteil derjenigen, die wenig oder keine der angesprochenen Probleme sehen, größer ist. Etwas seltener wird ein unsensibleres Partnerverhalten festgestellt ("Der Partner könnte einen mehr unterstützen"). Die eher ablehnende Haltung auf die Frage, ob sich die Partner zu Hause nicht im Weg umgehen würden, kann - unter der Bedingung, daß damit indirekt Aussagen über die eigene Lage gemacht werden - entweder bedeuten, daß räumliche Ausweichmöglichkeiten bestehen, sei es, weil getrennte Haushalte existieren bzw. die Partner häufiger außer Haus sind, oder daß das dauernde bzw. vorübergehende "Zwangsbeisammensein" mit dem Partner dennoch nicht als unangenehm empfunden wird.

Zu den *"Positiven Familieneffekten"* zählen: "Man hat endlich mehr Zeit für die Familie", "Man kann endlich mehr mit den Kindern unternehmen", "Familie ist ein Rückhalt während der Arbeitslosigkeit", "Die Kinder sind immer gut versorgt" (vgl. Abb. 50). Über alle Aussagen hinweg besteht eher Zustimmung. Jeweils nur 7%-15% lehnen ab, wogegen zwischen 60% und 75% die Items bejahen.

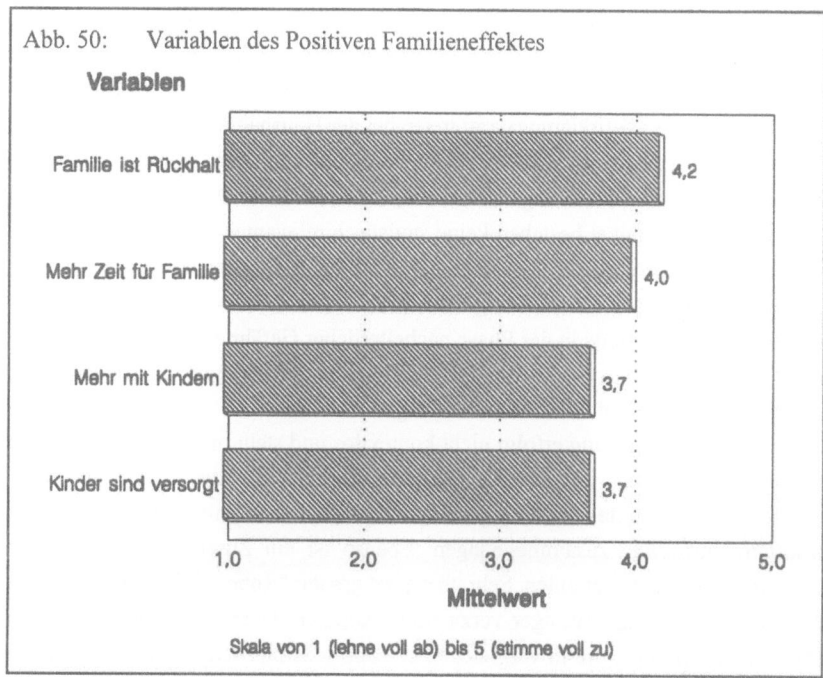

Abb. 50:   Variablen des Positiven Familieneffektes

Insgesamt vertreten Arbeitslose damit die Einstellung, daß Arbeitslosigkeit mehr Zeit für Partner und Familie bedeutet, daß die Familie ein stabilisierendes Moment in der Erwerbslosigkeit bildet und die (äußere) Lage der Kinder nicht als schlecht bezeichnet werden kann ("werden gut versorgt").

8.1.5   Negative Auswirkungen der Arbeitslosigkeit auf Kinder

Aus den Variablen des Faktors "Kind-Arb" wurde ein einfacher, additiver, z-transformierter Index mit einer Skala von 0 bis 10 gebildet. Im Durchschnitt neigen Arbeitslose eher weniger zu der Ansicht, daß Kinder durch die Arbeitslosigkeit eines

Elternteils (oder beider Eltern) soziale und/oder emotionale Schäden erleiden (2,8). Ein Viertel (26,0% (135)) sieht dafür sogar überhaupt keinen Anhaltspunkt. Die Gruppe der Unentschiedenen endet umgerechnet bei einem Wert von 6,25. Alle Arbeitslosen mit höheren Skalenwerten - zusammen (nur/immerhin) 11,3% (59) aller Befragten - sähen eher größere oder große negative Folgen für Kinder.

Die Beurteilung erfolgt altersspezifisch, da ältere Erwerbslose weniger negative Effekte vermuten als die anderen. Auch variieren die Meinungen bildungsspezifisch, wobei Arbeitslose mit Hauptschulabschluß sich negativer äußern (die Erklärungskraft bleibt mit 2,5% (Alter) bzw. 1,7% (Bildung) jedoch marginal). Deutliche Unterschiede mit immerhin 9,1% Erklärungskraft treten bei der Haushaltsform auf: Arbeitslose, die aktuell mit Kindern im Haushalt leben, sehen das geringste Risiko, Erwerbslose ohne aktuelle Familienerfahrung das eindeutig höchste. Zwischen Kleinfamilien- und Partnerschaftshaushalten bestehen keine statistisch relevanten Unterschiede. Neben der relativ geringen Fallzahl kann dies daher rühren, daß unter den Haushalten mit Paarbeziehungen auch ein relativ großer Anteil Älterer ist, von denen eine nicht unerhebliche Zahl bereits in der Phase nachelterlicher Gefährtenschaft ist. Das kann darauf hindeuten, daß aktive Erfahrungen mit bzw. in der familialen Sozialisation im Lebenslauf das Urteil nicht unerheblich prägen.

Die Risikoeinschätzung erfolgt nicht kontextlos und steht in Zusammenhang mit *anderen negativen Auswirkungen* der Arbeitslosigkeit auf die *Familie*. Sie kann ebenso Teil einer Gesamteinschätzung sein und müßte dann mit den Kriterien der *Situationsbeurteilung* zusammenhängen. Ebenso ist ein Zusammenhang mit der *Selbsteinschätzung* zu vermuten. Sehr überspitzt gesagt: "Robuste"[136] Arbeitslose, die an sich und ihrer Lage weniger verzweifeln, könnten daher ein geringeres Risiko sehen als "Mimosen", die in vergleichbarer Lage sensibler reagieren. Nicht zuletzt müssen wir auch die *ökonomische Lage* einbeziehen, wobei vermutlich erst gravierendere Verschlechterungen zu einer höheren Risikoeinschätzung führen dürften. Diese Grundannahmen betrachten wir zusätzlich noch differenziert nach personengebundenen Merkmalen (Geschlechtergruppe, Alter, Bildungsniveau) (vgl. Tab. 41). Mit den Auswirkungen auf Familie und Partnerschaft ergeben sich erklärungskräftige Zusammenhänge. Dabei sehen arbeitslose Väter und Mütter das Risiko sozialer Benachteiligung der Kinder durch die Arbeitslosigkeit von Eltern(-teilen) dann als größer, wenn sie zugleich stärker davon ausgehen, daß Arbeitslosigkeit sich negativ

---

[136] Diese Unterscheidung in "Robuste" und "Mimosen" ist einer qualitativen Analyse von Lamnek (1995) zur Gewalt an Schulen entlehnt. Das Muster ergab sich anhand von Gruppendiskussionen mit Lehrern über ihre Wahrnehmung von (auch selber erfahrener) Schülergewalt.

auf das Partnerschaftsklima auswirkt (r^2= 0,21). Der Zusammenhang mit dem positiven Familieneffekt ist im Vergleich erheblich schwächer (r^2= 0,08).

Tab. 41: **Familienhaushalte**: Zusammenhänge mit dem Risiko sozialer Benachteiligung von Kindern. Insgesamt und nach personalen Merkmalen.

Variablen	Gesamt	Geschlecht		Altersgruppe			Bildungsniveau		
		Väter	Mütter	b.u. 35	35 b.u. 55	55 und älter	Hauptschule	Mittlere Reife	Abi/Uni.
Aspekte allgemeiner Auswirkungen auf Familie und Partnerschaft									
Klima	.46*** (215)	.47*** (118)	.45*** (96)	.44*** (51)	.44*** (108)	.54*** (55)	.31* (85)	.68*** (46)	.44*** (64)
Familie	-.29*** (216)	-.32*** (118)	-.26* (97)	-.51*** (52)	-.22* (108)	-.22+ (55)	-.32* (86)	-.14* (46)	-.49*** (64)
Aspekte der Selbsteinschätzung									
Selbstwert	-.32*** (216)	-.35*** (118)	-.30* (97)	-.50*** (52)	-.36*** (108)	-.09+ (55)	-.13+ (86)	-.45* (46)	-.45*** (64)
Autonome	.01+ (216)	.03+ (118)	.00+ (97)	.05+ (52)	.02+ (108)	-.03+ (55)	.07+ (86)	.10+ (46)	-.10+ (64)
Macher	-.08+ (214)	-.06+ (116)	-.10+ (97)	-.10+ (52)	-.11+ (106)	-.03+ (55)	-.04+ (85)	-.14+ (46)	.01+ (64)
Aspekte der Situationsbeurteilung									
Zweifel	.24*** (214)	.24* (117)	.26* (96)	.41* (52)	.26* (108)	.11* (65)	.01* (85)	.38* (46)	.39* (63)
Mehr-Zeit	-.18** (211)	-.16+ (117)	-.19+* (96)	-.15+ (51)	.24* (105)	-.11+ (54)	-.14+ (83)	-.18+ (46)	-.26* (64)
Sinnverlust	.34*** (213)	.28* (116)	.44*** (96)	.55*** (52)	.35*** (108)	.11* (52)	.37*** (85)	.33* (45)	-.23* (64)
Heimlich	.27*** (210)	.14* (113)	.44*** (96)	.38* (52)	.24* (106)	.21+ (51)	.17* (84)	.34* (45)	.32* (63)
Aspekte der (ökonomischen) Lage									
Dauer	.01+ (210)	.06+ (113)	-.01+ (96)	.12+ (52)	.09+ (103)	.08+ (54)	.06+ (85)	-.09+ (44)	-.05+ (63)
Alter	.03+ (215)	-.08+ (129)	.05+ (97)	-.09+ (52)	.01+ (108)	.32* (55)	.20+ (86)	-.38* (46)	.06+ (63)
Eink-Vor	-.11+ (193)	-.14+ (119)	-.02+ (85)	.01+ (44)	-.17+ (97)	-.14+ (52)	-.04+ (74)	-.16+ (43)	-.02+ (58)
Eink-Akt	-.13+ (192)	-.15+ (119)	-.12+ (84)	-.14+ (43)	-.18+ (96)	-.07+ (53)	-.11+ (76)	-.09+ (41)	-.05+ (57)
Ant-Verlust	.11+ (174)	.07+ (110)	.26* (74)	.23+ (38)	.15+ (89)	-.12+ (47)	.17+ (70)	-.10+ (40)	-.06+ (48)

alle Koeffizienten: r (Bravais-Pearson);
*** p < 0,001; ** p < 0,01; * p < 0,05; + p> 0,05; Inhaltlich bedeutsame Zusammenhänge sind unterlegt.
Werte in Klammern: Fallzahlen.

Tendenziell vermuten diejenigen, die der Erwerbslosigkeit weniger positive Effekte für die Familie zuschreiben, eher, daß Kinder von Arbeitslosen einem größeren Risiko sozialer Benachteiligung ausgesetzt sind.[137] Von der Selbsteinschätzung steht nur das Selbstwertgefühl in nennenswertem, negativen Zusammenhang ($r^2 = 0,10$): Wer ein geringeres *Selbstwertgefühl* hat, sieht ein höheres Risiko für seine Kinder, infolge der Arbeitslosigkeit der Eltern(-teile) benachteiligt oder ausgegrenzt zu werden.

Die Situationseinschätzung hängt insgesamt zusammen mit dem vermuteten Risiko, daß Kinder durch die Arbeitslosigkeit ihrer Eltern(-teile) sozial beeinträchtigt werden. Die Möglichkeit, mit seiner *Mehr-Zeit* produktiv umzugehen, geht jedoch nur mit geringen 3,6% erklärend ein, die anderen Dimensionen wirken sichtlich stärker. Arbeitslose mit Familie, die mehr *Sinnverlust* durch die Arbeitslosigkeit erfahren (r^2 = 0,11), mehr an sich und ihrer Situation *verzweifeln* ($r^2 = 0,06$) und/oder mehr Angst haben, ihre Arbeitslosigkeit gegenüber der Umwelt zuzugeben ($r^2 = 0,07$), sehen für die Kinder ein höheres Maß an sozialer Benachteiligung bzw. Ausgrenzung (Das trifft für Ältere und Arbeitslose mit Hauptschulbildung nicht zu). Die *ökonomische Lage* wirkt sich nur bei Müttern erklärungskräftig aus: Wer einen größeren anteiligen Einkommens- und Wohlfahrtsverlust erlitt, sieht auch das Risiko einer sozialen Benachteiligung für die Kinder als größer an.

8.1.6   "Positive Familieneffekte" durch die Arbeitslosigkeit

Auch aus den Variablen des Faktors *Familie* wurde ein einfacher, additiver, z-transformierter Index mit einer Skala von 0 bis 10 erstellt. Die zustimmende Tendenz der Einzelitems findet sich hier wieder. Im Durchschnitt (7,4) sprechen Erwerbslose der Arbeitslosigkeit einen relativ positiven Einfluß die auf Familiensituation zu, auch als "Auffangbecken". Das wird auch daran deutlich, daß das untere Viertel sich weit erstreckt, nämlich bis zum Wert 6,2. Die Hälfte drängt sich dann in den kleinen Skalenabschnitt über 6,2 bis unter 8,7. Das obere Viertel der sehr positiv Urteilenden liegt ebenfalls sehr eng beieinander, nämlich oberhalb von 8,7.

Zwischen den Altersgruppen bestehen relativ geringe Differenzen (eta^2 = 0,02), wobei Ältere etwas positiver urteilen. Die Dauer der eigenen Arbeitslosigkeit wirkt ebenfalls schwach ein (eta^2 = 0,04): Überlang Erwerbslose schätzen den Effekt im

---

[137] Da die Fragen zur Auswirkung auf die Familie indirekt gestellt wurden, können wir nicht unmittelbar von den allgemein gegebenen Antworten auf die familiale Situation der Arbeitslosen schließen.

Durchschnitt etwas geringer ein. Die Haushaltsformen haben die im Vergleich größte Erklärungskraft (7,4%): Arbeitslose aus Familien - und Partnerschaftshaushalten sehen die Auswirkungen der Erwerbslosigkeit auf das Familienklima wesentlich positiver als diejenigen aus Ein- bzw. Mehrpersonenhaushalten. Wir vermuten deshalb, daß die allgemeinen Aussagen, die die Arbeitslosen aus Familienhaushalten gemacht haben, Aufschluß über die eigene familiale Situation geben können. Wir wenden dabei die gleichen Kriterien an wie bei der Frage nach der Risikoeinschätzung (vgl. Tab. 42).

Relativ schwach wirkt das *Partnerschaftsklima* (r^2 = 0,06). Dennoch ist der positive Familieneffekt nach Ansicht der Arbeitslosen größer, wenn sich die Erwerbslosigkeit nicht so negativ auf die Partnerbeziehung auswirkt. Frauen sehen diesen Zusammenhang zwischen der Partnerschaft und der Möglichkeit, aus der neuen Situation Nutzen für die Familie zu ziehen, deutlich intensiver als Männer. Ältere nehmen diesen Einfluß dagegen nicht wahr.

Eindeutige, aber mäßige Zusammenhänge bestehen mit der Selbsteinschätzung, wobei das Selbstwertgefühl 4,4% und das Unabhängigkeitsbedürfnis 6,8% Erklärungskraft aufweisen: Wer ein höheres Selbstwertgefühl bzw. ein größeres Autonomiebedürfnis hat, geht von positiveren Auswirkungen der Arbeitslosigkeit auf die Familie aus. Diese Zusammenhänge sind bei Müttern, Jüngeren und formal höher Gebildeten am deutlichsten ausgeprägt. Von den Aspekten der Situationsbeurteilung ergeben sich nur nur mit dem Mehr-Zeit-Effekt beachtenswerte Zusammenhänge (eta^2 = 0,14): Die, die mehr positive Effekte aus der zusätzlichen Frei-Zeit ziehen können (da sie mehr für sich, mehr Dinge machen, die ihnen Spaß bereiten, ausgeglichener sind, etc.), sehen auch mehr förderliche Auswirkungen der Arbeitslosigkeit für die Familie.

Nur bei arbeitslosen Müttern können wir die - wenngleich jeweils (sehr) schwache - Tendenz feststellen, daß ein höherer Sinnverlust in Folge der Arbeitslosigkeit, aber auch eine größere Neigung zum Verheimlichen der Arbeitslosigkeit dazu führen, daß der positive Familieneffekt als etwas geringer gesehen wird. Weniger Verzweiflung an der eigenen Situation, weniger Sinnverlust in Folge der Arbeitslosigkeit und mehr positive Effekte aus der zusätzlichen freien Zeit gehen bei höher gebildeten Arbeitslosen einher mit einer positiveren Einschätzung der Auswirkung von Arbeitslosigkeit auf die Familie.

Tab. 42: **Familienhaushalte**: Zusammenhänge mit dem positiven Familieneffekt. Nach personalen Merkmalen.

Variablen	Ge-samt	Geschlecht		Altersgruppe			Bildungsniveau		
		Väter	Mütter	b.u. 35	35 b.u. 55	55 und älter	Haupt-schule	Mittlere Reife	Abi/Uni.
Aspekte allgemeiner Auswirkungen auf Familie und Partnerschaft									
Kind-Arb	-.29*** (216)	-.32*** (118)	-.26* (97)	-.51*** (52)	-.22* (108)	-.22* (55)	-.33* (86)	-.13+ (46)	-.49*** (64)
Klima	-.25*** (224)	-.19* (125)	-.36*** (98)	-.44** (51)	-.23* (109)	-.14+ (63)	-.33* (91)	-.11+ (47)	-.44*** (66)
Aspekte der Selbsteinschätzung									
Selbstwert	.21** (229)	.14+ (127)	.30* (101)	.43** (52)	.24* (110)	-.02+ (66)	.13+ (94)	.27+ (48)	.32* (66)
Autonome	.26*** (228)	.23* (127)	.29* (100)	.31* (52)	.28* (110)	.22+ (65)	.14+ (94)	.10+ (47)	.38** (66)
Macher	.06+ (228)	.05+ (127)	.08+ (100)	.16+ (53)	-.06+ (108)	.20+ (66)	-.01+ (93)	.19+ (48)	.15+ (66)
Aspekte der Situationsbeurteilung									
Zweifel	-.14* (228)	-.13+ (127)	-.17+ (100)	.16+ (54)	-.22* (110)	-.06+ (63)	-.11+ (94)	-.18+ (47)	-.32* (65)
Mehr-Zeit	.38*** (225)	.38*** (124)	.36*** (100)	.28* (52)	.44*** (106)	.33* (66)	.33* (92)	.41* (48)	.51*** (66)
Sinnverlust	-.15* (223)	-.04+ (123)	-.29* (99)	-.37* (53)	-.19+ (109)	.11+ (60)	-.21* (90)	-.14+ (46)	-.25* (66)
Heimlich	-.06+ (221)	.07+ (121)	-.23* (99)	-.15+ (52)	-.14+ (108)	.11+ (60)	-.07+ (91)	-.02+ (47)	-.16+ (65)
Aspekte der (ökonomischen) Lage									
Dauer	-.02+ (227)	-.18* (125)	.08+ (101)	-.23+ (54)	-.03+ (105)	.07+ (67)	.06+ (95)	-.27+ (46)	-.09+ (65)
Alter	-.06+ (232)	-.08+ (129)	.02+ (102)	.11+ (54)	-.15+ (110)	.11+ (68)	-.06+ (97)	-.02+ (48)	-.15+ (65)
Eink-Vor	-.12+ (209)	-.14+ (119)	-.08+ (89)	-.15+ (45)	-.04+ (99)	-.15+ (65)	-.03+ (84)	-.03+ (45)	-.09+ (60)
Eink-Akt	-.11+ (208)	-.15+ (119)	-.05+ (88)	-.08+ (44)	-.04+ (98)	-.19+ (66)	.06+ (86)	-.10+ (43)	-.05+ (59)
Ant-Verlust	.01+ (188)	.07+ (110)	-.08+ (77)	-.11+ (39)	.09+ (91)	.05+ (58)	-.20+ (78)	-.01+ (42)	-.09+ (50)

alle Koeffizienten: r (Bravais-Pearson);
*** $p < 0,001$; ** $p < 0,01$; * $p < 0,05$; + $p > 0,05$; Inhaltlich bedeutsame Zusammenhänge sind unterlegt.
Werte in Klammern: Fallzahlen.

8.1.7 Auswirkungen der Arbeitslosigkeit auf das Partnerschaftsklima

Auch aus den Variablen des Faktors *Klima* entstand ein einfacher, additiver, z-transformierter Index mit einer 10er-Skala. Im Durchschnitt wurden die negativen Auswirkungen der Arbeitslosigkeit auf die Partnerbeziehung knapp mittelgroß eingeschätzt (4,5). Das untere Viertel (0-2,5) lehnt den negativen Einfluß noch eher ab. Das obere Viertel, das bereits schwerwiegendere Probleme sieht, erstreckt sich über einen relativ weiten Bereich ab 6,2, so daß eine eher linkssteile und rechtsschiefe Verteilung vorliegt. Übertragen auf die Ausgangsskalierung lehnen 36,6% (242) der Arbeitslosen negative Effekte eher bis deutlich ab. Ein weiteres Drittel (34,5% (229)) zeigt sich eher unentschlossen, aber ein mit immerhin 29,0% (192) nur geringfügig kleinerer Anteil verbindet mit Arbeitslosigkeit schwerwiegendere bis gravierende Auswirkungen auf das Partnerschaftsklima. Damit überwiegen zwar diejenigen ein wenig, die von weniger dramatischen Effekten ausgehen, doch vermuten relativ viele Arbeitslose, daß Erwerbslosigkeit zu teilweise erheblichen privaten Schwierigkeiten führt.

Einen schwachen Einfluß zeigt der *Bildungsabschluß* (eta^2 = 0,02), wobei Arbeitslose mit Hauptschulabschluß (4,8) von größeren Partnerschaftsproblemen ausgehen als diejenigen mit mittlerer Reife (4,0) oder höherer Bildung (4,2). Die *Arbeitslosigkeitsdauer* wirkt ebenfalls schwach (eta^2 = 0,03) und heterogen: Kurzzeitig und überlang Erwerbslose vertreten eine etwas negativere Einschätzung. Deutliche Unterschiede bestehen zwischen den *Haushaltstypen* (eta^2 = 0,07): Arbeitslose aus Partnerschaftshaushalten vermitteln das positivste Bild, gefolgt von familial Lebenden.

Im folgenden beschränken wir uns auf Arbeitslose mit (Ehe-)Partner (vgl. Tab. 44).[138] Die Auswirkung der Arbeitslosigkeit auf das soziale Klima in Partnerschaften hängt relativ eng mit der Einschätzung der eigenen Lage zusammen, wobei durchgängig diejenigen, die ihre eigene Situation jeweils negativ(er) empfinden, das Partnerschaftsklima auch stärker beeinträchtigt sehen. Am deutlichsten wird das beim Selbstzweifel (eta^2 = 0,28) und beim Sinnverlust (eta^2 = 0,17), etwas schwächer ist es bei Problemen im Umgang mit der Mehr-Zeit (5,8%) bzw. der Neigung, die eigene Arbeitslosigkeit zu verheimlichen (8,4%). Der Selbstzweifel- und Verheimlichungs-Effekt sind geschlechtsstabil. Der Mehr-Zeit-Effekt trifft dagegen auf Frauen intensiver zu. Heterogen ist der Zusammenhang beim Sinnverlust: Männer, Mittelalte und Arbeitslose mit Hauptschulabschluß sind intensiver betroffen.

---

[138] Die Zusammenhänge mit den Auswirkungen auf die Familie wurden nicht einbezogen, da nicht alle Arbeitslosen mit Partner auch zugleich Kinder haben und ansonsten Verzerrungen aufgetreten wären.

Tab. 43: **Arbeitslose mit (Ehe)-Partner**: Zusammenhänge mit dem Partnerschaftsklima. Allgemein und nach personalen Merkmalen.

Variablen	Gesamt	Geschlecht		Altersgruppe			Bildungsniveau		
		Männer	Frauen	b.u. 35	35 b.u. 55	55 und älter	Haupt-schule	Mittlere Reife	Abi/Univ.
Aspekte der Selbsteinschätzung									
Selbstwert	-.53*** (595)	-.52*** (366)	.55*** (225)	-.52*** (179)	-.55*** (211)	-.44*** (200)	-.50*** (254)	-.53*** (133)	-.53*** (172)
Autonome	-.07+ (592)	-.11* (363)	.00+ (225)	-.08+ (176)	.00+ (212)	-.06+ (199)	-.01+ (254)	.06+ (133)	-.38*** (170)
Macher	-.23*** (595)	-.28*** (365)	-.15* (226)	-.15* (178)	-.19'* (213)	-.31*** (199)	-.22*** (257)	.13* (132)	-.28*** (172)
Aspekte der Situationsbeurteilung									
Zweifel	.56*** (593)	-.56*** (365)	.55*** (224)	.51*** (178)	.58*** (215)	.48*** (195)	.50*** (2255)	.54*** (133)	.54*** (168)
Mehr-Zeit	-.26*** (468)	-.29*** (357)	-.36*** (224)	-.27*** (176)	-.20** (205)	-.23** (199)	-.27*** (249)	-.25* (133)	-.24** (170)
Sinnverlust	.42*** (468)	.44*** (357)	.40*** (221)	.36*** (176)	.46*** (212)	.32** (189)	.42*** (247)	.34*** (132)	.39*** (169)
Heimlich	.28*** (574)	.29*** (350)	.29*** (220)	.26*** (176)	.27*** (207)	.30*** (186)	.19** (242)	.28** (131)	.31*** (168)
Aspekte der (ökonomischen) Lage									
Dauer	.10* (574)	.19*** (357)	.01+ (220)	-.09+ (172)	.18* (209)	.13+ (197)	.07+ (249)	.23** (133)	-.03+ (169)
Alter	.20*** (596)	-.19*** (369)	-.20*** (220)	-.09+ (172)	-.16* (215)	-.03+ (202)	-.19** (259)	-.20* (132)	-.22** (170)
Eink-Vor	-.24*** (550)	-.28*** (347)	-.15* (201)	-.09+ (159)	-.31*** (196)	-.17* (192)	-.17** (238)	-.25* (134)	-.21** (156)
Eink-Akt	-.26*** (550)	-.30*** (348)	-.17* (200)	-.14+ (159)	-.29*** (196)	-.21'* (192)	-.19** (240)	-.26* (123)	-.22** (156)
Ant-Verlust	.16*** (506)	.17'* (324)	.18* (180)	.14+ (144)	.20'* (183)	.08+ (177)	.16* (223)	.26** (115)	.00+ (139)

alle Koeffizienten: r (Pearson);
*** $p < 0,001$; ** $p < 0,01$; * $p < 0,05$; + $p > 0,05$; Inhaltlich bedeutsame Zusammenhänge sind unterlegt.
Werte in Klammern: Fallzahlen.

Von der Selbsteinschätzung wirkt das subjektiv zugeschriebene *Selbstwertgefühl* mit 28,1% wechselseitiger Varianzaufklärung am stärksten ein, wobei Arbeitslose bei geringer werdendem Selbstwertgefühl von einer zunehmenden Verschlechterung des Binnenklimas ausgehen. Möglicherweise schreiben sie sich eine geringe(re) Kompetenz zu, mit der neuen Situation produktiv umzugehen. Diese Tendenz erweist sich als sehr stabil.

Einen relativ geringen Einfluß (r^2 = 0,05) hat dagegen die *Aktivitätsorientierung* ("Macher"). Arbeitslose mit größerer Macher-Orientierung gehen von einer etwas geringeren Verschlechterung des Partnerschaftsklimas aus. Das trifft vor allem für Männer, Ältere und höher Gebildete etwas ausgeprägter zu. Der insgesamt marginale Autonomie-Gedanke zeigt ebenfalls bei höher Gebildeten eine merkbare Erklärungskraft: je höher die Neigung zur Unabhängigkeit, desto weniger glauben sie, daß Arbeitslosigkeit das Partnerschaftsklima negativ beeinflußt. Das kann auch heißen: Sie wollen alles alleine machen, lassen andere nicht an ihre Probleme (z. B. die Arbeitslosigkeit) heran ("heroisches männliches Subjekt") bzw. wollen die Partnerschaft damit nicht belasten und können von daher ihre Aussage treffen.

8.2 Auswirkungen auf die sozialen Netzwerke

Arbeitslosigkeit betrifft Individuen, Haushalte und andere Netzwerke. Wenn wir nach den Folgen der Erwerbslosigkeit für die Integration in soziale Netzwerke fragen, dann beinhaltet dies die Freundes- und Bekanntenkreise, die Vereinstätigkeiten und die Kontakte zur Nachbarschaft bzw. im Wohnviertel. Eine Veränderung der Netzwerkbeziehungen kann von zweierlei Richtungen aus beeinflußt werden: von innen, über die Reaktionen des Familiensystems (bzw. des Haushalts), und von außen, über eine Stigmatisierung und Ausgrenzung von Arbeitslosen(familien).

Besonders Langzeitarbeitslosigkeit verstärkt einen "Unterschichtenfamilismus" (Neidhardt 1975): Die ohnehin kleinen sozialen Verkehrskreise werden durch den Verlust arbeitsvermittelter Kontakte (Kollegen, gewerkschaftliche Organisationen, Berufsverbände, betriebsorientierte Freizeitvorhaben) innerhalb eines halben Jahres bis zur Gänze aufgelöst, zugeschriebene Kontakte (Familie, Verwandtschaft, vielleicht Nachbarn) dominieren über erworbene Kontakte (mit Freunden, Bekannten, Kollegen). Weiterhin lassen materielle Einschränkungen den Besuch kultureller Veranstaltungen zunehmend unmöglich werden. Die Angst vor (tatsächlicher) Stigmatisierung bzw. die Antizipation negativer Reaktionen durch die Umwelt führt zur sozialen Selbstabschließung der Familie nach außen. Angst vor Außenkontakten entsteht: Sie werden als potentiell problembeladen gesehen und von daher oft abgebrochen (vgl. Zencke/ Ludwig 1985, S. 276; Lüders/Rosner 1990, S. 87). Der Tagesablauf richtet sich zunehmend auf den Aufenthalt im Haushalt aus. Wenn die Wahrscheinlichkeit eines "spannungsreichen Lebensstils" dadurch steigt, daß konsumptive sowie Freizeitaktivitäten im familialen Kontext verbracht werden (vgl. Lüdtke 1989,

S. 69), dann kann Langzeitarbeitslosigkeit vor allem bei statusniedrigen Personen überproportional häufig zu möglicherweise gewaltförmig ausgetragenen Konflikten in der Familie führen. Auch andere Untersuchungen weisen auf die besondere Belastung der Netzwerkkontakte von Langzeitarbeitslosen hin. Brinkmann (1984) ermittelt einen Anteil von jeweils etwa einem Drittel, die Freunde und Bekannte seltener besuchten bzw. die in Antizipation von (möglichen) Stigmatisierungen Schwierigkeiten hatten, ihre informellen Netzwerke über die Arbeitslosigkeit zu informieren. Daneben traten in dieser Gruppe auch vergleichsweise häufiger Spannungen in der Familie auf (vgl. 1984, S. 461 f.).

Isolation und Entsolidarisierung können als Folge einer gesellschaftlichen Stigmatisierung der Arbeitslosigkeit bzw. der Arbeitslosen entstehen (vgl. Kieselbach/Offe 1979). Eine beeinflussende Größe ist die (regionale) Verbreitung: Vergleichende Regionalstudien konnten bei hohem regionalen Arbeitslosigkeitsaufkommen deutlich weniger stigmatisierende und entsolidarisierende Einstellungsmuster feststellen (vgl. Guggemos 1989). Daß damit kein hinreichender Grund vorliegt, zeigt sich bereits bei Jahoda et al. (1975): Die Anzeigen wegen Schwarzarbeit nahmen gerade in Krisenzeiten zu, da das Ausmaß des subjektiven Sich-bedroht-Fühlens durch Nachbarn oder Bekannte, mithin die Desintegration und/oder Entsolidarisierung sehr hoch war.

Die soziale Integration hat eine erhebliche Bedeutung für die Bewältigung von Arbeitslosigkeit. Darauf weisen auch Ergebnisse aus der Regionalvergleichsuntersuchung der Bezirke Leer und Balingen hin (vgl. Grüske/Lohmeyer 1990). Gegenüber Balingen, wo eher manifeste Hilfen im Bereich Nachbarschaftshilfe oder Gemeinschaftsproduktion gegeben wurden, fanden in Leer Unterstützungen mehr auf dem sozial-emotionalen Bereich statt. Dies mag mit eine Erklärung dafür sein, warum nur 16% der Arbeitslosen im Bezirk Leer ihre Besuche bei Freunden oder Bekannten eingeschränkt haben, hingegen anteilig etwa doppelt so viele Balinger Arbeitslose (vgl. 1990, S. 55 f.). Hier ist allerdings zu fragen, ob damit nicht letztlich ein Phänomen angesprochen ist, das in der Untersuchung von Guggemos (1989) thematisiert wird, nämlich die Frage nach dem Ausmaß kollektiver Erfahrungen mit Arbeitslosigkeit und die damit verbundene Solidarität bzw. Integration oder aber Ausgrenzung.

8.2.1 Die Entwicklung der Sozialkontakte

Uns interessierte, inwieweit die subjektiv empfundene Belastung durch die Arbeitslosigkeitssituation die Entwicklung der Sozialkontakte (zum Partner, den eigenen Kindern, Freunden, etc.) bestimmen. Wir wollten wissen, ob sich ihre Sozialkontakte während der Arbeitslosigkeit qualitativ verbesserten, gleichblieben oder verschlechterten.

Die Fragen bezogen sich auf drei Kontaktgruppen: Die eigene Familie bzw. Partnerschaft (Haushalt und Netzwerk), Herkunftsfamilien- und Verwandtschaftsnetzwerke, soziale Netzwerke (Freunde, etc.).

Mit Ausnahme der Kontakte zu (ehemaligen) Arbeitskollegen erweisen sich die sozialen Beziehungen der Arbeitslosen über die Arbeitslosigkeit hinweg als relativ stabil (vgl. Tab. 44): Jeweils zwischen gut zwei Drittel und mehr als vier Fünftel der Befragten geben an, daß keinerlei qualitativer Wandel durch die Arbeitslosigkeit stattgefunden habe. Am stärksten betroffen sind die Kontakte zu ehemaligen Arbeitskollegen, die am häufigsten ausdünnen (vgl. dazu auch: Brinkmann 1984). Probleme treten aber auch im Nahfeld relativ oft auf: Ein knappes Fünftel meint, die Beziehung zum Ehepartner habe sich verschlechtert. Allerdings verbessern sich die Kontakte mit (Ehe-)Partner und/oder Kindern auch am häufigsten. Ähnliches gilt auch für die Netzwerkkontakte zu Freunden. Das mag darauf zurückzuführen sein, daß die Arbeitslosen (wieder) mehr Zeit haben, diese Kontakte intensiver zu pflegen. Daneben können sie über die vermehrte Kontaktpflege auch soziale Unterstützung in ihrer Lage erfahren. Weitere Differenzierungen ergaben (mit Ausnahme der bereits erwähnten Partnerkontakte) keine wesentlichen oder eindeutig interpretierbaren Unterschiede.

Tab. 44: Die Entwicklung ausgewählter Sozialkontakte während der Arbeitslosigkeit

Entwick-lung	Familie/Haushalt		Herkunftsfamilie/Verwandtschaft			soziale Netzwerke			
	Partner	Kinder	Eltern	Schwieger-eltern	Verwandte	Freunde	Nachbarn	Arbeitskol-legen	Vereins-kameraden
besser	18,1% (84)	17,7% (91)	10,7% (61)	4,0% (18)	7,6% (52)	16,9% (119)	8,5% (58)	3,1% (19)	9,8% (49)
gleich	68,8% (442)	75,7% (390)	78,2% (444)	85,2% (380)	82,5% (561)	72,5% (511)	82,3% (562)	47,6% (293)	75,7% (380)
schlechter	18,1% (116)	6,6% (34)	11,1% (63)	10,8% (48)	9,9% (67)	10,6% (75)	9,2% (63)	49,3% (304)	14,5% (73)
Gesamt	100,0% (642)	100,0% (515)	100,0% (568)	100,0% (446)	100,0% (680)	100,0% (705)	100,0% (683)	100,0% (616)	100,0% (502)

Kontaktgruppen

8.2.2 Unterstützung durch das soziale Umfeld

Da die Unterstützungsleistungen aus Partnerschaft, Familie oder sozialen Netzwerken für die subjektive Bewältigung der Arbeitslosigkeit(sfolgen) wichtig sind, wollten wir von den Arbeitslosen wissen, wer ihnen in der Bewältigung ihrer Lage beisteht.

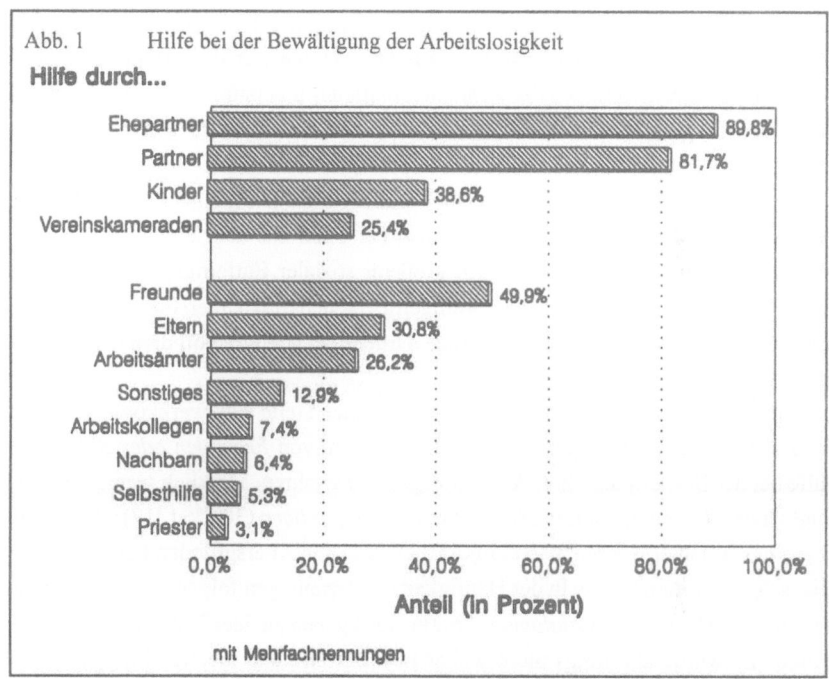

Abb. 1   Hilfe bei der Bewältigung der Arbeitslosigkeit

Hilfe durch...

Mit den ersten vier Nennungen wird jeweils Bezug genommen auf Gruppen mit einem besonderen Merkmal: Verheiratete, Partnerschaften, Arbeitslose mit Kindern und Arbeitslose, die in Vereinen tätig sind. Es hätte eine Verzerrung bedeutet, wenn die Angaben jeweils auf das gesamte Sample bezogen worden wären: Jedesmal hätte eine bestimmte Anzahl Erwerbsloser das entsprechende Kriterium nicht erfüllt[139], so

---

[139] Freunde haben ist für potentiell jeden, ungeachtet von Alter, Geschlecht, Bildung, etc., zutreffendes Alltagsphänomen, wohingegen z. B. der Verheiratetenstatus oder das Kinderhaben eher an spezifische Altersgruppen gebunden sind.

daß das Ausmaß der Unterstützung gegenüber der wirklichen Häufigkeit (bezogen auf diejenigen, die die Kriterien erfüllen) zu gering gewesen wäre.

Die meisten Arbeitslosen werden von ihren *(Ehe-)Partnern* bei der Bewältigung und Verarbeitung ihrer Situation unterstützt. Bei Verheirateten sind es 89,8% (324), bei unverheirateten Arbeitslosen mit 81,7% (89) etwas weniger. Insgesamt 38,6% (182) der Arbeitslosen, die *Kinder* haben, geben an, daß diese ihnen bei der Bewältigung ihrer Lage helfen. Da dieser Anteil gegenüber der (ehe-)partnerschaftlichen Unterstützung gravierend niedriger ist, werden wir nach weiteren Unterscheidungskriterien fragen müssen. Möglicherweise könnte das Alter der Kinder, einen mit entscheidenden Faktor abgeben: Jüngere Kinder könnten auf der affektiven Ebene stabilisieren, erwachsene Kinder zusätzlich materiell unterstützen. Das läßt sich jedoch - bezogen auf das erste bis dritte Kind und die Lebensphasen "Vorschulkinder", "Schulkinder", "Jugendliche" und "Postadoleszenten/Erwachsene" - nicht bestätigen.

Ein Viertel der Arbeitslosen, die in Vereinen organisiert sind (25,4% (54))[140], geben an, daß ihre *Vereinskameraden*, also Personen aus dem Kreis der weiteren Netzwerkkontakte, ihnen helfen. Mit größerer sozialer Entfernung wird auch der Anteil Arbeitsloser, die von dem jeweiligen Personenkreis Unterstützung erfahren, immer kleiner - wobei dies keine Aussage darüber ist, wie wertvoll dem Geholfenen die Hilfe jeweils ist.

Von den allgemeinen Kontakten stehen an erster Stelle Netzwerkkontakte: Etwa die Hälfte (49,9% (193)) der Erwerbslosen gibt an, von *Freunden oder Bekannten* Hilfe bei der Bewältigung ihrer Arbeitslosigkeit zu erfahren. Merklich weniger oft erfolgt Unterstützung durch ihre *Eltern bzw. Schwiegereltern* (30,8% (217)). Hier muß allerdings beachtet werden, daß einige Arbeitslose aus Altersgründen keine oder bereits sehr alte Eltern haben. In der Häufigkeit der Nennungen folgen mit einem guten Viertel die *Arbeits- und Sozialämter*: 26,2% (185) geben an, hier Unterstützung zu erhalten (Es wurde allerdings nicht weiter in materielle und ideelle Hilfe getrennt). Außer den genannten bestehen auch noch andere Hilfsquellen, denn 12,9% (91) geben eine "sonstige" Unterstützung an.

Von entfernteren sozialen Netzwerken - *Nachbarn* (6,4% (45)), *(ehemaligen) Arbeitskollegen* (7,4% (52)) - bekommen deutlich weniger Erwerbslose Hilfe. Das Ausdünnen der Kontakte zu Arbeitskollegen ist eine bekanntes Phänomen (vgl. Brinkmann 1984), bei dem vermutlich die Dauer der Arbeitslosigkeit einen Einfluß hat. Einrichtungen der *Selbsthilfe* (wie Selbsthilfegruppen oder Arbeitslosenzentren) bilden nur für eine kleine Minderheit (5,3% (37)) eine Ansatzmöglichkeit für Hilfen.

---

[140] Insgesamt sind 28,6% (213) der Arbeitslosen in Vereinen.

Ein noch kleinerer Anteil (3,1% (22)) fragt *geistliche Unterstützung* nach.

Vergleichen wir Verheiratete und Unverheiratete *auf der Haushaltsebene* (Familien- bzw. Partnerschaftshaushalte), also unter ähnlichen Bedingungen des Zusammenlebens, dann bestehen bei Partnerschaftshaushalten keine relevanten Unterschiede (88,6% (39) bei unverheirateten Paaren, 91,1% (154) bei Ehepaaren). Anders hingegen bei Familienhaushalten (Chi^2 = 7,8; d. f. = 1; alpha = 0,005; C$_{korr}$ = 0,31): Unverheiratete Eltern(teile) mit Kind (63,2% (12)) geben seltener eine (zufriedenstellende) psychosoziale Unterstützungsleistung durch den Partner an als verheiratete Eltern (89,4% 160)): Einem guten Drittel sich psychosozial nicht unterstützt Fühlender steht bei Verheirateten nur/immerhin ein Zehntel gegenüber. Die strukturelle Vergleichbarkeit ist jedoch begrenzt, da wir nicht erhoben haben, ob der Partner unverheirateter Elternteile ebenfalls leibliches Elternteil ist. So könnte sich zeigen, daß die eigentliche, subjektiv wahrgenommene Trennlinie zwischen biologischer und sozialer Elternschaft einerseits und sozialer bzw. nicht-Elternschaft andererseits liegt.

Bei der *Unterstützung*, die Arbeitslose *durch ihre Kinder* erfahren, zeigen sich deutliche Abstufungen nach der Haushalts- bzw. Familienform, wobei mit zunehmender Nähe bzw. Dauer des Zusammenseins die psychosoziale Bedeutung der Kinder zunimmt.

Tab. 45   Unterstützung durch Kinder nach der Haushaltsform

Unterstüt-zung	Haushaltsform				Gesamt
	Familie	Partnerschaft	Ein-Personen	Mehrpersonen	
ja	53,0% (124)	31,4% (44)	18,3% (13)	3,8% (1)	38,6% (182)
nein	47,0% (110)	68,6% (96)	81,7% (58)	96,2% (25)	61,4% (289)
Gesamt	100,0% (234)	100,0% (140)	100,0% (71)	100,0% (26)	100,0% (471)

Chi^2 = 54,49; d. f. = 3; alpha = 0,00000; C$_{korr}$ = 0,44.

Nur etwas mehr als die Hälfte der Eltern(teile) aus Familienhaushalten sieht in den Kindern eine Hilfe bei der Bewältigung der Situation. Mit einem knappen Drittel (31,4%) liegt der Anteil bei Arbeitslosen, die in nachelterlicher Gefährtenschaft leben, deutlich niedriger. Noch seltener bilden Kinder für diejenigen eine Unterstützung, die getrennt von ihren Kindern entweder alleine (18,3%) oder in einem Mehrpersonenhaushalt (3,8%) wohnen. Neben reduzierten Kontakten liegt hier vielleicht auch ein anderes Verständnis dafür vor, was als Unterstützung gesehen wird. Diese Einschätzungen erweisen sich als weitgehend stabil. Nur beim Bildungsniveau muß das Bild spezifiziert werden: Unter Erwerbslosen mit Hauptschulabschluß sehen Mütter (51,9% (42)) eindeutig häufiger als Väter (35,9% (47)) in den Kindern eine Hilfe bei der Bewältigung der Arbeitslosigkeit.

Ein weiterer Zusammenhang besteht mit der Fähigkeit und dem Willen, seine Mehr-Zeit familien- bzw. kinderorientierter zu gestalten (vgl. Tab. 46). Je intensiver arbeitslose Väter oder Mütter der Meinung sind, daß ihnen die Arbeitslosigkeit endlich Zeit gibt, "mehr mit den Kindern zu unternehmen", desto häufiger geben sie auch an, durch ihre Kinder Unterstützung bei der Bewältigung ihrer Lage zu erfahren.

Tab. 46   Unterstützung durch Kinder nach der Beschäftigung mit den Kindern

Unterstüt-zung	mehr mit Kindern unternehmen					Gesamt
	lehne voll ab	lehne ab	teils/teils	stimme zu	stimme voll zu	
ja	26,3% (5)	35,0% (7)	32,0% (41)	40,0% (44)	48,9% (65)	39,5% (162)
nein	73,7% (14)	65,0% (13)	68,0% (87)	60,0% (66)	51,1% (67)	60,5% (248)
Gesamt	100,0% (19)	100,0% (20)	100,0% (128)	100,0% (110)	100,0% (132)	100,0% (410)

$Chi^2 = 9,50$; d. f. = 4; alpha = 0,05; $C_{korr} = 0,21$.

Die *Hilfe durch die Eltern* nimmt mit steigendem Alter deutlich ab: von knapp 60% unter den 35-jährigen auf nur mehr 8,9% unter den Älteren. Frauen erfahren nach eigener Darstellung häufiger als Männer Hilfe durch die Eltern. Auch die *Hilfe durch Freunde* wird mit zunehmendem Alter seltener angegeben - der Anteil sinkt von knapp 70% unter Jüngeren bis auf etwa 30% unter den Älteren ab. Arbeitslose aus Mehr- aber auch noch aus Einpersonenhaushalten geben Freundeshilfe häufiger an, wobei dahinter zum einen das Alter, zum anderen die öfter fehlende partnerschaftliche Unterstützungsmöglichkeit stehen dürften.

Die *Hilfe durch Vereinskameraden* bleibt relativ konstant: Etwa drei Viertel der Arbeitslosen, die in Vereinen tätig sind, fühlen sich von diesen Gruppen nicht unterstützt. Dabei haben relativ gesehen weniger Frauen (17,1% (12)) als Männer (29,8% (42)) das Gefühl, Hilfe zu erhalten. *Hilfe durch Arbeitskollegen* findet für kurzzeitig Erwerbslose (11,8% (22)) etwas häufiger, für Langzeitarbeitslose (3,8% (6)) dagegen seltener statt. *Geistliche Unterstützung* wird mit zunehmender Dauer der Erwerbslosigkeit etwas häufiger nachgefragt. Unter überlang Erwerbslosen liegt der Anteil bei 5,8% (10)). Auch treten altersspezifische Unterschiede auf: Die mittlere Altersgruppe gibt sie mit 5,4% (14) gegenüber je etwa 1% in den anderen Gruppen häufiger an.

Daß die *Arbeitsämter als Hilfe* bei der Bewältigung der eigenen Lage gesehen werden, differiert einmal nach dem Alter: Die Zustimmung dazu ist in der mittleren Altersklasse mit etwa einem Drittel am höchsten, unter Älteren - die auch häufiger in die Rente gehen werden! - mit etwa einem Sechstel am geringsten. Auch nach den (altersspezifisch verteilten!) Haushaltsformen finden sich Unterschiede, wobei sich Arbeitslose in Partnerschaftshaushalten mit etwa einem knappen Fünftel am wenigsten, diejenigen in Einpersonenhaushalten mit etwa einem Drittel relativ am meisten gestützt fühlen. Daneben wirkt noch die Arbeitslosigkeitsdauer ein, wobei Langzeitarbeitslose (mit einem Fünftel) seltener als die anderen angeben, durch die Tätigkeiten der Ämter unterstützt zu werden, überlang Arbeitslose hingegen (mit etwa einem Drittel) am häufigsten. Für die Letztgenannten bildet vielleicht das Arbeitsamt aufgrund der bislang erfolglosen Stellensuche gleichsam die letzte Hoffnung.

8.2.3   Bessere Sozialkontakte - mehr Unterstützung

Zwischen der subjektiv zugeschriebenen Qualität der Sozialkontakte und der subjektiv empfundenen Unterstützung durch die jeweiligen Personen(gruppen) bestehen eindeutige Zusammenhänge. Das kann auch wahrnehmungsbedingt sein: Bei einem subjektiv besseren Verhältnis können alltägliche Handlungen und/oder alltäglicher Umgang eher als Unterstützung gesehen werden als bei einem schlechteren Auskommen.

Bei allen Sozialkontakten fühlen sich bei einer Verschlechterung der Beziehungen immer weniger Arbeitslosen unterstützt (vgl. Tab. 47). Überdeutlich sichtbar wird das im Nahfeld bei den Kontakten zum (Ehe-)Partner bzw. zu den Eltern, wo sich die Anteile relativ gesehen halbieren. In den entfernteren Netzwerken - Arbeitskollegen, Vereinskameraden - fällt der Unterschied noch erheblicher aus. Wenn sich hier die Kontakte verschlechtert haben, dann erfahren Arbeitslose so gut wie keine Hilfe aus dieser Richtung. Jedoch können verschlechterte Kontakte gerade die Folge von mangelnder Unterstützung sein. Umgekehrt erhöht sich durchgängig der Anteil Unterstützter bei einer Verbesserung der Beziehungen.

Tab. 47   Anteile Unterstützter nach der Entwicklung ausgewählter Sozialkontakte

Unterstützung durch	Kontaktentwicklung			C_{korr}
	schlechter	gleich	besser	
(Ehe-)Partner	41,0% (32)	81,0% (342)	83,3% (95)	0,42***
Kinder	25,8% (8)	36,3% (135)	53,4% (47)	0,21***
Eltern	20,3% (12)	40,2% (170)	49,2% (30)	0,20**
Freunde	35,7% (25)	49,8% (241)	67,0% (38)	0,23***
Nachbarn	1,7% (1)	5,1% (26)	26,8% (15)	0,47***
Arbeitskollegen	4,5% (13)	11,9% (33	15,8% (3)	0,20***
Vereinskameraden	5,9% (1)	22,6% (33)	47,8% (18)	0,35***

Unterstützung: dichotomisiert (liegt vor/liegt nicht vor). Angegeben werden die Zustimmenden.
*** $p < 0,001$; ** $p < 0,01$; * $p < 0,05$; + $p > 0,05$.

Unterstützung zu erfahren, bedeutet möglicherweise, in seiner Situation als Arbeitsloser auch subjektiv entlastet zu werden. Ob sich Arbeitslose nun durch die verschiedenen Personen(gruppen), mit denen sie Kontakte und Beziehungen haben, unterstützt oder nicht unterstützt fühlen, wirkt jedoch *nicht* entscheidend auf das Belastetsein durch die Arbeitslosigkeit ein. Da aber andererseits ein Mehr an Unterstützung von einer Verbesserung der Sozialkontakte abhängt, könnte sich eine Verbesserung der Kontakte im Gefühl niederschlagen, weniger belastet zu sein.

Tab. 48   Belastung durch die Situation als Arbeitsloser nach der Entwicklung ausgewählter Sozialkontakte während der Arbeitslosigkeit

| | Kontakt zu | Kontaktentwicklung | | | eta² |
		besser	gleich	schlechter	
Partnerschaft/ eigene Familie	Partner	2,6	3,1	3,9	0,07 (6,9%)
	Kinder	3,0	3,1	4,1	0,04 (3,7%)
Herkunfts- familie/ Ver- wandtschaft	Eltern	2,9	3,1	3,9	0,04 (3,9%)
	Schwieger- eltern	2,7	3,1	3,6	0,02 (1,8%)
	Verwandt- schaft	3,0	3,1	3,8	0,03 (2,9%)
soziale Net- zwerke	Freunde	2,7	3,1	3,9	0,05 (4,9%)
	Nachbarn	2,8	3,1	4,0	0,05 (4,5%)
	Arbeitskolle- gen	2,9	2,9	3,3	0,02 (2,3%)
	Vereinska- meraden	2,5	3,0	3,7	0,05 (4,8%)

Belastungs-Skala: von 1 (überhaupt nicht) bis 5 (sehr stark); Durchschnittswerte.
Inhaltlich bedeutsame Ergebnisse sind unterlegt.

Diese Annahme bestätigt sich klar (vgl. Tab. 48), wobei die Entwicklung der Qualität der (Ehe-)Partnerbeziehung - also die Sozialkontakte im engen sozialen Kontext - mit 6,9% die vergleichsweise größte Erklärungskraft aufweist, gefolgt von den Kontakten im Bereich soziale Netzwerke, nämlich zu Freunden (4,9%) bzw. Vereinskameraden (4,8%).

Auffallend ist, daß die durchschnittlichen Belastungswerte innerhalb der drei Qualitätsebenen (verbessert, gleich geblieben, verschlechtert) über alle Formen sozialer Kontakte bzw. Kontaktgruppen hinweg nicht sehr stark variieren. Bei unveränderten Kontakten tritt im Durchschnitt eine mittelgroße Belastung (mit Werten zwischen 2,9-3,1) auf. Arbeitslose, deren Sozialkontakte sich verschlechterten, fühlen sich dagegen (bei Werten zwischen 3,6 und 4,0) schon eher stark belastet durch ihre Arbeitslosigkeit. Demgegenüber weisen diejenigen, die ihre Kontakte zu den genannten Personen(gruppen) verbessern konnten, eine gerade mittelgroße Belastung (zwischen 2,5 und 3 liegend) auf. Zwar bewirkts eine Verschlechterung im Verhältnis zueinander bei *allen* Kontakten die jeweils größte Belastung. Der angesprochene lineare Trend besteht dagegen nur im Verhältnis zum *(Ehe-)Partner* sowie zu *Vereinskameraden*: Hier führt eine Verbesserung der Beziehungen zu einer deutlichen Senkung des Belastungsgefühls. Das könnte ein Hinweis auf die große Bedeutung (zumindest) des (Ehe-)Partners für die Bewältigung der Arbeitslosigkeit sein. Dieser Zusammenhang läßt sich jedoch nur für Teilgruppen belegen, nämlich bei Männern, Älteren und kurzzeitig Erwerbslosen. Diese Gruppen reagieren auf positive Änderungen sensibel und fühlen sich durch Kontaktverbesserung bereits weniger unwohl in ihrer Lage.

8.3 Synopse der Probleme

Zu den Effekten der Arbeitslosigkeit auf Partnerschaft und Familie halten wir fest:

- Mehrheitlich (68,8%) hat sich die Beziehung zum (Ehe-)Partner seit Beginn der Arbeitslosigkeit nicht verändert. Für ein knappes Fünftel (18,1%) haben sich die Kontakte sogar verbessert, aber etwa ein Achtel (13,1%) der Arbeitslosen stellt eine Verschlechterung fest.

- Die Risiken für eine Verschlechterung der Kontakte sind im allgemeinen größer für Arbeitslose, die nicht mit dem Partner zusammenleben. Besonders betroffen sind alleine lebende Männer der mittleren Altersgruppe. Ihnen fehlen die durch alltägliche Interaktion und gemeinsame Verantwortung gewachsenen Solidarbande in der Partnerschaft, d. h. die Unterstützung durch den Partner bzw. das Verständnis des Partners für die Lage des Arbeitslosen sind geringer. Jedoch kann die Verschlechterung auch auf Verhaltensänderungen des Arbeitslosen beruhen.

- Ein wesentlicher Grund für Partnerschaftsprobleme ist eine (stark) verschlechterte ökonomische Lage. Auch die Arbeitslosigkeitsdauer wirkt negativ ein, besonders bei überlang Erwerbslosen.

- Bei Älteren verbessert sich die Beziehung zum Partner am häufigsten. Für diesen Personenkreis kann bereits die Perspektive eines gemeinsamen Lebensabends an Bedeutung gewinnen. Außerdem hat weniger Belastungen aus einem bislang vergeblichen Bemühen, wieder eine Kontinuität der Berufsbiographie herzustellen und kann daher leichter den innerlichen Übergang von einer berufsaktiven zu einer privataktiven Lebensführung vollziehen.

- Erwerbslose lehnen es eher ab, daß die Arbeitslosigkeit von Eltern(teilen) sich negativ oder sozial benachteiligend auf die Kinder auswirkt. Eltern, die mit ihren Kindern zusammenleben, meinen dies häufiger. Das kann entweder bedeuten, daß sie Probleme nicht sehen oder wahrhaben wollen - diese Vermutung äußern Ehrhardt/Hahn (1993) -, also Neutralisierungsstrategien betreiben. Ebenso kann es aber sein, daß sie versuchen, die Auswirkungen von den Kindern, so gut es geht, fernzuhalten. Dafür würde sprechen, daß Arbeitslosenfamilien an ihren Kindern zuletzt sparen, was Taschengeld, Schulausflüge, etc., angeht, so daß sich zumindest von der materiellen Seite her die Belastungen in Grenzen halten könnten.

- Dahinter steht aber insofern eine leichte Verzerrung der Wahrnehmung, als arbeitslose Väter und Mütter tendenziell die Belastung ihrer Kinder in Abhängigkeit davon sehen, wie sie selber ihre Arbeitslosigkeit und ihre Person als Arbeitslose(r) bewerten. Ein ebenfalls wichtiger, mit 25% sehr erklärungskräftiger Faktor ist der Einfluß der Arbeitslosigkeit auf das Partnerschaftsklima: Je mehr Probleme Arbeitslose im alltäglichen Umgang mit ihrem Partner bekommen haben, desto höher stufen sie auch die Belastung ihrer Kinder ein. Entscheidend sind damit die Möglichkeiten der Eltern, mit der Situation Arbeitslosigkeit produktiv umzugehen.

- Insgesamt relativ positiv wird der Effekt bewertet, den Arbeitslosigkeit auf die Familie hat, sei es, daß mehr Zeit für den Partner oder für Unternehmungen mit den Kindern vorhanden ist. Das steht in relativ engem Zusammenhang mit der allgemeinen Fähigkeit der Arbeitslosen, Nutzen aus ihrer Mehr-Zeit zu ziehen, sei es, indem sie mehr für sich selber machen oder die Zeit für häufigere Kontakte zu Freunden und Bekannten nutzen. Ob arbeitslose Väter und Mütter die Arbeitslosigkeit als familienförderlich wahrnehmen, hängt also von ihren Fähigkeiten und Möglichkeiten ab, produktiv oder "proaktiv" (vgl. Strehmel/Ulich 1990) mit der neuen Zeit umzugehen, sich eine neue Eigenzeit zu schaffen.

- Für die Auswirkungen auf das Partnerschaftsklima ist in erheblichem Maße das Selbstwertgefühl von Bedeutung: Arbeitslose, die sich selber nicht viel Wert sind, belasten auch den Partner seit ihrer Erwerbslosigkeit mehr und kommen merklich schlechter mit ihm aus. Dem entspricht, daß diejenigen, die viel an sich und ihrer

Situation zweifeln oder die einen größeren Sinnverlust durch ihre Arbeitslosigkeit erfahren haben, mehr Probleme mit dem Partner haben als vorher. Wer selber sehr negativ von der Arbeitslosigkeit betroffen ist, bekommt zusätzlich Partnerschaftsprobleme, auch weil sich die negative Selbst- und Situationseinschätzung in geänderten Verhaltensweisen ausdrückt.

Für die Frage nach der Unterstützung durch das soziale Umfeld halten wir fest:

- Am häufigsten unterstützen (Ehe)Partner die Arbeitslosen bei der Bewältigung ihrer Situation, Verheiratete (89,8%) etwas häufiger als Unverheiratete (81,7%). Vor allem unverheiratete Elternteile, die mit Kind und Partner zusammenleben, geben dies seltener an (63,2%) als verheiratete Eltern (89,4%).

- Für 38,6% der Eltern(teile) wirken die Kinder unterstützend. Dieser Anteil steigt, wenn Eltern und Kind(er) zusammenleben und dauernden Kontakt haben: Von 18,3% unter allein Lebenden bis auf 53% unter Arbeitslosen mit eigener Familie.

- Etwa die Hälfte der Arbeitslosen fühlt sich von Freunden oder Bekannten unterstützt. Das ist aber eher postadoleszententypisch, denn etwa 70% der Jüngeren, aber nur etwa 30% der Älteren geben dies an. Die Bedeutung der Netzwerke für die psychosoziale Unterstützung wandelt sich mit dem Lebenslauf und der jeweiligen dominierenden Lebensformen beim Älterwerden: Der Freundeskreis wird mehr und mehr durch das partnerschaftliche und/oder familiale Binnennetz ersetzt.

- Ein Viertel der Arbeitslosen gibt an, daß ihm die Arbeitsämter Hilfe in ihrer Situation bedeuten. Besonders häufig meinen das potentielle Problemfälle, nämlich Erwerbslose der mittleren Altersgruppe, alleine Lebende und Überlangzeitarbeitslose (zu je einem Drittel). Besonders für Überlangzeitsarbeitslose bilden die Ämter aufgrund der fortwährend erfolglosen Arbeitsplatzsuche (eigeninitiativ und über Vermittlungsangebote der Ämter) gleichsam die letzte Hoffnung.

- Ob Arbeitslose sich unterstützt fühlen, hängt auch von der Qualität der Sozialkontakte ab. Bei schlechter gewordenen Kontakten meinen durchgängig weniger Arbeitslose, von den jeweiligen Personen(gruppen) - Partner, Kinder, Freunde, etc. - Hilfe zu erfahren. Nicht beantwortet werden kann, ob dahinter ein Wahrnehmungsphänomen steht oder ob die Hilfen realiter reduziert worden sind, zumal die Veränderung der Kontakte nur von einer Seite, nämlich den Arbeitslosen, berichtet wird.

9 Zur Verarbeitung von Arbeitslosigkeit

9.1 Bisherige Typenbildung in der Literatur

In der mittlerweile etwa sieben Jahrzehnte währenden wissenschaftlichen Forschung zu den sozialen und psychischen Folgen von Arbeitslosigkeit wurden immer wieder Systematisierungen vorgenommen mit dem Ziel einer Typenbildung.

So konstatierten Jahoda et al. (1975) in ihrer "klassischen" Studie über die Auswirkungen umfassender Arbeitslosigkeit auf das Leben in dem niederösterreichischen Dorf Marienthal[141] vier Typen von Haltungen, die unter der Bedingung zunehmender Armut entstanden: Ungebrochene, Resignierende, Verzweifelte und Apathische (vgl. 1975, S. 64 ff.). *Ungebrochene* zeichneten sich durch subjektives Wohlbefinden, Aktivität und Lebenslust aus. Der Alltag wurde planvoll verbracht, der Haushalt war in gutem Zustand, die Kinder gut versorgt. Es bestanden noch Zukunftsperspektiven, es wurde noch versucht, Arbeit zu bekommen. Unter den *Resignierten* herrschte ein (z. T. heiterer) Fatalismus, ein Gefühl relativen Wohlbefindens, ein gleichmütiges erwartungsloses Dahinleben ("Fortwursteln"). Die Ansprüche waren deutlich zurückgenommen worden, (Alltags-)Pläne und Zukunftsperspektiven fehlten. Auch bei den *Verzweifelten* war der Haushalt in gutem Zustand und die Kinder versorgt. Die Stimmung war hingegen depressiv, die "bessere Vergangenheit" schwang mit, es herrschte ein Gefühl der Vergeblichkeit allen Tuns. Die Arbeitssuche war eingestellt worden. Indolenz, Planlosigkeit, Passivität und Verfallserscheinungen (auch Betteln, Stehlen) kennzeichneten das Leben der *Apathischen*. Die Ordentlichkeit der Wohnung und die Pflege der Kinder, die von Jahoda et al. (1975) gleichsam als letzte Barriere gegen den Zerfall gesehen wurden, waren hier nicht mehr gegeben. Grundlage des zunehmenden Zerfalls war das abnehmende Pro-Kopf-Einkommen der Haushalte: So verfügten *Apathische* durchschnittlich nur etwa über die Hälfte dessen, das *Ungebrochene* verwenden konnten. Insgesamt war in den ausbalancierten Haushaltsbudgets aller Familien kein Platz für Neuanschaffungen, so daß das Haushaltsinventar mit wachsender Arbeitslosigkeitsdauer zunehmend abgenutzter wurde (vgl. 1975, S. 94 ff.). Eine andere, gravierende Folge war das abnehmende Berufsbewußtsein, besonders in

---

[141] Etwa drei Viertel der ansässigen Familien (367 von 478) mußten ihren Lebensunterhalt von der Arbeitslosenunterstützung bestreiten (vgl. Jahoda et al. 1975, S. 39).

den mittleren Altersgruppen: Sie würden zunehmend Arbeitslosigkeit als Beruf betrachten und zum "Stand der Arbeitslosen" werden (vgl. 1975, S. 98). Die Forschergruppe konstatierte, daß mit den verschiedenen Typen "nur verschiedene Stadien eines psychischen Abgleitens vorliegen, das der Reduktion der Zuschüsse und der Abnutzung des Inventars parallel geht. Am Ende dieser Reihe stehen Verzweiflung und Verfall" (1975, S. 102).[142]

Die Ergebnisse einer Reihe neuerer empirischer Studien unterstützen hingegen den Schluß, daß wir von differentiellen Verarbeitungsformen von Arbeitslosigkeit ausgehen müssen (vgl. Wacker 1978), die durch eine Mehrzahl von moderierenden Faktoren beeinflußt werden: Alter und Familienrolle, Gesundheitszustand, Dauer des Arbeitslosseins, die vorhandenen finanziellen Belastungen, das Ausmaß der Berufsorientierung, das allgemeine Aktivitätsniveau, die spezifische Fertigkeit im Umgang mit belastenden Situationen (persönliche Verwundbarkeit), Unterstützungen aus der unmittelbaren sozialen Umwelt, Schichtzugehörigkeit (vgl. Brinkmann 1984, S. 461; Brinkmann/Wiedemann 1994, S. 182). Statt auf einem eindimensionalen Belastungskontinuum von positiv bis negativ wirken die Be- und Entlastungen auf mehreren, sich gegenseitig nicht aufhebenden Dimensionen, was ein ganzheitliches Erfassen der Situation erfordert. Dabei zeigt sich, daß mit zunehmender Dauer der Arbeitslosigkeit die Belastungen dominieren, so daß im Durchschnitt keine besseren, positiveren Verarbeitungsstrategien auftreten. Insgesamt weisen die Ergebnisse auf unterschiedliche Verarbeitungsstrategien hin, die vom beruflichen Status, dem (Aus-)Bildungsstand sowie den Entfaltungsmöglichkeiten in der Arbeit bestimmt werden (vgl. Hess et al. 1991, S. 182; 186).

In einer britischen Untersuchung, die an die Marienthal-Studie angelehnt war, ergaben sich drei (analytisch nicht eindeutig voneinander unterscheidbare) Verarbeitungsstile, nämlich die *entrepreneurs*, die ihren Lebensunterhalt über professionalisierte Nebentätigkeiten bzw. Schwarzarbeit bestreiten, die *sufferers* mit hohen psychischen und sozialen Verfallserscheinungen und geringer (Arbeits-) Eigenaktivität sowie die *survivors*, die sich durch eine aktive Tagesstrukturierung, klare Zielvorstellungen und geringen Leidensdruck trotz Geldmangels auszeichneten (vgl. Strittmatter 1992).

Drei Typen mit unterschiedlichen Grundhaltungen gegenüber der Arbeitslosigkeit

---

[142] Eine Verzerrung der untersuchten Population ergab sich durch die Auswanderung der "Energischen" und "besonders Lebensfähigen". Die Zurückgebliebenen machten insgesamt den "Eindruck einer als Ganzes resignierten Gemeinschaft, die zwar die Ordnung der Gegenwart aufrechterhält, aber die Beziehung zur Zukunft verloren hat" (Jahoda et al. 1975, S. 75).

und unterschiedlichen (situativen) Bewältigungsformen finden sich auch bei Hess et al. (1991), nämlich die Gruppe mit "auch positiver Verarbeitung", die "eher sozial Isolierten" sowie die "eher Deprimierten". Relativ am häufigsten war die Form der eher sozial isolierten Lage verbreitet: die Hälfte des Samples konnte dieser Gruppe zugerechnet werden. Der resignative Stil der eher Deprimierten umfaßte immerhin 30%, und vergleichsweise am seltensten (20%) war der tendenziell optimistische Stil verbreitet. *Eher Deprimierte* sind aufgrund der Kumulation benachteiligender Lagen eine potentielle Problemgruppe: 32%: wiesen keine qualifizierte Berufsausbildung auf, 37% waren zuletzt als un- bzw. angelernte Arbeiter beschäftigt. Ein Drittel bezog Arbeitslosenhilfe, und 42% Sozialhilfe. Die kumulierte Dauer der Arbeitslosigkeit war in dieser Gruppe mit durchschnittlich 38 Monaten (im Vergleich zu 33 bzw. 34 Monaten bei den anderen Typen) am höchsten. Dies schlug sich in einer vergleichsweise häufig auftretenden Zukunftsungewißheit, Resignation und einem verringerten Selbstwertgefühl nieder. Mit 78% war der Anteil derer, die Probleme mit der freien Zeit hatten, sehr groß. *Eher sozial Isolierte* zeigten ein ausgeprägtes Rückzugsverhalten, das von der ungünstigen ökonomischen Lage beeinflußt wurde. Insgesamt verband diese Gruppe keine positiven Aspekte mit der Arbeitslosigkeit. Etwa drei Viertel beklagten den mangelnden Kontakt zu ehemaligen Kollegen, und etwa die Hälfte gab an, aufgrund fehlender Mittel niemanden mehr einladen zu können. Häufig fühlten sie sich wegen der Arbeitslosigkeit als Außenseiter stigmatisiert. Familie und Hobbies wurden nicht als Rückhalt empfunden, etwa die Hälfte betrachteten die freie Zeit als Problem. Vergleichsweise am günstigsten stand die Gruppe mit *auch positiver Verarbeitung*, die eine relativ gute Berufs- und Bildungssituation aufwies. Arbeitslosigkeit war für diesen Typ weniger problembehaftet als bei den übrigen Typen: Nur etwa ein Fünftel sah sich als stigmatisierte Außenseiter, weniger als ein Drittel hatte Probleme mit der freien Zeit, was auch an einem größeren Umfang von erfüllter Freizeitbeschäftigung sowie an umfangreicheren Familienaktivitäten deutlich wurde. Die Überlegungen für die eigene Zukunft waren hier am Konkretesten: 69%: möchten keine uninteressantere Arbeit annehmen, 83% lehnten ein geringeres Einkommen ab und weniger als ein Drittel zeigte Bereitschaft zu einem Wohnortwechsel.

Ein Vergleich zweier strukturell verschiedener städtischer Arbeitslosenpopulationen (in Augsburg und Liverpool) findet sich bei Guggemos (1989). Die qualitative Analyse findet einmal synchronisch längs von vier dichotomisierten Variablen statt: dem (Nicht-)Vorhandensein von sozialer, emotionaler, evtl. auch materieller Unterstützung, der positiven oder negativen ökonomischen Lage, den positiven oder negativen Arbeitsmarktchancen sowie der Interpretation der eigenen Arbeitslosigkeit als individualisiertem bzw. als kollektiviertem Phänomen (oder Schicksal). Daneben wird aus diachronischer Perspektive nach der persönlichen bzw. sozialen Entwicklung mit zunehmender Dauer der Arbeitslosigkeit gefragt. Es stellen sich vier idealtypische Erlebensformen heraus, wobei Augsburger Befragte in allen vier Gruppen zu finden waren, Liverpooler Arbeitslose hingegen nur in den Gruppen mit schlechter Wiederbeschäftigungslage: a.) Soziale, emotionale, evtl. auch materielle Unterstützung ist vorhanden. Zugleich bestehen kurz- oder mittelfristig relativ gute Chancen für eine Arbeitsaufnahme. b.) Soziale, emotionale, evtl. auch materielle Unterstützung ist vorhanden. Allgemeine Wirtschaftslage oder Zugehörigkeit zu einer besonderen "Problemgruppe" führen zu schlechten Aussichten auf einen Arbeitsplatz. c.) Soziale, emotionale, evtl. auch materielle Unterstützung wird vermißt. Jedoch bestehen gute Arbeitsmarktchancen. d.) Sowohl soziale, emotionale, evtl. auch materielle Unterstützung als auch Beschäftigungschancen fehlen (vgl. 1989, S. 211).

Diese (Ideal-)Typen werden ergänzt um die ökonomische Lage und die Interpretation der eigenen Arbeitslosigkeit (individualistisch oder kollektivistisch). Daraus entstand eine achtstufige Typologie, nach der die Fallbeispiele verortet werden. Ein wohl als relativ zentral zu betrachtendes Moment gegen ein vollständiges Abrutschen scheint eine einigermaßen befriedigende Situation im Bereich sozialer Unterstützung zu sein. Erfolglose Bewältigungsformen mit unzureichenden Kompensations- oder Ausweichmöglichkeiten können möglicherweise in diachronischer Perspektive zu einer negativen Entwicklung, nämlich einem langsamen Abgleiten in eine (beginnende) Devianzkarriere, führen (vgl. 1989, S. 214), ähnlich der von Jahoda et al. (1975) festgehaltenen Tendenz.

Brinkmann (1984) fand drei relevante Be- bzw. Entlastungsfaktoren. Auf der belastenden Seite standen a.) die "Beeinträchtigung der persönlichen Autorität" (mit den Indikatoren "sehr beunruhigt wegen neuer Stelle", "Das viele Zuhausesein ist einfach auf die Nerven gegangen" und "Habe mich oft gefragt, warum gerade ich arbeitslos geworden bin"); b.) die "Beeinträchtigung der sozialen Beziehungen" (mit hoher Ladung auf den Indikatoren "Habe in der Familie häufiger als sonst Ärger" und "Bin nicht mehr so oft zu Freunden und Bekannten gegangen wie früher"). Als entlastender Faktor wirkte c.) "Positive Erfahrungen mit der Arbeitslosigkeit" (mit den Indikatoren "Habe endlich mal mehr Zeit für Sachen, die Spaß machen" sowie "Es ist mir ganz lieb, wieder mehr für die Familie tun zu können") (vgl. 1984, S. 463). Langzeitarbeitslosigkeit erhöht die Belastungen nur dann, wenn zugleich gravierende finanzielle Probleme bestanden. Zudem zeigte sich, daß zwischen Mitte der 70er bis Anfang der 80er Jahre das Gefühl, durch die Arbeitslosigkeit belastet zu sein, zugenommen hat, ein Ergebnis, das eigentlich den Annahmen über die Veränderung der Arbeitsgesellschaft zuwiderläuft (vgl. Brinkmann 1984, S. 463).

Bogai et al. (1994) haben bei einer Untersuchung von Langzeitarbeitslosen der Altersgruppe 46 bis 65 Jahre vier nach sozio-ökonomischen und erwerbsbiographischen Merkmalen eindeutig unterscheidbare Gruppierungen mit unterschiedlichen Plänen und Perspektiven zur subjektiven Bewältigung ihrer Arbeitslosigkeit gefunden: die "Arbeitsmarktorientierten" (43%), die "Übergangsorientierten" (26%), die "sozialrechtlich Bedingten" (13%) und die "Gruppe ohne klare Übergangsperspektiven" (19%). *Arbeitsmarktorientierte* streben eine Wiedereingliederung in den Arbeitsmarkt an. Sie bemühten sich vergleichsweise am häufigsten selber um Arbeitsplätze: 29% gaben an, sich in den letzten drei Monaten selber beworben zu haben. Diese Gruppe ist durchschnittlich mit 54,3 Jahren am jüngsten und weist (daher) mit 25 Jahren auch die vergleichsweise kürzeste Gesamtbeschäftigungszeit auf. Abgänge in den Rentnerstatus sind deswegen nur begrenzt durchsetzbar. Mit knapp einem Fünftel plant hier nur der im Vergleich kleinste Anteil, in Rente oder Vorruhestand zu gehen, wobei mehrheitlich eine Erwerbs- bzw. Berufsunfähigkeitsrente beantragt wurde (62% dieser Gruppe sind gesundheitlich beinträchtigt). 61,6% empfingen Arbeitslosengeld, 8,4% Arbeitslosenhilfe. Zwar bekamen 30% keine Leistungen vom Arbeitsamt, jedoch erhielten nur 5% Sozialhilfe. Unter den *Übergangsorientierten* gehen hingegen 70% entweder demnächst in (Alters-)Rente oder planen es zumindest. Diese Gruppe weist eine überdurchschnittlich lange Erwerbsdauer auf (31,4 Jahre), das vergleichsweise höchste Durchschnittsalter (58,4 Jahre) und mit 5 Jahren eine unterdurchschnittliche Dauer der (kumulierten) Arbeitslosigkeit. Der Anteil von gesundheitlich Beeinträchtigten ist mit 73% überdurchschnittlich. 94% der Übergangsorientierten erhielten Leistungen vom Arbeitsamt. Die *sozialrechtlich Bedingten* sind in einer Zwangssituation, denn bei ihnen ist die Arbeitslosmeldung zumeist Bedingung für den Erhalt von Sozialhilfe, zumeist HLU: 64% dieser Gruppe sind Sozialhilfeempfänger. Ihr Durchschnittsalter (55,5 Jahre) sowie die vergleichsweise geringste Erwerbstätigkeitsdauer (23,1 Jahre) zwingt sie, Nachfrager auf dem Arbeitsmarkt zu werden. Negativ auf einen Erfolg dürfte sich die fehlende Berufsausbildung auswirken, die mit 42% in dieser Gruppe am häufigsten auftritt. Auffallend ist auch, daß Geschiedene oder getrennt Lebende mit 32% in dieser Gruppe am häufigsten vertreten sind. Die *Gruppe ohne klare Übergangsperspektiven* ist sehr heterogen, orientiert sich tendenziell in Richtung Rentensystem, ist allerdings von der Situation des Partners mitbestimmt. Sie weist den mit 59% höchsten Frauenanteil, den höchsten Anteil an Personen ohne jeden Leistungsbezug (69%), aber das im Vergleich mit etwa 2.700 DM höchste durchschnittliche Haushaltseinkommen im Monat auf. In dieser Gruppe scheint ein frauenspezifischer Übergang in das Rentensystem stattzufinden, wobei die Arbeitslosmeldung zur Sicherung der Rentenanwartschaft dient. Die Männer dieser Gruppe ähneln den Übergangsorientierten, wobei sie diese Haltung jedoch erst im Verlauf ihrer letzten Arbeitslosigkeit ausgebildet hatten, als Wiedereingliederungsversuche fehlschlugen (vgl. Bogai et al. 1994, S. 80 ff.).

Kronauer et al. (1993) fragen nach den gesellschaftlichen Auswirkungen einer dauerhaften Ausgrenzung von Menschen durch (Langzeit-)Arbeitslosigkeit (vgl. 1993, S. 20). In Abhängigkeit vom subjektiv wahrgenommenen Ausgrenzungsrisiko sehen sie eine "soziale Schicht" von Dauerarbeitslosen entstehen, sobald diese nämlich der Übermacht objektiver Verhältnisse nachgeben und ihre handlungsleitenden Überzeugungen daran anpassen (vgl. 1993, S. 234). Zur Frage, wie weit (Langzeit-)Arbeitslose noch meinen, an der Erwerbsarbeit orientierte Lebensziele erreichen zu können, und inwieweit sie sich (gezwungenermaßen) von erwerbsarbeitsorientierten Zielvorstellungen gelöst haben, finden sie bei einer Untersuchung im Arbeitsamtsbezirk Göttingen drei Umgehensformen und sechs Typen, die unterschiedliche Verhältnisse zwischen der objektiven Gefährdung der Erwerbsbiographie und der subjektiven Wahrnehmung dieser Gefährdung ausdrücken (vgl. 1993, S. 79 ff.): a.) Langzeitarbeitslosigkeit als (noch) integrierbare Phase. Bei den beiden Typen, Arbeitslosigkeit als Chance auf (Nutzung der) Zeit für Vernachlässigtes, Arbeitslosigkeit als vorübergehend zu bewältigender Einschnitt, werden die Ansprüche an die Qualität der Stelle, mithin den Arbeitsmarkt, noch nicht reduziert. b.) Die Integrierbarkeit der Arbeitslosigkeit steht in Frage. Die Typen, "Bedrohung, der man etwas entgegensetzt" und "Bedrohung, der man ausgeliefert ist", sehen ihre beruflichen Perspektiven wanken, berufsgebundene Wünsche werden reduziert. Die finanziellen Ressourcen sind bald erschöpft, es werden Nebentätigkeiten angenommen, das Arbeitsmarktverhalten gerät unter (starken) Anpassungsdruck, Suchaktivismus tritt auf. Eine Verteidigungslinie wird mit der Abgrenzung von passiven, stigmatisierten Arbeitslosen aufgebaut (vgl. 1993, S. 172). c.) Die Arbeitslosigkeit wurde zur lebensbestimmenden "schlechten Realität", "der man sich unterwirft" oder "in der man sich einrichtet". Diese Gruppen haben ihr Scheitern erkannt und ziehen sich vom Arbeitsmarkt zurück. Der erste Typus wurde zwar vom Arbeitsmarkt ausgeschlossen, aber noch nicht von der Herrschaft der "Arbeitsgesellschaft" befreit und reagiert auf die Ausweglosigkeit mit Resignation (vgl. 1993, S. 173 f.). Der letzte Typus hat diese Phase des Leidens insoweit zurückgelassen, als sie die Orientierung an der Erwerbsarbeit gezwungenermaßen weitgehend abgelegt haben (vgl. 1993, S. 189).

Eine besondere Problemgruppe bilden (langzeit-)arbeitslose (Post-)Adoleszenten, da die fehlende Berufsrollenintegration zu (erheblichen) Identitäts- und Selbstwertproblemen, besonders hinsichtlich der Übernahme eines Erwachsenenstatus, führen kann (vgl. Herrmanns 1991, S. 23 f.). Vonderach et al. (1992) untersuchten 1986/87 mittels narrativer Interviews die Bewältigungsstrategien von 64 arbeitslosen Männern und Frauen zwischen 18 und 30 Jahren, die in drei ländlichen, relativ strukturschwachen Regionen wohnten. Dabei traten sieben Fallreihen mit einem jeweils spezifischen Bewältigungsmuster hervor: zwei Muster verstanden Arbeitslosigkeit als Blockierung, als Infragestellen eines *vollwertigen* Erwachsenenstatus, und strebten daher ein Wiedererreichen *berufsbiographischer* oder *erwerbsbiographischer* Normalität an (vgl. 1992, S. 100 ff.). Zwei weitere Muster richteten sich in der Arbeitslosigkeit dauerhaft ein und entwickelten die Bewältigungsstrategie zur eigenständigen Lebensform. Bei der (meist männlichen) *Ressourcennutzung* hat die Berufsarbeit an Bedeutung verloren, Lebensführung findet durch Einrichten *in* der Arbeitslosigkeit statt. Die *Armutsökonomie* ist eine weibliche, individualisierte, quasi-professionalisierte Ämterkarriere auf Basis von Sozialhilfeabhängigkeit (vgl. 1992, S. 177 ff.). In drei Mustern wurde versucht, in bzw. aus der Arbeitslosigkeit heraus neue Biographie- und Lebensformen zu finden (vgl. 1992, S. 183 ff.; Vonderach/Siebers 1991, S. 193 ff): a.) Bei der Bewältigung über eine wahrgenommene *Hausfrauen- und-Mutterrolle* wirkt einmal das *Phasenmodell* als (traditioneller) Biographieansatz, wobei die Familienphase derzeit gegenüber dem Berufswunsch dominiert. Im *Integrationsmodell* ist das Ziel die Integration von Berufs- und Familienrolle, wobei durch die Arbeitslosigkeit die (unlösbare) Konkurrenz beider Bereiche wieder aufscheint. b.) Ein weiteres Muster ist der *berufliche und biographische Neuanfang*, entweder als vollkommene Umorientierung, als ausgedehnte Berufsfindungsphase oder als noch zu erfolgende Herstellung einer Berufskarriere gesehen. c. Das dritte Muster, die *berufsbiographische Individualisierung*, strebt eine bislang nicht realisierte "authentische" Berufsbiographie an.

Die bisherigen Darstellungen machen deutlich, daß "Arbeitslosigkeit" ein komplexes Phänomen ist, auf das von Seiten der Arbeitslosen mit relativ heterogenen Reaktionsmustern geantwortet wird. Es besteht keine Zwangsläufigkeit, daß Arbeitslosigkeit in Verelendung mündet. Zu den Folgen von Arbeitslosigkeit gehört jedoch wegen der Einkommenseinbußen mit relativ großer Wahrscheinlichkeit ein sozialer Abstieg, bedingt durch die mehr oder weniger weitreichende Absenkung des Lebensstandards, wobei die Einschränkungen bei einkommensstärkeren Haushalten mit höherem Ausgangsniveau zumindest in der subjektiven Wahrnehmung gravierender ausfallen können. Besonders bei Familien und/oder einkommensschwachen Haushalten beinhaltet Arbeitslosigkeit zusätzlich ein erhöhtes Verarmungsrisiko, was z. B. beim Sozialhilfebezug deutlich wird.

Arbeitslosigkeit als Prozeß *kann* mit einer erfolgreichen Bewältigung enden, sowohl, was eine stabile Wiederbeschäftigung angeht, als auch, was die subjektive

Verarbeitung anbelangt. Sie *kann* aber auch in Abhängigkeit von äußeren Randbedingungen und persönlichen Merkmalen zu einer sukzessiven und dauerhaften Ausgrenzung von der Erwerbsarbeit führen, die die Betroffenen und ihre Familien vor erhebliche Probleme stellt. *Zwischen* diesen Extremen liegt ein relatives Kontinuum, das auch von der Dauer der Arbeitslosigkeit abhängig ist, sowohl hinsichtlich der (im)materiellen Folgen, als auch hinsichtlich der (inter-)subjektiven Bewältigungsmöglichkeiten.

Neben der relativ schlechten ökonomischen Lage stellen auch die Zeit bzw. der geänderte Zeithaushalt die Arbeitslosen und ihr soziales Nahfeld vor Reorganisationsprobleme. Im Rahmen der modelltheoretischen Überlegungen dieser Arbeit, die sich an einer Kombination aus Lagen-, Milieu- und Lebensführungsansatz orientierten, wurde davon ausgegangen, daß die Veränderungen bei diesen beiden zentralen Dimensionen durch intervenierende Faktoren (vgl. Hradil 1987) vermittelt werden und daher in spezifischer Weise auf Arbeitslose einwirken. Die Interpretation der neuen sozialen Lage erfolgt nach personengebundenen Merkmalen, wie Alter, Geschlecht oder Bildung und in Abhängigkeit von Merkmalen des sozialen Kontextes, wie Haushaltsform oder sozialen Netzwerken. Die Wirklichkeit der Arbeitslosigkeit für den Arbeitslosen wird ebenso beeinflußt von der subjektiven Einstellungsseite, worunter z. B. das Selbstwertgefühl oder die Zukunftsbewertung zählen.

Die Fragen, denen in der empirischen Untersuchung nachgegangen wurde, lauten daher, inwieweit für Arbeitslose ein autonomer, selbstgewählter Umgang mit ihren äußeren Lebensbedingungen (noch) möglich ist, inwieweit sie (noch) wählen können, und, nach welcher Maßgabe sie ihren Alltag reorganisieren.

9.2 Bewältigungs- und Lebensführungstypen unter Arbeitslosen

Eine Leitfrage dieser Untersuchung war, ob sich unter Arbeitslosen in Abhängigkeit von ihren Strukturmerkmalen Lebensführungstypen ausfindig machen lassen, spezifische Formen der sozialen Lebensführung, in denen einmal typische Bewältigungsweisen für Anforderungen aus objektiven Strukturen entstehen, die andererseits mit Bestrebungen verbunden sind, eine eigene Identität zu finden und zu stabilisieren (vgl. Vetter 1991).

Der Titel der Studie lautet "Lebensführung *in* der Arbeitslosigkeit". Damit soll aber kein Sich-Einrichten in der Arbeitslosigkeit gemeint sein, wie es Vonderach et al. (1992) mit den "Strategien der Ressourcennutzung" bzw. der "Armutsökonomie" abgebildet haben. Vielmehr verstehen wir das "in" als Handeln innerhalb eines begrenzten sozialen Raumes, dessen Grenzen durch die objektive soziale Lage und die sie begleitenden, objektiven intervenierenden Faktoren gebildet werden, die Wirkung und Bedeutung der Lagekriterien (mit-)bestimmen. Die Frage nach der Lebensführung *in* der Arbeitslosigkeit bedeutet vielmehr, inwieweit sich in diesem Raum (überhaupt) relativ selbstbestimmte (Re-)Organisationsformen für den Alltag entwickeln können, sich eigenständige Strukturen der Zeitverwendung herausbilden.

In den Bereich der Wertewandeldiskussion (dazu u. a. Klages 1992) reicht die Annahme hinein, daß die sozial- bzw. wohlfahrtsstaatliche Entwicklung vor allem unter Jüngeren zu einem Rückdrängen industrieller Muster der Lebensführung (hinsichtlich der Arbeitsordnung, der Wertemuster, der Normallebenslaufmuster) geführt habe (vgl. Vetter 1991). Vetter (1991) postuliert nun - tendenziell ein wenig im Gegensatz zu Annahmen aus der differentiellen Arbeitslosenforschung -, daß unter Arbeitslosen zumal bei zunehmender Dauer der Erwerbslosigkeit eine Dominanz industrieller Formen der Lebensführung vorherrschen würde. Das würde bedeuten, daß diese Population(en) nur über eine reduzierte Autonomie in der Gestaltung ihres Alltags verfügen (können). Die Frage ist nun: Inwieweit läßt sich diese Annahme bestätigen?

Zur Beantwortung diesser Frage wurden mit dem Statistikprogramm SPSS eine Reihe von Cluster-Analysen durchgeführt. Die Grundüberlegung hinter der Clusteranalyse ist, daß Untersuchungseinheiten so zu Gruppen zusammengefaßt werden sollen, daß die Mitglieder der jeweiligen Gruppen weitgehend ähnliche Eigenschaften bzw. Merkmalsausprägungen aufweisen, wohingegen *zwischen* den Gruppen möglichst größe Unterschiede bestehen sollen (vgl. Schuchard-Ficher et al. 1982). Entschieden haben wir uns letztlich für das *partitionierende* Verfahren (Quick Cluster), das eine unproblematische Bearbeitung großer Fallzahlen erlaubt und flexibler ist als das hierarchische Vorgehen. Für die Clusterbildung wurden folgende Variablen herangezogen:

- das aktuell verfügbare Haushaltseinkommen,
- die subjektive Einschätzung der finanziellen Lage,
- das Selbstwertgefühl der Arbeitslosen,
- das Bildungsniveau,
- das Lebensalter,
- die Haushaltsform,
- die Konsumeinschränkungen bei Luxus-Gütern (langlebigen Gebrauchsgütern, Möbeln, Unterhaltungselektronik),
- die Konsumeinschränkungen bei Alltags-Gütern (z. B. Lebensmitteln).

Alle Variablen wurden standardisiert und z-transformiert (mit Mittelwert 0 und Standardabweichung 1), um Schwierigkeiten bei den Distanzmaßen zu verhindern. Die Umformung auf einheitliche Skalengrößen hat aber auch gewichtige inhaltliche Gründe, die mit den verwendeten Modellannahmen zur Arbeitslosigkeit in Zusammenhang stehen: Ein Belassen der variablenspezifischen Skalen hätte wegen der gravierenden Unterschiede in der Spannweite (z. B. 1-5 bei nach der subjektiven Einschätzung der wirtschaftlichen Lage, hingegen 0- ca. 9.000 bei der Frage nach dem verfügbaren Haushaltseinkommen) dazu geführt, daß die Variable mit der größten Spannweite, das Einkommen, alle anderen Differenzen überlagert hätte. Damit wäre die Typenbildung bereits von der Konzeption her ausschließlich vom (ökonomischen) Lagekriterium her bestimmt worden. Da jedoch vom Konzept her den anderen (z. B. Persönlichkeits- oder Milieu-)Faktoren ein eigenständiges Gewicht zugestanden werden sollte, mußte dies für die Clusterbildung berücksichtigt werden.

Als relevanten Lageindikator haben wir das *verfügbare Haushaltseinkommen* verwendet. (Die Berechnungen wurden auch mit dem verfügbaren Pro-Kopf-Einkommen durchgeführt, ohne daß dadurch wesentliche Veränderungen bei den Gruppen entstanden). Mit dem *Lebensalter* und dem *Bildungsniveau* gehen zwei differenzierungskräftige, persönliche Faktoren in die Analysen ein, die gerade in Kombination mit der *Haushaltsform* (als Indikator des Lebensmilieus) auch eine Verortung der Arbeitslosigkeit im Lebenslauf und damit ihre unterschiedliche biographische Bedeutung für den Arbeitslosen und das (unmittelbare) soziale Umfeld einbeziehen. Zwei subjektive intervenierende Faktoren sind das *Selbstwertgefühl* und die *subjektive Einschätzung der ökonomischen Lage*. Gerade das Selbstwertgefühl erweist sich als sehr vorhersagekräftig, was die subjektive Einschätzung der eigenen Arbeitslosigkeit angeht, also die *Belastung* durch die Arbeitslosigkeit, die *(Selbst-)Zweifel* ob der eigenen Situation, der produktive Umgang mit der *Mehr-Zeit* oder die Neigung zur *Verheimlichung* der eigenen Arbeitslosigkeit. Die subjektive Lagebewertung hingegen zeigt sich bei einer Reihe (wiederum) subjektiver Faktoren als weitaus differenzierungs- und erklärungskräftiger als die objektive finanzielle Lage. Die Faktoren zur Einschränkung der Alltagsausgaben erlauben bereits Aussagen über die Lebensführung, wobei der sog. *Luxus-Faktor* langlebige Gebrauchsgüter und Unterhaltungselektronik umfaßt, der *Alltags-Faktor* alltägliche Verbrauchsgüter wie Lebensmittel.

Nach Ausschluß derjenigen Arbeitslosen, die nicht auf alle Fragen geantwortet hatten, verblieben noch n=518 Personen, was 69,5% der Nettostichprobe entspricht. Im Hinblick auf das zu untersuchende Modell (vgl. Kap. 3) wäre es eigentlich sinnvoll gewesen, gerade im Bereich des sozialen Kontextes bzw. der sozialen Netzwerke - also dem Milieu-Bereich - weitere Variablen einzufügen. Entsprechende Modellberechnungen ergaben aber zum einen ein weiteres Absinken der Fallzahlen und ließen zum anderen erkennen, daß damit keine wesentliche Steigerung der Differenzierungskraft verbunden war.

Ein Erhöhen der Clusterzahl (bis auf acht) führte tendenziell zu einer Teilung in ein sukzessive erweitertes, nicht sehr stark differenziertes Mittelfeld einerseits und die Extrempositionen andererseits. Die Abwägungen zwischen der Forderung nach Einfachstruktur und dem Risiko des Informationsverlustes führten - empirisch gestützt - zur Verwendung eines Modells mit vier (Bewältigungs- und Lebensführungs-)Clustern. Drei davon haben (mit Fallzahlen zwischen n=142 bis n=146) weitgehend die gleiche Größe, ein weiteres Cluster geriet (mit n=86) deutlich kleiner. Diese vier Typen sind: Der *Hauptschultyp* (Typ 1), der *Familientyp* (Typ 2), der *Verrentungstyp* (Typ 3) sowie der *Postadoleszententyp* (Typ 4).

9.2.1 Die Struktur der Bewältigungs- und Lebensführungstypen

Der *Typ 1* (n = 142) verteilt sich tendenziell gleichmäßiger als die übrigen Typen über alle vier Arbeitsamtsbezirke. Er ist mit einem Anteil von etwa vier Fünfteln der *Hauptschultyp*, Personen mit mittlerer Reife sind nur relativ gering, Personen mit höherer Bildung nur marginal vertreten. In dieser Gruppe finden sich eher mittelalte (47,2%) und ältere (44,4%) Arbeitslose, Jüngere kommen nur selten vor (8,4%). Am häufigsten wohnt dieser Typ mit Partner (38,7%) oder Familie (32,4%), seltener alleine (23,2%). Die eigene Zukunft bringt für mehr als die Hälfte (53,1%) keine Änderung, wenngleich mit einem Drittel ein relativ großen Anteil bald verrentet wird. Der *Hauptschultyp* hat erhebliche finanzielle Probleme: Knapp zwei Dritteln stufen ihre Lage selber als (sehr) schlecht ein. Das zeigt sich auch am niedrigen verfügbaren Haushalts- (1.100 DM) bzw. Pro-Kopf-Einkommen (804 DM).[143] Der *Hauptschultyp* muß daher auch seine Ausgaben für Einrichtung, Unterhaltungselektronik, etc. (Luxus-Faktor), im Durchschnitt stark bis sehr stark reduzieren (8,5), vom Skalenniveau her fast doppelt so hoch wie beim Typ 3. Bedenklich hoch erscheinen auch die Sparmaßnahmen bei den "Alltags"-Gütern (7,0), denn darunter fallen neben Gas, Strom, etc., auch Lebensmittel! *Typ 1* muß daher erhebliche, existenzielle Einschränkungen beim Lebensstandard und der Lebensqualität vollziehen.

Typ 2 (n = 86) ist mit 98,8% eindeutig der *Familien(haushalts)typ*, die übrigen

---

[143] Die Lebensführungstypen erklären dabei 41% (eta^2 = 0,41) des verfügbaren Haushalts- und 27% (eta^2 = 0,27) des verfügbaren Pro-Kopf-Einkommens.

leben mit Partner. Er tritt am häufigsten in Freiburg auf, gefolgt von Mannheim, seltener bei Ravensburgern und Balingern. Es handelt sich um eher mittelalte Personen (57,0%) mit relativ vielen jüngeren (30,2%) und wenig älteren Arbeitslosen (12,8%). Dieser Typ ist tendenziell besser gebildet: Etwas mehr als die Hälfte (52,3%) haben höhere Bildung, gefolgt von knapp einem Drittel mit mittlerer Reife. Hauptschulabschluß ist mit einem Sechstel relativ selten. Beim durchschnittlich verfügbaren Haushaltseinkommen (2.819 DM) liegt dieser Typ an zweiter Stelle, beim Pro-Kopf-Einkommen (817 DM) jedoch weiter zurück, da die Haushalte im Mittel größer sind. Von der subjektiven Bewertung der finanziellen Lage her ist der Familientyp ambivalent - mehr als die Hälfte schätzen ihre Situation entsprechend ein -, wenngleich auch größere finanzielle Probleme bestehen: Zusammen etwa ein Drittel (32,6%) bewerten die finanzielle Lage als (sehr) schlecht. Das zeigt sich auch bei den Einschränkungen: Der Familientyp hat bei Luxus-Gütern die zweithöchste (7,2), ziemlich umfassende Einsparquote, und auch die Konsumeinschränkungen bei den Alltags-Gütern (5,5) wirken bedenklich hoch, zumal auch Kinder davon betroffen sind. Die Zukunft ist für zwei Drittel unverändert, d. h., weiter arbeitslos, die übrigen verteilen sich etwa gleich.

Der *Typ 3* (n = 144) ist im Vergleich mit den anderen Gruppen dominant der *Verrentungstyp* (59,1%). Daneben geht noch ein Drittel von einer unveränderten Lage in der Zukunft aus. Andere Zukunftsoptionen treten nur marginal auf. Dementsprechend handelt es sich mit einem Anteil von zwei Dritteln um einen dominant älteren Typ mit einer größeren Anteil (25,0%) Mittelalter und wenigen Jüngeren. Bei der Lebensform dominieren Partnerschaftshaushalte (62,5% (90)). Daneben findet sich noch ein knappes Drittel mit eigener Familie. Alle anderen Formen sind eher marginal vorhanden. Der Verrentungstyp tritt mit Abstand am häufigsten bei den Mannheimern auf. Vom Bildungsniveau her ist die Gruppe relativ heterogen, wobei die meisten (44,4% (64)) einen Hauptschulabschluß haben. Die subjektive Bewertung der finanziellen Lage ist eher ambivalent: Mehr als die Hälfte schätzen ihre Situation entsprechend ein. Jedoch ist der Verrentungstyp eher besser situiert, was sich an dem starken Viertel mit guter Lageeinschätzung zeigt. Das spiegelt sich auch im verfügbaren Haushalts- (3.323 DM) sowie Pro-Kopf-Einkommen (1.522 DM) wieder: Beide Einkommenswerte sind von allen Typen die höchsten. Von daher müssen sie sich sowohl bei Luxus- als auch bei Alltags-Gütern (4,3 bzw. 2,7) im Vergleich am wenigsten zurücknehmen.

Typ 4 (n = 146) bildet als dominant jüngerer bzw. *Postadoleszententyp* (zu drei Vierteln) und einem Viertel Mittelalter das Gegenstück zum Verrentungstyp. Von der Lebensform her ist die Gruppe heterogen, aber deutlich nicht-familial: Nur 2,1% (3) leben mit eigener Familie, ansonsten verteilt sich die Population relativ gleichmäßig über die anderen Haushaltsformen. Der Postadoleszententyp ist vom Bildungsniveau her vergleichsweise heterogen und spiegelt dabei die Bildungsstruktur der nachwachsenden Generationen wieder. Im Gegesatz zum älteren Verrentungstyp kommt die höhere Bildung mit 41,1% in dieser Gruppe am häufigsten vor, gefolgt von mittlerer Reife (31,5%). Typ 4 ist nach eigener Einschätzung ökonomisch schlechtergestellt: zusammen 58,2% stufen ihre Lage als (sehr) schlecht ein. Dem entspricht mit 1.013 DM das geringste verfügbare Haushaltseinkommen. Die Einschränkungen bei Luxus- (6,4) bzw. Alltags-Gütern (4,8) sind zwar erheblich, aber im Vergleich nicht die höchsten. Wahrscheinlich wurde auch von einem niedrigeren Niveau aus eingespart. Die Änderung der Lebenssituation in der näheren Zukunft, die die relative Konstanz der momentanen Situation ausdrückt, ist ebenfalls ein Lagekriterium. Die Postadoleszenten-Gruppe zeigt sich mit 63,8% (ähnlich wie die Typen 1 und 2) als zukünftig tendenziell "unverändert". Jedoch erfolgt bei ihnen altersabhängig mit 22,9% zwei- bis viermal so häufig der Wechsel in ein Arbeitsverhältnis.

In Kurzbeschreibung lauten die vier Typen:

Typ 1: *Hauptschultyp*, mittlere Altersgruppe bis älter, Zukunft sowohl unverändert als auch verrentet, mit relativ schlechter finanzieller Lageeinschätzung.

Typ 2: Eher mittelalter *Familientyp* mit häufig höherer Bildung, in ambivalent eingeschätzter ökonomischer Lage, mit eher unveränderter Zukunft.

Typ 3: Älterer, partnerschaftlich wohnender Typ, eher *Verrentungstyp*, relativ gut situiert, häufig mit Hauptschulbildung.

Typ 4: Hauptsächlich jüngerer, nicht familialer *Postadoleszententyp*, häufig höher gebildet, in selber ziemlich schlecht eingeschätzter ökonomischer Lage, mit eher unveränderter Zukunft, aber auch Optionen auf Anstellung.

9.2.2 Sozialkontakte

Zunächst zeigt sich (auch hier), daß die Qualität der Sozialkontakte in jeder Sozial- und Lebensführungsgruppe bei der jeweils dominierenden Mehrheit (je zwischen knapp zwei Dritteln und vier Fünfteln) *keine* Einbußen infolge der Arbeitslosigkeit hat hinnehmen müssen. Jedoch fällt auf, daß Arbeitslose vom *Hauptschultyp* bei (fast) allen Sozialkontakten mit Abstand häufiger als alle anderen eine Verschlechterung in den Beziehungen zum jeweiligen Personenkreis angeben, wohingegen dies beim älteren *Verrentungstyp* seltener als bei allen anderen auftritt. Gerade angesichts der relativ großen Anteile konstanter Sozialbeziehungen treten die (Nicht-)Unterschiede deutlicher hervor, wenn wir jeweils die durchschnittlichen Kontaktveränderungen vergleichen[144] (vgl. Tab. 49).

Tab. 49   Sozialkontakte nach Lebensführungstypen (Durchschnittswerte)

Kontakte zu	Lebensführungstypen				eta^2
	Haupt-schultyp	Familien-typ	Verren-tungstyp	Postadoles-zententyp	
(Ehe-)Partner	1,9	1,9	2,2	2,0	0,03***
Kinder	2,0	2,2	2,2	2,0	0,03*
Eltern(teile)	1,9	1,9	2,1	2,0	0,03**
Schwiegereltern	1,8	1,9	2,0	1,9	0,03*
Verwandtschaft	1,9	1,9	2,1	1,9	0,04***
Freunde, Bekannte	1,9	2,0	2,2	2,1	0,05***
Nachbarn	1,8	2,0	2,1	2,0	0,07***
Arbeitskollegen	1,5	1,4	1,6	1,5	0,01+
Vereinskameraden	1,8	1,8	2,1	1,9	0,05***

Skala: 1 (verschlechtert), 2 (gleichgeblieben), 3 (verbessert).
*** $p < 0,001$; ** $p < 0,01$; * $p < 0,05$; + $p > 0,05$.

Die Vermutung, daß der *Hauptschultyp* deutlicher als die anderen eine geringere Qualität seiner Sozialkontakte erfährt, bestätigt sich nur in Teilen. Dies trifft vor allem auf die Kontakte zu Freunden zu, die in dieser Gruppe etwas häufiger als bei allen anderen gelitten haben. Auch haben sie (bei insgesamt geringen Differenzen) eindeutig schlechtere Kontakte zu ihren Nachbarn (bekommen) als die übrigen Arbeitslosen. Die Kontakte zu den Kindern erweisen sich (ebenso wie bei den Arbeitslosen vom Postadoleszenten-Typ) im Durchschnitt als etwas weniger gut als bei denjenigen vom Familien- bzw. Verrentungs-Typ.

Die günstigste Entwicklung bei den Sozialkontakten während der Arbeitslosigkeit besteht für die überwiegend älteren, in Vorruhestand (bzw. im erwartbaren Übergang in die Verrentung) befindlichen Erwerbslosen des Typs 3. Dies betrifft vor allem die

---

[144] Hier haben wir (methodisch nicht ganz korrekt) die Vermutung gleicher inhaltlicher Abstände zugrundegelegt.

Beziehung zum (Ehe-)Partner und zu den eigenen Kindern (hier gemeinsam mit dem Familientyp 2), ebenso wie den Umgang mit Verwandten und Vereinskameraden. Ansonsten unterscheiden sie sich (mit Ausnahme vom Typ 1) von keiner anderen Gruppe wesentlich.

Insgesamt zeigt der Verrentungstyp bei seinen Sozialkontakten das günstigste Bild, es besteht eine sichtbare Konstanz oder sogar leichte Verbesserung bei (fast) allen Sozialbeziehungen. Ungünstiger, aber immer noch mit weitgehend unveränderten Kontakten, ist die Situation beim Familien- bzw. beim Postadoleszenten-Typ. Die im Vergleich größten Kontakteinbußen muß(te) dagegen der Hauptschultyp hinnehmen.

9.2.3 Zeitprobleme

Die Intensität der Probleme mit der neuen Zeit als auch die Möglichkeiten des Umgangs mit dem Mehr an Zeit variieren ebenfalls eindeutig zwischen den Gruppen (vgl. Tab. 50).

Tab. 50 Zeitprobleme nach Lebensführungstypen (Durchschnittswerte)

| Aussagen | Lebensführungstypen | | | | eta^2 |
	Haupt-schultyp	Fami-lientyp	Verren-tungstyp	Postado-leszenten-typ	
Problem: Zeit sinnvoll nutzen	2,6	2,2	1,6	2,3	0,11***
Tagesablauf zerbricht	3,1	2,7	1,9	2,7	0,10***
paar Monate gut ohne Arbeit	2,8	2,8	3,2	3,4	0,03*
mehr Zeit für mich	3,3	3,4	4,2	3,9	0,11***
mehr Zeit für Familie	3,9	4,0	4,4	3,8	0,06***
mehr Zeit für Freunde	2,9	3,0	3,8	3,5	0,09***

*** p < 0,001; ** p < 0,01; * p < 0,05; + p > 0,05.
Skala: 5 "stimme voll zu", 4 "stimme zu", 3 "teils/teils", 2 "lehne ab", 1 "lehne voll ab".

Ein Problem, das für die Arbeitslosen eher nachrangig zu sein scheint, bildet die sinnvolle Nutzung der Zeit. Die im Vergleich größten Schwierigkeiten damit haben diejenigen vom Hauptschultyp (2,6), und am wenigsten fühlt sich der Verrentungstyp (1,6) davon betroffen.

271

Nicht eindeutig interpretierbar sind die Unterschiede bei der Frage, ob die Arbeitslosen ein paar Monate gut ohne Arbeit auskämen. Daß der Verlust der Arbeit ein Zerbrechen des Tagesablaufes nach sich ziehen kann, trifft in Teilen durchaus zu. Eine klar ambivalente Haltung dazu (und dabei auch die meisten Probleme damit) haben Arbeitslose des Hauptschultyps. Deutlich seltener erodiert der Alltag beim Familientyp und dem Postadoleszenten Typ. Im ersten Fall werden die Anforderungen aus dem Familienalltag dem entgegenwirken, im zweiten Fall vielleicht ein Mehr an Offenheit, auch in Verbindung damit, daß der Alltag von Jüngeren noch weniger durchroutinisiert ist. Die mit Abstand geringsten Schwierigkeiten (bei einer eher ablehnenden Haltung) haben Arbeitslose vom älteren Verrentungstyp. Bei ihnen dürfte die grundlegende Änderung des Alltags, die mit der (für die meisten) absehbaren Verrentung entstehen wird, bereits antizipatorisch entspannend wirken.

Daß der potentielle Wegfall des sozialen Drucks, eine rationale, auf eine Wiederbeschäftigung zielende Zeit- und Alltagsorganisation betreiben zu müssen, durchaus auf die Wahrnehmung von Zeit als Problem einwirkt, bestätigt sich bei den Fragen nach der Nutzung der Zeit: Gerade Arbeitslose des Verrentungstyps sind wesentlich intensiver als die anderen davon überzeugt, seit ihrer Arbeitslosigkeit mehr Zeit für sich selber zu haben, als auch mehr Zeit für ihre Freunde sowie mehr Zeit für die Familie. Arbeitslosigkeit wird von ihnen stärker als Möglichkeit gesehen, wieder oder auch erst jetzt, gewissermaßen im Hinblick auf einen möglichen und erwartbaren Ausstieg aus dem Erwerbsdasein, mehr Zeit für sich und die Sozialkontakte zu haben. In der Nutzenhierarchie folgt dann sowohl bei der Mehr-Zeit für sich bzw. für Freunde der jüngere, nicht-familiale Postadoleszententyp. Vor allem bei der Nutzung der Mehr-Zeit für Freundeskontakte, aber auch für sich selber, vertreten die Arbeitslosen der beiden restlichen Typen deutlich ambivalente Positionen. Im Fall des Familientypus läßt es sich (vielleicht) mit dem zusätzlichen Sich-Einspannen (oder: Eingespannt-Werden) in den Familienalltag erklären. Am meisten betroffen wirkt daher der Hauptschultyp, da hier keine der erwähnten entlastenden Kriterien vorliegen.

9.2.4 Die Gestaltung der "freien" Zeit

Wie füllen und strukturieren Arbeitslose ihren Alltag, welche Aktivitäten finden wie häufig im Alltags- und Lebensrhytmus der verschiedenen Typen statt, wie unterscheiden sich die vier Typen voneinander (vgl. Tab. 51)?

Tab. 51   Alltags- und Lebensrhythmus von Arbeitslosen (Durchschnittswerte)

| Aktivitäten | Lebensführungstypen | | | | eta² |
	Haupt-schultyp	Familien-typ	Verren-tungstyp	Postadoles-zententyp	
ins Kino gehen	1,1	1,6	1,3	1,8	0,22**
Theater/Konzerte	1,3	1,4	1,7	1,6	0,09***
ins Café gehen	1,8	2,0	2,0	2,6	0,11***
Freunde besuchen	2,6	2,9	2,9	3,4	0,10***
Freunde einladen	2,2	2,7	2,6	2,6	0,06***
Gaststätte	2,1	2,1	2,5	2,6	0,06***
Verwandte treffen	2,4	2,6	2,5	2,4	0,01⁺
Nachbarn treffen	2,2	2,2	2,5	1,9	0,03**
Bücher lesen	3,1	3,5	3,6	3,4	0,02*
Fernsehen	4,5	4,5	4,4	4,2	0,02*
Computer spielen	1,5	2,1	2,0	2,0	0,03***
spazierengehen	3,8	3,6	3,9	3,3	0,04***
Sport treiben	2,3	2,7	3,0	3,1	0,07***
Sportveranstaltungen	1,5	1,4	1,6	1,5	0,00⁺
Vereinsarbeit	1,5	1,6	2,0	1,7	0,03*
Faulenzen	2,5	2,7	2,6	3,3	0,06***
Videos ansehen	1,7	2,0	1,6	2,1	0,05***
Musik hören	3,6	3,7	3,7	4,2	0,03***
Heimwerken	3,1	2,7	3,2	2,4	0,07***
Hausarbeit	4,5	4,5	4,3	4,0	0,05***

*** p< 0,001; ** p< 0,01; * p< 0,05; ⁺ p> 0,05. Inhaltlich bedeutsame Ergebnisse sind unterlegt.
Skala: 1 "nie", 2 "bis 1x/Monat", 3 "bis 1x/Woche", 4 "mehrmals/Woche", 5 "täglich".

Kinogänge, Musik hören, der Besuch im Café, die Besuche bei Freunden und Bekannten, sind Verhaltensweisen, die im Vergleich häufiger vom *Postadoleszententyp*
angegeben werden. Auch Faulenzen sie häufiger als die anderen, verrichten dagegen
im Vergleich seltener Hausarbeiten. Ins Kino geht der *Familientyp* bereits seltener,
seltener noch der *Verrentungstyp*, und so gut wie nie der *Hauptschultyp*. Dieser Typ
besucht auch Freunde oder Bekannte seltener als die anderen. Außerhäusig-gemein-

273

schaftsorientierte Verhaltensmuster treten damit etwas häufiger beim jüngeren, nicht-familialen, etwas besser gebildeten Typ 4 auf, der damit eher noch eine *Postado-leszenten*-Lebensführung betreibt.

Vereinsarbeit ist dafür im Vergleich häufiger beim *Verrentungstyp* zu finden. Diese Gruppe besucht auch im Vergleich häufiger Theater bzw. Konzerte[145], gefolgt vom *Postadoleszententyp*. Arbeitslose dieser beiden Typen gehen daneben häufiger in Gaststätten als die anderen und treiben auch häufiger Sport. Sportliche Aktivitäten finden wir hingegen am seltensten beim *Hauptschultyp*. Sie laden auch Freunde bzw. Bekannte seltener ein als die andern, lesen vergleichsweise seltener und beschäftigen sich seltener am Computer. Dafür sind sie (wie auch der *Verrentungstyp*) häufiger beim Heimwerken aktiv als die anderen Arbeitslosen.

Die Häufigkeiten, mit denen jede Betätigung ausgeübt wird, ist bei den vier Typen nicht so weit voneinander entfernt, so daß z. T. ähnliche Gewohnheiten bestehen (vgl. Tab. 52). Fernsehen, Hausarbeiten und Musikhören gehören zu den alltäglichen Be-schäftigungen, ebenso wie das Lesen von Büchern (mit Ausnahme von Typ 1) sowie dem Spazierengehen (außer für den Postadoleszententyp). Dafür wirken bei diesen Sozialkontakte (Freunde besuchen) und Faulenzen beinahe alltagsstrukturierend.

Häufiger, aber nicht mehr alltäglich (mehrmals im Monat bis einmal wöchentlich) finden (außer für den *Postdoleszententyp*) Besuche bei Freunden, Heimwerken sowie Nichtstun bzw. Faulenzen statt, ebenso wie die sportliche Betätigung (mit Ausnahme des *Hauptschultyps*) sowie für *Familien-* und *Verrentungstyp* das Einladen von Freunden. Kulturelle Aktivitäten, (Unterhaltungs-)Eletronik und Nachbarschaftskon-takte zählen allgemein zu den seltenen, eher außergewöhnliche Betätigungen.

Arbeitslose vom *Hauptschultyp* haben geringfügig weniger Aktivitäten, die zum eher Alltäglichen gehören, dafür mehr Tätigkeiten, die sie (sehr) selten ausüben. Der *Postadolezententyp* ist in mehr "alltägliche" Aktivitäten involviert und hat dafür weniger seltene Betätigungen. Die meisten häufigeren, aber nicht mehr ganz all-täglichen Betätigungen finden sich beim Verrentungstyp.

---

[145] Hier könnte vermutet werden, daß die Infrastruktur eher gegeben ist, da in dieser Gruppe viele Mannheimer sind.

Tab. 52   (Alltags-)Aktivitäten der Lebensführungstypen

Aktivitäten	Lebensführungstypen			
	Hauptschultyp	Familientyp	Verrentungstyp	Postadoleszententyp
täglich und mehrmals wöchentlich	■ Fernsehen ■ Hausarbeiten ■ Musik hören ■ Spazierengehen	■ Fernsehen ■ Hausarbeiten ■ Musik hören ■ Spazierengehen ■ Bücher lesen	■ Fernsehen ■ Hausarbeiten ■ Musik hören ■ Spazierengehen ■ Bücher lesen	■ Fernsehen ■ Hausarbeiten ■ Musik hören ■ Bücher lesen ■ Freunde besuchen ■ Nichtstun
mehrmals im Monat bis wöchentlich	■ Freunde besuchen ■ Heimwerken ■ Nichtstun ■ Bücher lesen	■ Freunde besuchen ■ Heimwerken ■ Nichtstun ■ Freunde einladen ■ Sport treiben	■ Freunde besuchen ■ Heimwerken ■ Nichtstun ■ Freunde einladen ■ Sport treiben ■ Gaststätte ■ Nachbarn treffen	■ Freunde einladen ■ Spazierengehen ■ Sport treiben ■ Café ■ Gaststätte
bis etwa einmal im Monat	■ Gaststätte ■ Café ■ Konzerte und Theater ■ Computer ■ Videos ■ Sport treiben ■ Freunde einladen ■ Nachbarn treffen ■ Vereinsarbeit ■ Kino	■ Gaststätte ■ Café ■ Konzerte und - Theater ■ Kino ■ Nachbarn treffen ■ Vereinsarbeit ■ Videos ■ Computer	■ Konzerte und Theater ■ Café ■ Kino ■ Vereinsarbeit ■ Computer ■ Videos	■ Kino ■ Theater und Konzerte ■ Nachbarn treffen ■ Vereinsarbeit ■ Video ■ Computer ■ Heimwerken

Haben nun die Arbeitslosen, die den verschiedenen Bewältigungs- und Lebensführungstypen zugerechnet werden, ihre Aktivitäten in Folge der Arbeitslosigkeit in spezifischer Weise verändert (vgl. Tab. 53)?

Eindeutige und interpretierbare Unterschiede treten nur bei den in der Tabelle erwähnten Verhaltensweisen auf. Es zeigt sich durchgängig, daß Arbeitslose vom "Hauptschultyp" fast alle Aktivitäten häufiger reduzieren mußten bzw. reduziert haben. Sie wirken daher am meisten betroffen von der Arbeitslosigkeit. Der *Familien-*

275

typ mußte sich dagegen schon etwas weniger einschränken, und als fast konstant in seinen Aktivitäten erweist sich der jüngere Postadoleszententyp. Weniger als alle anderen brauchte sich jedoch der *Verrentungstyp* zurücknehmen: Er konnte die Häufigkeiten beim Besuch von Sportveranstaltungen, dem Treffen mit Nachbarn und dem Besuch von Theater oder Konzerten relativ unverändert beibehalten.

Tab. 53   Aktivitätsänderung durch die Arbeitslosigkeit nach Lebensführungstypen (Durchschnittswerte)

Aktivität	Lebensführungstyp				eta^2
	Haupt-schultyp	Familientyp	Verren-tungstyp	Postado-leszenten-typ	
Kinobesuch	1,5	1,7	1,8	1,7	0,04***
Theaterbesuch	1,5	1,7	1,9	1,6	0,08***
Freunde besuchen	1,9	2,1	2,2	2,2	0,05***
Freunde einladen	1,7	2,0	2,1	2,0	0,07***
Verwandte treffen	1,8	2,1	2,2	2,0	0,05***
Nachbarn treffen	1,8	1,8	2,1	1,9	0,06***
Computer spielen	1,6	1,0	2,0	2,0	0,07***
Sport treiben	1,8	2,1	2,3	2,2	0,09***
Sportveranstaltungen	1,6	1,8	2,0	1,8	0,08***
Vereinsarbeit	1,7	2,0	2,1	1,9	0,06***
Videos ansehen	1,6	2,0	1,9	2,1	0,08***

Skala: 1 "seltener", 2 "in etwa gleich", 3 "häufiger".
*** $p < 0,001$.

Arbeitslosigkeit: Die Grenze der Autonomie

Die vorliegenden Ergebnisse aus der Untersuchung splitten in zwei wesentliche Richtungen: Zum einen widerlegen sie die Annahmen des Verelendungsdiskurses, wonach Arbeitslosigkeit notwendigerweise in Rückzug, Selbstaufgabe, Apathie und Zerfall der Zeitstrukturen endet. Andererseits weisen sie aber ganz deutlich auf die Grenzen der Autonomie hin, die für Arbeitslose aufgrund ihrer Lage bestehen, sowohl in objektiver als auch in subjektiver Hinsicht.

Arbeitslosigkeit als ge- und erlebtes soziales Phänomen findet irgendwo im Bereich zwischen diesen beiden großen Linien statt, wobei das "Irgendwo" durch eine Mehrzahl von Lage- und Milieubedingungen, von subjektiven und objektiven intervenierenden Faktoren (vgl. Hradil 1987) genauer bestimmbar ist.

Die Untersuchung hat weder "die" Arbeitslosigkeit noch "die" Arbeitslosen(typen) erfaßt, sondern bezieht sich auf geographische und inhaltliche Ausschnitte, nämlich deutschstämmige Leistungsempfänger in vier baden-württembergischen Arbeitsamtsbezirken (so daß z. B. die Probleme von Arbeitslosen ausländischer Herkunft aus forschungspraktischen Erwägungen nicht einbezogen wurden). Methodische "Brüche" entstanden durch die Art der Stichprobe, das Einwilligungsverfahren, die Antwortbereitschaft und nicht zuletzt auch - Problem jeder quantitativ-standardisierten Forschung - durch das Erhebungsinstrument.

Der Ausgangspunkt war ein soziologischer Zugang zum Phänomen Arbeitslosigkeit, dessen theoretische Anbindung über die "subjektorientierte Soziologie" (vgl. Bolte 1983) erfolgte. Damit soll über die rein handlungstheoretische Perspektive hinaus der produktive Verarbeitungsprozeß, die aktive Auseinandersetzung mit dem Sozialen, das Entstehen einer Wirklichkeit, sowohl, was die eigene Person, als auch, was die eigene Lage als Arbeitsloser angeht, nachgezeichnet werden. Die Arbeitslosen wurden damit als "produktiv realitätsverarbeitend" (vgl. Hurrelmann/ Ulich 1991) definiert, wobei diese Annahme aus der Sozialisationsforschung durchaus ihre Berechtigung hat, denn Arbeitslosigkeit entspricht auf der Subjektebene einer Sozialisation (vgl. Wacker 1976), weil damit eine zumeist grundlegend neue Situation eingetreten ist, zu deren Bewältigung neue Kompetenzen und Verarbeitungsstrategien erarbeitet und erlernt werden müssen. Dazu gehört vor allem der Umgang mit der prekären Ressource *Zeit*, denn Arbeitslose "leben in einer anderen Zeit" (Novotny 1990, S. 36) und müssen sich ihre neue "Eigenzeit" erst wieder erarbeiten: Die Neuverortung der eigenen Person in anderen Zeitstrukturen, die Reorganisation der alltäglichen Abläufe, die Veränderung von Zeit- und Lebensrhythmen, wenn z. B.

kostenintensive Freizeitbetätigungen (Kino, Konzerte, Theater, Café, etc.) reduziert oder Sozialkontakte eingeschränkt werden müssen.

Zeit gehört zu den zwei Hauptressourcen oder "zentralen Dimensionen" (Hradil 1987), die bestimmend für die soziale Lage von Arbeitslosen sind. Sie erweist sich in der Arbeitslosigkeit in mehrfacher Hinsicht als ungleichheitsrelevantes Phänomen bzw. Problem, wobei die verschiedenen Ebenen ineinander hineinspielen:

a. Arbeitslosigkeit findet in der *Lebenszeit* statt, in einem bestimmten Alter und in einer bestimmten Phase im Lebenslauf. Gerade das Alter hat sich aber in der Untersuchung der personalen Merkmale als das mit erklärungskräftigste bestätigt. Mit dem Lebensalter sind - innerhalb bestimmter Bandbreiten - divergierende Positionen im Lebenslauf verbunden, aus denen wiederum unterschiedliche Möglichkeiten resultieren, die Arbeitslosigkeit subjektiv in die Biographie aufzunehmen, zu einem Bestandteil der Biographie zu machen und dabei (sinnhaft) zu verarbeiten. Jüngere haben prinzipiell noch mehr Zeit für die Gestaltung ihrer Erwerbsbiographie und sind auch noch seltener verheiratet bzw. haben seltener Familie. Ältere hingegen können z. T. bereits das Ende ihrer Erwerbsbiographie einplanen. Die mittlere Altersgruppe steht zwischen einem Nicht-mehr und Noch-nicht: Über die Hälfte dieser Altersklasse sieht sich selber bereits als zu alt an für den Arbeitsmarkt. Ebenso haben sie den relativ größten Anteil derer, die meinen, in nächster Zeit weiter arbeitslos bleiben zu müssen.

b. Das verweist auf die *zeitliche Stabilität* der Lage Arbeitslosigkeit, also die Frage von Kurz- oder Langzeitarbeitslosigkeit. Dies hängt durchaus mit vom Lebensalter ab, denn Arbeitslose unter 35 Jahre sind (bislang) seltener (über-)langzeitarbeitslos als die anderen: Ein Viertel steht hier knapp der Hälfte in der mittleren Altersgruppe und gut zwei Dritteln unter Älteren gegenüber. Auch hier erweisen sich Arbeitslose der mittleren Alterskategorie als stärker betroffen von ihrem Arbeitslossein, da unter ihnen ein mit etwa zwei Fünfteln bereits erheblicher Anteil zu den Überlangzeitarbeitslosen gehört.

c. Ein weiteres, ebenfalls mit der Zeit verbundenes Ungleichheitskriterium wird mit den objektiven und/oder subjektiv vermuteten *Zukunftsoptionen* sichtbar. Allgemein betrachten Arbeitslose ihre Zukunft ambivalent, wobei die Älteren noch mehr Optimismus aufbringen können. Die hauptsächlich genannten Zukunftsoptionen sind: Die Wiederaufnahme der Erwerbstätigkeit, also die Fortsetzung der Erwerbsbiographie, der Übergang in Arbeitsförderungsmaßnahmen, das Ende der Erwerbsbiographie durch Verrentung oder die subjektive Gewißheit, daß in absehbarer Zeit keine Veränderung eintreten wird. Hier zeigte sich, daß Arbeitslose, deren Zukunftsoption das Rentnerdasein ist, die *im Vergleich* günstigsten Möglichkeiten haben, die Lage als Arbeitsloser zu verarbeiten. Andererseits bleiben sie dafür auch mit großer Wahrscheinlichkeit bis zum Eintritt der Verrentung arbeitslos.

d. *Zeit* in der Arbeitslosigkeit ist ein *Alltagsproblem*, denn durch den mehr oder weniger vorübergehenden Wegfall der Berufsarbeit entfällt ein strukturierendes Moment für den Alltag. Arbeitslose müssen lernen, unter deutlich veränderten Zeitstrukturen zu leben, ihren Alltag neu zu organisieren. Insgesamt sehen die Arbeitslosen keine übermäßig großen Probleme mit der Mehr-Zeit umzugehen, aber sie sind z. T. merklich unzufrieden mit einem Leben in diesen neuen Strukturen. Allgemein haben sie nach eigenem Bekunden nur wenig Schwierigkeiten damit, die neue Zeit sinnvoll zu gestalten. Der Zeitumgang ist allerdings eine durchgängige Kompetenz: Wer meint, Arbeitslosigkeit biete die Möglichkeit, die Zeit mehr für sich und die Kontakte zu Freunden zu nutzen, der verbindet damit auch intensiver die Möglichkeit, mehr Zeit für den Partner und/oder die Kinder zu haben.

Nicht zuletzt ruft der Bruch mit dem vorherigen (Berufs-)Alltag ein deutliches Maß an Unbehagen, Selbstzweifeln und Verzweiflung über die eigene derzeitige Situation hervor. Daher werden über die (eigeninitiative) Stellensuche auch Versuche unternommen, die berufsbiographische Kontinuität wiederherzustellen. In den Vorstellungen von der zukünftigen Beschäftigung wird deutlich, daß mit der weiteren (beruflichen) Tätigkeit überwiegend an die Zeit vor der Arbeitslosigkeit angeknüpft werden soll, zumindest, was die zeitliche Gestaltung angeht, als Vollzeit- oder Teilzeitstelle. Dabei bestätigt sich ein halbtraditionelles Geschlechtsrollenmodell, denn Männer streben häufiger eine Vollzeitstelle an, Frauen würden dagegen häufiger versuchen, mit einer Teilzeitstelle die Bereiche Familie und Beruf, Arbeit und Freizeit zu verbinden.

Sehr wesentlich aber wird die Wirklichkeit von Arbeitslosen von ihrer *ökonomischen Lage* bestimmt. So findet ihr alltägliches Leben unter erheblich veränderten ökonomischen Rahmenbedingungen statt, denn sie haben durch die Arbeitslosigkeit bzw. mit dem Verlauf der Arbeitslosigkeit erhebliche Einbußen im verfügbaren Haushaltseinkommen hinnehmen müssen: im Durchschnitt 42,9%. Fixkosten wie z. B. Miete und/oder Versicherungsraten müssen weiterhin beglichen werden, aber von einem geringer gewordenen Gesamteinkommen. Daher verzehren sie einen höheren Anteil am Gesamthaushaltseinkommen.

Zum Zeitpunkt der Untersuchung steht den Arbeitslosen(haushalten) im Mittel ein Betrag von 2.009 DM zur Verfügung. Nachdem der Median bei 1.500 DM liegt, können Arbeitslosenhaushalte *mehrheitlich* nur über *unterdurchschnittliche* Beträge verfügen. Jedoch bestehen in Abhängigkeit von objektiven intervenierenden Faktoren

(Hradil 1987) - Lebensform und Haushaltstyp - *bevorzugende* oder *benachteiligende* Einkommenslagen, die sich einmal in der Haushaltsgröße, zum anderen auch bei den Einkommensquellen niederschlagen.

Verheiratete haben insgesamt das höchste, Ledige das geringste Einkommen, wobei mit zunehmendem Alter die verfügbaren Beträge deutlich ansteigen. *Höhere Durchschnitts*einkommen weisen Arbeitslosenhaushalte auf, die über Arbeitslosengeld, Kindergeld, Erziehungsgeld, Abfindung, Mieteinkünfte oder ein Einkommen des (Ehe-)Partners verfügen. Zu den noch besser Gestellten zählen damit Familien, Mehrfachverdiener und ältere Arbeitslose (55 Jahre und älter). Niedrigere Einkommen treten auf bei Empfängern staatlicher Sozialleistungen, Arbeitslosenhilfe, aber auch bei Arbeitslosen, die Nebentätigkeiten nachgehen.

Über alle Haushalte ergibt sich ein durchschnittliches verfügbares Pro-Kopf-Einkommen von 996 DM. *Unter*durchschnittlich ist das Pro-Kopf-Einkommen in Familienhaushalten mit 776 DM, *über*durchschnittlich in Partnerschafts- und Ein-Personen-Haushalten mit 1.172 DM bzw. 1.258 DM.

Andererseits müssen wir, wie auch die Ergebnisse von Klein (1987) nachgehen, die relativen Einbußen einbeziehen. Sie erlauben Aussagen über den Wohlfahrtsverlust bzw. die Einschränkung des Lebensstandards. Hier zeigt sich, daß Arbeitslose aus Ein- sowie aus Mehrpersonenhaushalten mit Anteilen von je etwa 50% merklich höhere anteilige Einbußen am verfügbaren *Gesamthaushaltseinkommen* hinnehmen mußten als Arbeitslose, die mit eigener Familie bzw. mit Partner zusammenwohnen: Hier lagen die Anteile bei 38% bzw. 40%. Die geringeren Einbußen entstehen dadurch, daß es sich um Zusatzverdienerarbeitslosigkeit handelt, weil noch ein Hauptverdiener im Haushalt lebt. Ebenso kann ein Zusatzverdiener im Haushalt einen Kompensationseffekt bei Arbeitslosigkeit des Hauptverdieners bewirken. Nicht zuletzt müssen bei Familienhaushalten die Sozial- und Transfereinkommen einbezogen werden, wie z. B. das Kindergeld.

Es zeigte sich auch, daß die objektive Lage und die subjektive Einschätzung der finanziellen Lage durch die Arbeitslosen einander weitgehend entsprechen. Ein höheres verfügbares Gesamthaushaltseinkommen bewirkt im allgemeinen eine günstigere Lageeinschätzung: Der relative Wohlfahrtsverlust bzw. die erzwungene Senkung des Lebensstandards schlägt bei Ein-Personenhaushalten trotz des absolut größeren Pro-Kopf-Einkommens stärker durch.

Die ökonomische Lage beeinflußt die Situation der Arbeitslosen z. T. stark und bildet ein wesentliches Kriterium, das dem Bestreben nach autonomer Lebensgestaltung Grenzen setzt. Allerdings war die subjektive Bewertung der Lage zumeist wesentlich erklärungskräftiger für die Wahrnehmung der Person und der Arbeitslosigkeitssituation als das objektive Kriterium des verfügbaren Haushaltseinkommens. Das konnte z. B. sehr deutlich an der Einstellung gegenüber der eigenen Zukunft gezeigt werden: Wer seine Lage als schlecht ansieht, ist deutlich pessimistischer. Vergleichbare Ergebnisse ergaben sich auch für das allgemeine Gefühl, durch die momentane Situation als Arbeitsloser belastet zu sein.

Die Einschätzung der finanziellen Lage wirkt auch deutlich auf die vier Faktoren der Situationsbeurteilung - (Selbst-)Zweifel, Umgang mit der "Mehr-Zeit", Sinnverlust und Desintegration sowie das Bedürfnis, die eigene Arbeitslosigkeit vor der Umwelt zu verheimlichen - ein. Wer sich in einer schlechteren Lage sieht, hat allgemein mehr Probleme im Umgang mit der Situation als Arbeitsloser.

Alltäglich erfahrbar werden die ökonomischen Einbußen und der damit einhergehende soziale Abstieg beim Alltagskonsum. Die verschlechterte ökonomische Lage schlägt sich mit teilweise erheblichen Einschränkungen und Einsparzwängen auf die Konsummöglichkeiten und Konsumgewohnheiten nieder, und zwar nicht nur im Luxus-Bereich mit eher außergewöhnlichen Anschaffungen, sondern auch im Alltags-Sektor. Zu den Bereichen, an denen eher zuletzt gespart wird, gehören Lebensmittel sowie die Versorgung mit Strom, Heizung und Wasser. Umso kritischer erscheint es, wenn hier mehr oder weniger deutliche Einschränkungen vorgenommen werden (müssen). Die aus der Forschungsliteratur bekannte Tendenz, daß an den Kindern zuallerletzt gespart wird, bestätigt sich auch in dieser Untersuchung. Wenn an den Kindern gespart werden muß, dann ist die Lage der Familien kritischer. Reduktionen im alltäglichen Lebensstandard bzw. der Lebensqualität als Ausdruck einer prekären oder prekärer gewordenen ökonomischen Lage wirken sich deutlich auf Selbstwahrnehmung und Situationswahrnehmung aus. Allgemein sinkt dadurch das Selbstwertgefühl, die Zweifel an sich und der eigenen Situation nehmen zu, und das Gefühl von Sinnverlust und Desintegration steigt.

Ebenso erfahren Arbeitslose ihre ökonomische Lage vermittelt über Veränderung bei den Zeitroutinen. So schränkt Arbeitslosigkeit als objektiver Faktor die eigenverantwortliche Alltags- und Freizeitgestaltung teilweise erheblich ein, was auf die finanziellen Einbußen zurückzuführen ist. (Fast) jede Einschränkung wirkt sich aber eindeutig negativ auf die Wahrnehmung des eigenen Alltags aus: Die allgemeine Zufriedenheit sinkt, das Gefühl, durch die Lage als Arbeitsloser belastet zu sein, nimmt zu, und die eigene Zukunft wird eindeutig pessimistischer betrachtet.

Es wäre falsch, ein Bild vom Leben in der Arbeitslosigkeit zu entwerfen, das großen Anlaß zum Optimismus gäbe, wie die hier noch einmal skizzierten negativen Konsequenzen der Arbeitslosigkeit belegen. Ebenso unzutreffend ist allerdings das gegenteilige Extrem, nämlich Arbeitslosigkeit als linearen Verelendungsprozeß zu sehen. Belege für eine "Proaktivität" (vgl. Strehmel/Ulich 1990) von Arbeitslosen finden sich sehr wohl. Das Bild von einem resignierten, passiven Arbeitslosen läßt sich nicht bestätigen: Die Arbeitslosen schreiben sich ein hohes Selbstwertgefühl zu, weisen eine hohe Aktivitäts-Orientierung und ein deutliches Bedürfnis nach ("heroischer") Eigenständigkeit auf. Dies trifft auf ältere Arbeitslose noch mehr zu als auf die beiden jüngeren Altersgruppen. Dahinter könnte die zukünftige Entwicklung des Lebenslaufes stehen: Ältere Arbeitslose haben zum einen eine erfolgreiche oder erfüllte (Berufs-)Biographie, und brauchen - zumal wenn sie Vorruheständler sind - keine oder weniger Legitimationsprobleme zu befüchten.

Allgemein zeigen die Arbeitslosen einen offensiven Umgang mit ihrer Situation. Das Bedürfnis, die eigene Arbeitslosigkeit vor der Umwelt zu verheimlichen, ist bei ihnen relativ gering ausgeprägt. Auch haben sie - wie erwähnt - im allgemeinen weniger Probleme mit der aktiven Gestaltung ihrer Mehr-Zeit.

Das Vorhaben, Lebensführungs-Typen herauszuarbeiten, bedeutete, einen Weg zu finden zwischen einem zu wenig differenzierten und einem überdifferentiellen Vorgehen, das das Phänomen Arbeitslosigkeit auflöst und formal verarbeitet (vgl. Bonß et al. 1984). Es führte zur statistischen Konstruktion von vier Typen. Die Heterogenität und Komplexität des Phänomens Arbeitslosigkeit wird allerdings daran deutlich, daß sich die Typen bei einigen Merkmalen überschneiden. Es zeigen sich jedoch viele Bereiche - von der Selbst- und Situationswahrnehmung bis zur Alltagsorganisation -, in denen sehr wohl deutliche Unterschiede auftreten:

In der vergleichsweise günstigsten Lage befinden sich Arbeitslose vom *Verrentungstyp* (Typ 3). Sie weisen am wenigsten Probleme mit der Zeitgestaltung auf, haben die günstigste Entwicklung der Sozialkontakte und häufiger als die anderen die Möglichkeit, in Zukunft aus der Arbeitslosigkeit auszusteigen und über die Verrentung in einen neuen, legitimen "Berufs"-status einzutreten.

Problematisch ist der *Hauptschultyp* (Typ 1). Er besteht zu großen Teilen aus Arbeitslosen mit Hauptschulabschluß, mittleren Alters oder älter. Hier führt die insgesamt relativ schlecht eingeschätzte ökonomische Lage zu einem gravierenden Sparzwang sowohl bei außeralltäglichen Anschaffungen, aber auch - was Anlaß zur Besorgnis gibt - bei alltäglichen Gebrauchsgütern wie Lebensmitteln, Strom und Wasser, etc, wodurch ein erheblicher Verlust an Lebensqualität eintritt. Im Umgang mit Freunden besteht ein stärkeres Rückzugsverhalten als bei den anderen Typen. Zusätzlich hat dieser Typ mehr Probleme im Umgang mit der Zeit als die anderen.

Als tendenziell unauffällig - mit Ausnahme der relativ hohen Einschränkungen im Konsumbereich, sowohl im Luxus- als auch im Alltags-Bereich - erweist sich der Typ 2, der zu größeren Teilen höher gebildete *Familientyp*.

Der *Postadoleszententyp* (Typ 4), jünger, z. T. höher gebildet, ist heterogen: Einerseits hat er den größten Anteil derer, die wieder eine Stelle gefunden haben. Andererseits wird aber auch ein relativ großer Anteil nach eigener Einschätzung weiterhin arbeitslos bleiben. Die ökonomische Lage, die relativ schlecht bewertet wird, führt zu deutlichen, aber nicht übermäßigen Konsumeinschränkungen. Die Freizeitgestaltung ist noch häufiger außerhäuslich, postadoleszententypisch. Die sozialen Netzwerke haben hier eine relativ große Bedeutung, was auch der eher alterstypischen Haushaltsform geschuldet ist: Je ein schwaches Drittel lebt in Ein- bzw. Mehrpersonenhaushalten. Problematisch wirkt, daß Nichts-Tun und Faulenzen zur fast alltäglichen Betätigung geworden sind. Wenn wir einbeziehen, daß Arbeitslose, die häufig faulenzen, erhebliche Probleme mit dem sinnvollen Ausfüllen der Zeit haben, dann erscheinen häufige Netzwerkkontakte als geeignetes Mittel gegen die Schwierigkeiten bei der Zeit- bzw. Alltagsorganisation.

Anlaß für großen Optimismus kann dieses ausschnitthafte Bild vom Leben in der Arbeitslosigkeit nicht geben.[146] Zwar besteht keine Verelendung, aber eine Reihe von Problemen bzw. Problemgruppen in der Arbeitslosigkeit werden sichtbar, wie gerade Arbeitslose der mittleren Altersgruppe, alleine lebend, ohne subjektiv erwartete Zukunftsaussichten oder aber der Lebensführungstyp 1, mittelalter bis älterer *Hauptschultyp*, mit eingeschränkter ökonomischer Lage, häufig ohne Änderung der eigenen Lage und mit mehr Problemen mit dem Zeitumgang als die anderen.

Deutlich wird, daß die schlechter gewordene ökonomische Lage den Bemühungen der Arbeitslosen um Autonomie deutliche Grenzen setzt. Dies macht sich vor allem beim Konsum und der Zeitgestaltung bemerkbar. Deutlich wird aber auch, daß sehr wohl entlastende Momente bestehen. So setzen die Arbeitslosen ihrer objektiven Lage einmal persönliche Ressourcen entgegen, und zum anderen erhalten sie Unterstützung über die Kontakte zum Partner, zu den eigenen Kindern oder zu Freunden.

Auch wird deutlich, daß neben den informellen sozialen Netzwerken das *Netz des Sozialstaats* eine große Bedeutung für Arbeitslose besitzt. Anhand der Ergebnisse - sowohl, was die materielle Lage angeht, was die Beurteilung der eigenen Lage als Arbeitslose anbelangt, als auch, was die Einstellung zur (Berufs)Arbeit betrifft - zeigt

---

[146] Zu den im Rahmen *dieser* Arbeit nicht eingehender angesprochenen, aber dennoch bedeutsamen und interessanten Themen gehören z. B. das Verhältnis der Arbeitslosen zu den Arbeitsämtern (nachdem immerhin ein Viertel der Erwerbslosen - verstärkt überlang Erwerbslose - die Ämter als Unterstützung sehen), auf der Aktivitätsebene das defensive abweichende Bewältigungsstrategien wie Krankenkarrieren und Drogenumgang, besonders Alkoholkonsum. (Extrempopulationen werden hier nicht auftreten, sehr wohl aber "alltägliche" Reaktionsmuster). Nicht zuletzt sollten die Einstellungen von Arbeitslosen zur (Berufs-)Arbeit intensiver zum Gegenstand der Betrachtungen gemacht werden.

sich, daß der Sozialstaat mit seinen Leistungen für Arbeitslose nicht die Funktion einer "sozialen Hängematte", sondern die eines "sozialen Fangnetzes" übernimmt, das zwar nicht den sozialen Ab*stieg*, sehr wohl aber den sozialen Ab*sturz* verhindern kann. Andererseits bestehen gerade im Kontext der Sozialstaatsdebatten in Politik und Öffentlichkeit tradierte diskursive Mechanismen, mit denen Arbeitslosigkeit semantisch bearbeitet wird und Arbeitslose von Opfern der Verhältnisse zu Tätern stilisiert werden (vgl. Uske 1995).

Es zeigte sich in dieser Untersuchung aber ganz deutlich, daß Arbeitslose ein relativ großes Unbehagen in ihrer Lage verspüren, daß sie mit den Bewältigungs- und Bearbeitungsstrategien versuchen, in einer außernormalen Lage eine lebbare Kontinuität im Alltag aufrechtzuerhalten. Für die übergroße Mehrheit der Arbeitslosen, die nicht in absehbarer Zeit ihre Verrentung erwarten, bildet die Wiederaufnahme eines Beschäftigungsverhältnisses - sowohl auf einer Vollzeit-, als auch auf einer Teilzeitstelle - den einzig wirklich gangbaren Weg, mit der Arbeitslosigkeit fertigzuwerden. Daher würde die Integration der atypischen Beschäftigungsverhältnisse, wie es Walwei (1996) als Instrument zur Modernisierung der Arbeitsmarktpolitik vorschlägt, z. B. auch mit Interessenlagen von Arbeitslosen konform gehen. Allerdings gilt es, bei der Integration dieser z. T. prekären Beschäftigungsverhältnisse mit Augenmaß vorzugehen - Beschäftigungsverhältnisse im Sinne der (Früh-)Industrialisierung können nicht die Maxime für die Arbeitsmarktpolitik fortgeschrittener, nachindustrieller Gesellschaften sein.

Literatur

Acs, Z. J./Audretsch, D. B. (1992): Innovation durch kleine Unternehmen. Berlin.

Adamy, W./Steffen, J. (1990): Finanzierungsprobleme des Sozialstaats in der Beschäftigungskrise. Regensburg.

Amtliche Mittelungen der Bundesanstalt für Arbeit (1995): Sondernummer 1995

Andreß, H.-G. (1989): Instabile Erwerbskarrieren und Mehrfacharbeitslosigkeit - ein Vergleich mit der Problemgruppe der Langzeitarbeitslosen. in: MittAB, Jg. 22, S. 17-32.

Andreß, H.-J/Lipsmeier, G. (1995): Was gehört zum notwendigen Lebensstandard und wer kann ihn sich leisten? in: Aus Politik und Zeitgeschichte, B31-32/95, S. 35-49.

Arbeitsförderungsgesetz (AFG) (Stand: 15. März 1996), 26. neub. Aufl., München.

Arbeitsförderungsgesetz (AFG) (Stand: 01. Februar 1990), 17. Aufl., München.

Arbeitsgesetze (ArbG) (Stand: 01.02.1995), 47. Aufl., München.

Baarda, B./de Goede, M./Frowijn, A./Postma, M. (1990): Der Einfluß von Arbeitslosigkeit auf die Kinder. in: Schindler, H./Wacker, A./Wetzels, P. (Hrsg.): Familienleben in der Arbeitslosigkeit. Heidelberg, S. 145-170.

Bach, H.-U./Brinkmann, Chr./Spitznagel, E. (1994): Individuelle und gesellschaftliche Belastungen durch Arbeitslosigkeit. in: Arbeit und Sozialpolitik, 48. Jg., H. 5/6, S. 15-24.

Barth, R. (1995): Hilfsangebote für Arbeitslosen-Familien. Erfahrungen im Arbeitslosenzentrum Völklingen. in: Kieselbach, Th./Wacker, A. (Hrsg.): Bewältigung von Arbeitslosigkeit im sozialen Kontext. 2. Aufl., Weinheim, S. 205-213.

Barwinski Fäh, R. (1990): Die seelische Verarbeitung der Arbeitslosigkeit. München.

Beck, U. (1991): Der Konflikt der zwei Modernen. in: Zapf, W. (Hrsg.): Die Modernisierung moderner Gesellschaften. Verhandlungen des 25. Deutshen oziologentages in Frankfurt am Main 1990. Frankfurt, S. 40-55.

Beck, U. (1986): Risikogesellschaft. Frankfurt a. M.

Beck, U./Beck-Gernsheim, E. (1992): Nicht Autonomie, sondern Bastelbiographie, in: Zeitschrift für Soziologie 3/1993, S. 178-187.

Beck-Gernsheim, E. (1983): Familie im Modernisierungsprozeß. in: Bolte, K. M./Treutner, E. (Hrsg.): Subjektorientierte Arbeits- und Berufssoziologie. Frankfurt a. M., S. 270-292.

Becker, H. P. (1965): Die soziale Frage im Neoliberalismus. Analyse und Kritik. Heidelberg.

Beckenbach, N. (1984): Zukunft der Arbeit und Beschäftigungskrise. in: PROKLA, Heft 55, S. 22-40.

Beckmann, P./Bender, S. (1993): Arbeitslosigkeit in ostdeutschen Familien. in: MittAB, Jg. 26, S. 222-235.

Blair, J. M. (1948): Technology and Size. in: American Economic Review, Jg. 38, S. 121-152.

Blanke, B./Heinelt, H./Macke, C.-W. (1987): Großstadt und Arbeitslosigkeit. Opladen.

Blanke, B./Heinelt, H./Macke, C.-W. (1984): Arbeitslosigkeit und kommunale Sozialpolitik. in: Bonß, W./Heinze, R. (Hrsg.): Arbeitslosigkeit in der Arbeitsgesellschaft. Frankfurt a. M., S. 299-330.

Bogai, D./Hess, D./Schröder, H./Smid, M. (1994): Binnenstruktur der Langzeitarbeitslosigkeit älterer Männern und Frauen. In: MittAb, Jg. 27, S. 73-93.

Bolte, K.-M. (1990): Strukturtypen sozialer Ungleichheit. in: Berger, P./Hradil, S. (Hrsg.): Lebenslagen, Lebensstile, Lebensläufe. Soziale Welt, Sonderband 7. , S. 27-50.

Bolte, K. M. (1983): Subjektorientierte Soziologie - Plädoyer für eine Forschungsperspektive. in: Bolte, K. M./Treutner E. (Hrsg.): Subjektorientierte Arbeits- und Berufssoziologie. Frankfurt a. M.,

S. 12-36.

Bolte, K. M./Treutner, E. (Hrsg.) (1983): Subjektorientierte Arbeits- und Berufssoziologie. Frankfurt a. M.

Bonß, W./Keupp, H./Koenen, E. (1984): Das Ende des Belastungsdiskurses? Zur subjektiven und gesellschaftlichen Bedeutung von Arbeit. in: Bonß, W./Heinze, R. (Hrsg.): Arbeitslosigkeit in der Arbeitsgesellschaft. Frankfurt a. M., S. 143-188.

Bourdieu, P. (1989): Die feinen Unterschiede. 3. Aufl., Frankfurt a. M.

Bourdieu, P. (1985): Sozialer Raum und Klassen. Lecon sur la lecon. Zwei Vorlesungen. Frankfurt a. M.

Bourdieu, P. (1983): Zur Soziologie der symbolischen Formen. 2. Aufl., Frankfurt a. M.

Bosch, G. (1986): Hat das Normalarbeitsverhältnis eine Zukunft? In: WSI-Mitteilungen, Schwerpunktheft: Zukunft der Arbeit, 3/1986, S. 163-176.

Brandt, A. (1995): Ursachen der Arbeitslosigkeit und Perspektiven der Beschäftigungspolitik in Deutschland. Frankfurt a. M.

Brinkmann, C. (1984): Die individuellen Folgen langfristiger Arbeitslosigkeit. in: MittAB, Jg. 17, S. 454-473.

Brinkmann, C./Friedrich, D./Fuchs, L./Lindlahr, K.-O. (1991): Arbeitslosigkeit und Sozialhilfebezug. in: MittAB, Jg. 24, S. 157-177.

Brinkmann, C./Karr, W./Spitznagel, E. (1985): Saisonale Schwankungen von Beschäftigung und Arbeitslosigkeit. in: MittAB Jg. 18, S. 416-438.

Brinkmann, C./Wiedemann, E. (1994): Individuelle und gesellschaftliche Folgen von Erwerbslosigkeit in Ost und West. in: Montada, L. (Hrsg.): Arbeitslosigkeit und soziale Gerechtigkeit. Frankfurt a. M., S. 175-192.

Brinkmann, C./Wiedemann, E. (1994a): Zu den psychosozialen Folgen der Arbeitslosigkeit ihn den neuen Bundesländern. in: Aus Politik und Zeitgeschichte. B16/1994, S. 16-28.

Brose, H.-G. (1986): Wie normal ist Prekärität - wie prekär ist Normalität? in: Friedrichs, J. (Hrsg.): Technik und Sozialer Wandel. 23. Deutscher Soziologentag 1986. Opladen, S. 111-114.

Buchegger, R./Rothschild, K. W./Tichy, G. (Hrsg.) (1990): Arbeitslosigkeit. Ökonomische und soziologische Perspektiven. Berlin.

Buhr, P. (1995): Danamik von Armut. Dauer und biographische Bedeutung von Sozialhilfebezug. Opladen.

Bundesarbeitsblatt 2/1996

Bundesarbeitsblatt 1/1996

Bundesarbeitsblatt 10/1995

Bundesarbeitsblatt 9/1995

Bundesministerium für Familie und Senioren (Hrsg.) (1994): Fünfter FamilienberichtFamilien und Familienpolitik im geeinten Deutschland - Zukunft des Humanvermögens. Bonn.

Bundessozialhilfegesetz (BSHG), 5. üb. Aufl. München, 1994.

Büchel, F./Pennenberg, M. (1992): Erwerbsbiographische Folgerisiken von Kurzarbeit und Arbeitslosigkeit. in: MittAB, Jg. 25, S. 158-167.

Büchtemann, Ch. (1984): Der Arbeitslosigkeitsprozeß. Theorie und Empirie strukturierter Arbeitslosigkeit in der Bundesrepublik Deutschland. in: Bonß, W./Heinze, R. (Hrsg.): Arbeitslosigkeit in der Arbeitsgesellschaft. Frankfurt a. M., S. 53-105.

Büchtemann, Chr./Neumann, H. (1990): Mehr Arbeit durch weniger Recht? Eine Einführung. In:

Büchtemann, Chr./Neumann, H. (Hrsg.): Mehr Arbeit durch weniger Recht? Chancen und Risiken der Arbeitsmarktflexibilisierung. Berlin, S. 9-38.

Büchtemann, Ch./von Rosenbladt, B. (1983): Kumulative Arbeitslosigkeit. Wiedereingliederngsprobleme Arbeitsloser bei anhaltend ungünstiger Beschäftigungslage. in: MittAB, Jg. 16. S. 262-275.

Bühl, W. L. (1995): Wissenschaft und Technologie. An der Schwelle zur Informationsgesellschaft. Göttingen.

Bühl, W. L. (1990): Sozialer Wandel im Ungleichgewicht. Stuttgart.

Bühl, W. L. (1988): Krisentheorien. Politik, Wirtschaft und Gesellschaft im Übergang. Darmstadt.

Clausen, L. (1988): Produktive Arbeit - destrukrive Arbeit. Berlin.

Cramer, U./Karr, W./Rudolph, H. (1986): Über den richtigen Umgang mit der Arbeitslosenstatistik. in: MittAB, Jg. 19, S. 409-421.

Daheim, H. (1992): Strukturwandel der Arbeitsgesellschaft. Eine historisch-soziologische Skizze. in: Daheim, H. (Hrsg.): Forschungen zum Wandel der Arbeitsgesellschaft. Frankfurt a. M., S. 13-33.

Dahrendorf, R. (1983): Wenn der Arbeitsgesellschaft die Arbeit ausgeht. in: Matthes, J. (Hrsg.): Krise der Arbeitsgesellschaft? Verhandlungen des 21. Deutschen Soziologentages in Bamberg 1982. Frankfurt a. M., S. 25-37.

Dangschat, J. (1994): Segregation - Lebensstile im Konflikt, soziale Ungleichheiten und räumliche Disparitäten.

Döhrn, R (1990): Schattenwirtschaft und Strukturwandel in der Bundesrepublik Deutschland. Berlin.

Durkheim, E. (1988): Über Soziale Arbeitsteilung. 2. Aufl., Frankfurt a. M.

Durkheim, E. (1965): Die Regeln der soziologischen Methode. Berlin.

Dürr, K. (1984): Massenarbeitslosigkeit und ihre sozialen und politischen Wirkungen in Großbritannien. in: Bonß, W./Heinze, R. (Hrsg.): Arbeitslosigkeit in der Arbeitsgesellschaft. Frankfurt a. M., S. 214-243.

Eder, K. (1989): Klassentheorie als Kulturtheorie. in: Eder, K. (Hrsg.): Klassenlage, Lebensstil und kulturelle Praxis. Frankfurt a. M., S. 15-46.

Egle, F./Karr, W./Leupold, R. (1980): Strukturmerkmale der Arbeitslosen für Ströme und Bestände sowie Analyse der Vermittlungstätigkeit. in: MittAB Jg. 13, S. 105-115.

Ehrhardt, G./Hahn, T. (1993): Verläufe und Verarbeitungsformen von Arbeitslosigkeit. in: MittAB, Jg. 26, S. 36-52.

Eisenberg, P./Lazarsfeld, P. (1938): The Psychological Effects of Unemployment. in: Psychological Bulletin, Hg. 35, S. 358-390.

Engelhardt, W. W. (1981): Solidarität, Subsidiarität und andere Sinnstrukturen. in: Herder-Dorneich, Ph. (Hrsg.): Dynamische Theorie der Sozialpolitik. Berlin, S. 55-78.

Fachinger, U. (1991): Kumulation von individuellen Arbeitrslosigkeitsphasen oder Mehrfacharbeitslosigkeit - ein quantitativ bedeutsames Phänomen? in: MittAB, Jg. 24, S. 559-576.

Frerich, J. (1987): Sozialpolitik. Das Sozialleistungssystem der Bundesrepublik Deutschland, München.

Froese, M. (1994): Psychische Folgen vo Arbeitslosigkeit in den fünf neuen Bundesländern: Ergebnisse einer Längsschnittstudie. in: Montada, L. (Hrsg.): Arbeitslosigkeit und soziale Gerechtigkeit. Frankfurt a. M., S. 193-213.

Froese, M. (1993): Arbeitslosigkeit in den neuen Bundesländern. in: Fuchs-Brüninghoff, E./Gröner, H. (Hrag.): Arbeit und Arbeitslosigkeit. Zum Wert von Arbeit heute. München, S. 40-47.

Frehsee, D. (1992): Die staatliche Förderung familiärer Gewalt an Kindern, in: KrimJ 24/1992, H.1, S. 37-49.

Friedrichs, J. (1983): Methoden empirischer Sozialforschung, 11. Aufl. Opladen.

Fryer, D./Payne, R. L. (1984): Proactive Behaviour in Unemployment. Findings and Implications, in: Leisure Studies, S. 273-295.

Fuchs. M. (1997): Hausfamilien im ländlichen Raum. Individualisierung und traditionale Familienorientierung. In: Hradil, S. (Hrsg.): Differenz und Integration. Verhandlungen des 28. Kongresses der Deutschen Gesellschaft für Soziologie in Dresden 1996. Frankfurt a. M., S. 324-342.

Fuchs, M. (1994): Umfrageforschung mit Telephon und Computer. Weinheim.

Führer, K. Chr. (1990): Arbeitslosigkeit und die Entstehung der Arbeitslosenversicherung in Deutschland 1902-1927. Berlin.

Geißler, R. (1992): Die Sozialstruktur Deutschlands. Opladen.

Geissler, B. (1994): Klasse, Schicht oder Lebenslage? Was leisten diese Begriffe bei der Analyse der 'neuen' sozialen Ungleichheiten? in: Leviathan 4/1994, S. 541-559.

Giddens, A. (1997): "Man hat keine Wahl außer zu wählen", in: DIE ZEIT, Nr. 17, 1997.

Goffman, E. (1990): Stigma. Über Techniken der Bewältigung beschädigter Identität. 9. Aufl., Frankfurt a. M.

Goffman, E. (1973): Asyle. Über die soziale Situation psychiatrischer Patienten und anderer Insassen. Frankfurt a. M.

Grehn, K. (1992): Ergebnisse einer Umfrage des Arbeitslosenverbandes Deutschland. in: Kieselbach, Th./Voigt, P. (Hrsg.): Systemumbruch, Arbeitslosigkeit und individuelle Bewältigung in der Ex-DDR. Weinheim, S. 285-294.

Grünert, H./Lutz, B. (1996): Transformationsprozeß und Arbeitsmarktsegmentation. In: Nickel, H. M./Kühl, J./Schenk, S. (Hrsg.): Erwerbsarbeit und Berschäftigung im Umbruch. 2. durchges. Aufl., Opladen, S. 3-28.

Grüske, K.-D./Lohmeyer, J. (1990): Außerökonomische Faktoren und Beschäftigung.Eine Fallstudie über die Arbeitsamtsbezirke Leer und Balingen. Gütersloh.

Guggemos, P. (1989): Bewältigung der Arbeitslosigkeit. Eine qualitative Studie in Liverpool und Augsburg. Weinheim.

Habermas, J. (1985): Die Neue Unübersichtlichkeit. Frankfurt a. M.

Hanesch, W. (1995): Sozialpolitik und arbeitsmarktbedingte Armut. in: Aus Politik und Zeitgeschichte. B 31-32/95, S. 14-23.

Harrison, R. (1978): Die demoralisierende Erfahrung längerfristiger Arbeitslosigkeit. in: Wacker, A. (Hrsg.): Vom Schock zum Fatalismus? Frankfurt a. M., S. 38-56.

Hartwich, K.H. (1996): Der Sozialstaat und die Krise der "Arbeitsgesellschaft", in: Gegenwartskunde, Jg. 45, S. 11-25.

Häußermann, H./Lüsebrink, K./Petrowski, W. (1990): Die Bedeutung von informeller Ökonomie und Eigenarbeit bei der Dauerarbeitslosigkeit. in: Heize, R. G./Offe, C. (Hrsg.): Formen der Eigenarbeit. Theorie, Empirie, Vorschläge, S. 87-106.

Häußermann, H./Siebel, W. (1987): Neue Urbanität. Frankfurt a. M.

Heinze, R. G. (1985): "Neue Subsidiarität" - Zum soziologischen und politischen Gehalt eines aktuellen sozialpolitischen Konzepts. in: Heinze, R. G. (Hrsg.): Neue Subsidiarität: Leitidee für eine zukünftige Sozialpolitik? Opladen, S. 13-38.

Hennig, W./Kühl, H./Heuer, E. (1984): Arbeitsförderungsgesetz. Bd. 1: Kommentar. WK-Reihe Nr.

65, Arbeits- und Sozialrecht. Frankfurt a. M.

Herder-Dorneich, Ph. (1982): Der Sozialstaat in der Rationalitätenfalle. Stuttgart.

Hermanns, M. (1991): Auswirkungen der Jugendarbeitslosigkeit. in: Aus Politik und Zeitgeschichte, B27/91, S. 20-29.

Hess, D./Hartenstein, W./Smid, M. (1991): Auswirkungen von Arbeitslosigkeit auf die Familie. in: Mitteilungen aus der Arbeitsmarkt- und Berufsforschung. Jg. 24, S. 178-192.

Hirschauer, S. (1994): Die soziale Fortpflanzung der Zweigeschlechtlichkeit. in: Kölner Zeitschrift für Soziologie und Sozialpsychologie, Jg. 46, S. 688-692.

Hofer, P./Schlesinger, M. (1992): Die demographische und ökonomische Entwicklung im Überblick. Basel 1992.

Hondrich, K.-O. (1979): Bedürfnisse, Werte und Soziale Steuerung. in: Klages, H./Kmieciak, P. (Hrsg.): Wertwandel und gesellschaftlicher Wandel. Frankfurt a. M., S. 67-83.

Hornstein, W./Lüders, C./Rosner, S./Salzmann, W./Schusser, H. (1986): Arbeitslosigkeit in der Familie. München.

Hermanns, M. (1991): Auswirkungen der Jugendarbeitslosigkeit. in: Aus Politik und Zeitgeschichte, B27/91, S. 20-29.

Hradil, S. (1996): Eine Gesellschaft der Egoisten? Gesellschaftliche Zukunftsprobleme, moderne Lebensweisen und soziales Mitwirken. In: Gegenwartskunde, Jg. 45, H. 2, S. 267-296.

Hradil, S. (1995): Die Modernisierung des Denkens. Zukunftpotentiale und "Altlasten" in Ostdeutschland. in: Aus Politik und Zeitgeschichte. B20/95, S. 3-15.

Hradil, S. (1991): Sozialstrukturelle Paradoxien und gesellschaftliche Modernisierung. in: Zapf, W. (Hrsg): Die Modernisierung moderner Gesellschaften. Verhandlungen des 25. Deutschen Soziologentages in Frankfurt am Main 1990. Frankfurt, S. 361-369.

Hradil, S. (1990): Postmoderne Sozialstruktur? Zur empirischen Relevanz einer "modernen" Theorie sozialen Wandels, in: Berger, P./Hradil, S. (Hrsg.): Lebenslagen, Lebensläufe, Lebensstile, Soziale Welt Sonderband 7, S. 125-150

Hradil, S. (1989): System und Akteur. Eine empirische Kritik der soziologischen Kulturtheorie Pierre Bourdieus. in: Eder, K. (Hrsg.): Klassenlage, Lebensstil und kulturelle Praxis. Frankfurt a. M., S. 111-142.

Hradil, S. (1987): Sozialstrukturanalyse in fortgeschrittenen Industriegesellschaften. Opladen.

Hurrelmann, K./Ulich, D. (1991): Gegenstands- und Methodenfragen der Sozialisationsforschung, in: Hurrelmann, K./Ulich, D. (Hrsg.): Neues Handbuch der Sozialisationsforschung, 4., völlig neub. Aufl., Weinheim, S. 3-20.

Jahoda, M./Lazarsfeld, P./Zeisel, H. (1975): Die Arbeitslosen von Marienthal. Frankfurt a. M.

Jäger, W. (1989): Industrielle Arbeit im Umbruch. Zur Analyse aktueller Entwicklungen. Weinheim.

Jessen, J./Siebel, W. et al. (1990): Informelle Arbeit bei Industriearbeitern, in: Heinze, R. G./Offe, C. (Hrsg.): Formen der Eigenarbeit. Theorie, Empirie, Vorschläge, Opladen, S. 74-86.

Karr, W. (1997): Die konzeptionelle Untererfassung der Langzeitarbeitslosigkeit, in: MittAB, Jg. 30, S. 37-46.

Karr, W. (1983): Anmerkungen zur Arbeitslosigkeit in der nunmehr 10 Jahre dauernden Beschäftigungskrise. in: MittAB, Jg. 16, S. 276-279.

Karr, W. (1979): Zur Strukturalisierung der Arbeitslosigkeit. in: MittAb, Jg.12, S. 152-165.

Karr, W. (1978): Die Leistungsberechtigten in der Arbeitslosenstatistik. in: MittAB Jg. 11, S. 1-6.

Karr, W./John, K. (1989): Mehrfacharbeitslosigkeit und kumulative Arbeitslosigkeit. in: MittAB, Jg.

22, S. 1-16.

Kasek, L. (1992): Arbeitslosigkeit und Lebensorientierungen. in: Kieselbach, Th./Voigt, P. (Hrsg.): Systemumbruch, Arbeitslosigkeit und individuelle Bewältigung in der Ex-DDR. Weinheim, S. 393-403.

Kern, H./Schumann, M. (1983): Arbeit und Sozialcharakter: Alte und neue Konturen. in: Maththes, J. (Hrsg.): Krise der Arbeitsgesellschaft? Verhandlungen des 21. Deutschen Soziologentages in Bamberg 1982. Frankfurt a. M., S. 353-365.

Keupp, H. (1990): Identitäten im Umbruch. Das Subjekt in der "Postmoderne". in: Initial, Jg. 7, S. 698-710.

Kieselbach, Th. (1988): Familie unter dem Druck der Arbeitslosigkeit. "Opfer durch Nähe" und Quelle sozialer Unterstützung. in: Alter, K./Menne, K. (Hrsg.): Familie in der Krise: sozialer Wandel, Familie und Erziehungsberatung. Weinheim, S. 47-76.

Kieselbach, Th./Wacker, A. (1995): Bewältigung von Arbeitslosigkeit im sozialen Kontext. in: Kieselbach, Th./Wacker, A. (Hrsg.): Bewältigung von Arbeitslosigkeit im sozialen Kontext. Programme, Initiativen, Evolutionen. 2. Aufl., Weinheim, S. 9-20.

Kieselbach, Th./Offe, H. (1979): Psychologische, gesundheitliche und politische Problemeals Folge von Arbeitslosigkeit. in: Kieselbach, Th./Offe, H. (Hrsg.): Arbeitslosigkeit. Individuelle Verarbeitung, gesellschaftlicher Hintergrund. Darmstadt, S. 8-140.

Kirchler, E. (1993): Arbeitslosigkeit. Psycholigische Skizzen über ein anhaltendes Problem. Göttingen.

Kirchler, E. (1985): Arbeitslosigkeit und Alltagsbefinden. 2. Aufl., Linz.

Klages, H. (1992): Traditionsbruch als Herausforderung. Perspektiven der Wertewandelgesellschaft. Frankfurt a. M.

Klaus, D. (1990): Elemente der Arbeitslosigkeit in der Bundesrepublik. Frankfurt a. M.

Klein, Th. (1987): Sozialer Abstieg und Verarmung von Familien durch Arbeitslosigkeit. Frankfurt a. M.

Klems, W./Schmid, A. (1990): Langzeitarbeitslosigkeit. Theorie und Empirie am Beispiel des Arbeitsmarktes Frankfurt/Main. Berlin.

Konietzka, D. (1994): Individualisierung, Entstrukturierung und Lebensstile. in: Dangschat, J./Blasius, J. (Hrsg.): Lebensstile in den Städten. Opladen, S. 150-168.

Kretzschmar, A. (1992): Arbeitslosigkeit - Resultat und Ferment sozialen Wandels und Ostdeutschland. in: Kieselbach, Th./Voigt, P. (Hrsg.): Systemumbruch, Arbeitslosigkeit und individuelle Bewältigung in der Ex-DDR. Weinheim, S. 138-151.

Kromrey, H. (1994): Empirische Sozialforschung, 6. rev. Aufl., Opladen.

Kronauer, M./Vogel, B./Gerlach, F. (1993): Im Schatten der Arbeitsgesellschaft. Arbeitslose und die Dynamik sozialer Ausgrenzung. Frankfurt a. M.

Krüger, J. (1986): Soziale Ungleichheit, Sozialpolitik und Sozialwissenschaft. in: Krüger, J./Strasser, H. (Hrsg.): Soziale Ungleichheit und Sozialpolitik. Regensburg, S. 13-40.

Kuper, B.-O. (1988): Die Defizite der Sozialhilfe. in: Münder, J. (Hrsg.): Zukunft der Sozialhilfe. Sozialpolitische Perspektiven nach 25 Jahren BSHG. Münster, S. 37-46.

Kuzmics, H. (1990): Die Zivilisierung von Arbeit und Arbeitslosigkeit. in: Buchegger, R./Rothschild, K. W./Tichy, G. (Hrsg.): Arbeitslosigkeit. Ökonomische und soziologische Perspektiven. Berlin, S. 7-24.

Kühl, J. (1996): Warum schaffen zwei Millionen Betriebe und Verwaltungen nicht genügend gute Arbeitsplätze für alle? in: Aus Politik und Zeitgeschichte, B3-4/96, S. 26-39.

Kühl, J. (1993): Arbeitslosigkeit in der vereinigten Bundesrepublik Deutschland. in: Aus Politik und Zeitgeschichte, B 35, S. 3-15.

Lachmann, W. (1991): Möglichkeiten und Grenzen ursachenadäquater Bekämpfung der Arbeitslosigkeit. in: Aus Politik und Zeitgeschichte, B34-35/91, S. 36-46.

Lamnek, S. (1996): Devianz im Sozialstaat - die Kriminalität der Braven? Projektantrag bei der Volkswagen-Stiftung. Manuskript.

Lamnek, S. (1995): Zur Phänomenologie der Gewalt an Schulen. in: Alemann, H. v. (Hrsg.): Mensch Gesellschaft! Opladen, S. 70-88.

Lamnek, S. (1993): Qualitative Sozialforschung. Bd. 1, Methodologie. 2. üb. Aufl., Weinheim.

Lamnek, S./Luedtke, J. (1997): Triangulation: ein notwendiges Design für "Soziale Devianz". in: Reichertz, J. (Hrsg.): Gesellschaftliche Reaktionen auf Rechtsverletzungen, Opladen (im Erscheinen).

Lampert, H. (1988): Die Soziale Marktwirtschaft in der Bundesrepublik Deutschland. in: Aus Politik und Zeitgeschichte. B17/88, S. 3-14.

Lampert, H. (1980): Sozialpolitik, Berlin.

Lampert, H./Bossert, A. (1992): Sozialstaat Deutschland, München.

Landesarbeitsamt Baden-Württemberg (1996a): Der Arbeitsmarkt in Baden-Württemberg. Statistische Übersichten 1/1996.

Landesarbeitsamt Baden-Württemberg (1996b): Struktur der Arbeitslosigkeit. Eine Auswahl, September 1995.

Landesarbeitsamt Baden-Württemberg (1996c): Der Arbeitsmarkt in Baden-Württemberg. Statistische Übersichten 3/1996.

Landesarbeitsamt Baden-Württemberg (1996d): Der Arbeitsmarkt in Baden-Württemberg. Statistische Übersichten 4/1996.

Landesarbeitsamt Baden-Württemberg (1997): Jahreszahlen 1996.

Lehmann, H. (1996): Muster biographischer Verarbeitung des Transformationsprozesses von Vorruheständlern. In: Nickel, H. M./Kühl, J./Schenk, S. (Hrsg.): Erwerbsarbeit und Beschäftigung im Umbruch. 2. durchges. Aufl., Opladen, S. 283-312.

Leisering, L. (1996): Alternde Bevölkerung - veraltender Sozialstaat? demographischer Wandel als "Politik". in: Aus Politik und Zeitgeschichte. B35/96, S. 13-22.

Lepsius, M. R. (1995): Die pietistische Ethik und der Geist des Wohlfahrtsstaates oder: Der Hallensische Pietismus und die Entstehung des Preußentums. In: Claußen, L. (Hrsg.): Gesellschaften im Umbruch. Verhandlungen des 27. Kongresses der Deutschen Gesellschaft für Soziologie in Halle an der Saale 1995. Frankfurt a. M., S. 110-124.

Lepsius, M. R. (1966): Parteiensystem und Sozialstruktur: Zum Problem der Demokratisierung der deutschen Wirtschaft. in: Abel, W./Borchardt, K./Kellenbenz, H./Zorn, W. (Hrsg.): Wirtschaft, Geschichte und Wirtschaftsgeschichte. Festschrift zum 65. Geburtstag von Friedrich Lütge. Stuttgart, S. 371-393.

Lewek, P. (1992): Arbeitslosigkeit und Arbeitslosenversicherung in der Weimarer Republik 1918-1927. Stuttgart.

Licht, G./Steiner, V. (1990): Abgang aus der Arbeitslosigkeit, Individualeffekte und Hysteresis. Eine Panelanalyse für die Bundesrepublik Deutschland. Augsburg.

Liem, R. (1988): Unemployed Workers and their Families: Social Victims or Social Critics? in: Voydanoff, P./Majka, L. (Ed.): Families and Economic Distress, Beverly Hills, S. 135-151.

Liljeberg, H. (1992): Bericht über eine repräsentative Umfrage unter Ost-Berliner Arbeitslosen. in: Kieselbach, Th./Voigt, P. (Hrsg.): Systemumbruch, Arbeitslosigkeit und individuelle Bewältigung in der Ex-DDR. Weinheim, S. 268-284.

Löbbe, K./Schrumpf, H. (1995): Sektorale und regionale Spezialisierungsmuster in Europa. in: Aus Politik und Zeitgeschichte, B49/95, S. 19-219.

Ludwig-Mayerhofer, W. (1990): Arbeitslosigkeit und Erwerbsverlauf. in: Zeitschrift für Soziologie. Jg. 19, S. 345-359.

Lüders, C./Rosner, S. (1990): Arbeitslosigkeit in der Familie. in: Schindler, H./Wacker, A./Wetzels, P. (Hrsg.): Familienleben in der Arbeitslosigkeit. Heidelberg, S. 75-98.

Lüdtke, H. (1989): Expressive Ungleichheit. Zur Soziologie der Lebensstile. Opladen.

Mackscheidt, K. (1991): Finanzierung der Arbeitslosigkeit. in: Aus Politik und Zeitgeschichte, B34-35/91, S. 26-35.

Marx, K. (1971): Die Frühschriften. hrsg. v. Siegfried Landshut. Stuttgart.

McKee, L. (1990): Arbeitslosenhaushalte. Der Einfallsreichtum von Arbeitslosenfamilien. in: Schindler, H./Wacker, A./Wetzels, P. (Hrsg.): Familienleben in der Arbeitslosigkeit. Heidelberg, S. 99-124.

McKee, L./Bell, C. (1985): Marital and Family Relations in Times of Male Unemployment. In: Finnegan, R./Gallie, D./Roberts, B. (Ed.): New Approaches to the Sociology of Economic Life. Manchester, S. 387-399.

Merz, J./Wolff, K. (1990): Wohlfahrtsproduktion durch Erwerbs- und Eigenarbeit - Partizipazion, Wohlfahrtsgewinne und Motivationsstruktur, in: Heinze, R. G. /Offe, C. (Hrsg.): Formen der Eigenarbeit. Theorie, Empirie, Vorschläge, Opladen, S. 30-52

Mooser, J. (1983): Auflösung der proletarischen Milieus. in: Soziale Welt, S. 270-306.

Mutz, G./Ludwig-Mayerhofer, W./Koenen, E.J./Eder, K./Bonß, W. (1995): Diskontinuierliche Erwerbsverläufe. Analyse zur postindustriellen Arbeitslosigkeit. Opladen.

Mückenberger, U. (1990): Zur Rolle des Normalarbeitsverhältnisses bei der sozialstaatlichen Umverteilung von Risiken. In: Büchtemann, Chr./Neumann, H. (Hrsg.): Mehr Arbeit durch weniger Recht? Chancen und Risiken der Arbeitsmarktflexibilisierung. Berlin, S. 169-192.

Mückenberger, U. (1987): Allein wer Zugang zum Beruf hat, ist frei, sich für Eigenarbeit zu entscheiden. in: Heinze, R. G. /Offe, C. (Hrsg.): Formen der Eigenarbeit. Theorie, Empirie, Vorschläge, Opladen, S. 197-211.

Mückenberger, U. (1986): Zur Krise des Normalarbeitsverhältnisses - Thesen. in: Friedrichs, J. (Hrsg.): Technik und Sozialer Wandel. 23. Deutscher Soziologentag 1986. Opladen, S. 115-118.

Müller, H.-P. (1996): Störenfried mit mittlerer Reichweite. in: Die Zeit 12/1996, S. 36.

Müller, H.-P. (1992): Sozialstruktur und Lebensstile. Zur Neuorientierung der Sozialstrukturforschung. in: Hradil, S. (Hrsg.): Zwischen Bewußtsein und Sein. Opladen, S. 57-66.

Nauck, B. (1986): Familiäres Freizeitverhalten und soziale Ungleichheit. in: Lüdtke, H./Agricola, S./Karst, U. V. (Hrsg.): Methoden der Freizeitforschung. Opladen, S. 189-227.

Nave-Herz, R. (1990): Familie: Das Ende einer Solidargemeinschaft? Zum Wandel von Ehe und Familie in der Bundesrepublik. in: Hettlage, R. (Hrsg.): Die Bundesrepublik: Eine historische Bilanz. München, S. 202-213.

Neubäumer, R. (1991): Arbeitslose - gibt's die noch? In: WSI-Mitteilungen Jg. 44, S. 371-378.

Niess, F. (1982): Geschichte der Arbeitslosigkeit. 2. erg. Aufl., Köln

Niessen, H.-J./Ollmann, R. (1987): Schattenwirtschaft in der Bundesrepublik. Opladen.

Noelle-Neumann, E./Gillies, P. (1987): Arbeitslos. Report aus einer Tabuzone. Frankfurt a. M.

Novotny, H. (1990): Eigenzeit. Entstehung und Strukturierung eines Zeitgefühls. 3. Aufl., Frankfurt a. M.

Offe, C. (1984): Arbeit als soziologische Schlüsselkategorie? in: Offe, C. (Hrsg.): "Arbeitsgesellschaft": Strukturprobleme und Zukunftsperspektiven. Frankfurt a. M, S. 13-44.

Olk, Th. (1985): "Neue Subsidiaritätspolitik" - Abschied vom Sozialstaat oder Entfaltung autonomer Lebensstile? in: Heinze, R. G. (Hrsg.): Neue Subsidiarität: Leitidee für eine zukünftige Sozialpolitik? Opladen, S. 283-302.

Olk, Th./Otto, H.-U. (1985): Umrisse einer zukünftigen Sozialarbeit. in: Olk, Th./Otto, H.-U. (Hrsg.): Der Wohlfahrtsstaat in der Wende. Weinheim, S. 7-14..

Pankoke, E. (1977): Sozialpolitik zwischen staatlicher Systematisierung und situativer Operationalisierung. in: Ferber, Chr. v./Kaufmann, F.-X. (Hrsg.): Soziologie und Sozialpolitik. Sonderheft 19 der Kölner Zeitschrit für Soziologie und Sozialpsychologie. Opladen, S. 76-97.

Paqué, K.-H. (1995): Weltwirtschaftlicher Strukturwandel und die Folgen. in: Aus Politik und Zeitgeschichte, B49/95, S. 3-9.

Pelz, M./Münz, R. (1990): Arbeitslose "Kinder" und ihre Eltern - Erwerbslosigkeit als Konfliktpotential in der Beziehung zur Herkunftsfamilie. in: Schindler, H./Wacker, A./Wetzels, P. (Hrsg.): Familienleben in der Arbeitslosigkeit. Heidelberg, S. 125-140.

Peuckert, R. (1996): Familienformen im sozialen Wandel. 2. völlig. üb. u. erw. Aufl., Opladen.

Posch, J. (1988): Arbeitslosigkeit und Lebenschancen. Arbeitspapier der Forschungsgruppe "Arbeitszeit und Lebenszeit", Heft 10, Bremen.

Prisching, M. (1992): Solidarität in der Moderne - zu den Varianten eines gesellschaftlichen Koordinationsmechanismus. in: Journal für Sozialforschung. Jg. 32, S. 267-282.

Prisching, M. (1990): Bilder der Arbeitslosigkeit. Strategien zum Umgang mit einem sozialen Problem. in: Buchegger, R./Rothschild, K. W./Tichy, G. (Hrsg.): Arbeitslosigkeit. Ökonomische und soziologische Perspektiven. Berlin, S. 49-71.

Rauscher, A. (1991): Sozialpolitische Anstöße aus dem christlichen Raum. in: Thiemeyer, T. (Hrsg.): Theoretische Grundlagen der Sozialpolitik II. Berlin, S. 173-194.

Rendtel, U. (1989): Panelmortalität: Eine Analyse der Antwortausfälle beim Sozio-ökonomischen Panel. Vortrag. ZUMA Mannheim 1/1989.

Rerrich, M. S./Voß, G.-G. (1992): Vexierbild soziale Ungleichheit. Die Bedeutung alltäglicher Lebensführung für die Sozialstrukturanalyse. in: Hradil, S. (Hrsg.): Zwischen Bewußtsein und Sein. Opladen, S. 251-266.

Richthammer, E. (1994): Sozialrecht im geeineten Deutschland. in: Zeitschrift für Sozialhilfe und Sozialgesetzbuch. Jg. 33, S. 225-237.

Rosenbladt, B. v. (1991): Arbeitslose in einer prosperierenden Wirtschaft. in: MittAB, Jg. 24, S. 146-156.

Rosner, S. (1990): Gesellschaft im Übergang? Zum Wandel von Arbeit, Sozialstruktur und Politik in der Bundesrepublik. Frankfurt a. M.

Schäfers, B. (1987): Soziale Ungleichheit. Alte und "neue" soziale Frage. in: Opielka, M./Ostner, I. (Hrsg.): Umbau des Sozialstaats. Essen, S. 83-94.

Schettkat, R. (1996): Das Beschäftigungsproblem der Industriegesellschaften. in: Aus Politik und Zeitgeschichte. B26/96, S. 25-35.

Schindler, H./Wetzels, P. (1990): Familiensysteme in der Arbeitslosigkeit. in: Schindler, H./Wacker,

A./Wetzels, P. (Hrsg.): Familienleben in der Arbeitslosigkeit. Heidelberg, S. 43-74.

Schindler, H. (1979): Familie und Arbeitslosigkeit. In: Kieselbach, Th./Offe, C. (Hrsg.): Arbeitslosigkeit - Individuelle verarbeitung - Gesellschaftlicher Hintergrund. Darmstadt, S. 258-286.

Schlemmer, E. (1994): "Singles" in den neuen Bundesländern und ihre Netzwerke. in: Grötzinger, G. (Hrsg.): Das Single. Gesellschaftliche Folgern eines Trends. Opladen, S. 65-91.

Schmähl, W. (1992): Der Prozeß der Systemumgestaltung als sozialpolitisches Problem. Einige Anmerkungen zur Bedeutung von Information und Verhaltensweise am Beispiel des deutschen Einigungsprozesses. in: Müller, R./Schuntermann, M. R. (Hrsg.): Sozialpolitik als Gestaltungsauftrag. Köln, S. 366-367.

Schneider, W. (1994): Streitende Liebe. Opladen.

Schnell, R./Hill, P./Esser, E. (1989): Methoden der empirischen Sozialforschung, 2. Aufl., München

Schuchard-Ficher, Chr./Backhaus, K./Humme, U./Lohrberg, W./Plinke, W./Schreiner, W. (1982): Multivariate Analysemethoden. 2. verb. Aufl., Berlin.

Schulze, G. (1992): Situationsmodi und Handlungsmodi. Konzepte zur Analyse des Wandels sozialer Ungleichheit. in: Hradil, S. (Hrsg.): Zwischen Bewußtsein und Sein. Opladen, S. 67-80.

Schumacher, E. (1986): Arbeitslosigkeit und psychische Gesundheit. München.

Sengenberger, W. (1990): Das "amerikanische Beschäftigungswunder" als Vorbild? - Interne versus externe Flexibilität am Arbeitsmarkt. in: Büchtemann, Chr./Neumann, H. (Hrsg.): Mehr Arbeit durch weniger Recht? Chancen und Risiken der Arbeitsmarktflexibilisierung. Berlin, S. 47-65.

Sengenberger, W. (1978): Die Segmentation des Arbeitsmarktes als politisches und wissenschaftliches Problem. in: Sengenberger, W. (Hrsg.): Der gespaltene Arbeitsmarkt. Frankfurt a. M., S. 15-42.

Siebers, R./Vonderach, G. (1991): Unterschiedliche lebensgeschichtliche Bewältigungsmuster junger Menschen gegenüber langandauernder Arbeitslosigkeit. in: MittAB, Jg. 24, S. 193-205.

Silbereisen, R./Walper, S. (1987): Familiäre Konsequenzen ökonomischer Einbußen und ihre Bereitschaft zu normverletzendem Verhalten bei Jugendlichen. in: Zeitschrift für Entwicklungspsychologie und Pädagogische Psychologie, Jg. 19, S. 228-248.

Sinnhold, H. (1990): Ausbildung, Beruf und Arbeitslosigkeit. Frankfurt a. M.

Statistisches Landesamt Baden-Württemberg (1995): Verarbeitendes Gewerbe in den Stadt- und Landkreisen Baden-Württembergs 1994. Stuttgart.

Statistisches Bundesamt (Hrsg.) (1994): Datenreport 1994. Bonn.

Statistisches Bundesamt (1992): Sozialleistungen. Fachserie 13, Reihe 2, Sozialhilfe. Stuttgart.

Strehmel, P./Ulich, D. (1990): Erwerbsbiographie und Entwicklung. Neue Ergebnisse einer Längsschnittuntersuchung mit jungen Erwachsenen. Augsburg.

Strittmatter, F. J. (1992): Langzeitarbeitslose im Wohlfahrtsstaat. Nürnberg.

Szydlik, M. (1990): Die Segmentierung des Arbeitsmaktes in der Bundesrepublik Deutschland. Berlin.

Teichert, V. (1993): Das informelle Wirtschaftssystem. Analysen und Perspektiven von Erwerbs- und Eigenarbeit. Opladen.

Titze, M. (1993): Verlust von Arbeit aus dem Erleben von Versagen. in: Fuchs-Brüninghoff, E./Gröner, H. (Hrag.): Arbeit und Arbeitslosigkeit. Zum Wert von Arbeit heute. München, S. 48-58.

Uske, H. (1995): Das Fest der Faulenzer. Die öffentliche Entsorgung der Arbeitslosigkeit. Duisburg.

Velling, J./Bender, S. (1994): Berufliche Mobilität zur Anpassung an strukturelle Diskrepanzen am Arbeitsmarkt. in: MittAB, Jg. 27, S. 212-231.

Vester, H.-G. (1988): Zeitalter der Freizeit. Eine soziologische Bestandsaufnahme. Darmstadt.

Vetter, H.-R. (1991): Lebensführung- Alltagsbegriff mit Tiefgang. In: Vetter, H.-R. (Hrsg.): Muster moderner Lebensführung. München, S. 9-88.

Voigt, P./Hill, R. (1992): Arbeitslosigkeit - ein spezifisches Phänomen in den neuen Bundesländern? Der Versuch einer Antwort am Beispiel von Mecklenburg-Vorpommern. in: Kieselbach, Th./Voigt, P. (Hrsg.): Systemumbruch, Arbeitslosigkeit und individuelle Bewältigung in der Ex-DDR. Weinheim, S. 101-123.

Vonderach, G./Siebers, R./Barr, U. (1992): Arbeitslosigkeit und Lebensgeschichte. Oladen.

Voß, G. G. (1995): Entwicklung und Eckpunkte des theoretischen Konzepts. in: Projektgruppe "Alltägliche Lebensführung" (Hrsg.): Alltägliche Lebensführung. Arrangements zwischen Traditionalität und Modernität. Opladen, S. 23-44.

Voß, G. G. (1994): Das Ende der Teilung von "Arbeit und Leben"? An der Schwelle zu einem neuen gesellschaftlichen Verständnis von Betriebs- und Lebensführung. in: Beckenbach. N./van Treeck, W. (Hrsg.): Soziale Welt, Sonderband 9. Göttingen, S. 269-294.

Voß, G. G. (1991): Lebensführung als Arbeit. Über die Autonomie der Person im Alltag der Gesellschaft. Stuttgart.

Wacker, A. (1993): Der Einfluß von Arbeitslosigkeit auf das Familienleben - Familien arbeitsloser Väter. in: Fuchs-Brüninghoff, E./Gröner, H. (Hrsg.): Arbeit und Arbeitslosigkeit. Zum Wert von Arbeit heute. München, S. 26-39.

Wacker, A. (1983): Differentielle Verarbeitungsformen von Arbeitslosigkeit. in: Probleme des Klassenkampfes, Jg. 13, H. 4, S. 77-88.

Wacker, A. (Hrsg.) (1978): Vom Schock zum Fatalismus? Frankfurt a. M.

Wacker, A. (1976): Arbeitslosigkeit als Sozialisationserfahrung - Skizze eines Interpretationsansatzes. in: Leithäuser, T./Heinz, W. R. (Hrsg.): Produktion, Arbeit, Sozialisation, Frankfurt a. M, S. 171-187.

Walwei, U. (1996): Mehr Beschäftigung durch Umbau des Sozialstaats? In: Schönig, W./L'Hoest, R. (Hrsg.): Sozialstaat wohin? Darmstadt, S. 13-34.

Weber, M. (1993): Die protestantische Ethik und der "Geist" des Kapitalismus. (Hrsg.: Lichtblau, K./Weiß, J.). Bodenheim.

Weber, M. (1988): Gesammelte Aufsätze zur Soziologie und Sozialpolitik. Hg. v. Weber, M., 2. Aufl., Tübingen.

Weber, M. (1980): Wirtschaft und Gesellschaft. 5. rev. Augl., Studienausgabe. Tübingen.

Weber, M. (1973): Soziologie, universalgeschichtliche Analysen, Politik. (Hrsg.: Winckelmann, J.). Stuttgart.

Willke, G. (1990): Arbeitslosigkeit. Diagnosen und Therapien. Hannover.

Wolff, K. (1991): Schwarzarbeit in der Bundesrepublik Deutschland. Eine mikroanalytische Untersuchung. Frankfurt a. M.

Wuggenig, U./Engel, U. (1995): Arbeitslosigkeit und Spaltungsprozesse in der Gesellschaft der BRD. in: Kieselbach, Th./Wacker, A. (Hrsg.): Bewältigung von Arbeitslosigkeit im sozialen Kontext. 2. Aufl., Weinheim, S. 65-83.

Zenke, K. G./Ludwig, G. (1985): Kinder arbeitsloser Eltern. in: MittAB Jg. 18, S. 265-278.

Zerche, J. (1991): Vorstellungen und Defizite bezüglich der Sozialpolitik bei Adam Smith. in: Thiemeyer, T. (Hrsg.): Theoretische Grundlagen der Sozialpolitik II. Berlin, S. 151-172.

Zilian, H. G./Fleck, Chr. (1990): Die verborgenen Kosten der Arbeitslosigkeit. Frankfurt a. M.

Zohlnhöfer, W. (1988): Sozialpolitik - Archillesferse der Sozialen Marktwirtschaft? in: Aus Politik und Zeitgeschichte. 17/1988, S. 40-54.